투자의 구원자들

옮긴이 고영태

서울대 국사학과를 졸업하고 연세대 국제학대학원에서 정치학 석사학위를 받았다. 1994년 KBS에 입사해 정치, 경제, 국제, 디지털뉴스부 기자로 일했다. 경제부 팀장, 디지털뉴스부 팀장을 거쳐 방콕 특파원과 경인방송센터장을 지냈고 《포브스 코리아》 온라인판 번역에도 참여했다. 현재 한국생산성본부와 IGM세계경영연구원 등의 CEO 북클럽 강사와 경제경영 분야 번역가로 활동하고 있다. 옮긴 책으로 《원칙》, 《타겟티드》, 《아시아가 바꿀 미래》, 《디지털 대전환의 조건》 등 20여 권이 있다.

투자의 구원자들

초판 1쇄 발행 2023년 8월 7일

지은이 로빈 위글스워스 / **옮긴이** 고영태

펴낸이 조기흠
책임편집 유지윤 / **기획편집** 박의성, 이지은, 전세정
마케팅 정재훈, 박태규, 김선영, 홍태형, 임은희, 김예인 / **제작** 박성우, 김정우
교정교열 남은영 / **디자인** 유어텍스트

펴낸곳 한빛비즈(주) / **주소** 서울시 서대문구 연희로2길 62 4층
전화 02-325-5506 / **팩스** 02-326-1566
등록 2008년 1월 14일 제 25100-2017-000062호

ISBN 979-11-5784-685-6 03320

이 책에 대한 의견이나 오탈자 및 잘못된 내용에 대한 수정 정보는 한빛비즈의 홈페이지나
이메일(hanbitbiz@hanbit.co.kr)로 알려주십시오. 잘못된 책은 구입하신 서점에서 교환해드립니다.
책값은 뒤표지에 표시되어 있습니다.

 hanbitbiz.com facebook.com/hanbitbiz post.naver.com/hanbit_biz
 youtube.com/한빛비즈 instagram.com/hanbitbiz

지금 하지 않으면 할 수 없는 일이 있습니다.
책으로 펴내고 싶은 아이디어나 원고를 메일(hanbitbiz@hanbit.co.kr)로 보내주세요.
한빛비즈는 여러분의 소중한 경험과 지식을 기다리고 있습니다.

투자의 구원자들

금융회사의 수익을 투자자의 몫으로 돌려준 월가 괴짜들의 위대한 유산

로빈 위글스워스 지음 | 고영태 옮김

HB 한빛비즈
Hanbit Biz, Inc.

차례

이 책에 등장하는 인물들   6

1부 | 패시브 투자의 기반을 닦은 천재들

1장   헤지펀드와 버핏의 세기적 내기   16

2장   인덱스펀드의 대부 바슐리에   42

3장   효율적 시장 가설의 등장   63

4장   떠오르는 퀀트 분석가   84

5장   인습을 거부한 변절자들   101

2부 | 대중을 위한 투자의 시작

6장   고슴도치형 존 보글   124

7장   세계적 펀드 회사, 뱅가드의 출범   144

8장   더 낮은 수수료를 위하여   164

9장   세 동업자의 역발상 투자   185

10장   소형주, 새로운 투자   202

3부 투자의 혁명, 상장지수펀드

11장	상장지수펀드 '스파이더'의 탄생	226
12장	웰스파고인베스트먼트어드바이저의 2.0 시대	249
13장	래리 핑크의 도박	275
14장	21세기 최고의 인수합병	299

4부 거대한 권력이 된 인덱스펀드 투자산업

15장	상장지수펀드의 위험	320
16장	세계 자본을 움직이는 지수 사업자	340
17장	패시브 투자에 대한 경고	358
18장	점점 더 커지는 영향력의 이면	383

맺음말	402
감사의 말	406
미주	411

워런 버핏 Warren Buffet

버크셔해서웨이Berkshire Hathaway의 회장이자 세계에서 가장 유명한 투자자. 100만 달러의 상금을 걸고 인덱스펀드index fund와 헤지펀드hedge fund의 수익률 내기를 제안했다. 10년 뒤 인덱스펀드에 투자한 워런 버핏이 압도적인 수익률로 투자업계의 세기적 내기에서 승리했다.

테드 세이즈 Ted Seides

헤지펀드 투자회사인 프로테제파트너스Protege Partners의 공동 창업자. 10년이 지나면 인덱스펀드가 세계 최고의 펀드매니저도 이길 수 있다는 워런 버핏의 내기를 받아들였다.

존 보글 John Bogle

세계 최대의 인덱스펀드 운용사인 뱅가드Vanguard의 창업자. 투자업계는 수수료가 싼 패시브 투자상품을 통해 더 많은 사람에게 '공정한 몫'을 돌려주어야 한다고 촉구한 이유로 그를 종종 '세인트 잭Saint Jack'으로 부른다.

루이 바슐리에Louis Bachelier

19세기 초 프랑스의 수학자. 무명의 수학자로 사망했다. 하지만 주식의 랜덤워크 이론random walk theory(주식시장의 가격은 무작위로 움직이기 때문에 예측할 수 없다는 이론-옮긴이)에 관한 연구로 사후에 패시브 투자 이론에서 학문적 대부의 반열에 올랐다.

앨프리드 콜스 3세Alfred Cowles III

폐결핵에 시달린 신문 재벌의 부유한 상속자로, 투자 전문가들이 실제로 전체 주식시장보다 얼마나 더 좋은 성과를 낼 수 있는지에 대한 최초의 심층 연구를 수행했다.

제임스 로리James Lorie

주식의 장기 수익률을 찾아내기 위해 메릴린치Merrill Lynch로부터 임무를 부여받은 시카고대학교의 사교성 좋은 교수. 그의 연구 결과는 현재까지 주식시장에 대한 가장 거대하고 종합적인 연구로 인덱스펀드 개발에 필요한 기초 자료로 활용되었다.

해리 마코위츠Harry Markowitz

매우 지적인 경제학자. 1952년에 발표한 금융시장에 대한 박사학위 논문이 금융 분야에서 가장 영향력 있는 논문으로 인정받으면서 노벨 경제학상을 수상했고, 그의 논문은 패시브 투자 혁명의 토대가 되었다.

윌리엄 샤프William Sharpe

한때 의과대학 학생이었던 샤프는 최초의 경제학자 프로그래머가 되었다. 그의 스승인 마코위츠의 연구를 기반으로 전체 시장 포트폴리오, 즉 인덱스 펀드의 힘을 입증했다.

유진 파마Eugene Fama

한때 운동선수였지만 시카고대학교에서 전설적인 경제학자로 변신했다. 그의 효율적 시장 가설은 시장을 이기는 것이 어려운 이유를 설명하는 데 이바지했고 패시브 투자의 탄생에 영감을 주었다.

존 맥퀀John McQuown

컴퓨터에 집착하는 매우 단호한 성격의 은행가. 그는 웰스파고Wells Frago은행을 설득해 작은 실험 부서를 만들고 경제학계의 거물들을 불러 모았다. 이들은 최초의 패시브 투자 펀드를 만드는 업무를 지속했고 결국 1971년 최초의 인덱스펀드를 출시하여 금융의 역사를 바꾸었다.

렉스 싱크필드Rex Sinquefield

유진 파마의 제자였지만 효율적 시장 가설의 자칭 최고 권위자가 되었다. 시카고의 아메리칸내셔널뱅크American National Bank에서 최초의 S&P500 지수 연동형 기금을 만들었다. 그는 나중에 맥퀀의 제자인 데이비드 부스David Booth와 함께 디멘셔널펀드어드바이저Dimensional Fund Advisors를 설립했다.

딘 르바론 Dean Lebaron

1960년대 고수익 주식 투자가 유행할 때 명성을 얻은 비주류 펀드매니저. 그는 자신의 회사인 배터리마치Batterymarch에서 최초의 인덱스펀드를 만들었지만 초창기엔 가입자를 찾기 어려웠다.

제임스 버틴James Vertin

웰스파고 신탁 부서의 연구 책임자. 맥퀀에게 맹렬하게 반대했지만 결국에는 패시브 투자의 정당한 명분을 받아들이고 열정적인 전도사가 되었다.

윌리엄 파우스William Fouse

재즈 연주를 하면서 돈을 벌어 대학을 졸업한 콧수염을 기른 낙천주의자. 멜런은행Mellon Bank에서 쫓겨난 뒤 맥퀀의 실험적 부서에서 하는 첨단 연구와 웰스파고의 다른 투자 부서 사이에서 중요한 연결 고리 역할을 했다.

짐 리페Jim Riepe

웰링턴Wellington 펀드에서 보글의 대리인 역할을 했다. 그는 회사가 둘로 갈라져 뱅가드를 설립할 때 보글을 따랐고, 퍼스트 인덱스 투자신탁First Index Investment Trust을 출시하는 데 중심 역할을 했다.

얀 트바르도프스키Jan Twardowski

보글과 함께 일했던 젊은 금융공학자이자 계량분석가. 지금은 사용하지 않는 프로그래밍 언어를 가지고 뱅가드의 초기 인덱스 뮤추얼펀드의 설계를 도와주었다. 초기에 인덱스펀드는 투자자들을 크게 실망시켰지만 그는 인덱스펀드가 지수에서 크게 벗어나지 않았다는 것을 확인할 수 있었다.

버턴 말킬Burton Malkiel

유진 파마와 비슷한 부류의 학자들이 개발한 많은 이론을 대중에게 널리 알린 《랜덤워크 투자수업》A Random Walk Down Wall Street을 쓴 경제학자. 그는 나중에 뱅가드의 이사가 되었고 상장지수펀드Exchange-Traded Funds, ETFs를 개발한 아메리카증권거래소American Stock Exchange(미국에서 세 번째로 큰 증권거래소-옮긴이)에서 신상품 부문의 책임자가 되었다.

잭 브레넌Jack Brennan

보글이 가장 신뢰하는 부하이자 후계자인 보스턴의 귀족. 그는 뱅가드를 거대한 투자그룹으로 만드는 데 중요한 역할을 했다. 하지만 보글과 브레넌이 극적으로 갈라서면서 한 차례의 갈등으로 뱅가드를 무너트릴 뻔한 일이 있었다.

데이비드 부스David Booth

야구를 좋아하는 캔자스 출신인 그는 시카고대학교의 박사학위 프로그램을 중퇴하고 웰스파고의 존 맥퀀이 이끄는 부서에서 연구원으로 일했다. 그리고 파마의 제자인 렉스 싱크필드와 함께 디멘셔널펀드어드바이저를 설립하고 인덱스펀드의 혁명을 새로운 영역으로 넓혀갔다.

래리 클로츠Larry Klotz

AG베커AG Becker의 최고 영업사원. 그는 데이비드 부스와 렉스 싱크필드가 디멘셔널펀드어드바이저를 설립하는 데 참여했고, 두 동업자에게 쫓겨나기 전까지 최초의 큰손 고객을 상당수 유치했다.

진 싱크필드Jeanne Sinquefield

렉스 싱크필드의 똑똑하고 엄격한 배우자. 그녀는 사회학 박사에서 금융 파생상품 설계자로 그리고 디멘셔널펀드어드바이저의 거래 담당 책임자로 변신했다. 디멘셔널펀드어드바이저의 모든 신입 사원은 그녀가 만든 '진 테스트Jeanne Test'를 통과해야만 했다.

댄 휠러Dan Wheeler

말이 많은 해병 출신의 자산관리사. 그는 디멘셔널펀드어드바이저에서 개인을 상대로 하는 영업을 구축했으며 신입 사원 교육 프로그램을 만들었다. 그의 교육 프로그램은 효율적 시장 가설을 금융계의 새로운 분야로 확산시키는 데 도움이 됐다.

네이션 모스트Nathan Most

인정 많은 괴짜 물리학자이자 전직 잠수함 선원. 그는 금융업계의 잘 알려지지 않은 곳에서 오랜 시간 여러 직업을 전전하다 아메리카증권거래소에서 상장지수펀드를 만드는 데 중요한 역할을 했다.

스티븐 블룸Steven Bloom

모스트의 젊고 똑똑한 아메리카증권거래소의 동료. 그의 하버드대학교 경제학 박사학위는 모스트의 다방면에 걸친 창의성을 완벽하게 보완해주었다. 블룸은 나중에 나스닥에서 일했고 이후 웨스트포인트West Point와 미국 국방산업대학교Eisenhower School for National Security and Resource Strategy에서 학생들을 가르쳤다.

아이버스 라일리Ivers Riley

뉴욕증권거래소의 고위직을 딕 그라소Dick Grasso에게 빼앗긴 후에 아메리카증권거래소로 자리를 옮긴 전직 해군 조종사. 그는 모스트와 블룸이 개발한 상품이 위기에 빠진 아메리카증권거래소의 운명을 바꾸리라는 것을 알아봤다.

프레더릭 그라우어Frederick Grauer

웰스파고인베스트먼트어드바이저Wells Fargo Investment Advisors에서 무자비하게 해고됐지만 나중에 다시 돌아와 회사를 이끈 전직 학자. 그라우어는 어려움에 빠진 조직을 구해냈고, 웰스파고가 세계에서 손꼽히는 투자기관이 되는 데 기여했다.

패트리샤 던Patricia Dunn

저널리즘을 전공한 카리스마 넘치는 학생으로, 처음에는 비서로 웰스파고인베스트먼트어드바이저에 입사했지만 빠르게 승진했다. 그녀는 멘토인 그라우어를 대신해 바클레이즈글로벌인베스터즈Barclays Global Investors의 최고경영자가 되었다. 그라우어는 크게 실망했다.

리 크라네푸스Lee Kranefuss

패트리샤 던이 월드 에퀴티 벤치마크 셰어즈World Equity Benchmark Shares를 '아이 셰어즈iShares'라는 별도의 상장지수펀드 사업으로 구축하는 업무를 맡긴 사업가 정신이 투철한 전직 컨설턴트. 그는 내부적으로 사람들을 성가시게 했지만, 모든 사람의 예상을 뛰어넘는 성공을 거두었다.

래리 핑크Larry Fink

한때 퍼스트보스턴First Boston 투자은행에서 가장 성공한 채권 투자가였지만 굴욕스러운 손실을 본 이후에 쫓겨났다. 그는 패배를 딛고 다시 일어나 블랙록BlackRock을 설립해 세계 최대의 투자회사로 키웠다.

로버트 카피토Robert Kapito

퍼스트보스턴과 블랙록에서 래리 핑크의 오른팔 역할을 한 가장 중요한 조력자였다. 포도주 애호가인 로버트는 예민하고 공격적이어서 사람들을 불쾌하게 만들기로 유명했지만, 블랙록이 성장하는 데 중요한 역할을 했다.

랄프 슐로스타인Ralph Schlosstein

전 재무부 관리이자 리먼Lehman의 은행가로 그의 친구인 핑크와 함께 블랙록을 설립했다. 정치가다운 태도와 외교관 같은 접근 방식 덕분에 그는 블랙록이 스테이트스트리트리서치State Street Research와 메릴린치인베스트먼트매니저스Merril Lynch Investment Managers를 인수하고 통합하는 일을 책임졌다.

마크 위드먼Mark Wiedman

외향적인 전직 변호사이자 재무부 관리로 보스턴글로벌인베스터즈Boston Global Investors와 블랙록의 합병을 진두지휘했다. 성공적인 합병 덕분에 위드먼은 핑크가 물러나면 블랙록의 경영권을 승계할 유력한 후보로 떠올랐다.

TRILLIONS

1부

패시브 투자의
기반을 닦은 천재들

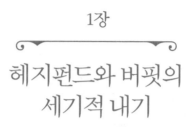

1장

헤지펀드와 버핏의 세기적 내기

2007년 나른한 여름날, 테드 세이즈는 뉴욕 현대미술관 빌딩 15층에 있는 양면이 창으로 된 전망 좋은 사무실의 세련된 책상에 앉아 있었다. CNBC 뉴스가 크게 흘러나오고 있었다. 특별히 할 일이 없던 그는 이메일을 훑어보기 시작했다. 그때 흥미로운 메일 한 통을 발견했다.

워런 버핏이 최근 대학생들과 만나 이야기한 내용을 한 친구가 정리해서 보낸 메일이었다. 세이즈는 전설적인 '오마하의 현인'의 오랜 팬이었고 버핏의 투자회사인 버크셔해서웨이가 주최하는 연례 주주 총회에 꾸준히 참석해왔다. 하지만 그날 아침 메일에 담긴 내용을 보자 화가 치밀었다.

한 대학생이 1년 전에 버핏이 제안한 내기에 관해 질문했다. 미국 주식시장을 추종하는 펀드는 잘나가는 어떤 헤지펀드 매니저 집단도 이긴다는 이야기였다. 버핏은 "이 내기에 지금껏 아무도 도전하지 않았고 그래서 내 생각이 옳은 것 같습니다."라고 학생들에게 말했다. 버핏의 발언에 모멸감을 느낀 세이즈는 짜증이 났다. 평소 그는 쉽게 흥분하는 성격이 아니었다. 서른여섯 살의 세이즈는 깨끗하게 면도한 저드 애퍼타우Judd Apatow 영화감독을 닮은 월스트리트의 투자가였다. 어쨌든 그는 헤지펀드를 운용해 돈을 벌고 있었다.

그는 스승인 예일대학교 최고투자책임자인 데이비드 스웬슨David Swensen으로부터 가장 좋은 투자 대상을 선택하는 방법을 배웠다. 몇 년 전에 세이즈는 연기금과 프라이빗 뱅킹private banking(최상위 부유 고객을 대상으로 법·제도적으로 허용된 각종 금융 및 비금융 서비스를 제공하는 영업-옮긴이)을 위해 가장 뛰어난 펀드매니저들을 찾아주는 업무를 전문으로 하는 투자그룹인 프로테제파트너스를 공동으로 설립했다. 프로테제파트너스는 재간접펀드fund of funds(주식과 채권 등에 직접 투자하지 않고 이미 존재하는 펀드에 재투자해 위험을 분산하는 펀드 상품-옮긴이)를 운용하는 회사였다. 2007년에 프로테제는 고객들을 대신해 35억 달러의 헤지펀드를 관리하고 있었고, 95퍼센트의 수익률을 기록하면서 미국 주식시장의 수익률을 가볍게 이기고 있었다.[1]

헤지펀드 산업은 1960년대 처음 등장했지만 최근 10년간 폭발적으로 성장했고, 2007년에는 전 세계 투자자들을 대신해 2조 달러의 자금을 운용했다. 조지 소로스George Soros와 켄 그리핀Ken Griffin 같은 대규모 헤지펀드를 운용하는 거물들은 엄청난 재산을 축적했고 고액 연봉을 받는 다른 금융업계로부터 부러움을 샀다. 2000년대 중반 대부분의 젊은 월스트리트 투자가들은 투자은행에서 힘들게 일하거나 기업에 자금을 빌려주는 재미없는 일이 아니라 헤지펀드를 운용하는 것이 꿈이었다.

한편 버핏은 고액 수수료를 요구하는 헤지펀드의 인기에 크게 실망했다. 그는 오래전부터 투자업계에 자신들의 주머니를 채우는 비싼 수수료보다 투자 수익을 더 많이 내지 못하는 평범한 펀드매니저들이 너무 많다고 생각했다. 버핏은 처음 내기를 제안한 2006년 버크셔해서웨이의 연례 주주 총회에서 투자업계를 크게 질책했다.

버핏은 "아내가 출산한다면 당신이 직접 아이를 받는 것보다 산부인과 의사에게 전화하는 편이 더 좋을 것입니다. 하수구가 막히면 배관공을 부르는 편이 더 좋습니다. 대부분의 전문가들은 비전문가들이 직접 하는 것보다 더 나은 결과를 보여줍니다. 그러나 전반적으로 투자 분야의 전문가들은 그렇지 않습니다."라고 참석자들에게 말했다. "내 생각에 투자 전문가 집단은 다른 사람들이 혼자서 1년에 10분 정도 시간을 들여 할 수 있는 일을 하면서 대략 1,400억 달러로 추정되는 돈을 받고 있습니다."

많은 펀드매니저가 실제로 실적이 좋지 않다는 버핏의 지적에 세이즈는 어느 정도 공감했다. 하지만 버핏이 제안한 내기는 매우 어리석어 보였다. 그날 여름 아침에 CNBC가 비우량 담보대출의 위기를 떠들썩하게 보도한 것처럼 세이즈는 시장 상황이 더 나빠질 것으로 내다봤다. 헤지펀드 업계의 노련한 투기꾼들은 다가오는 폭풍을 훨씬 더 능숙하게 헤쳐나갈 것처럼 보였다. 헤지펀드는 시장이 오르고 내릴 때마다 양방향에서 이익을 얻을 수 있다. 버핏이 내기를 제안한 미국의 S&P500 지수보다 훨씬 더 많은 시장에 투자할 수 있기 때문이다. 헤지펀드 매니저들이 많은 수수료를 요구할 수도 있지만 세이즈는 수수료라는 장애물을 뛰어넘어 S&P500 지수를 가볍게 이길 수 있다고 확신했다. S&P500 지수는 그 당시에도 여전히 매우 비싼 가격에 거래되고 있었고 서서히 끓어오르는 금융위기를 의식하지 못하고 있었다.

세이즈는 버핏이 처음으로 내기를 제안했던 2006년 버크셔해서웨이의 연례 주주 총회에 참석하지 못했다. 그동안 아무도 버핏이 제안한 내기에 응하지 않았다. 그날은 특별히 할 일이 없는 날이어서 세이즈는 버핏의 내기를 받아들이겠다고 제안하는 편지를 쓰기 시작했다. 그의 편지는 "친애하는 워런에게"로 시작됐다.[2]

지난주에 당신이 최근 주주 총회에서 내건 도전 과제를 듣게 됐습니다. 저는 당신의 내기를 받아들이고 싶습니다. 헤지펀드에 투자한 사람들의 전반적인 수익률이 펀드매니저들이 받는 높은 수수료 때문에 낮아지고 있다는 당신의 주장에 전적으로 동의합니다. 사실 프레드 쉐드Fred Schwed가 오늘날 글을 쓴다면 책 제목을 '고객의 개인 전용 제트기는 어디에 있을까?'라고 썼을 가능성이 높습니다. [1940년에 프레드 쉐드가 쓴 책 《고객의 요트는 어디에 있는가?》Where are the customers' yachts? 제목을 패러디한 것으로 고객의 이익, 즉 '고객의 요트'보다는 자신들의 요트에 관심이 더 많은 금융회사와 금융인들의 탐욕과 도덕적 해이를 꼬집은 표현이다. -옮긴이]

하지만 저는 당신의 생각이 전반적으로는 맞다 해도, 엄밀히 말하면, 틀렸다는 데 내기를 걸고 싶습니다. 사실 일반적으로 잘 운용되는 헤지펀드 포트폴리오는 시간이 지나면서 시장 지수를 앞서기 때문에 저는 10개의 헤지펀드보다 5개의 재간접 펀드를 선택하는 방식으로 당신을 이길 수 있다고 확신합니다. 정말로 기대하셔도 좋습니다!

반갑게도 버핏은 세이즈가 보낸 편지지 상단에 간단한 메시지를 적어 뉴욕의 사무실로 즉시 답장을 보내왔다. 그리고 내기를 어떻게 진행할지에 대해 여러 차례 편지를 주고받았다. 사실상 그들은 서로 완전히 반대되는 투자 철학에 100만 달러를 걸고 내기하기로 결정한 것이었다. 큰돈을 벌 기회를 찾기 위해 전 세계를 샅샅이 뒤지는 오만하고 수수료가 비싼 헤지펀드 매니저와 무조건 시장 전체에 투자하는 저렴한 패시브 펀드passive fund 투자의 대결이었다. 이것은 투자업계에서 단연코 우월한 지식과 허접한 약자의 대결을 상징하는 것이었다.

⌒▼⌒

화려한 명성에도 불구하고 버핏은 오랫동안 자신이 종사해온 투자자라는 직업에 관해 삐딱한 견해를 보여왔다. 이런 생각은 1975년 〈워싱턴 포스트〉의 전 소유주이자 워싱턴 사교계의 거물인 캐서린 그레이엄Katharine Graham에게 보낸 깜짝 놀랄 만한 편지에 잘 드러나 있다. 버핏은 그 편지에서 "평균 이상의 실적이 기준이라면 대부분의 펀드매니저들은 틀림없이 그 기준을 충족시키지 못할 것입니다."라고 적었다.[3]

이 편지의 주된 주제는 퇴직연금이었다. 버핏은 특유의 유머감각을 발휘해 가입자들에게 정기적으로 확실한 연금 지급을 보장하는 퇴직연금의 재미없는 보험 산술적 계산을 친구에게 설명했다. 하지만 가장 통렬한 비판은 자금 운용을 위해 퇴직연금이 고용한 펀드매니저들의 효용성에 관한 것이었다.

버핏의 충격적인 설명처럼 모든 연금 펀드에 대해 평균 이상의 성과를 기대하는 것은 실망으로 귀결될 수밖에 없다. 궁극적으로 연금 펀드가 사실상 시장이기 때문이다. 버핏은 이것을 포커를 치면서 "글쎄요, 오늘 밤 우리 모두가 신중하게 게임을 한다면 모두가 조금씩 돈을 딸 수 있을 거예요."라고 말하는 사람에 비유했다. 거래비용과 펀드매니저의 급여를 포함하면 어쩔 수 없이 펀드들은 평균적으로 전체 시장보다 성과가 나쁠 것이다.

물론 많은 투자기관과 펀드매니저를 믿고 돈을 맡긴 연기금의 임원들은 평균 이상의 능력을 보여준 펀드매니저들에게만 돈을 맡기는 것이 중요하다고 반박할 것이다. 그렇다. 많은 펀드매니저가 게으르고 성과가 부진하고 잘못된 판단을 하긴 하지만 열심히 조사하면 시장을 지속해서 이기는 종목을 골라내는 펀드매니저를 발굴할 수 있을 것이다.

이런 엘리트 펀드매니저들은 규제가 더 느슨했던 시대에 기업의 고위 임원들을 접대하면서 수많은 평범한 투자자들보다 먼저 시장을 움직이는 은밀하고 중요한 기업 정보에 접근하는 특권을 즐기곤 했다. 게다가 수많은 거래가 미심쩍은 전문 지식과 윤리의식을 가진 주식중개인들의 추천에 따라 투자하는 개인투자자, 치과 의사 그리고 변호사들에 의해 이루어졌다. 이런 환경에서 전문적인 펀드매니저들이 시장을 지속해서 이길 수 있다는 전제는 얼핏 타당해 보였다.

그 당시에는 이것이 일반 상식이라고 생각했다. 1960년대에는 처음으로 유명한 뮤추얼펀드◆ 매니저들이 등장했다. 똑똑한 펀드매니저들은 예리한 투자감각으로 유명인사가 되었다. 투자 전문 잡지인《기관투자

◆ 뮤추얼펀드mutual fund 회사는 유가증권 투자를 목적으로 설립된 법인회사로 주식 발행을 통해 투자자를 모집하고 모집된 투자자산을 전문적인 운용회사에 맡겨 그 수익을 투자자에게 배당금 형태로 돌려준다.

자》Institutional Investors에서 이야기한 것처럼 그 당시까지 투자산업 분야에서는 포도주를 만들 때처럼 천천히 투자 성과를 내는 신중한 펀드매니저들이 대세였다. 하지만 이른바 '고고 시대go-go era'라고 불리는 1960년대의 강세장이 모든 것을 바꾸어놓았다. 《기관투자자》는 "펀드 업계에서 수익에 대한 갈증이 너무 크다 보니 펀드매니저들은 스타였다. 이들은 마치 폴 뉴먼과 엘리자베스 테일러가 영화 수익의 일부를 가져가는 것처럼 수익을 배분받았다."라고 지적했다.[4]

이런 유명 펀드매니저들은 제록스Xerox와 이스트먼 코닥Eastman Kodak 같은 활기 있고 빠르게 성장하는 기업에 투자함으로써 시장을 크게 이기는 것을 목표로 삼았다. 이런 기업들 가운데 상당수는 주식시장에서 강력한 실적 덕분에 '니프티 피프티Nifty Fifty'(1960년대 말부터 1970년대 초까지 미국 투자자들이 가장 선호했던 우량주 50종목-옮긴이)라고 불렸다. 하지만 1960년대 말에 강세장이 끝나자 이런 주식들은 빛이 바랬고 니프티 피프티는 곤두박질쳤다.

그레이엄에게 보낸 편지에서 버핏은 성공적인 경력의 펀드매니저에게 의존하더라도 자주 실패하는 이유를 동전 던지기 시합에 비유해 설명했다. 1천 명의 사람들이 연속해서 동전을 던지는 게임의 결과를 예측해보자. 수학적으로 31명은 연속적으로 다섯 번의 결과를 정확하게 예측할 것이다. 고학력에 열심히 연구하는 펀드매니저들은 자신들을 동전 던지는 사람에 비유한 것에 대해 당연히 화가 날 것이다. 하지만 확률의 법칙은 명확하다.

버핏이 나중에 1984년 연례 주주 총회 연설에서 강조한 것처럼 2억 2,500만 명의 미국인이 참여하는 동전 던지기 대회를 상상해보자. 모든 사람이 결과를 예측하는 내기에 1달러를 건다. 매일 패자들이 탈락하게 되면 다음 날 내기에서 이긴 사람이 가지고 가는 돈은 증가한다. 10일 후에 연속해서 열 번의 결과를 정확하게 예측한 미국인은 22만 명이 될 터이고 이들은 1천 달러 이상을 벌게 될 것이다. 버핏은 이에 관해 다음과 같이 말했다.

"이제 이 사람들은 우쭐해할 것입니다. 인간의 본성이 그렇죠.[5] 그들은 겸손해지려고 노력할 수도 있지만 사교 파티에서 가끔 매력적인 여성들에게 자신들이 어떤 기술을 가졌는지 그리고 동전 던지기 분야에서 얼마나 놀라운 통찰력을 발휘하고 있는지에 관해 이야기할 것입니다."

전국 동전 던지기 대회가 계속되고 또다시 10일이 지나면 통계상 연속적으로 스무 번에 걸쳐 정확하게 결과를 예측한 사람들은 215명이 될 것이다. 그리고 남은 사람들에게 처음 1달러는 100만 달러 이상으로 변했을 것이다. 그리고 최종 결과는 2억 2,500만 달러가 될 것이다. 버핏은 "하지만 이 단계에서 동전 던지기에 성공한 사람은 정말로 자신의 가짜 실력을 믿기 시작할 것입니다."라고 예측하면서 "이들은 아마도 '나는 20일 동안 아침마다 30초 동안 일하면서 어떻게 1달러를 100만 달러로 만들었나'에 관한 책을 쓸지도 모릅니다."라고 농담을 했다.

버핏은 정말로 실력 있는 펀드매니저를 찾아내는 것이 가능하다는 사실 자체는 인정했다. 당연한 일이지만 '가치투자'라는 방법을 수립한 유명한 투자자이자 학자인 벤저민 그레이엄Benjamin Graham의 제자로서 버핏은 얼마나 많은 성공한 펀드매니저들이 벤저민 그레이엄을 그들의 '학문적 원조'로 생각하는지를 자주 강조했었다. 하지만 버핏은 지속적으로 시장을 이기는 투자자는 아주 드물다고 주장했다.

〈워싱턴 포스트〉 소유주에게 보낸 편지의 결론으로서 버핏은 자신이 권하는 바를 다음과 같이 나열했다. 거물급 주류 펀드매니저들과 함께 하면서 수익률이 시장보다 약간 더 떨어지는 것을 받아들이거나, 시장을 이길 가능성이 크지만 규모가 더 작고 특화된 펀드 운용사를 찾거나, 그냥 단순하게 전체 시장을 복제하는 광범위하게 분산된 주식의 포트폴리오를 만들 것. 버핏은 시장 평균 수익률을 그대로 따라가기 위해 최근에 여러 펀드가 만들어졌다고 했다. 그리고 액티브 펀드active fund의 운용보수는 패시브 펀드보다 더 저렴할 수 없으므로 패시브 펀드가 거래비용을 제외하고 나면 액티브 펀드보다 성과가 더 좋다는 사실을 분명하게 보여주었다고 언급했다.

그 당시에는 표면적으로 아무것도 하지 않는 투자 전략을 마땅히 표현할 용어가 없었다. 이런 게으른 투자 전략은 샌프란시스코, 시카고 그리고 보스턴의 삼류 지역 은행에서 일하는 괴짜들에게 지지를 받았다. 오늘날 이렇게 운용되는 펀드를 '인덱스펀드'라고 부른다. 이런 투자 접근 방식을 '패시브 투자'라고 일컫는다.

인덱스펀드는 여러 증권의 지수를 단순히 그대로 따라가는 투자상품이다. 이런 지수에는 미국의 다우존스 산업평균지수, 영국의 FTSE100 지수 또는 일본의 닛케이 지수처럼 규모가 크고 잘 알려진 지수도 있지만 개발도상국의 채권을 추적하는 지수처럼 작은 시장 혹은 상품을 따라가는 잘 알려지지 않은 지수도 있다. 펀드매니저들이 운용하는 전통적인 액티브 펀드는 상승하는 종목을 선택하고 하락하는 종목을 피하려고 한다. 반면 인덱스펀드는 미리 정해진 규칙에 따라 벤치마크 지수에 포함된 모든 종목을 사는 것을 제외하면 아무것도 하지 않는다. 미국 주식시장에서 가장 광범위하고 최고라고 평가받는 지수인 S&P500을 예로 들어 보자. S&P500 지수를 추종하는 펀드는 지수에 포함된 500개 종목의 주식을 정확하게 상대적인 주식시장 가치에 따라 모두 매수한다. 그래서 알래스카항공Alaska Air Group보다 애플Apple을 더 많이 산다.

이 방식은 이상하게 보일지도 모른다. 하지만 버핏이 깨달았듯이 똑똑한 월스트리트의 전문가들조차 종목을 선택하는 데 매우 서툴 수 있다는 것이다. 더구나 펀드매니저와 직원들에게 지급하는 비용을 고려할 때 펀드매니저들은 투자자들이 손해를 보지 않도록 하려면 벤치마크 지수를 월등하게 이겨야만 한다. 스포츠 용어로 설명하면 월스트리트의 투자자들은 비용이 많이 들고 적극적으로 운용되는 펀드를 선택함으로써 모든 경기를 한 골이 뒤진 상태에서 시작하는 셈이다. 설상가상으로 한 골을 만회하기 위해 두 골을 넣는 기술을 가진 사람들을 지속적으로 찾아낼 방법은 없어 보인다.

데이터는 매우 엄격한 감독관이다. 어떤 사람이 몇 년간은 운이 좋을 수도 있지만 장기적으로 그럴 가능성은 매우 적다는 것을 일관되게 보여준다. 정확한 통계는 그들이 투자하는 시장의 유형과 국가마다 다르다. 하지만 대략적으로 이야기하면 10년 주기를 기준으로 액티브 펀드의 10퍼센트에서 20퍼센트만 벤치마크 지수를 이기고 있다. 다시 말해 투자에서 아무것도 하지 않고 저렴한 패시브 펀드를 선택하는 것이 보수가 비싼 액티브 펀드보다 더 좋을 때가 훨씬 더 많다는 것이다.

그런데도 1970년대에 이런 사실은 잘 알려지지 않았고, 지수 투자는 아직 태동기에 불과했다. 투자업계에서는 누군가가 아무것도 하지 않고 전체 주식시장의 결과가 어떻든 그것을 받아들여야 한다거나 받아들일 것이라는 터무니없는 생각을 그냥 비웃어 넘겼다. 그렇게 터무니없는 투자 아이디어를 믿고 회사의 퇴직연금을 맡기는 것은 〈워싱턴 포스트〉에게 너무 큰 도박이었다. 대신 〈워싱턴 포스트〉는 버핏이 개인적으로 추천한 소수의 펀드매니저들에게 연금 운용을 맡겼다.

솔직히 말하면 버핏의 신중한 조언 때문에 〈워싱턴 포스트〉는 많은 기업의 퇴직연금이 어려움을 겪던 시기에 그들의 막대한 연금을 안전하게 보호할 수 있었다. 한편 버핏이 저렴하게 주식시장의 성과를 따라가려는 여러 혁신적 펀드를 조심스럽게 인정한 것은 선견지명으로 드러났다. 이것은 수십 년 후에 버핏이 헤지펀드와 세기적인 투자 내기에서 이기는 데 도움을 주었다.

세이즈는 처음에 내기 금액을 버핏의 연봉인 10만 달러로 제안했다. 하지만 버핏은 내기를 더욱 흥미롭게 만들고 싶었다. 고령인 자신의 나이와 10년이라는 장기간에 걸친 내기라는 점을 고려했을 때, 내기 도중 사망하면 상속 문제가 복잡해질 수 있으므로 최소 50만 달러 이상의 내기여야 관심이 있다고 말했다. 그렇다고 해도 "나의 재산 관리 변호사는 문제를 복잡하게 만든다며 내가 정신 나갔다고 생각할 것이다."라고 버핏은 편지에 적었다.[6]

이 금액은 세이즈에게 조금 부담이 되었다. 그래서 프로테제파트너스가 내기의 상대방이 되기로 했다. 2018년 내기가 종료되는 시점에 100만 달러의 가치가 있을 미국 재무부 채권을 사기 위해 각자 약 32만 달러를 지불했다. 프로테제가 이기면 수익은 헤지펀드 업계의 유명한 인사들이 후원하는 자선단체인 앱설루트 리턴 포 키즈Absolute Return for Kids에 돌아갈 것이다. 버핏이 이긴다면 그 돈은 버핏 가문이 오랫동안 후원해온 덕망 있는 자선단체인 걸스Girls Inc.에 지급될 것이다.

2006년에 버핏이 처음 제안했던 10개의 헤지펀드 대신 프로테제는 프로테제파트너스 자체를 포함해 5개의 재간접 펀드를 선택했다. 전체적으로 5개의 재간접 펀드는 100개 이상의 헤지펀드에 투자하는 것이었다. 이런 방식을 통해 전체 성과가 한 사람의 탁월한 펀드매니저나 형편없는 펀드매니저의 성과에 의해 왜곡되지 않도록 했다. 늘 사람들의 시선 끌기를 좋아하는 버핏은 해마다 열리는 버크서해서웨이의 주주 총회에서 내기가 어떻게 진행되고 있는지에 대한 결과를 발표할 것이라고 말했다.

미국의 일부 주에서 법적으로 내기를 금지하기 때문에 두 사람의 내기는 롱벳츠Long Bets 사이트를 통해 준비됐다. 롱벳츠는 아마존의 제프 베이조스Jeff Bezos가 후원하는 미래의 사회적 문제에 대한 장기적 예측에 내기하는 공공 토론 사이트다. 겉보기에 경솔한 것 같지만 우호적인 내기는 큰 힘이 될 수 있다. 1600년에 요하네스 케플러Johannes Kepler는 자신이 8일 안에 화성의 태양계 궤도에 대한 공식을 산출해낼 수 있다는 덴마크의 천문학자와 내기를 했다. 결과적으로 5년이 걸렸지만 이 내기는 천문학을 혁명적으로 발전시키는 데 큰 도움이 되었다.[7] 이것이 롱벳츠 프로젝트가 하고자 하는 일이었다. 버핏과 프로테제의 내기는 이런 목적과 완벽하게 맞아떨어졌다. 유명한 언론인이자 버핏의 친구인 캐럴 루미스Carol Loomis는 버핏과 프로테제의 내기를 2008년 《포춘》 6월호에 공식적으로 발표했다.

버핏은 프로테제가 재간접 펀드를 선택한 것은 비록 한 사람이 전체의 성과를 망칠 확률을 줄여주는 것이지만 실수라고 생각했다. 헤지펀드는 흔히 그들이 관리하는 자산의 2퍼센트에 달하는 비싼 연간 수수료를 부과하고 발생 수익의 20퍼센트를 별도로 가져가기 때문이다. 재간접 펀드는 여기에 추가로 수수료가 붙는다. 이와 반대로 버핏이 선택한 미국 주식시장을 추종하는 패시브 투자상품은 단지 1년에 0.04퍼센트의 수수료만 부과했다. 이 펀드는 버핏이 과거에 〈워싱턴 포스트〉 발행인인 캐서린 그레이엄에게 이야기했던 인덱스펀드 가운데 하나였다.

버핏은 "수많은 똑똑한 사람들이 헤지펀드 운용에 관여하고 있습니다. 하지만 그들이 이룩한 성과 가운데 상당 부분은 스스로 상쇄됩니다. 그들의 지적 능력은 투자자들에게 부과하는 비용을 극복하지 못할 것입니다."라고 말했다.[8] 세이즈는 주식에만 집중 투자하는 전통적인 뮤추얼 펀드 매니저들은 S&P500 같은 정밀한 기준 지수를 평균적으로 밑돌 것이라는 사실을 인정했다. 하지만 그는 헤지펀드는 주가가 하락해도 수익을 낼 수 있고 훨씬 더 폭넓은 시장에 투자한다는 점에서 비교 대상이 다르다고 주장했다.

세이즈는 "헤지펀드에게 성공이란 어려운 시기에 시장 수익을 초과하는 반면, 가장 좋은 시기에 시장 수익을 밑도는 것을 의미할 수 있습니다. 그럼에도 불구하고 최고의 헤지펀드 매니저들은 경기 순환 주기를 거치면서 수수료를 제하고도 시장 수익을 초과하는 성과를 거두어왔습니다. 게다가 리스크도 더 적었습니다."라고 말했다. 추가 비용은 중요한 문제이지만 그는 재간접 펀드라는 최고의 헤지펀드를 선택함으로써 이 문제를 극복할 수 있다고 확신했다.

실제로 버핏은 자신의 상대가 두뇌와 열정 그리고 자신감을 가진 엘리트라는 점을 고려해 내기 초반에 자신이 이길 확률은 60퍼센트 정도라고 조심스럽게 추정했다.[9] 반대로 세이즈는 훨씬 더 자신 있게 버크셔해서웨이 회장을 이길 확률이 85퍼센트라고 추정했다. 그는 "다행스럽게도 우리는 버핏이 아니라 S&P500 지수와 내기를 하는 겁니다."[10]라고 말했다.

내기 초반에는 정말로 오마하의 현인이 굴욕을 당하는 것처럼 보였다. 버핏은 자신이 내기에서 지고 있었던 2009년 연례 주주 총회에서 내기에 관해 이야기하는 것을 거부했다. 2008년에 헤지펀드가 20퍼센트 이상 하락했지만 버핏이 고른 인덱스펀드는 글로벌 금융위기가 시장을 뒤흔들었을 때 37퍼센트의 손실을 기록했다. 헤지펀드들이 약세장에서 가치를 더 잘 보존한다는 세이즈의 발언이 정확히 맞아떨어지는 것처럼 보였다.

비록 형식적이기는 했지만 버핏이 버크셔해서웨이의 연례 주주 총회에서 내기에 관해 처음으로 이야기했던 2010년에는 상황이 훨씬 더 안 좋았다. 그다음 해에 버핏은 내기에 관해 더 많이 이야기했지만 대부분은 펀드매니저들을 비판하는 내용이었다. 그는 점심을 먹기 위해 주주 총회를 휴회하기 전에 "지금까지 펀드매니저들이 내기에서 앞서가고 있습니다."라고 짧게 말했다. 내기 4년 차에 접어들었을 때 S&P500은 격차를 좁혀가기 시작했지만 버핏은 여전히 내기에서 지고 있었다. 그 당시 유럽의 재정위기가 점점 가중되고 있었다는 점을 고려할 때 결과를 예측하기 어려운 상황이었다.

2016년 12월에 전설의 주식 투자자 존 보글은 오랜 친구로부터 수수께끼 같은 쪽지를 받았다. 그 친구는 과거 모건스탠리Morgan Stanley의 전략가였던 스티븐 갤브레이스Steven Galbraith였다. 갤브레이스는 보글에게 88세가 되는 다음 해 5월의 첫 번째 주말을 비워두라고 부탁했다. 갤브레이스는 친구의 생일을 축하하기 위해 특별한 이벤트를 준비했는데 보글에게는 그 계획을 비밀로 했다.

존 보글은 40년 전에 지수를 추종하는 펀드를 대중화한 뱅가드투자그룹을 설립했다. 뱅가드는 1974년에 좋지 않은 출발을 했지만, 투기 광풍이 뜨겁던 시기에 건강한 투자 문화를 강조하는 완고한 설립자의 열정 덕분에 세계 최대의 자산운용사 중 하나가 되었다. 뱅가드는 시장을 이기는 것이 아니라 시장을 따라가는 것 외에 아무것도 하지 않는 아주 저렴한 여러 개의 펀드를 운용하고 있었다. 실제로 버핏이 세이즈와 내기에서 자신을 대신하는 주자로 선택한 것이 뱅가드 펀드였다. 그 내기의 승자는 우연히도 보글의 생일과 비슷한 시기에 발표될 예정이었다.

88세 생일이 다가오면서 보글은 젊었을 때의 위엄 있는 풍채를 잃어버렸다. 점점 더 야위었고 평생을 자랑스럽게 여겼던 소박한 짧은 머리카락은 가늘어지고 숱이 없어졌다. 꼿꼿하던 자세는 척추측만증과 나이그리고 다른 고통 때문에 심하게 망가졌다. 보글은 31세에 처음으로 심장마비를 경험했고 38세에는 희귀한 심장병을 앓게 됐다. 그리고 결국 67세에 심장 이식 수술을 받았다. 하지만 그의 목소리는 여전히 뱃고동같이 쩌렁쩌렁했고 정신은 그 어느 때보다 맑았으며 모험을 좋아했다.

그래서 그는 갤브레이스가 준비한 알 수 없는 계획이 무엇이든 기꺼이 동의했다.

2017년 5월 5일 아침에 보글과 그의 가족들은 차를 타고 브린모어Bryn Mawr의 집에서부터 필라델피아의 개인기 전용 공항인 애틀랜틱항공으로 이동했다. 그곳에서 갤브레이스가 먼저 타고 있었던 사이테이션Citation 제트기가 보글을 태우고 생애 처음으로 버크셔해서웨이의 연례 주주 총회에 참석하기 위해 오마하로 날아갔다.

버크셔해서웨이의 연례 주총은 종종 자본주의의 우드스톡Woodstock 축제라고 불린다. 버크셔해서웨이의 주식을 가진 주주는 누구나 연례 주총에서 버핏과 그의 파트너인 찰리 멍거Charlie Munger에게 기업, 지정학 그리고 개인적 가치관 등 모든 것에 관해 물어볼 수 있었다. 버핏과 멍거는 사람들의 관심을 즐겼고 버핏은 세련되고 소탈한 기지를 발휘해 대답했으며 멍거는 간결하고 호방하게 답변했다.

오마하 힐튼 호텔 로비에서 투숙 절차를 밟으면서 보글은 이상하지만 즐거운 첫 번째 깜짝 선물을 받았다. 아이폰을 손에 든 손님들이 네브래스카의 자본주의 축제에 참석하기 위해 먼 길을 찾아온 금융계의 유명인사이자 뱅가드 펀드의 설립자인 자신에게 파파라치 경험을 선물한 것이었다. 갤브레이스는 "그것은 마치 보노Bono(아일랜드 출신의 유명 가수─옮긴이)를 경호하는 것 같았습니다."라고 회상했다. 보글의 부인인 이브Eve는 이런 소란을 약간 걱정했지만 보글은 시끌벅적한 이 일을 기분 좋게 받아들였다. 사진을 찍는 소동은 호텔의 늦은 저녁 식사 시간을 포함해 하루 종일 계속됐다. 보글은 나중에 "내가 '안 돼요'라고 말하고 나서 그 이유를 설명하는 것보다 '예'라고 하는 편이 훨씬 효율적이라는 것을 빠르

게 배웠습니다."라고 기록했다.[11]

보글은 토요일 아침에 일어나 호텔 방의 창문을 내다보고 나서야 버크셔해서웨이의 주주 총회가 얼마나 중요한 행사인지 알게 됐다. 회의장에서부터 시작된 구불구불한 긴 줄이 눈길이 닿는 데까지 이어졌다. 수천 명이 버핏과 멍거의 더 가까운 곳에 앉을 기회를 잡으려고 쌀쌀한 네브래스카의 아침을 견디면서 기다리고 있었다. 그해 주총에는 4만 명이 참석했고, 절반 이상은 인근에서 동영상으로 주총을 지켜봐야만 했다. 보글과 그의 가족 그리고 갤브레이스는 커다란 회의장 앞쪽에 앉았다. 바로 뒤에는 버크셔해서웨이의 가장 오래된 주주들이 있었고 그 옆 좌석에는 이사들이 앉아 있었다.

평상시처럼 버핏과 멍거는 가벼운 농담으로 주총을 시작했다. "여러분은 우리 두 사람에게 따로따로 질문할 수 있습니다. 멍거는 들을 수 있고 저는 볼 수 있으니까요. 그래서 우리 두 사람이 함께 일하고 있는 것입니다."라고 버핏이 말했다. 그는 계속해서 버크셔의 지난해 실적에 관한 일반적인 이야기를 했다. 버핏의 이야기는 재미있었다. 하지만 보글은 문득 갤브레이스가 건강도 나쁘고 나이도 많은 자신을 이렇게 먼 네브래스카주의 오마하까지 데리고 온 이유가 궁금해지기 시작했다. 그때 버핏이 갑자기 다른 이야기를 했고 모든 것이 분명해졌다.

버핏은 관객석을 훑어보면서 "여러분에게 소개하고 싶은 사람이 한 분 더 있습니다. 이 자리에 참석하셨을 것으로 확신합니다. 그를 만나본 적은 없지만 그분이 올 거라는 이야기를 들었습니다."라고 말했다. "그분이 오늘 참석하셨네요, 바로 존 보글입니다. 존 보글은 미국의 투자자들을 위해 그 누구보다 많은 일을 했습니다. 존, 자리에서 일어나주시겠어요? 아 저기 계시네요." 우레와 같은 박수 소리와 함께 검은색 정장에 체크무늬 셔츠를 입은 수척하지만 활짝 웃는 모습의 보글이 자리에서 일어나 관중들에게 손을 흔들었다. 그리고 연단에 있는 버핏과 멍거에게 목례를 했다.

버핏은 존 보글이 누구인지 모를 수도 있는 참석자들을 위해 뱅가드가 만든 인덱스펀드가 어떻게 자산운용업계를 바꾸어놓았는지를 설명했다. "저는 적어도 존이 수천억 달러를 절약해 투자자들에게 돌려주었다고 생각합니다. 시간이 지나면 이런 금액은 수조 달러가 될 거예요."라고 말했다. "월요일이 존의 88세 생일입니다. 생일 축하드립니다, 존. 그리고 미국의 투자자들을 대표해 감사하다고 말하고 싶습니다." 진심에서 우러나오는 또 한 차례의 박수가 회의장에 울려 퍼졌다.

버핏이 직접 수천 명 앞에서 자신을 칭찬한 것은 보글에게 큰 감동이었다. "나는 좀처럼 압도당하지 않지만 이것은 정말로 굉장했습니다."라고 갤브레이스가 말했다. "보글한테는 큰 의미가 있었죠." 보글과 사진을 찍고 싶어 하는 사람들이 너무 많다 보니 그는 사진 찍을 시간을 충분히 갖기 위해 주총 회의장을 일찍 떠나야만 했다. 보글은 나중에 록스타들이 왜 그리 파파라치를 열심히 피해 다니는지를 알게 됐다고 이야기했다. 동시에 다사다난한 인생의 끝자락에 다다른 보글은 자신의 놀라운 유산인 인덱스펀드가 사람들에게 인정받고 있다는 사실을 분명하게 느꼈다.

보글은 나중에 "이런 훌륭한 행사에서 투자 세계에 이바지하고 뱅가드의 인덱스펀드에 자산을 맡긴 사람들이 부자가 되도록 도와준 공로를 인정받았다는 사실에 커다란 만족감을 느꼈습니다."라고 말했다.[12] "저도 단지 보통 사람에 불과할 뿐입니다!"

하지만 현인이라고 불리는 버핏도 보글처럼 한 명의 평범한 사람일 뿐이었다. 보글의 방문은 오마하의 현인에게도 승리를 축하하는 행진과 다름없었다.

⌒

버크셔해서웨이의 주주 총회가 열리기 며칠 전에 세이즈는 공식적으로 내기에서 졌다는 사실을 인정했다. 2년 전에 프로테제를 떠났지만 프로테제를 대신해 그는 내기가 8개월이 남은 시점에 자신이 질 거라는 사실을 인정한 것이다.

롱벳츠 포럼의 내기에 관해 평론가들은 이미 버핏의 승리에 들떠 있었다. 누군가는 "워런이 프로테제를 완전히 압도할 것이다."라고 말했다. "아슬아슬한 승부는 없다. 인덱스펀드가 이긴다."《포춘》에서 60년을 일한 캐럴 루미스는 그녀의 마지막 기사 가운데 하나에서 버핏이 어떻게 헤지펀드를 이겼는지를 설명했다. 뱅가드의 설립자를 지지하는 사람들의 온라인 토론방인 보글헤즈Bogleheads의 회원들은 매우 우쭐해했다. "오마하의 현인은 존과 보글헤즈가 가야 할 길이 패시브 투자라는 것을 처음부터 알고 있었다는 사실을 입증해주었습니다."라며 기뻐했다.

내기 결과는 천지 차이였다. 뱅가드500 인덱스펀드는 지난 10년 동안 125.8퍼센트의 수익률을 기록했다. 40년 전에 보글이 처음 뱅가드 펀드를 시작했을 때만 해도 암울한 실패작으로 여겨진 것은 아이러니가 아닐 수 없다. 5개의 재간접 헤지펀드로 구성된 세이즈의 펀드는 평균 36.3퍼센트의 수익률을 기록했다. 사실 5개의 개별 헤지펀드 가운데 단 하나의 펀드도 뱅가드 펀드가 추종하는 S&P500 지수를 이기지 못했다.

연례 보고서에서 버핏은 너무 크게 기뻐하지는 않았다. 버핏은 "기초 자산을 구성하는 헤지펀드의 100명이 넘는 펀드매니저들 모두가 최선을 다하기 위해 상당한 금전적 보상을 받았다는 점을 명심해야 합니다."라고 이야기했다. "더구나 세이즈가 선택한 5개 재간접 펀드의 펀드매니저들도 최고의 헤지펀드 매니저들을 선택하기 위해 비슷한 보상을 받았습니다. 이들 5명의 재간접 펀드의 펀드매니저들도 기초자산이 되는 펀드들의 결과를 기반으로 성과 수수료를 받기 때문입니다. 나는 대부분 펀드매니저가 정직하고 똑똑한 사람이라고 확신하지만 투자자들을 위한 그들의 성과는 정말로 형편없었습니다."

세이즈는 비용이 매우 중요하다는 버핏의 주장에 동의하지만 여전히 버핏이 과장하고 있다고 생각했다. 그는 주로 수익률이 낮은 회사채나 국채에 초점을 맞춘 광범위한 헤지펀드와 미국 주식시장의 펀드를 맞대결시킨 것이 자신의 패착이었다고 주장했다. 여기에 더해 내기가 진행된 10년 동안 미국 주식시장은 금융위기에도 불구하고 매우 좋았다.

결국 220만 달러에 달하는 내기의 수익금은 자선단체 걸스로 돌아갔다. 우승 상금이 220만 달러로 불어난 것은 내기의 담보를 적절한 시기에 미국 국채에서 버크셔해서웨이 주식으로 전환했기 때문이다. 이는 인간의 판단이 여전히 가치 있는 역할을 한다는 것을 보여준다. 우승 상금은 오마하 외곽 지역의 개조된 수녀원에 사는 취약한 젊은 여성들을 위한 걸스 프로그램에 재정적으로 큰 도움이 됐다. 현재 이 시설의 이름은 기증자에 걸맞게 프로테제 하우스^{Protege House}로 바뀌었다.

세이즈는 버핏과의 내기를 회상하면서 한 가지 뼈아픈 고백을 했다. 만일 자신이 젊은 청년이라면 더는 투자업계에서 일하지 않을 것이라고 말이다. 투자업계는 갈수록 경쟁이 치열하고 힘들어지고 있었다. 그리고 어떤 사람의 성과가 운에 따른 것인지 아니면 능력에 따른 것인지를 판단하는 것은 거의 불가능하다. 게다가 투자 전문가라는 직업은 경험이 많다고 유능해지는 것도 아닐뿐더러 평범함은 전혀 가치가 없는 매우 희귀한 직업이기 때문이다. 세이즈는 "평범한 의사는 사람의 생명을 살릴 수 있습니다. 하지만 평범한 투자자는 사회의 가치를 훼손합니다."라고 말했다.

당연히 버핏은 전문 투자자가 되는 것이 불가능하지는 않다고 주장한다. 하지만 많은 사람이 성공적인 투자자가 될 수 있다는 데는 회의적이다. 종종 성공적인 투자자들조차 시간이 지날수록 투자 수익률이 감소하는 것을 경험한다. 일반적으로 과거의 훌륭한 수익률은 펀드매니저가 새로운 투자자를 많이 유치했다는 것을 의미한다. 하지만 한 사람의 펀드매니저가 더 많은 돈을 운용할수록 수익을 많이 낼 기회를 찾기는 더 어려워진다. 투자업계의 대부분 사람들은 자신이 운용하는 자금의 규모에 따라 보수를 받기 때문에 투자금의 규모를 자신이 운용할 수 있는 범위로 관리할 동기가 전혀 없다.

버핏은 "수조 달러의 자금이 높은 수수료를 부과하는 월스트리트의 투자 전문가들에 의해 운용될 경우 초과 수익을 얻는 사람은 일반적으로 고객이 아니라 펀드매니저가 될 것입니다. 그래서 거액 투자자와 소액 투자자는 모두 비용이 저렴한 인덱스펀드에 투자해야 합니다."라고 주장한다.[13]

버핏과 세이즈의 내기는 투자업계에서 커다란 변화의 상징이다. 〈워싱턴 포스트〉는 1970년대에 불쑥 등장한 초창기의 인덱스펀드에 투자하지 않았다. 하지만 오늘날 인덱스펀드는 투자산업에서 상당 부분을 차지한다. 저명한 투자산업 관련 데이터 제공업체인 모닝스타Morningstar에 따르면 인덱스펀드의 규모는 2020년 말을 기준으로 거의 16조 달러에 달한다. 하지만 많은 대규모 연기금과 국부 펀드들도 내부적으로 지수 추종 전략을 가지고 있거나 외부 투자기관을 고용해 공식적인 펀드 시장 구조 밖에서 지수 추종 전략을 추구하고 있다. 2017년에 세계 최대의 자산운용회사인 블랙록은 내부적으로 또는 블랙록과 유사한 기관들에 의해 패시브 전략으로 운용되는 공개되지 않은 자금이 6조 8천억 달러에 달할 것으로 추정했다. 공개적으로 거래되는 전체 인덱스펀드의 성장률이 과거와 유사하다고 가정하면 현재 26조 달러가 넘는 돈이(보수적인 추정치일 확률이 높다) 몇 가지 금융 지수를 추종하는 것 말고 아무것도 하지 않는다는 의미다. 이들은 미국 주식시장의 S&P500 지수, 미국 국채시장의 블룸버그-바클레이즈 종합지수Bloomberg Barclays Global Aggregate(대표적인 해외 채권 지수로 국내 연기금들이 해외 채권 투자의 벤치마크로 가장 많이 이용한다. JP모건 신흥 시장 국채 지수, 씨티Citi 세계 국채 지수와 함께 세계 3대 채권 지수이다.-옮긴이) 또는 개도국 시장의 채권을 위한 JP모건JP Morgan의 EMBI 지수 등을 추종하고 있다.

현재 세계 최대의 주식 펀드는 인덱스펀드다. 가장 큰 채권 펀드도 마찬가지다. 중요한 금 지수 펀드는 현재 대부분의 중앙은행들이 보유한 것보다 훨씬 더 많은 금을 보유하고 있다. 그 규모가 무려 1,100톤에 달한다. 이것은 미국 포트 녹스Fort Knox에 보관된 금괴의 4분의 1에 맞먹는 규모다. 인덱스펀드의 한 형태로 알려진 상장지수펀드ETF를 다루는 블룸버그의 팟캐스트가 '트릴리언즈Trillions'라고 불리는 것도 놀랄 일이 아니다. 트릴리언즈는 가공의 펀드매니저인 바비 액슬로드Bobby Axelord가 나오는 미국 쇼타임Showtime의 드라마 제목인 '빌리언즈Billions'를 패러디한 것이다.

수익은 거의 모든 투자자에게 직접 또는 간접적으로 돌아간다. 폴 볼커Paul Volker 전 연방준비제도 의장이 2009년에 "금융산업계가 지난 20년 동안 이룩한 유일한 가치 있는 혁신은 현금자동인출기다."라고 한 말은 너무도 유명하다. 기간을 지난 50년으로 늘리면 나는 1970년대에 탄생한 인덱스펀드가 금융산업이 이룩한 가장 큰 혁신이라고 감히 주장하고 싶다. 미국에서 뮤추얼펀드의 평균 수수료는 지난 20년에 걸쳐 반으로 줄었다. 펀드 수수료의 감소는 인덱스펀드의 성장과 인덱스펀드가 다른 모든 투자상품의 비용을 낮추도록 압박을 가한 덕분이다.

이 기간에 절약된 수조 달러에 달하는 비용은 높은 급여를 받는 금융업계의 전문가들이 아니라 비용을 절약한 사람들의 호주머니로 직접 들어가고 있다. 예를 들면 8조 달러의 상장지수펀드에 대해 투자자들이 지불하는 전체 수수료는 대략적으로 150억 달러 정도다(차세대 인덱스펀드라고 불리는 상장지수펀드에 관해서는 이 책 후반부에서 다루겠다). 이것은 2020년의 세계적인 자산운용사 피델리티Fidelity의 수익보다 훨씬 적고, 헤지펀드 업계의 전체 수익과 비교하면 극히 일부에 불과하다.[14]

역사적으로 금융업계는 미국의 중산층보다 업계의 주머니를 불려주는 신상품 개발에 능숙했다. 인덱스펀드는 이런 규칙에서 찾아보기 힘든 예외적 상품이다. 인덱스펀드는 부자와 빈자 사이의 격차가 점점 더 벌어지는 시기에 자신들을 금융업계의 변절자라고 부르는 사람들에 의해 발명됐다. 하지만 초기에 많은 비난을 받았던 인덱스펀드가 지난 수십 년간 끼친 긍정적인 영향은 상당히 고무적이다.

그럼에도 불구하고 새로운 투자 기법에는 언제나 부작용이 있게 마련이다. 모든 것이 긍정적이진 않다. 인덱스 투자가 성장하면서 초기의 비난은 우려를 넘어 심지어 공포로 바뀌었다. 지난 10년간 인덱스펀드 투자에 대한 이런 비판의 목소리도 점점 더 커졌다. 유명한 헤지펀드 운용자인 폴 싱어Paul Singer는 심지어 패시브 투자가 자본주의를 집어삼킬 위험이 있다고 주장했다.

2017년 투자자들에게 보낸 편지에서 엘리엇매니지먼트Elliott Management의 최고경영자인 폴 싱어는 "훌륭한 아이디어와 통찰이 초기의 의도나 목적을 뛰어넘어 극단적으로 과장되고 때로는 원래 목적과 반대로 작용하는 것에 놀라게 되는 경우가 있습니다. 패시브 투자가 그럴지도 모릅니다."라고 말했다.[15]

싱어는 냉정한 시장 관찰자가 아니었다. 인덱스펀드는 싱어의 일상을 더욱 힘들게 만들었다. 인덱스펀드는 헤지펀드 업계가 지금까지 부과한 엄청난 수수료를 낮추도록 압력을 가하고, 엘리엇이 명성을 얻은 행동주의 투자 전략을 더욱 복잡하게 만들었기 때문이다. 그렇다고 해도 약간 과장된 측면이 있기는 하지만 그의 비판은 진실의 일면을 담고 있다.

인덱스펀드 옹호론자들에게는 인덱스펀드의 잠재적인 부정적 영향을 인지하고 그 위험을 무조건 부인하기보다 개선하려고 노력하는 것이 중요하다. 패시브 투자의 성장은 앞으로 수십 년 동안 시장과 투자뿐만 아니라 자본주의 작동 방식에 관해 우리가 직면할 가장 중요한 도전 가운데 하나가 될 것이다. 이런 주장은 질병의 대유행, 민족주의의 부활 그리고 빈부의 격차가 커지는 시대에 상당히 과장된 것으로 보일지도 모른다. 하지만 2008년에 전 세계가 경험한 것처럼 금융은 우리가 좋아하든 싫어하든 종종 알 수 없는 방식으로 우리 사회의 모든 면에 영향을 미치고 있다.

세이즈와 내기에서 버핏을 대신해 참가할 선수로 선택받은 S&P500 인덱스펀드의 창시자인 보글은 버핏의 공개적인 감사를 받을 만한 인물이고 투자업계의 거물이다. 그는 인덱스펀드의 대중화를 위해 누구보다 많은 일을 했다. 투자업계로부터 받은 광범위한 멸시, 조소 그리고 놀림에도 불구하고 인덱스펀드가 성장할 수 있었던 것은 보글의 구세주의적인 열정 덕분이었다.

하지만 보글은 금융의 혁신으로 이어진 혁명에서 유일한 열성적 지지자가 아니었다. 그는 인덱스펀드의 명분을 누구 못지않게 지지하고 옹호했지만 인덱스펀드의 지적인 토대를 제공하거나, 펀드의 구조를 설계하거나, 나중에 현대적인 투자상품으로 발전하는 틀을 세운 인물도 아니었다.

이 책은 초보자를 위한 인덱스펀드 안내서가 아니다. 이해하기 어려운 전문 용어를 피하고 인덱스펀드가 움직이는 방식을 세부적으로 속속들이 밝히는 대신 관련자들에 대한 이야기와 그 배경을 설명하려고 노력했다. 나는 인덱스펀드의 놀라운 발전을 이해하고, 투자 역사의 광범위한 맥락을 파악하며, 우리가 지금 어디를 향해 가고 있는지를 아는 데 도움이 되는 책을 쓰고 싶었다.

　패시브 투자의 발명과 성장의 이면에 있는 사람들은 매우 똑똑하고 매력적이다. 물론 이들의 상당수가 패시브라는 단어가 가진 나태함이라는 의미 때문에 이 용어를 싫어한다. 어쨌든 많은 사람이 친절하게도 나에게 자신들의 시간을 기꺼이 할애해주었다. 기억도 가물가물하고 설명도 서로 일치하지 않을 때가 있어 정확히 엮어내기가 상당히 힘들었다. 그럼에도 나는 이 책을 통해 하고 싶은 이야기의 중요성을 잘 전하고 싶다.

　앞으로 알게 되겠지만 인덱스펀드는 19세기 말과 20세기 초에 프랑스 파리에서 혁명의 씨앗이 뿌려졌고 샌프란시스코에서 첫 수확을 거두었다. 그리고 월스트리트의 금융공학자들에 의해 세계를 지배하는 발명품으로 만들어졌다. 이 책에는 농부에서 컴퓨터 괴짜로 변한 사람, 아마추어 재즈 연주자, 전 신학 대학생, 몰락한 학자들, 아저씨 같은 음향 물리학자, 카리스마 있는 비서에서 최고경영자가 된 여성, 금융계의 거물 그리고 심지어 〈터미네이터〉Terminator 영화에 출연한 할리우드의 유명 배우도 잠깐 등장한다. 이들은 거대한 장애물과 대중의 무관심, 투자업계의 거만한 주류 세력들로부터 광범위한 조롱에 직면했지만 그들이 이룩한 업적은 엄청났다.

2장

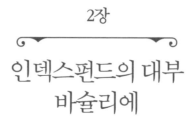

인덱스펀드의 대부
바슐리에

1954년, 렌즈가 두툼한 안경을 낀 박학다식한 시카고대학교 통계학 교수 레오너드 새비지Leonard Jimmie Savage는 대학교 도서관을 샅샅이 뒤지다가 책 하나를 발견했다. 시대를 앞서가는 사고방식을 가진 루이 바슐리에라는 이름의 프랑스 수학자가 20세기 초에 쓴 책이었다. 새비지는 친구들에게 이 책을 칭찬하는 엽서를 보내면서 바슐리에에 대해 들어본 적이 있는지 물었다.[1]

엽서를 받은 친구 중에 폴 새뮤얼슨Paul Samuelson이 있었다. 훗날 그는 최초로 노벨 경제학상을 받는 미국인이 될 경제학자였다. 새뮤얼슨은 MIT 도서관에서 그 책을 찾을 수 없었다. 하지만 바슐리에의 프랑스 박사학위 논문을 찾았다. 이 논문은 새뮤얼슨의 호기심을 자극하기에 충분했다. 그는 "바슐리에는 한 가지 생각만 하는 사람이었던 것 같아요. 하지만 대단한 생각입니다!"라는 논평과 함께 바슐리에의 논문을 재빨리 번역해 동료 경제학자들에게 돌렸다.[2] 실제로 새비지가 보낸 1954년의 재미없는 엽서 한 장은 금융 역사의 궤도를 바꾸어놓았다고 주장할 만한 것이었다.

금융 역사에서 루이 바슐리에만큼 당대에는 유명하지 않았지만 후대에 엄청난 영향력을 끼친 인물은 없다. 부유하지만 평범한 프랑스 포도주 상인의 아들로 태어난 바슐리에는 현대 금융계를 바꾸어놓은 아이디어의 토대를 마련했다. 이는 특이한 통찰력으로 미국 경제학계에 대단한 영향력을 끼친 한 통계학자가 한가하게 도서관을 뒤진 덕분이었다.

바슐리에는 1870년 3월에 르아브르Le Havre에서 태어났다. 당시는 정치적인 격동과 지적인 열정의 시대로 앙리 마티스Henri Matisse, 에밀 졸라Emile Zola, 마리 퀴리Marie Curie 같은 예술가, 작가, 과학자들을 배출한 벨 에포크Belle Epoque(19세기 말부터 제1차 세계대전까지 프랑스가 사회·경제·기술·정치적 발전으로 번성했던 시대를 일컫는 용어-옮긴이) 시대였다. 하지만 바슐리에의 배경을 아무리 살펴봐도 그가 남길 엄청난 업적을 암시하는 바는 거의 없었다.

실제로 그의 세세한 인생사가 상대적으로 잘 알려지지 않았다는 사실은 바슐리에가 당대에 얼마나 인정받지 못한 인물이었는지를 알려준다. 르아브르는 국제적으로 번창한 무역항이었다. 하지만 카페, 화랑 그리고 파리 그랑제콜(고등교육기관)과는 거리가 멀어 일반적으로 잘 알려지지 않은 도시였다.

어렸을 때 바슐리에는 처음부터 가족의 포도주 장사를 물려받기 위한 교육을 받았지만 그의 아버지는 그에게 물리학과 수학에 대한 사랑을 심어준 아마추어 과학자이기도 했다. 바슐리에는 고등학교 졸업장을 따기 위해 노르망디의 주도인 칸Caen으로 보내졌다. 그는 1888년에 고등학교를 졸업하고 수학을 공부할 계획이었다. 하지만 뜻하지 않은 비극이 닥쳐왔다.

1889년 1월 11일에 바슐리에의 아버지가 사망했고 4개월 뒤에는 어머니도 세상을 떠났다. 이 때문에 열여덟 살 소년은 공부 계획을 포기하고 집으로 돌아왔다. 가업을 물려받아 누나와 세 살 어린 남동생을 돌봐야 했다. 스물한 살이 되었을 때 바슐리에는 육군에 징집됐다.

1년 동안 군 복무를 마친 뒤 그는 마침내 소르본대학교에 진학했고 그곳에서 자신의 박사학위를 지도해준 앙리 푸앵카레Henri Poincare 같은 수학계 거물의 지도를 받으면서 공부했다.[3] 바슐리에의 성적은 평범했다. 하지만 1900년 서른 번째 생일 직후에 그는 '확률 계산법의 주식시장 운용 적용'에 관한 응용수학 분야의 박사학위 논문을 성공적으로 마무리했다. 그의 논문은 소르본대학교에서 공부하는 동안 파리증권거래소에서 아르바이트한 경험에서 영감을 받았을 확률이 높다.[4]

곤혹스럽게도 푸앵카레는 그의 논문을 "매우 독창적"이라고 칭찬했지만 바슐리에의 논문은 일반적으로 학문적 지위를 얻는 데 필요한 '매우 우수' 등급보다 한 단계 아래인 '우수' 등급을 받는 데 그쳤다. 아마도 논문 주제 때문이었을 것으로 추정된다. 그 당시 금융은 과학적 연구 가치가 없는 저급한 분야로 여겨졌다. 푸앵카레는 "논문 주제가 박사학위 후보자들이 일반적으로 취급하는 주제와 다소 거리가 있다."라고 지적한 바 있다.

이것은 커다란 충격이었다. 바슐리에는 소르본대학교에서 확률론 강의를 대부분 무급으로 해야 했고 제1차 세계대전에서 군인으로 복무할 때까지 임시 장학금에 의존해 생활해야만 했다. 전쟁에서 돌아왔을 때도 그는 대학교수 자리를 얻지 못했고 브장송Besancon, 디종Dijon 그리고 렌Rennes 대학교를 오가며 일했다. 1921년 브장송대학교 총장에게 보낸 비밀 메모에서 프랑스의 고등교육 국장은 "그는 우수한 인재도 아니고 그의 논문은 무척 특이합니다. 하지만 그는 제1차 세계대전에서 국가를 위해 복무했고 우리는 그에게 충분히 공평한 대우를 하지 않았습니다. 사실 바슐리에는 당신네 대학 교수진으로 임시 채용된 것입니다."라고 말했다.[5]

가장 망신스러운 일은 그가 디종대학교에서 징계를 받은 것이었다. 그 당시 학과장은 정교수 자리에 다른 후보를 앉히려고 했다. 그는 바슐리에의 논문에서 명백한 오류를 강조하려고 전후관계가 맞지 않은 인용 부분을 파리의 폴리테크대학교에 보내 논문 심사에서 탈락시키려고 했다.[6] 1927년에야 바슐리에는 브장송대학교에서 정교수 자리를 얻었다. 10년 뒤에 프랑스 서북부의 브르타뉴Brittany에서 은퇴할 때까지 바슐리에는 브장송대학교에서 강의했다. 그는 세상에 거의 이름이 알려지지 않은 채로 1946년에 사망했다.

확률에 대한 그의 연구는 수학계에서는 약간의 관심을 받았다. 하지만 레오너드 새비지가 바슐리에의 연구를 발견할 때까지 널리 알려지지는 않았다. 새비지는 다방면에 정통한 전설적인 학자로, 경제학자 밀턴 프리드먼Milton Friedman이 일말의 주저함도 없이 천재라고 부르는 몇 안 되는 사람 가운데 하나였다. 새비지는 미국 경제학자들에게 바슐리에의 연구가 가진 중요성을 열정적으로 전파했고, 그 덕분에 뒤늦게 논문의 탁월함을 인정받게 됐다.

바슐리에의 박사학위 논문인 〈투기 이론〉Theory of Speculation은 오늘날 금융의 역사에서 매우 중요한 논문으로 인정받고 있다. 〈투기 이론〉은 금융 증권이 어떻게 예측할 수 없는 무작위 방식으로 움직이는 것처럼 보이는지를 수학적으로 엄밀하게 검증한 최초의 논문이었다. 1960년대에 가장 앞서가는 금융학자였던 폴 쿠트너Paul Cootner는 나중에 "투기 가격에 대한 바슐리에의 연구는 개념을 구상한 시점이 금융 연구의 획기적 전환점이라고 말할 수 있을 정도로 매우 탁월합니다."라고 이야기했다.[7]

파리증권거래소에서 일하는 시기에 영감을 받은 바슐리에는 주식 거래자들의 직감이 아니라 수학을 이용해 시장의 변동성에 대한 확률 법칙을 정립하려고 했다. 그의 논문은 수식으로 가득한 데다가 문학적인 글도 아닌, 전형적인 학술 논문으로, 소수의 전문가들 외에는 이해하기 어려웠다. 논문의 핵심은 다음과 같다.

"시장의 변동성에 관해서는 상반된 의견이 존재한다. 동일한 시점에 매수자들은 시장이 오를 것이라고 믿는 데 반해 매도자들은 시장이 하락할 것이라고 믿는다는 것이다. …… 시장, 다시 말해 투기꾼 전체는 주어진 특정 순간에 가격의 상승도 하락도 모두 믿지 않아야 하는 것처럼 보인다. 왜냐하면 각 호가의 경우 동일한 수의 매도자와 매수자가 존재하기 때문이다."

다시 말해 똑똑한 매수자는 자신이 싸게 사는 것일지도 모른다고 생각하는 반면 비슷하게 똑똑한 매도자도 자신이 좋은 가격에 팔았다고 생각하는 것이 틀림없다. 그렇지 않다면 어떤 거래도 체결되지 않을 것이다. 따라서 주식은 투자자들이 전체적으로 그리고 평균적으로 공정하다고 생각하는 수준에서 특정 시점에 가격이 결정된다. 이것은 정말 획기적인 깨달음이었다.

이게 다가 아니었다. 바슐리에는 금융 증권(주식, 채권 등)이 과학자들이 '확률적'이라고 부르는, 즉 무작위적인 움직임을 보인다고 주장했다. 가장 유명한 무작위적 움직임은 스코틀랜드의 식물학자인 로버트 브라운Robert Brown에 의해 발견됐다. 브라운은 1827년에 현미경으로 꽃가루를 관찰하다가 꽃가루에서 나온 작은 입자들이 무질서하게 움직이는 것을 보았다. 이런 현상은 나중에 '브라운 운동'으로 알려졌다.

시장의 표면적 무작위성을 더 잘 이해하기 위해 그리고 주식의 가치를 추정하기 위해 바슐리에는 이런 변덕스러운 무작위적 움직임을 분석하는 방법을 최초로 만들었다. 그는 앨버트 아인슈타인Albert Einstein이 물리학에 초점을 맞춘 분석을 통해 똑같은 연구를 하기 5년 전에 이미 무작위적 움직임에 대해 연구했다. 오늘날 그의 연구는 일반적으로 술에 취한 사람이 깜깜한 도로를 비틀거리며 걸어가는 것에 비유한 '랜덤워크random walk'로 알려져 있다. 시장은 대체로 대학생이 힘든 하루를 보내고 나서 대학가 술집에서 술에 취해 방황하는 것과 똑같이 무질서하게 움직이는 것처럼 보인다.

자신의 시대에는 거의 인정받지 못했지만 바슐리에는 오늘날 19세기 최고의 학자이자 수리금융학의 아버지로 알려져 있다. 거의 무명 학자로 사망했지만 2000년에 그를 존경하는 사람들이 바슐리에금융학회Bachelier Finance Society를 만들어 2년마다 수리금융학의 발전을 위한 학회를 개최하기 시작했다.

여기에 더해 바슐리에의 연구는 투자업계에서 곤혹스러운 문제 중 하나인 '왜 대부분 펀드매니저의 성과가 열악한 것처럼 보이는지'를 설명하는 데 도움이 되는 이론적 토대가 되었다.

광란의 1920년대(경기 호황으로 주가가 치솟으며 문화, 예술이 발전했던 1920~29년 사이의 시기-옮긴이)는 큰 충격과 함께 끝났다. 1929년 10월 네 번째 목요일에 불안불안했던 미국 주식시장이 재앙 수준으로 폭락했다. 주요 은행과 투자신탁회사는 시장을 안정시키기 위해 대규모로 주식을 매수하는 등 필사적으로 노력했지만 일시적인 진정 효과만 있었다. 과거 금융위기에는 도움이 됐던 교과서적 대책이었다. 1929년 9월 중순과 11월 중순 사이에 미국 주식시장의 가치는 절반으로 뚝 떨어졌다. 미국 주식시장의 대폭락은 전 세계에 충격을 주었고, 그 결과 대공황Great Depression을 초래했다.

1929년의 대폭락은 초창기 자산운용업계의 신뢰에 처음으로 심각한 타격을 준 사건이었다. 1920년대 호황기에는 투자신탁회사(수천 명의 개인투자자를 대표해 거대한 자산을 관리하는 전문 투자회사)들의 판단에 대한 신뢰도가 매우 높아서 1년에 단 한 차례만 보유 자산을 공개했다. 자산을 더 자주 공개할 경우 그들이 매수한 주식에 투기 열풍을 불러올 수 있기 때문이었다. 하지만 1929년의 대폭락은 이런 자산운용사들이 무방비 상태였다는 사실을 만천하에 보여주었다. 존 갤브레이스John Kenneth Galbraith는 이 사건을 다룬 그의 역사서에서 "미국인 가운데 가장 힘 있고 영향력 있는 금융가의 거물들도 아주 잠깐이기는 하지만 힘없는 보통 사람과 다름없는 것으로 드러났다."고 언급했다.[8]

1940년에 전 월스트리트 주식중개인 프레드 쉐드는 《고객의 요트는 어디에 있는가?》라는 제목의 매우 독창적인 저서에서 투자업계를 신랄하게 비판했다. 책의 제목은 월스트리트의 주식중개인과 자산관리사들이 고객의 요트, 즉 고객의 이익보다 자신들의 이익에 더 관심이 많다는 것을 통렬하게 꼬집은 표현으로 지금까지 유명하다. 하지만 투자 전문가들이 얼마나 성과를 내고 있는지에 대한 최초의 경험적이고 엄격한 연구는 예상치 못한 곳에서 나왔다.

세대를 뜻하는 접미사에서 알 수 있듯이 앨프리드 콜스 3세는 1891년에 부유한 특권층 집안에서 태어났다. 그의 할아버지인 앨프리드 1세는 〈시카고 트리뷴〉Chicago Tribune의 창업자 가운데 한 사람이었다. 그의 아버지 앨프리드 주니어는 나중에 신문사 경영을 도와준 유명한 변호사였다. 앨프리드 3세는 의무감으로 아버지의 전철을 따라 고위 경영진이 되기 위한 준비를 하려고 신문사에 합류하기 전에 예일대학교에 진학했다.

하지만 젊은 콜스의 인생 경로는 운명의 장난으로 크게 바뀌었다. 그는 1920년에 폐결핵에 걸렸고 그의 가족들은 콜스를 폐결핵 환자의 회복에 도움이 된다고 알려진 신선한 공기와 낮은 습도 그리고 햇볕이 풍부한 콜로라도 스프링스Colorado Springs로 보냈다. 콜스는 일하면서 바쁘게 지내기 위해 아버지를 도와 가족의 재산을 관리하는 일을 시작했다. 그는 시장을 파악하는 데 도움을 주는 수많은 투자 서비스와 뉴스 서비스를 구독했다. 하지만 콜스는 이런 서비스 가운데 어느 것도 1929년의 대재앙을 예측하지 못했고 그 여파를 극복하는 데 도움을 주지 못했다는 충격적인 사실을 발견했다. 그래서 콜스는 주식이 정말로 예측 가능한 것인지를 알아보기로 했다.[9]

콜스는 16개의 금융 정보 구독 서비스의 기록을 분석했다. 〈월스트리트 저널〉의 설립자인 찰스 다우Charles Dow가 처음으로 주창한 다우 이론Dow

Theory의 기록, 24개의 투자 정보 관련 출판물 그리고 20개의 중요한 화재 보험사들의 공개 매수와 공개 매도 자료들도 분석했다.[10] 이것은 엄청난 일이었다. 그는 총 7만 5천 개 항목에 대해 금융 정보 서비스업체들이 추천한 7,500개 추천 종목, 4년에 걸친 화재 보험사들의 거래 내용, 255개의 〈월스트리트 저널〉의 사설 그리고 투자 정보지가 추천한 3,300개 종목을 꼼꼼히 살펴보고 이들의 성과를 측정해야만 했다.

이 분석의 결과가 1933년 《이코노메트리카》Econometrica에 실린 〈주식시장 예측가들은 시장을 예측할 수 있을까?〉Can Stock Market Forecasters Forecast?라는 논문이었다. 《이코노메트리카》는 콜스가 자금을 지원하는 계량경제학을 위한 새로운 학술지였다. 콜스는 자신의 연구 결과를 "의심스럽다."라는 간결하고 냉혹한 말로 요약했다.[11]

콜스의 분석에 따르면, 시장 예측가들 중 주식시장 전체보다 더 나은 성과를 내는 사람은 소수에 불과하며, 그것도 운에 의한 것일 수 있다는 것을 보여줬다. 그는 화재 보험업계가 오랜 기간의 경험과 가용할 자본이 많다는 점에 주목했는데, 화재 보험업계의 실적 또한 처참했다. 1928~31년까지 실적은 시장보다 연간 평균 1.2퍼센트 뒤졌다. 콜스의 결론은 매우 비판적이었다. "화재 보험사의 실적 가운데 가장 좋은 기록조차 16개의 금융 정보 서비스 가운데 가장 성공적 기록보다 그렇게 뛰어나지 않았다. 투자에서 어떤 기술이 존재한다는 것을 명확하게 보여주지 못했다."[12]

모든 자료를 수집하고 예측가들의 성과를 측정하는 것은 엄청나게 힘든 작업이었다. 이 작업은 당시 전도유망한 기업이었던 IBM에서 제공한 원시적인 펀치카드 컴퓨터에 의존해 진행됐다. 1944년 대규모 후속 연

구에서는 15년에 걸친 6,904개의 시장 예측을 검토했다. 그리고 이번에
도 연구자들은 주식시장을 성공적으로 예측할 수 있다는 어떠한 증거도
발견하지 못했다.[13]

당연히 투자업계 종사자들은 자신들의 능력을 무시하는 콜스의 연구
를 달가워하지 않았다. 콜스는 나중에 "물론 나는 수많은 항의를 받았습
니다."라고 당시를 회상했다. "누가 시켜서 한 일도 아니지만, 나는 투자
상담사라는 직업을 무시했습니다. 나는 그들에게 투자 상담사는 직업이
아니라고 말하곤 했습니다. 당연히 이 말은 그들을 더욱 화나게 했죠."[14]

하지만 신문 재벌의 아들이 금융산업에 공헌한 것은 단지 이뿐만이
아니었다. 1932년에 그는 "과학은 측정이다Science is Measurement."라는 좌우
명을 내걸고 콜스경제연구위원회Cowles Commission for Research in Economics를 설립
했다. 측정은 평생에 걸친 그의 열정이었다. 콜스의 아들은 나중에 그
의 방대한 논문들 중에는 예일대 합격률, 미국의 문맹률, 미국에서 가장
인기 있는 개, 팜 비치의 날씨 그리고 상어 등과 같은 다양한 주제에 관
한 사실과 분석이 포함돼 있었다고 말했다.[15] 콜스경제연구위원회는 수
년 동안 제임스 토빈James Tobin, 조지프 스티글리츠Joseph Stiglitz, 아바 러너Abba
Lerner, 케네스 애로Kenneth Arrow, 제이콥 마샤크Jacob Marshak, 찰링 쿠프만스Tjalling
Koopmans, 프랑코 모디글리아니Franco Modigliani 그리고 해리 마코위츠 같은 유
명한 경제학자와 금융학자들을 지속적으로 지원했다. 이들 가운데 몇몇
은 위원회에서 수행한 연구 업적으로 노벨 경제학상을 받았다. 사실 콜
스경제연구위원회는 전성기에 역사상 가장 영향력 있는 경제 싱크탱크
였다고 할 수 있다. 경치가 아름답고 외진 콜로라도에서 결핵에 걸린 신
문 재벌의 아들에게는 괜찮은 선택이었다.

콜스경제연구위원회는 또 다른 중요한 성장 분야에서 매우 큰 업적을 남겼다. 바로 주식시장 전체를 측정하는 것이었다. 1938년에 콜스는 1871년 이후 뉴욕증권거래소에 상장된 모든 주식에 대한 자료를 매우 힘들게 수집해 '미국에서 주식 투자의 평균적 성과를 보여주는' 종합지수를 만드는 또 다른 위대한 연구를 공개했다.[16]

이런 노력은 당시에 주식시장의 지수들이 얼마나 중요해지기 시작했는지를 잘 보여준다. 최초의 지수들은 일반적으로 경제 신문들에 의해 집계됐는데, 간헐적으로 그리고 마구잡이식으로 산출되었다. 일일 주식시장 지수는 1884년에 찰스 다우가 고객들에게 보내는 '고객들을 위한 오후 서신Customer's Afternoon Letter'에서 처음으로 등장했다. 초창기에 찰스의 지수는 대부분이 철도 주식으로 구성된 11개의 운송 관련 주식의 평균을 계산했다. 1889년에 찰스는 소식지 이름을 '월스트리트 저널Wall Street Journal'로 바꾸었다. 그리고 1896년에 찰스 다우는 순수하게 산업 관련 주식으로 구성된 최초의 일일 지수를 만들었다. 이것이 현재 유명한 다우존스 산업평균지수Dow Jones Industrial Average가 되었다.

각종 금융 지수들이 급격하게 증가하기 시작한 것은 주식시장이 강세장이었던 광란의 1920년대 이후였다. 금융 지수의 인기는 점점 높아졌지만 현대적 기준에서 보면 여전히 원시적인 형태였다. 컴퓨터가 없었기 때문에 지수는 수작업으로 수집되고 산출되었다. 소수의 종목으로 구성된 표준 지수를 만드는 작업치고는 상당히 힘든 일이었다. 하지만 1957년에 스탠더드앤드푸어스Standard & Poors는 미국에서 가장 큰 기업들로 구성된 기넘비적인 자체 지수를 출범시켰다. 노벨 경제학상 수상자인 로버트 쉴러 Robert Shiller 교수에 따르면 "이것은 금융 분야에서 전자 시대의 시작을 알리는 상징"이었다.[17]

S&P500이라고 불리는 이 지수는 처음에는 단지 425개 기업의 주가를 추종했지만 월스트리트에 설치된 주식시장 시세표에 직접 연결된 데이터트론Datatron 컴퓨터에 의해 산출되었고 지속적으로 새로운 지수를 측정할 수 있었다. 이것은 엄청난 발전이었다. 1962년에 S&P500 지수는 5분마다 산출됐고 1986년에는 15초마다 지수를 계산했다.

하지만 이상하게도 주식의 장기 수익률을 정확히 아는 사람은 없었다. 결국 지수들은 가장 많이 거래되는 큰 상장기업들만 추종했고 배당금 지급, 합병, 분사 또는 때때로 발생하는 액면 분할(주식이 일반 투자자의 입장에서 너무 비싸질 경우 더 많은 사람이 주식을 살 수 있도록 기업이 주식을 더 적은 금액으로 나누는 것)을 설명하지 못했다. 의결권의 유무 등에 따라 다양한 유형의 주식이 있는 것도 문제를 더욱 복잡하게 했다. 그래서 아무도 투자자들이 주식시장에서 어떤 종류의 장기 수익을 기대할 수 있는지에 관해 결정적으로 이야기할 수 없었다.

이것은 미래의 유망한 고객들을 끌어모으려고 노력하는 월스트리트의 투자회사가 해결해야 할 과제였다. 상당수 고객들은 여전히 대공황을 생생하게 기억하고 있어서 미국 정부나 재정이 튼튼한 회사들이 발행하는 안전한 채권을 압도적으로 선호했다.

1948년에 메릴린치, 피어스Pierce, 페너앤드스미스Fenner and Smith 증권사의 마케팅 책임자인 루이스 엥겔Louis Engel은 〈뉴욕타임스〉에 "복잡해 보이지만 단순한 주식과 채권 거래에 대해 누구나 알아야 할 것"을 쉽게 설명하겠다고 약속하는 전면 광고를 실었다.[18] 6천 단어가 넘는 이 광고는 아마도 〈뉴욕타임스〉의 가장 장황한 광고 가운데 하나였을 것이다. 하지만 메릴린치, 피어스, 페너앤드스미스의 광고는 매우 성공적이었다. 이 광고는 몇 가지 형태로 약 20년 동안 게재됐고 메릴린치의 수많은 유명 주식중개인들에게 엄청난 고객이 몰려들게 했다. 그리고 결국에는 엥겔의《주식을 사는 방법》How to Buy Stocks이라는 책으로 출간돼 400만 권이나 팔렸다.[19] 하지만 1960년에 엥겔이 '주식은 평범한 사람들을 위한 훌륭한 투자'라고 노골적으로 주장하는 광고를 내려고 했을 때 증권거래위원회는 이를 금지했다. 월스트리트의 금융 감시 단체가 엥겔이 그런 주장을 하려면 증거가 필요하다고 주장했기 때문이다.

그래서 엥겔은 자신의 모교인 시카고대학교에 전화를 걸어 장기적으로 주식이 실제로 얼마나 수익을 냈는지 실증적이고 분명한 답을 줄 수 있는 사람이 있는지 찾아봤다. 메릴린치사社는 시카고대학교 경영대학원의 부원장인 제임스 로리James Lorie에게 5만 달러를 기부했다. 제임스 로리는 1960년 3월 시카고대학교에 증권가격연구소Center for Research in Securities Prices, CRSP를 설립하고 필요한 자료를 수집했다. 처음에 그는 1년 안에 확실한 답을 내놓을 수 있기를 바랐다. 그는 나중에 "우리는 25만 달러를 썼고 4년이나 걸렸습니다."라고 농담처럼 말했다.[20]

이런 어려움에도 불구하고 로리는 전문성이나 자질 면에서 이 프로젝트의 적임자였다. 로리는 시카고대학교 동료들이 누린 명성이나 노벨상을 받지는 못했지만, 경제학과의 학문적 발전에 기여한 것은 부인할 수 없다. 또한 그것은 궁극적으로 인덱스펀드 발명에 대한 기여였다.

말타기를 좋아하고 열렬한 주사위 놀이 애호가인[21] 로리는 1922년 캔자스Kansas에서 태어났다. 그는 상냥한 성격에 농담을 즐겼는데, 가장 좋아하는 코미디언이 조니 카슨Johnny Carson이었다.[22] 또한 다방면에 탁월한 사고력을 지니고 있었다. 이런 친화적 성격 덕분에 다른 많은 유명 경제학자들을 시카고대학교로 불러들일 수 있었다. 그는 경영대학원 학생들 사이에 인기가 많았고, 학생들은 로리의 다양한 일화와 여담 때문에 그의 재무학 강의를 '로리의 이야기Lorie's Stories'라고 불렀다.[23] 하지만 그의 가장 뛰어난 업적은 일반적으로 크리스프Crisp라고 불리는 시카고증권가격연구소CRSP였다.

메릴린치를 위해 시작한 연구는 그가 미국통계학회American Statistical Society 연설에서 재치 있게 그 결과를 언급한 것처럼 단조롭고 평범한 일이 아니었다. 그는 "어떤 사람들은 섹스가 프로이트Sigmund Freud의 생각만큼 중요하지 않다고 말합니다. 나도 나이가 들면서 그들의 생각에 동의하게 되더군요. 다른 사람들은 돈이 사회주의자들이 이야기하는 것처럼 중요하지 않다고 말합니다. 그들의 말이 맞을지도 모르죠. 하지만 섹스와 돈은 사람들이 좋아하고 중요한 것이 분명합니다."라고 말했다. 로리는 그 당시 2천만 미국인들이 직접 투자와 연금 펀드를 통해 6천억 달러에 달하는 주식을 가지고 있다고 말했다.[24]

그는 콜스의 개척자적 연구에 경의를 표했지만, 이전의 연구들은 주식시장에 관해서는 잘 알아도 통계는 거의 모르는 사람들이 수행했다고 지적했다. 로리는 "이러한 금융 지식과 통계적 무지의 조합은 그 반대인 통계적으로는 정교해도 금융 분야를 모르는 것보다는 소득이 있겠지만 많은 가치를 만들어내는 데 실패했습니다."라고 주장했다.[25] 컴퓨터에 능숙한 동료인 로렌스 피셔Lawrence Fisher에게 실제로 대부분의 계산을 맡겼던 로리는 그가 더 잘할 수 있다고 생각했다.

그들은 뉴욕증권거래소에 상장된 보통 주식의 평균 수익률을 산출하기로 했다. 1,700개 기업의 월별 종가와 주식 수익률 측정과 연관된 다른 자료들을 수집했다. 이 작업은 미국 기업들이 지난 세월 주주들에게 수익을 배분했던 수많은 방식, 다양한 수수료, 세제 혜택 그리고 기업들이 발행한 다양한 유형의 주식들을 고려할 때 말처럼 쉬운 일이 아니었다. 로리와 피셔는 일정 정도의 소유권과 발행 회사의 수익에 대한 권리를 가지고 있는 보통주의 종류가 50개가 넘는다는 사실을 발견했다. 이런 주식들은 실제로 보통주라고 불리지 않았고 일부는 현실적으로 보통주가 아닌 것도 있었다.

그들이 수집한 거의 40만 개의 가격 시세 가운데 3만 개 이상의 자료는 확인과 정리가 필요했다. 매우 꼼꼼한 성격의 피셔는 자료를 원래 상태보다 훨씬 더 정제되고 정확하게 만들고 싶었기 때문이다. 로리는 나중에 이를 "칭찬받을 만하고 확실히 엄청난 야심"이라고 말했다.[26] 그러나 1964년에 최종 공개된 결과는 놀라웠다. 그들이 수집한 자료는 펼치면 5킬로미터 정도 되는 자기 테이프에 담길 정도로 막대한 분량이었는데[27] 1926년부터 1960년까지 명확하게 구분되는 22개 구간에 걸쳐 배당금의 유무와 다양한 세금 부과 여부에 따른 주식시장의 수익률을 보여주었다. 대략 어떤 사람이 1926년에 뉴욕증권거래소의 모든 주식에 투자하고 모든 배당금을 재투자했다면 1960년까지 연간 9퍼센트의 수익을 냈을 것으로 추정됐다. 이것은 과거에 생각했던 것보다 훨씬 높은 수익률이었다.

이 연구를 후원한 메릴린치 입장에서는 매우 고무적인 결과였다. 1929년 대공황으로 증시가 폭락하기 전인 1920년대 강세장의 최고점에 투자한 사람도 연간 7.7퍼센트의 수익률을 기록했던 것으로 나타났다. 그리고 1950년 이후 연평균 수익률은 10퍼센트를 넘었다. 이런 결과는 메릴린치의 주식중개인들에게는 매우 반가운 것이었다. 이들은 즉각적으로 〈월스트리트 저널〉에 연구 결과를 전면 광고로 다시 게재했다.[28] 그리고 미국 전역에 걸쳐 70만 명이 넘는 사람들에게 연구 결과를 배포했다. 또 런던과 제네바, 뉴욕과 샌프란시스코에서 열리는 일련의 학회에서 연구 결과를 지속적으로 홍보했다.[29] 이것은 특히 역사적으로 채권이 장기적으로 더 안전하고 더 높은 수익을 가져다준다고 생각했던 많은 투자자들에게 매우 충격적인 결과로 다가왔다. 그들은 이제 어쩔 수 없이 자신의 가정假定을 재검토해야만 했다.

하지만 미국 주식의 장기 수익률이 실제로 투자신탁회사와 뮤추얼펀드의 평균 수익률보다 조금 더 높았다는 사실을 알려준 것도 중요한 결과였다. 이것은 AG베커 같은 컨설팅회사가 보다 체계적으로 자료를 수집하기 시작한 계기가 되었다. 1965년 한 연설에서 로리는 매우 호기심을 불러일으키는 결과였다고 유쾌하게 말했다.[30] "뮤추얼펀드나 투자신탁회사가 통제하는 펀드매니저들은 능력 있고 책임 있는 전문가들입니다. 그런데 이들의 성공적인 경력은 대체로 종목을 잘 고른 다음 매도와 매수 시점을 잘 선택하는 데 달려 있습니다."라고 말했다. "하지만 주식 종목과 날짜가 적혀 있는 목록에 다트를 던지는 방식으로 투자하는 것도 능력 있는 전문가의 판단에 의존하는 것만큼이나 만족스러운 투자 방법이라는 것입니다."

이런 불편한 진실은 시카고대학교 출신의 또 다른 저명한 학자인 마이클 젠슨Michael Jensen이 1967년에 발표한 선구자적 논문을 통해 한층 더 강화됐다. 처음으로 전문 투자가들의 성과를 검증하려 한 콜스의 노력을 이어받은 마이클 젠슨은 1945년부터 1964년까지 115개의 뮤추얼펀드의 성과를 세밀하게 분석했다. 그 결과 펀드매니저들의 성과는 비용을 제하기 전에도 평균적으로 전체 시장의 성과를 능가할 수 없었다는 사실을 밝혀냈다. 여기에 더해 젠슨의 비판적 연구는 "어떤 개별 펀드도 단순히 무작위적인 행운을 기대하는 것보다 훨씬 더 좋은 성과를 낼 수 있다는 의미 있는 증거가 없다."라는 사실을 시사했다.[31]

젠슨의 이런 연구 결과는 급속하게 성장하는 뮤추얼펀드 업계로 전파되지는 못했다. 따라서 1960년대 강세장에서 거들먹거리는 대부분의 유명 펀드매니저들은 학자들이 생산하는 데이터가 자신들의 성과가 얼마나 형편없는지를 보여주고 있다는 사실을 알지 못했고 이런 자료에 관심도 없었다. 인터넷이 없던 시대에 정보는 매우 느리게 전파됐고 환영받지 못하는 불리한 정보를 무시하는 것은 훨씬 쉬웠다. 피델리티의 제럴드 차이Gerald Tsai 같은 펀드매니저들은 '니프티 피프티' 주식에 투자해 엄청난 수익을 냈다. 하지만 오늘날에는 정신 나간 소리처럼 들릴 수도 있지만 당시 대부분의 투자자들은 상대적인 투자 성과에 대한 자료를 요구하지도 않았고 펀드매니저들도 자료를 제공하지 않았다.[32] 그리고 전체 시장을 매수하는 것으로 누군가가 좋은 성과를 낼 수 있다는 생각은 터무니없다고 여겼다.

좋은 사례로, 시카고대학교 경제학과 출신으로 캘리포니아대학교에서 경제학을 가르친 에드워드 렌쇼Edward Renshaw와 그의 제자인 폴 펠드스타인Paul Feldstein이 함께 1960년에 발표한 시대를 앞서가는 급진적 논문에 대한 반발을 들 수 있다. 에드워드 렌쇼는 다우존스 산업평균지수 같은 주식시장의 지수를 단순히 추종하는, '펀드매니저가 관리하지 않는 투자회사'의 설립을 주장했다.[33] 그의 논문은 펀드매니저의 능력을 폄훼하지 않았다. 그리고 힘없는 투자자들이 당시 급격하게 증가하는 수많은 펀드매니저의 능력을 세밀하게 파악해 선택하는 데 도움을 줄 목적으로 쓰였다. 하지만 논문은 금융업계에서 철저하게 외면당했다. 존 암스트롱John B. Armstrong이라는 이름으로 글을 쓰는 펀드 업계의 한 원로는 《금융분석가저널》Financial Analysts Journal에 렌쇼의 주장에 반박하는 논문을 기고해 상을 받기도 했다.[34] 이후 렌쇼의 아이디어는 흔적도 없이 사라졌다. 이에 따라 투자회사들은 개인이 전체 시장을 살 수 없다고 이야기함으로써 학계의 공격을 지속적으로 반박할 수 있었다. 주류 경제 매체들도 이처럼 너무 심오한 논쟁에는 관심을 기울이지 않았다. 유명한 펀드매니저에 관한 신문 기사가 훨씬 더 잘 팔리는 시절이었기 때문이다.

하지만 경제 잡지 《비즈니스위크》Business Week는 (우연히도 엥겔이 메릴린치에 합류하기 전에 편집장을 지냈던 잡지다) 시카고증권가격연구소의 결과가 미치는 영향력과 의미에 주목했다. 《비즈니스위크》는 "이 연구는 뮤추얼펀드, 증권 분석, 투자 자문 등 월스트리트의 전문가들이 일하는 대부분의 영역에서 그들을 불안하게 만들 것이다. 투자 분야의 모든 사람이 정도의 차이는 있지만 자신들보다 전문 지식이 조금 적은 사람들에게 자신의 능력을 제공하는 방식으로 돈을 벌고 있다."라고 지적했다.[35]

일부 금융계의 내부자들은 렌쇼의 논문이 가져올 결과를 서서히 고민하기 시작했다. 1975년에 도널드슨러프킨앤드젠레트Donaldson, Lufkin & Jenrette 의 은행원이었던 찰스 엘리스Charles Ellis는 《금융분석가 저널》에 〈패자의 게임〉Loser's Game이라는 논문을 게재했다. 찰스 엘리스는 나중에 그리니치 어소시에이츠Greenwich Associates라는 매우 영향력 있는 자문회사를 설립했다. 그는 이 논문에서 "투자 운용 업무는 전문 펀드매니저들이 시장을 이길 수 있다는, 단순하고 기본적인 믿음에 기초한다. 이런 전제는 잘못된 것 같다."라고 주장했다.[36]

시카고증권가격연구소의 연구 자료는 이와 유사한 수많은 깨달음이 샘솟는 원천이었다. 그 당시 시카고대학교 경영대학원의 학생이었던 렉스 싱크필드는 "내가 여러 사건의 순위를 매겨야 한다면 시카고 증권가 격연구소가 우주의 창조보다 약간 더 의미가 있다고 말할 것입니다."라고 농담조로 말했다.[37]

로리 자신도 전문 투자가들이 도움이 될 수 있고 거의 모든 경우에 확실히 도움이 된다고 강조했다. 이들은 사람들이 주식에 투자하도록 확신을 심어주는 가치 있는 서비스를 제공하고 다양한 포트폴리오를 구성하는 등 비교적 효율적인 방법을 알려주었다. 실제 로리의 주장처럼 주식 투자는 은행 계좌에 돈을 넣어두는 예금이나 채권보다 더 높은 수익을 제공했다. 결과적으로 회계장부를 관리하고 자산을 관리하는 업무에 들어가는 비용은 상당히 클 수 있지만 '선택과 책임에 대한 고민을 덜어주는 것'과 관련해 전문가들이 소규모 투자자들에게 제공하는 서비스는 가치가 있다고 로리는 주장했다.[38]

그렇다고 해도 로리는 펀드매니저들의 평균 수익률이 시장을 이길 수 없는 것으로 보였던 이유를 설명하려고 노력했다. 그는 몇 가지 상당히 명확한 이유가 있다고 말했다. 예를 들면 뮤추얼펀드는 일반적으로 투자자들에게 8퍼센트의 수수료를 먼저 떼어낸 뒤 매년 수수료를 가져간다는 것이다. 뮤추얼펀드와 투자신탁회사들은 또 주식시장에 모든 자금을 투자하는 경우가 거의 없다. 왜냐하면 일부 투자자들의 자금 회수에 대비하거나 갑자기 나타나는 좋은 투자 기회를 잡기 위해 현금을 일부 보유하기 때문이다. 하지만 현금을 보유하는 것은 시장이 상승할 때 성과를 깎아먹는다. 더구나 전문 투자자들은 주식시장에서 점점 더 중요한 참여자로 변하고 있고 버핏이 캐서린 그레이엄에게 보낸 편지에서 지적했듯이 여러 측면에서 시장 그 자체가 되었기 때문이다.

마지막으로 로리는 논란의 여지가 있지만 학계 밖으로 점차 퍼지면서 인기를 얻고 있는 이론에 대해 논의했다. 즉 주식은 '랜덤워크'를 하고 그래서 실제로 지속적으로 주가의 움직임을 정확하게 예측할 수 없다는 것이다. 주식의 랜덤워크에 관한 아이디어는 바슐리에가 1900년에 처음으로 제안했지만 새비지와 새뮤얼슨 같은 학자들의 노력 덕분에 최근에야 재발견됐다.

1964년에 새뮤얼슨의 친구인 MIT 대학교의 폴 쿠트너는 《주식 가격의 무작위적 특성》The Random Character of Stock Prices이라는 500쪽에 달하는 두꺼운 책을 출간했다. 이 책은 자신이 이룩한 학문적 성과의 상당 부분과 다른 사람들의 연구 성과를 담고 있다. 표면적인 주식 가격의 움직임에 대한 다양한 설명 가운데 하나는 모리스 켄들Maurice Kendall로부터 나왔다. 켄들은 1953년에 영국의 주식, 시카고의 밀 가격 그리고 뉴욕의 면화 가격의 변동성에 관한 연구를 책으로 펴낸 유명한 통계학자이다. 그는 과거의 데이터를 보니 모든 상품의 가격이 아무렇게나 움직이는 것처럼 보였는데, 거의 "1주일에 한 번씩 '기회의 악마Demon of Chance'가 무작위로 숫자를 뽑는 것 같다."라고 주장했다.[39]

쿠트너는 바슐리에가 1900년에 쓴 원본 논문 전체를 최초로 번역해 책에 수록했고, 덕분에 더 많은 사람이 읽을 수 있게 됐다. 로리는 "그의 연구는 매우 중요했지만 숙성 기간이 너무 길었습니다."라고 지적했다. "쿠트너의 연구는 최근 10년 동안에 다른 자료를 이용해 논문을 검증하고 연구를 확장하는 데 관심을 가진 사람들 덕분에 재발견됐죠."[40]

바슐리에는 인덱스펀드의 이론적 대부라고 할 수 있다. 하지만 경제학과 금융학은 모든 사람이 과거의 훌륭한 연구를 바탕으로 더 많이 발전해온 분야이다. 랜덤워크 이론은 주가가 마치 동전 던지기처럼 무작위로 움직이기 때문에 추세나 반전 신호를 찾으려는 노력은 모두 허사라는 이론으로, 추세도 우연한 흐름으로 만들어질 수 있다고 주장한다. 이 이론은 시장이 어떻게 작동하고 투자자들이 어떻게 시장에 접근해야 하는지에 대한 활기차고 다면적인 모델로 발전했다. 이는 모두 이 분야에서 놀라울 정도로 뛰어난 3명의 학자인 해리 마코위츠, 윌리엄 샤프, 그리고 유진 파마 덕분이었다. 그들은 각자 자신의 연구로 노벨 경제학상을 받았다.

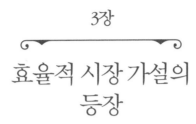

3장

효율적 시장 가설의
등장

지적이고 호리호리한 젊은 경제학과 학생인 마코위츠는 지도교수의 사무실 밖 대기실에서 참을성 있게 기다리다 교수를 만나러 온 주식중개인과 대화를 하게 됐다.

1950년에는 피너츠Peanuts 만화가 최초로 인쇄됐고 제임스 딘James Dean이 펩시콜라 광고에 출연해 성공의 기회를 잡았다. 그리고 냉전의 긴장이 고조되는 가운데 북한이 그해 여름에 남한을 침공했다. 하지만 대중문화와 지정학적 갈등은 시카고대학교에서 관심의 대상이 아니었다. 대신 두 사람은 마코위츠가 자신의 박사학위 논문 주제로 얼마나 고심하는지에 대해 이런저런 이야기를 나눴다. 그 주식중개인은 "주식시장에 관해 써보는 건 어때요?"라고 제안했다.[1]

이 우연한 만남으로 마코위츠는 매우 특별한 명성을 얻게 됐다. 마코위츠는 월스트리트의 전문가들 사이에서는 존경의 대상이었지만 대중에게는 거의 알려지지 않은 인물이었다. 20세기 미국에서 가장 뛰어난 경제학자라고 할 수 있는 새뮤얼슨은 "월스트리트는 해리 마코위츠라는 거인의 어깨 위에 있다."라고 주장했다.[2] 해리 마코위츠의 획기적 연구는 억만장자 헤지펀드 매니저, 우후죽순으로 늘어나는 투자은행 그리고 어마어마한 규모의 퇴직연금의 자산관리 원칙에 이르기까지 오늘날에도 영향을 미치고 있다.

주식중개인과의 우연한 만남은 마코위츠에게 이상한 운명 같은 것이었다. 그는 애초에 금융 분야를 잘 알지도 못했고 관심조차 없었다. 1927년 시카고에서 유대인 슈퍼마켓 두 곳을 운영하는 부유한 가정의 아들로 태어난 그는 상당히 편안한 삶을 즐겼다. 당연히 경제학에 관한 관심을 불러일으켰을 대공황조차 그의 인생에 커다란 영향을 미치지 못했다. 마코위츠는 야구, 풋볼, 바이올린을 배우면서 성장했지만 점점 더 철학, 특히 데이비드 흄David Hume과 르네 데카르트Rene Descartes에 대한 관심이 커졌다. 그는 시카고대학교에서 2년 학위 과정을 마친 뒤 단지 수학을 좋아한다는 이유로 충동적으로 경제학을 전공하기로 했다.

하지만 마코위츠의 타고난 자질은 앨프리드 콜스 3세가 20년 전에 설립한 콜스위원회Cowles Commission의 학생 회원으로 초대받을 만큼 뛰어났다. 콜스위원회의 전 이사인 제이콥 마샤크는 마코위츠의 지도교수가 되었고, 마코위츠는 교수실 밖에서 마샤크를 만나러 온 어느 주식중개인과 잡담을 하게 된 것이다. 마침내 연구실 문을 노크하고 들어갔을 때 마코위츠는 마샤크 교수에게 주식중개인과 나눈 대화를 이야기했다. 그리고 주식시장에 관해 박사학위 논문을 쓰겠다는 생각을 어렵게 꺼냈다.[3]

그 당시에 마코위츠의 아이디어는 상당히 획기적이었다. 시카고대학교에는 매우 유명한 경영대학원이 있었음에도 주식시장 자체는 진지하고 지적인 학문 연구에 어울리지 않는 저급한 분야로 여겨졌다. 그러나 마샤크는 그것이 풍부한 연구 분야가 될 수 있다는 데 동의했고, 콜스도 주식시장에 매료되었다고 설명했다. 마샤크는 개인적으로 주식시장에 대해 아는 바가 없다며 마코위츠를 시카고 경영대학원의 마셜 케첨Marshall Ketchum에게 보냈다. 케첨은 마코위츠가 연구를 위해 읽어야 할 도서 목록을 적어주었다.

마코위츠는 도서관으로 향했고 반나절 만에 훗날 커다란 영향을 미치게 될 핵심 아이디어를 찾아냈다. 실제로 투자업계의 사람들은 현대 금융학이 사실상 그날 탄생했다고 주장한다.

마코위츠는 재빨리 케첨의 첫 번째 추천도서들 가운데 하나인 존 윌리엄스John Burr Williams의 《투자 가치 이론》The Theory of Investment Value을 읽었다. 윌리엄스는 월스트리트에서 일한 경험이 있었지만 1929년의 주가 대폭락과 대공황을 경험한 후에 경제적 재앙을 더 잘 이해하고 투자 분야에 더 많은 정확성을 불어넣기 위해 하버드대학교에 진학해 경제학 박사학위를 받았다. 윌리엄스는 《투자 가치 이론》에서 주가는 미래에 주주들에게 주어질 예상 배당금의 현재 가치와 같아야 한다고 주장했다. 마코위츠는 시카고대학교의 거대한 도서관에서 윌리엄스의 주장에 관해 곰곰이 생각해보았다.

적어도 이론적으로 윌리엄스의 주장은 사람들이 가장 많은 기대수익을 제공하는 한 종목의 주식에만 투자해야 한다는 것을 의미한다. 하지만 마코위츠는 이것이 실제로 말이 안 된다는 것을 알고 있었다. 미래의 배당금은 기본적으로 불확실하고 투자자들은 투자의 위험과 수익에 관심이 많다. 그래서 마코위츠는 분산, 즉 여러 개의 바구니에 달걀을 나눠 담는 것이 위험을 줄이는 방법이라고 생각했다. 마코위츠는 주식의 변동성을 위험의 대체 요인으로 활용했다. 독립적으로 움직이는 많은 주식에 분산 투자하는 것이 (금융업계에서는 다양한 주식들의 집합을 포트폴리오라고 부른다) 실제로 투자자들의 위험을 줄여주었다는 사실을 실증적으로 입증했다.

사실 마코위츠는 투자자들이 포트폴리오의 개별 주식이 아니라 전체 포트폴리오가 어떻게 움직였는가에 관심을 가져야 한다고 주장했다. 하나의 주식이 다른 종목과 독립적으로 움직이는 한, 그 장점이 무엇이든, 포트폴리오의 전체적인 위험은 또는 적어도 포트폴리오의 변동성은 감소할 것이다. 전체 주식시장을 담는 패시브 포트폴리오에서 얻은 분산의 효과는 투자자들에게 주어진 유일한 '공짜 점심'이라고 마코위츠는 강조했다.

물론 대부분 투자자들은 이미 본능적으로 모든 달걀을 한 바구니에 담는 것이 위험하다는 것쯤은 알고 있었다. 하지만 금융 역사가인 피터 번스타인Peter L. Bernstein에 따르면 그 당시에 최선의 주식 포트폴리오를 구성하는 방법은 대체로 주먹구구식이었다.[4] 1952년에 《저널 오브 파이낸스》Journal of Finance에 처음으로 공개된 마코위츠의 논문은 위험과 수익 사이의 균형을 최적화하는 방법을 최초로 보여주었다. 〈포트폴리오 선택〉 Portfolio Selection이라는 논문은 오늘날까지 대부분의 펀드매니저들에게 자산관리 방법을 알려주는 현대 포트폴리오 이론의 기초가 되었다. 마코위츠는 이런 업적을 인정받아 1990년에 노벨 경제학상을 수상했다. 마코위츠는 나중에 "정말 눈 깜박할 사이에 이런 일이 벌어졌어요. 사람들이 나에게 노벨상을 받게 되리라는 사실을 알고 있었냐고 묻더군요. 나는 늘

'아니요'라고 대답합니다. 하지만 내가 박사학위를 받을 것이란 사실은 알고 있었습니다.'라고 말했다.[5]

하지만 마코위츠의 확신에도 불구하고, 그리고 후대에 남길 거대한 영향력에도 불구하고 그의 논문이 경제학 분야에서 박사학위 논문으로서 적합한지는 매우 불확실했다. 마코위츠는 1952년에 시카고대학교를 떠나 날씨가 좋은 캘리포니아에 있는 유명한 싱크탱크인 랜드연구소 RAND Corporation로 자리를 옮겼다. 하지만 자신의 박사학위 논문에 대한 심사를 받기 위해 시카고로 돌아와야만 했다. 마코위츠는 시카고에 도착했을 때 크게 염려하지 않았다. 그는 '나는 이 주제를 잘 알고 있어. 시카고 대학교의 전설적인 경제학 교수인 밀턴 프리드먼 박사조차 나를 괴롭힐 수 없을 거야.'라고 생각했다.[6]

불행하게도 프리드먼은 박사학위에 대한 생각이 달랐다. 마코위츠의 논문을 심사한 지 5분가량 지나자 프리드먼 교수가 "마코위츠, 나는 당신의 학위 논문을 읽어봤어요. 수학적 계산에는 오류가 없지만 이것은 경제학 박사 논문이 아닙니다. 우리는 경제학이 아닌 박사학위 논문에 경제학 박사학위를 줄 수는 없습니다."라고 말했다. 이 때문에 자신의 제자를 보호하려는 마샤크와 열띤 논쟁이 벌어졌다. 결국 그들은 마코위츠를 복도로 내보내고 결정을 기다리라고 했다. 대략 5분 정도 흐른 뒤에 마샤크가 나오더니 "축하해요, 마코위츠 박사."라고 말했다.

마코위츠가 랜드연구소로 자리를 옮긴 것은 뜻밖의 행운이었다. 마코위츠는 그곳에서 윌리엄 샤프를 처음으로 만났다. 윌리엄 샤프는 마코위츠의 제자이자 미래에 그의 연구를 대대적으로 확장할 젊고 똑똑한 경제학자였다. 마코위츠는 나중에 윌리엄 샤프가 자신의 연구를 발전시킨 것에 대해 크게 고마워했다. 마코위츠는 훗날 "샤프는 늘 나를 따라 포트폴리오 이론을 활용했기 때문에 노벨 경제학상을 받았다고 말합니다. 그리고 나는 샤프가 포트폴리오 이론을 경영학에서 경제학으로 바꾸어놓았기 때문에 내가 노벨상을 받았다고 말합니다."라고 말했다. "그렇지 않았다면 나는 노벨 경제학상을 받지 못했을 것입니다."[7]

윌리엄 샤프는 남부 캘리포니아 리버사이드Riverside에서 자랐고 처음에는 의사가 될 계획이었다. 하지만 1951년에 버클리대학교에 입학하자마자 자신이 피를 보면 역겨워하는 것과 의사가 되지 못할 것이라는 사실을 알게 됐다. 그래서 경영학을 공부하기 위해 UCLA로 전학했다. 샤프는 회계학이 복잡하고 따분한 장부 작성에 관한 것이라는 사실을 곧 깨달았다. 하지만 회계학의 입문 과목인 경제학이 그를 사로잡았다. 그는 곧장 진로를 바꾸었다. 샤프는 "경제학은 훌륭한 학문이에요. 그래서 경제학으로 전공을 바꾸었어요. 어떻게 생계를 꾸려갈지에 대한 생각은 없었어요. 그냥 경제학을 공부해야만 했습니다."라고 당시를 회상했다.[8]

하지만 그때의 분위기는 지금과 사뭇 달랐다. 샤프의 좋은 학점은 월스트리트로 진출하는 데 도움이 되지 않았다. 오히려 정반대였다. 그가 한 은행에서 취업 면접을 볼 때 면접관이 그의 학점을 훑어보더니 금융업계에서 일하는 것보다 대학원에서 공부하는 쪽이 더 좋을 것 같다고 제안했다. 그는 "은행들이 학점이 좋은 사람들을 원하지 않는다는 인상을 받았습니다."라고 당시를 기억했다. 샤프는 자신이 요트 클럽의 회장이었고 학군 후보생ROTC이었으며 남학생 사교 클럽에서 활동했기 때문에 "실제로 매우 다재다능한 사람"이라고 주장했다. 그래서 그는 최종적으로 경제학 석사학위를 따기로 결정했다. 그 후에 샤프는 버지니아주 포트 리Fort Lee에서 육군으로 2년간 복무했다.

샤프는 운 좋게도 한국전쟁에 파병되는 것을 피했다. 군 생활을 즐겼지만 샤프는 정부 계약 기관에서 근무하면 2년의 복무기간을 6개월로 단축할 수 있다는 사실을 알게 됐다. UCLA 교수 가운데 한 사람이 군 복무를 마친 후에 랜드연구소에서 일할 것을 추천했다. 랜드연구소는 공군이 자금을 지원하는 연구기관이었기 때문에 샤프는 UCLA에서 박사학위를 따는 동안인 1956년에 경제학자로 랜드연구소에 합류할 수 있었다.

랜드연구소는 그의 발전에 매우 큰 도움이 됐다. 일부 직원들은 랜드RAND가 '연구는 하는데 발전이 없는 곳Research And No Development'의 줄임말이라고 농담했다. 랜드연구소의 지식을 존중하는 분위기는 젊은 경제학자인 샤프에게 매우 고무적이었다. 그곳의 기풍은 해결할 수 없을지도 모르는 문제들을 열심히 연구하는 것이었다.[9] 1주일에 4일은 랜드연구소의 프로젝트를 위해 일했고 다섯 번째 날은 개인 연구를 위한 자유시간이 주어졌다. 유명한 경제학자인 켄 애로와 영화 〈뷰티풀 마인드〉A Beautiful Mind를 통해 불후의 인물이 된 게임 이론가 존 내시John Nash는 샤프가 랜드연구소에서 일할 때쯤 연구 자문을 했다. 다양한 분야의 다양한 이론을 수용하는 랜드연구소의 절충주의는 샤프가 첫 번째로 발표한 연구에 잘 반영돼 있다. 그의 첫 연구는 매연에 대한 세금 부과 제안과 육군의 파견 배치를 위한 항공기 내부의 칸막이 설계 기준에 대한 검토였다.

초창기 컴퓨팅 분야는 샤프에게도 영향을 미쳤다. 그는 20세기 미국의 위대한 수학자인 존 폰 노이만John von Neumann이 설계한 거대한 랜드 컴퓨터에서 프로그램 짜는 방법을 배웠다. 직원들은 랜드연구소의 최첨단 IBM 컴퓨터를 '조니악Johnniac'이라는 애칭으로 불렀다. 셀 수 없을 만큼 수많은 야간 키펀치 작업을 통해 갈고닦은 이 새로운 기술은 그 당시 젊은 경제학자에게는 매우 값진 경험이었다. 샤프가 최초의 경제학자 프로그래머가 된 것은 수학에서 자신의 약점을 극복한 것은 물론 궁극적으로 박사학위를 따는 데도 도움이 되었다.

아마도 가장 중요한 것은 샤프가 마코위츠와 함께 일하게 됐다는 사실일 것이다. 샤프의 첫 번째 박사학위 논문은 성공하지 못했지만 시카고대학교에 다닐 때 마코위츠의 연구를 잘 알게 되었다. 그래서 마코위츠가 랜드연구소에 합류했을 때 샤프는 그에게 조언을 구했다. 이것은 매우 생산적인 협력이었다.

샤프는 마코위츠의 모형들을 단순화하는 컴퓨터 프로그램을 짰다. 그래서 그의 모형들은 실무적으로 훨씬 더 유용해졌다. 1952년에 마코위츠가 만들어낸 분석을 실제로 돌릴 수 있는 컴퓨터들은 미국 정부가 통제했고 핵무기를 설계하는 데 이용됐다.[10] 랜드연구소에서 배운 컴퓨터 언어인 포트란Fortran을 이용해 샤프는 30초 만에 100개의 다른 주식에 대한 분석을 처리할 수 있는 알고리즘을 개발했다. IBM의 7090 컴퓨터로 마코위츠의 모든 분석을 처리하는 데 일반적으로 33분이 걸렸다. 그 당시 컴퓨터의 연산 시간은 엄청난 비용을 의미했기 때문에 이것은 매우 중대한 발전이었다.

이뿐만이 아니었다. 마코위츠의 모형을 단순화하기 위해 샤프는 하나의 핵심적인 기본 요소인 전체 주식시장의 수익률을 분명하게 규정했다.

그리고 개별 주식들 사이의 상대적 변동보다 전체 주식시장에 대한 개별 주식의 상대적 변동을 산출해냈다. 그의 공식에 따르면 전체 시장에 대한 개별 주식의 변동성은 그리스 문자인 '베타β'로 나타냈다. 만일 전체 주식시장이 1퍼센트 오를 때마다 코카콜라의 주식이 0.8퍼센트씩 오른다면 코카콜라 주식의 베타 값은 0.8이 되는 것이다. 시장이 1퍼센트 오를 때 2퍼센트 상승하는 더 역동적인 주식의 베타 값은 2가 된다. 베타가 더 높은 주식은 그만큼 변동성도 크다. 그래서 베타가 높은 주식이 낮은 주식보다 더 많은 수익을 제공할 것이다. 따라서 베타는 전체 주식시장의 수익률을 나타내는 통용어가 됐다. 반면에 노련한 투자자들이 만들어내는 시장 평균을 초과하는 수익을 의미하는 '알파α'는 나중에 등장했다.

이 덕분에 샤프는 박사학위를 받았을 뿐만 아니라 그의 연구는 자본자산가격결정모델Capital Asset Pricing Model, CAPM에 대한 중요한 논문으로 발전했다. CAPM은 투자자들이 금융 증권의 가치를 계산하기 위해 사용하는 공식이었다. CAPM이 가진 광범위하고 혁신적인 의미는 위험 조정 수익률의 개념에 대한 논의로 이어졌다. 그러니까 주식이나 펀드의 성과를 그 수익률의 변동성과 비교해 측정해야 한다는 것이다. 그리고 대부분의 투자자를 위한 최고의 투자상품은 전체 시장이라는 사실을 알려주었다. 시장 전체에 대한 투자는 위험과 수익 사이의 최적의 균형을 반영하기 때문이다.

이것은 미래의 인덱스펀드의 발명에 대한 학문적 토대가 되었다. 샤프는 인덱스펀드에 관해 어떠한 것도 명확하게 언급하지 않았다. 인덱스펀드가 아직 발명되기 전이었으며, 샤프는 '펀드매니저가 운영하지 않는 투자회사'를 제안하는 렌쇼의 혁신적인 논문을 모르고 있었다. 샤프는 이것을 단순히 '시장 포트폴리오'라고 불렀다. 하지만 이것이 뜻하는 바는 명확했다. 샤프의 CAPM이 발표될 당시에 잭 트레이너Jack Treynor, 존 린트너John Lintner 그리고 얀 모신Jan Mossin 같은 사람들에 의해 개별적으로 이와 유사한 모형들이 개발됐다. 하지만 경제학 역사에서 후대에 가장 영향력 있는 논문을 쓴 사람은 샤프였다.

역설적으로 CAPM에 관한 논문은 초기에는 반응이 시원찮았다. 1962년 초 샤프는 출간을 위해 논문을 제출했고 자신이 쓴 최고의 논문이라고 확신했다. 이제나저제나 칭찬하는 전화가 오기를 기다렸지만 끝내 오지 않았다. 그가 세운 많은 가정假定이 너무 비현실적이라는 이유로《저널 오브 파이낸스》에서 거부당했다. 그는 집요하게 논문을 다시 제출했고 마침내 1964년에 출간할 수 있었다. 초기 반응은 미적지근했다. 평상시에 쾌활한 성격인 샤프는 마음속으로 '이런, 내가 쓸 수 있는 최고의 논문을 썼는데 아무도 관심이 없네.'라고 생각했다.[11] 하지만 시간이 지나면서 논문의 중요성이 빛을 발하기 시작했고 최종적으로 샤프는 1990년에 노벨 경제학상을 받게 되었다.

그러나 시장 포트폴리오가 왜 가장 좋은지를 정확하게 설명하고, 금융학계의 이런 움직임을 혁명으로 이끈 사람은 시카고대학교의 또 다른 경제학자였다.

⌒⌒

이것은 전형적인 미국의 이민에 관한 이야기다. 1900년대 초 언제인지는 분명하지 않지만[12] 개타노 파마Gaetano Fama와 산타 파마Santa Fama는 이탈리아를 떠나 미국 이민 행렬에 합류했다. 그들은 시실리에 있는 삶의 터전을 버리고 쌀쌀한 뉴잉글랜드로 이사했다. 개타노는 가이Guy로 이름을 바꾸고 이발사로 일했다. 그리고 보스턴 북부의 리틀 이태리Little Italy에 정착했다. 그곳에서 파마 부부는 7명의 자녀를 키웠다. 그들의 아들 프랜시스Francis는 또 다른 이탈리아 이민 가정의 딸을 만났다. 프랜시스 파마와 안젤리나 사라센토Angelina Sarracento는 결혼을 하고 보스턴 북부의 노동자 계층이 사는 몰덴Malden 지역으로 이사했다. 1939년 밸런타인데이에 그들은 '유진 프랜시스 파마Eugene Francis Fama'라는 세례명을 가진 아이를 낳았다. 유진 파마는 네 명의 자녀 가운데 셋째였다.[13]

유진의 성장기에서 중요한 기억은 제2차 세계대전과 그의 아버지가 징집된 고통이었다. 프랜시스 파마는 트럭 운전사였지만 전쟁 기간에 보스턴의 조선소에서 전함을 건조하는 일을 했다. 프랜시스 파마는 전장으로 끌려가는 것을 모면했지만 내부가 석면으로 된 배에서 일했다. 이로 인해 그는 폐암의 일종인 석면침착증으로 70세에 사망했다. 프랜시스 파마는 평생 담배도 피우지 않았고 술도 마시지 않았다. 얼마 지나지 않아 안젤리나도 그 당시 폐경기 여성에게 처방하는 호르몬을 과도하게 복용하면서 암으로 사망했다.[14]

하지만 유진 파마는 행복한 어린 시절을 보냈다. 프랜시스와 안젤리나는 고모와 삼촌과 힘을 합쳐 보스턴의 미스틱강Mystic River 건너에 있는 메드포드Medford 타운의 2층 건물을 샀다. 메드포드는 몰덴과 인접해 있었다. 170센티미터 정도의 키에 몸무게는 70킬로그램이 나가는 크지 않은 체구에도 불구하고 유진은 농구, 야구, 육상 그리고 미식축구에서 탁월한 운동 실력을 뽐냈다. 유진은 덩치가 훨씬 큰 선수를 상대하기 위해 고등학교 때 미식축구에서 스플릿 엔드split end 포지션을 개발했다고 주장했다. 이 주장의 진실 여부를 떠나 미식축구에서 탁월한 기량을 발휘한 덕분에 유진은 고등학교 선수들을 위한 명예의 전당에 영원히 이름을 올렸다.

이맘때쯤 유진은 샐리안 디메코Sallyann Dimeco라는 작은 여학생을 만났다. 그녀는 이웃의 가톨릭계 여자고등학교의 학생이었다. 그들은 고등학교를 졸업한 직후에 결혼했다. 이런 일탈에도 불구하고 파마는 학교 성적이 탁월했고 그의 어머니는 파마가 더 많은 교육을 받기를 원했다. 파마 자신은 고등학교 선생님이 되기를 희망하면서 (아마도 부업으로 스포츠 코치를 하면서) 터프츠대학교에 진학해 로망스 언어(라틴어에 기원을 둔 언어로 프랑스어, 스페인어, 이탈리아어를 통칭-옮긴이)를 공부했다. 그는 가족 가운데 처음으로 대학 교육을 받았다. 그의 인생 경로는 이름 없는 행복한 중산층의 삶으로 굳게 정해진 것처럼 보였다.

하지만 로망스 언어는 정말로 재미없고 지루했다. 그는 나중에 "나는 이러지도 저러지도 못하는 상태였습니다."라고 회상했다. 2년 동안 지겨울 정도로 18세기 프랑스 작가 볼테르Voltaire를 공부한 후에 파마는 충동적으로 경제학 수업을 들었다. 이윽고 그는 경제학과 사랑에 빠졌다. 평생 빠듯한 고등학교 선생님의 월급에서 벗어날 수 있다는 생각과 경제학 자체가 좋았기 때문이다.[15] 터프츠대학교에 다니는 마지막 2년간 파마는 가능한 한 모든 경제학 수업을 들었다. 이후 여러 일류 대학의 대학원에 지원서를 냈다. 하버드대학교에서 입학 허가를 받았지만 시카고대학교에서는 아무런 연락을 받지 못했다. 시카고대학교는 또 다른 역사적 갈림길에서 뛰어난 경제학 교수가 될 학생을 놓칠 뻔했다. 하지만 호기심이 발동한 파마는 입학처에 전화를 걸었고 우연히도 제프 멧캐프Jeff Metcalf

입학처장이 직접 전화를 받았다.

"이런, 당신의 지원서 기록이 없는데요." 멧캐프가 말했다.[16]

"분명히 보냈는데요."

"학점이 어떻게 되나요?"

"올 에이입니다."

멧캐프는 파마와 계속 이야기를 나눴고 그에게 호기심이 발동했다. 멧캐프는 그에게 터프츠대학교 졸업생을 위한 시카고대학교의 특별 장학금에 관해 이야기했다. 이렇게 해서 과거에 운동을 좋아했던 조숙한 파마는 시카고대학교 대학원에 진학하게 됐다. 1970년대 중반에 벨기에의 루벤대학교University of Leuven에서 2년간 방문 교수로 지낸 것을 제외하면 파마는 그 운명적인 전화 이후 줄곧 시카고대학교에서 자리를 지켰고 80대인 지금도 강의를 하고 있다.

파마가 처음으로 폴란드와 프랑스계 미국 수학자인 브노와 망델브로 Benoit Mandelbrot를 만난 곳이 시카고대학교였다. 세계 곳곳을 돌아다니는 망델브로는 가끔 시카고대학교를 방문해 대학원생들에게 강의했다. 그리고 젊은 파마와 함께 대학 캠퍼스에서 오랫동안 산책했다. 중요한 것은 파마에게 금융시장의 무작위성과 50년 전에 바슐리에의 획기적인 연구에 관해 이야기한 사람이 망델브로였다는 사실이다. 망델브로는 프랑스에 있을 때부터 투기 이론에 친숙했고 새뮤얼슨과 새비지와 함께 바슐리에의 연구를 더 널리, 특히 시카고대학교에서 전파하는 데 중요한 역할을 했다.

파마가 박사학위 논문을 쓰기로 했을 때 그는 유명한 경제학자이자 심사위원인 머튼 밀러Merton Miller에게 다섯 가지 아이디어를 제안했다. 파마는 나중에 "그는 내가 제안한 주제들 가운데 4개를 거절했지만 다섯 번째 아이디어에 큰 관심을 보였습니다."라고 회상했다.[17] 터프츠대학교에서 보내는 마지막 1년 동안 파마는 부업으로 주식시장에 대한 예측 서비스를 제공하는 교수 팀에서 일했다. 파마는 예측 방법을 찾는 일을 했다. 문제는 과거 데이터에 기초한 연구팀의 예측 방법이 표본 외 데이터out of sample data의 검증에서는 작동하지 않는 듯했다는 것이다. 다시 말해 예측 모형에는 가장 최근의 데이터가 빠져 있었다.

예를 들어 데이터는 월요일마다 자동차회사의 주식을 사면 돈을 벌 수 있다고 보여줄 수 있다. 하지만 사람들이 실제로 그렇게 했을 때 수익은 사라졌다. 표본 외 데이터 검증은 하나의 패턴이 비논리적이고 무작위적인 상관관계가 아니라 현실에서 예측 가능한지를 확인하기 위해 통계학자들이 사용하는 방법이다. 이러한 무작위적인 상관관계의 예시로는, 1인당 치즈 소비가 연간 침대 시트에 엉켜 숨지는 사람의 수와 언뜻 밀접하게 연관되어 보이는 것 등이 있다.[18]

비록 파마가 주식시장을 예측하는 성공적인 방법을 찾아내지 못했지만 자신의 연구를 통해 다우존스 산업평균지수를 구성하는 30개 주식에 대한 일별 자료를 힘들게 수집했다. 그 당시에 시카고 주식가격연구소의 자료는 여전히 학교 캠퍼스 인근 건물에서 로리와 피셔에 의해 수집되고 있었다. 그래서 시카고 주식가격연구소는 정보의 보고였다. 파마는 밀러에게 주식 수익률은 비정규적인 분포를 보인다는 망델브로의 가설에 대한 증거와 그 기간 동안의 수익률에 대해 세부 검증을 해보겠다고 제안했다. 다시 말해 수익률은 거의 무작위적이며 사람들의 예상보다 훨씬 더 큰 움직임을 보인다는 점을 검증하겠다는 것이다. 이 문제에 관해서는 이미 약간의 학문적 연구가 있었지만 파마는 그가 수집한 자료를 통해 일관성 있는 견해를 제시하겠다고 약속했다.

그는 약속을 지켰다. 파마의 박사학위 논문은 나중에 그가 말한 것처럼 놀라울 정도로 정확하게 주식시장이 정규분포 밖에서 극단적으로 움직여 예측하기 어렵다는 사실을 입증했다. 대부분의 자연현상은 통계학자들이 부르는 종 모양의 정규분포 곡선을 보인다. 예를 들면 키가 1미터이거나 2미터인 사람보다 170센티미터인 사람이 더 많다는 것이다. 그래서 그래프로 표시하면 분포도는 대부분의 관찰값들이 가장 일반적인 데이터를 중심으로 고르게 분포돼 있는 형태를 띤다. 이런 정상적인 형태를 우리는 18세기 독일 수학자인 칼 가우스Carl Friedrich Gauss의 이름을 따라 가우시안 분포gaussian distribution라고 부른다.

주식시장은 가우시안 분포를 따르지만 단지 어느 정도일 뿐이다. 주식은 2퍼센트보다는 1퍼센트 정도 오르내릴 때가 더 많다. 하지만 파마의 1964년 논문이 보여주는 것처럼 주식은 통계학 측면에서 있을 수 없을 만큼 정규분포보다 훨씬 더 자주 그리고 크게 하락하는 경향도 있다. 통계학자들이 쓰는 전문 용어로 주식시장 수익률은 정규분포에서 두꺼운 꼬리fat tail(정규분포에서 나온 말로 정규분포의 꼬리 부분이 두꺼운 형태를 가져 평균에 집중될 확률이 낮아지고, 이를 통해 예측하면 잘 맞지 않는다는 의미-옮긴이)를 보여주는 고약한 경향이 있다. 여기에 더해 파마는 논문 〈주식시장 가격의 움직임〉을 통해 시장이 무작위적이고 그래서 예측이 불가능하다고 주장하는 망델브로와 새뮤얼슨 같은 학자들의 초기 연구를 입증했다. 파마는 서론에서 "일련의 가격 변화는 과거를 반영하지 않는다. 즉 과거의 변화는 어떤 유의미한 방식으로도 미래의 가격 변화를 예측하는 데

활용될 수 없다."라고 주장했다.[19]

하지만 그 이유가 무엇일까? 파마는 이런 결론을 설명하는 중대한 가설을 제시했다는 점에서 커다란 공헌을 했다. 비록 박사학위 논문에서 분명하게 언급하지는 않았지만 '효율적 시장'이라는 용어는 1965년에 《금융분석가 저널》에 실린 〈주식시장 가격의 랜덤워크〉Random Walks in Stock Market Prices라는 논문에서 처음으로 등장했다. 이 논문은 그해 말에 금융자산업계의 중요한 잡지인 《기관투자자》에 보다 간결하게 다시 게재됐다.

효율적 시장에서 매우 많은 똑똑한 트레이더, 애널리스트, 투자자 간의 경쟁은 특정 시간에 모두에게 알려진 관련 정보가 이미 주가에 반영됐다는 것을 의미한다고 파마는 주장했다. 사실상 새로운 정보는 거의 즉각적으로 주가에 계속해서 반영된다는 것이다.

이를 효율적 시장 가설efficient-market hypothesis이라고 부르게 되었다. 효율적 시장 가설은 완전히 새로운 주장은 아니었다. 1889년에 조지 깁슨George Rutledge Gibson은 《런던, 파리 그리고 뉴욕의 증권거래소》The Stock Exchanges of London, Paris and New York라는 책에서 "주식이 개방적인 시장에서 공개적으로 거래될 경우 주식의 가치는 주식에 관한 가장 좋은 정보에 대한 가치 판단으로 여겨질 수도 있다."라고 주장했다.[20] 하지만 파마는 최초로 이론과 자료를 결합해 하나의 중요한 분석틀을 만들었다. 1970년에 그는 효율적 시장 가설에 대한 중대한 논문인 〈효율적 자본시장: 이론과 경험적 연구에 대한 검토〉Efficient Capital Markets: A Review of Theory and Empirical Work에서 이 모든 것을 하나로 통합했다.

이 가설은 순식간에 미국 전역의 경영대학원 교수들 사이에서 반드시 읽어봐야 하는 논문이 되었다. 시카고에서 효율적 시장 가설은 거의 종교처럼 받아들여졌다. 수십 년 전에 마코위츠에게 처음으로 영감을 주었던 케첨 교수는 여전히 증권 분석에 대한 강의를 했지만 파마의 연구가 정설이 되면서 그의 강의는 인기를 잃었다. 그 당시 시카고대학교 학생이었던 데이비드 부스는 "당신이 지적이고 냉정하다면 케첨 교수의 강의를 듣지 않으려고 했을 것입니다."라고 회상했다.

하지만 효율적 시장 가설은 논란의 여지가 많았고 오늘날까지도 논란이 되고 있다. 시장이 그렇게 효율적이라면 왜 호황과 불황을 오가는 것일까? 또한 적어도 몇몇 사람들은 비교적 일관성 있게 돈을 버는 것 같은데, 그건 왜 그럴까? 2021년 초 주식시장이 '밈 스통크meme stonk'(스통크는 주식을 뜻하는 'stock'의 은어이자 맹폭격을 의미한다. 일론 머스크가 온라인 주식토론방에 '게임스통크'라는 한 줄을 덧붙이자 다음 날 바로 주가가 폭등한 일이 있다.-옮긴이) 열풍과 같은 분명하고 무모한 열광에 휩싸일 수 있는데 어떻게 효율적 시장 가설이 참이라고 할 수 있을까? 그때 당시에도 효율적 시장 가설은 학계 밖에서는 웃음거리였다. 주식중개인들은 로리의 시카고 증권가격연구소가 보여준 수익률을 수용했을지 모르지만 자신들의 심기를 불편하게 하는 연구를 외면했다. 자산운용사 오펜하이머Oppenheimer & Co.가 낸 1968년의 한 광고는 효율적 시장 가설에 대한 금융업계의 태도를 여실히 보여주었다.[21]

유쾌한 친구와 함께 공원에서 무작위로 걸어 다니는 것은 대개 즐거운 일이다. 하지만 주식시장에서 랜덤워크는 위험한 길을 따라가는 것일지도 모른다. 일부 학식 있는 이론가들의 주장에도 불구하고 자산 운용에서 정성적 연구를 대신할 수 있는 것은 없다. 그리고 우리는 앞으로도 없을 것으로 생각한다.

2008년의 금융위기는 효율적 시장 가설 옹호자들에게 심각한 타격을 입혔다. 비록 발생 가능성이 낮아도 '두꺼운 꼬리' 붕괴에 시장이 노출되기 쉽다는 것을 보여준 사건이었다. 그에 따라 파마는 장기적으로 투자자들이 시장보다 높은 수익을 낼 수 있도록 하는 요소에 관한 중요한 연구를 진행했다(이 부분은 나중에 다시 다룰 것이다). 파마는 시장이 완벽하게 효율적이지 않은 경우는 매우 드물다는 점에 주목하면서 효율적 시장 가설은 그것을 믿기 싫어하는 사람들 사이에서만 논란이 되고 있다고 주장한다. 그는 닷컴 버블, 2008년의 금융위기 또는 코로나 이후 2020~21년 시장의 상승 같은 사건들은 가격이 언제나 적정한 수준이 아니라는 사실을 보여주지만 어느 때가 적정가격인지를 아는 것은 실제로 불가능하다고 말한다.

하지만 효율적 시장 가설의 지속적인 가치에 대한 최고의 논거는 20세기의 유명한 영국 통계학자인 조지 박스George Box로부터 나왔다. 그는 모든 모형이 현실을 완벽하게 반영하지는 못하지만 일부는 유용하다고 말했다. 효율적 시장 가설이 전적으로 완벽하지 않을 수도 있다. 결국 시장이라는 것이 인간에 의해 만들어지고 인간은 행동과 관련된 모든 종류의 편견과 불합리성에 노출되기 쉽기 때문이다. 하지만 효율적 시장 가설은 적어도 시장이 어떻게 작동하는지에 관해 상당히 근접한 설명을 하고 있고 실질적으로 시장을 이기는 것이 왜 그렇게 어려운지를 설명하는 데 도움을 준다. 많은 투자자의 본보기가 되는 벤저민 그레이엄조차 나중에는 사실상 효율적 시장 가설의 신봉자가 되었다.

파마는 나중에 자기 생각에 동의하지 않는 투자자들의 콧대를 꺾어놓기 위해 전통적인 펀드매니저들을 포르노Pornography에 비유하는 외설적 표현을 사용했다. "어떤 사람들은 포르노를 좋아하지만 진짜 섹스보다 더 좋지는 않을 것입니다. 돈을 주고 포르노를 사는 것은 좋습니다. 하지만 너무 많은 돈을 주고 사면 안 됩니다."[22]

투자업계에 대항하는 학문적 반항아들의 본거지는 여러 곳이었지만 시카고가 그 중심이었다. 워싱턴 공원과 미시간 호수 사이에 사각형의 캠퍼스와 고딕 양식의 건물들이 즐비한 시카고대학교에서 세계가 지금까지 보아왔던 가장 똑똑하고 큰 규모의 경제학자 집단이 조용히 금융 세계에 혁명을 일으키고 있었다.

하지만 이런 학문적 움직임이 실제 금융 세계로 침투하기까지 너무 오랜 시간이 걸렸다. 월스트리트에서 일하는 대부분의 사람들은 시간이나 의지가 거의 없었고 때때로 학계에서 일어나는 혁신적 연구를 이해할 능력도 없었다. 하지만 이런 금융계의 면역체계에 한 가지 의미 있는 틈새가 생겼다. 그리고 시카고대학교의 급진적 아이디어들은 이 틈새를 통해 바이러스처럼 금융산업 전반에 퍼져나갔다.

시카고증권가격연구소는 금융산업이 활용하는 원본 자료의 상당 부분을 제공하는 것 이상의 역할을 했다. 이들의 연구 결과가 출판된 후에 로리와 피셔는 학교 근처의 시카고대학교 평생교육센터에서 1년에 두 차례 학술회의를 개최하기 시작했다. 로리와 피셔는 증권가격연구소의 자료를 가져왔고 세계적으로 유명한 상당수 경제학자들이 자신들의 논문과 아이디어를 발표했다. 그리고 대체로 열린 사고를 하는 투자 전문가들과 은행가들은 학자들이 무슨 생각을 하는지 배우러 왔다.

미국에서 가장 큰 뮤추얼펀드 그룹 가운데 하나인 웰링턴매니지먼트 Wellington Management의 유명한 경영진인 존 보글, 시카고 경영대학원 출신으로 아메리칸내셔널뱅크의 신탁 부서에서 일하게 된 렉스 싱크필드, 유망한 월스트리트의 증권회사인 스미스바니Smith Barney의 투자 은행가 버턴 말킬, 멜런내셔널뱅크앤드트러스트Mellon National Bank and Trust의 주식 분석가인 윌리엄 파우스, 웰스파고의 의지력이 강한 임원인 존 맥퀸, 그리고 키스톤Keystone 뮤추얼펀드 그룹의 사교적이고 다재다능한 딘 르바론도 학술회의에 참석했다. 이들 가운데 상당수가 컴퓨터를 사용한다는 의미에서 '퀀트 분석가'라고 불렸다. 이들은 지난 수백 년 동안 정성적인 인간의 노력을 더욱 엄격하게 수량화하기 위해 컴퓨터를 이용했다. 마침내 투자 세계에서도 컴퓨터 활용이 조금씩 늘어나기 시작했다.《기관투자자》는 1968년 4월호에 다음과 같이 썼다.

모든 혁명이 5월 어느 날과 같은 피비린내 나는 권력 탈취는 아니다. 어떤 혁명은 눈에 띄지 않게 서서히 다가온다. 처음에 게릴라들은 무능력하게 언덕 위에서 돌아다닌다. 그런 다음에 과거와 완전히 다른 소수의 지도자들이 나타난다. 마지막에 그들의 친구들은 정부의 모든 곳에 등장하기 시작하고 당신은 살아남기 위해 태도를 바꾸어야 한다는 것을 알게 된다. 투자 분야는 이런 조용한 싸움의 한가운데 있다. 그리고 혁명가들이 승리할 것이 확실하다. 그들의 이름은 퀀트 분석가이고 그들의 무기는 컴퓨터이다.

로리와 피셔가 1년에 두 번 개최하는 학술회의는 격식 있는 학술 논문의 새롭고 이단적인 아이디어들이 금융계로 전파되는 통로가 되었다.

말킬을 예로 들어보자. 시카고증권가격연구소로부터 영향을 많이 받고 투자업계의 문제들을 직접 보게 된 말킬은 월스트리트를 떠나 프린스턴대학교에서 경제학 박사학위를 받고 학계에 진출했다. 1973년에 그는 학계의 새롭고 이단적인 이론들을 주류 학자들에게 소개하는 《랜덤워크 투자수업》을 썼다. 말킬은 "눈을 가린 채 신문의 경제면에 다트를 던지는 원숭이가 전문가들이 신중하게 선택한 포트폴리오만큼 좋은 성과를 낼 수 있다."라고 신랄하게 비판했다.

이 책에서 말킬은 "시장 지수를 구성하는 수백 종목의 주식을 단순히 매수해, 개별 종목을 거래할 필요가 없는 펀드"를 누구라도 만들어달라고 제안하면서, "기존의 전통적인 뮤추얼펀드를 옹호하는 사람들은 재빠르게 '시장의 평균을 사는 것은 불가능하다.'라고 반박하지만 이제는 일반 대중도 인덱스펀드에 투자할 때가 되었다."라고 주장했다.[23]

실제로 말킬이 자신의 베스트셀러 책을 집필하는 동안 금융학계에서 나오는 혁신적 연구를 집대성해 첫 번째 투자 펀드를 만드는 경주가 이미 시작되었다. 보스턴, 시카고 그리고 샌프란시스코의 금융업계에서 인습을 거부하는 임원들로 구성된 다양한 집단들이 결과적으로 투자산업을 혁신하고 금융을 영원히 바꾸어놓을 상품을 가장 먼저 출시하기 위해 치열하게 경쟁하고 있었다.

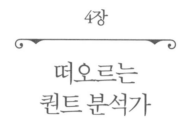

4장

떠오르는
퀀트 분석가

　몇 벌 안 되는 정장 중에서 행사에 가장 어울리는 옷으로 차려입은 존 맥퀸은 캘리포니아 산호세의 평범해 보이는 콘퍼런스센터의 연단으로 자신 있게 걸어 나갔다. 1964년 1월에 그는 주가를 컴퓨터로 예측할 수 있는가에 관한 자신의 엉뚱한 연구의 일부를 발표하기 위해 산호세에 머무르고 있었다. 그는 이것이 자신의 인생을 바꿀 줄은 꿈에도 몰랐다.

　맥퀸은 뉴욕의 증권회사인 스미스바니의 새로운 젊은 투자 은행가였다. 그 당시 월스트리트는 지금보다 활기가 없었다. 대부분 기업은 월스트리트와 조용한 협력 관계를 유지했다. 은행 돈으로 마음대로 투자하는 오만한 증권업자들이 등장하기 이전이었다. 맥퀸은 기업 금융 분야에서 오랫동안 일하면서 미국 회사들의 자금 조달을 도왔다. 실제로 별로 빛나지 않는 일이었지만 보람은 있었다.

　그와 별도로, 짙은 눈썹에 덥수룩한 머리의 원기 왕성한 맥퀸은 미래 주가를 예측하기 위해 과거의 주식시장 패턴을 알아보려는 신생 기업에서 부업을 했다. 이를 위해 맥퀸과 그의 동업자는 맨해튼 6번가 51번 거리의 타임라이프 건물에 있는 거대한 IBM 7090 메인프레임 컴퓨터를 한번 사용하는 데 500달러를 내고 빌려 썼다. 자신의 본업과 비싼 비용 때문에 이 작업은 밤과 주말에만 진행해야 했다. 그 당시에는 컴퓨터 속도가 느려 맥퀸은 컴퓨터가 시끄러운 소리를 내면서 계산하는 동안 어쩔 수 없이 침낭에서 잠을 자야 하는 일이 흔했다.[1]

최종적으로 컴퓨터 작업은 아무런 소득 없이 끝났다. 재무 데이터에서 찾아낸 어떤 유형에서도 그날과 그다음 날의 주가 움직임을 예측할 수 있는 단서는 찾지 못했다. 모든 것이 무작위로 움직이는 듯했다. 하지만 펀치카드에 숫자를 입력하면서 보낸 숱한 밤들과 컴퓨터가 출력한 이상한 데이터들은 IBM 관리자의 호기심을 불러일으켰다. 컴퓨터의 더 많은 잠재적 활용도를 자랑하고 싶은 IBM은 맥퀸을 초청해 산호세에 모인 현재와 미래의 고객들에게 맥퀸이 진행하는 예비 연구에 관해 설명해달라고 요청했다.

그가 방문할 당시 샌프란시스코는 세계에서 가장 흥미로운 도시 중 하나였다. '사랑의 여름The Summer of Love'(1967년 샌프란시스코에서 시작된 반문화 운동-옮긴이)까지 3년이나 남아 있었지만 저렴한 주거비용과 관대한 사회적 관행이 어우러져 활기찬 반문화적 운동의 자양분이 되었다. 샌프란시스코 워리어스Warriors의 월트 체임벌린Wilt Chamberlain이 NBA의 인기에 불을 붙이고 있었고, 실리콘밸리로 알려진 곳에서 초창기 기술 기업들이 이름을 알리기 시작했다. 헌터 톰슨Hunter S. Thompson과 톰 울프Tom Wolfe 같은 작가들은 1960년대 샌프란시스코에 대한 연대기를 쓰면서 샌프란시스코의 반문화적 흐름을 더 많은 사람들에게 알렸다.

산호세의 IBM 비즈니스센터는 이런 왁자지껄한 사회문화적 분위기와 동떨어져 있었다. 하지만 1964년에 주최한 학술회의에서는 뜻밖의 소득이 있었다. 청중 가운데 웰스파고의 회장이자 최고경영자인 랜섬 쿡Ransom Cook이 앉아 있었다. 그 당시 웰스파고는 덕망 있고 존경받는 은행이었다. 웰스파고는 1850년대 캘리포니아의 골드러시gold rush 시대에 설립됐지만 미국 서부의 주요 지역 밖에서는 거의 존재감이 없었다. 웰스파고는 좀 더 확장하고 싶었고, 쿡은 기술에 대한 지식이 깊은 젊은 중서부 출신의 맥퀀에게 깊은 인상을 받았다.

발표가 끝난 뒤 쿡은 맥퀀과 잡담을 하면서 웰스파고에서 컴퓨터에 투입되는 비용이 빠르게 증가하고 있지만 지금까지 결과가 실망스러웠다고 말했다. 쿡은 "내가 아는 한 오늘날 우리가 하는 일은 1930년대 초록색 선바이저와 완장을 차고 손으로 쓴 편지를 가지고 했던 일과 똑같습니다. 컴퓨터는 더 많은 일을 할 수 있지 않나요?"라고 투덜거렸다. 맥퀀은 컴퓨터를 이용하면 훨씬 더 많은 것을 할 수 있다고 주장했다.

짧은 대화를 마친 후에 웰스파고의 회장이 맥퀀에게 며칠 더 머물 계획인지를 물었다. 우연히도 며칠 더 머무를 예정이었던 맥퀀은 다음 날에 웰스파고 본점을 방문해 회장과 더 긴 대화를 나누었다. 쿡은 곧장 본론으로 들어갔다. "포트폴리오의 투자 성과에 대해 걱정이 많습니다. 컴퓨터 분석이 어떤 것인지 잘 모릅니다. 그리고 다른 사람들도 마찬가지라고 생각해요."라고 말했다. 쿡은 맥퀀에게 IBM 콘퍼런스에서 보았던 컴퓨터가 생성한 수많은 자료를 언급하면서 "당신은 정말로 그것으로 돈을 벌 수 있습니까?"라고 물었다.[2]

맥퀀은 좀 더 과학적인 투자 접근이 우리의 미래라고 주장했다. 그의

발표에서 전통적인 접근 방식은 19세기 철학자 토머스 칼라일Thomas Carlyle
이 처음으로 주장한 '위인설Great Man theory'을 따라 하는 것이라고 말했다.
어떤 천부적 재능을 지닌 영웅은 자신이 생각하기에 오를 것 같은 주식
을 고를 것이다. 어느 시점에 그의 선택이 그를 저버릴 때 투자자들은 그
들의 희망을 또 다른 위인에게 걸 것이다. 맥퀸은 "이 모든 것이 운이나
가능성에 의존하는 과정입니다. 이것은 체계적이지 않고 우리가 아직 모
르는 운도 있어 연구가 필요합니다."라고 주장했다.[3]

   그의 주장은 쿡을 확실히 설득시켰다. 쿡은 그 자리에서 일자리를 제
안했다. 투자 관리를 포함한 웰스파고의 다양한 비즈니스를 개선할 방
법을 찾는 내부 연구소를 설립해 이끌어가는 일이었다. 기분이 좋았지
만 갑작스러운 제안에 당황한 맥퀸은 뉴욕으로 돌아가 아내와 이야기해
봐야 할 것 같다고 말했다. 그의 아내 주디스 터너Judith Turner는 컬럼비아
대학교에 다니고 있었다. 그녀의 반응은 회의적이었다. 쿡은 몇 주에 걸
쳐 전화로 맥퀸을 괴롭혔다. 결국 맥퀸은 그의 제안에 동의했다. 1964년
3월에 맥퀸은 샌프란시스코로 이주했다. 그리고 회장에게 직접 보고하
는 '웰스파고경영과학Wells Fargo Management Sciences'이라는 새로운 조직을 만들
었다. 그의 아내는 MBA를 마치기 위해 버클리대학교에 등록했다.

   쿡의 제안은 매력적이었다. 스미스바니에서 맥퀸의 연봉은 6천 달러
였다. 하지만 쿡은 그에게 1만 8천 달러를 제안했고, 서부로 이사 오는
것에 대한 아내의 불안감을 해소하는 것도 도와주었다. 쿡은 맥퀸에게
새로운 부서를 설립하는 데 얼마의 예산이 필요한지를 물었다. 확실하지
는 않지만 너무 적게 요청하면 부족한 예산을 받을까 우려한 맥퀸은 "우
선 1년에 100만 달러 정도가 필요합니다."라고 대답했다.[4] 다행스럽게도

쿡은 그 정도 예산은 전적으로 합리적이라고 생각했고 획기적인 돌파구를 찾기 위한 엄청난 규모의 자금을 지원하기 시작했다.

웰스파고의 경영과학부에서 맥퀸이 처음으로 추진한 일은 시카고 증권가격연구소의 세미나와 주식시장 정보 구독에 대한 쿡의 승인을 받는 것이었다. 웰스파고는 시카고대학교의 데이터베이스를 상업적으로 사용하는 첫 번째 고객이 됐다. 짐 로리의 프로젝트에 대한 지원은 비용이 많이 들었다. 맥퀸은 쿡이 새로운 실험적 연구에 얼마나 진심인지 알 수가 없었지만 쿡은 전혀 주저함이 없었다.

쿡은 "필요하면 원하는 만큼 쓰세요. 돈이 필요할 때 말해주세요. 제가 처리하겠습니다."라고 말하며 안심시켰다. 그날부터 맥퀸은 새로운 금융 분야를 탐구하는 데 필요한 어떤 것이든 원하는 만큼 자유롭게 비용을 쓸 수 있는 권한을 갖게 되었다. 맥퀸은 "쿡이 금고를 활짝 열어주었습니다."라고 회상하면서 여전히 자신의 행운에 놀라워했다. 이런 재정적 지원은 1966년 말에 쿡에 이어 웰스파고의 회장과 최고경영자가 된 리처드 쿨리Richard Cooley 아래에서도 지속됐다. 맥퀸은 "웰스파고에는 이런 용기 있는 일을 할 수 있는 분위기가 조성돼 있었습니다."라고 말했다.

⌒‿⌒

맥퀸은 일리노이주의 농촌 지역에 있는 가족 농장에서 자랐다. 시골 농장에서 월스트리트는 생경한 분야였다. 동네 남성들이 제2차 세계대전에 참전하기 위해 소집됐을 때 여덟 살의 맥퀸은 농장 일을 도와야 했다. 농장에서 일하면서 자연에 대한 이해력을 키웠지만 그를 사로잡은 것은 농장의 기계였다. 이 때문에 그는 노스웨스턴대학교에서 기계공학을 공부하게 됐다. 맥퀸은 가족 중 처음으로 대학 교육을 받았다.

노스웨스턴대학교를 다니면서 그는 철제 사무 가구를 만드는 회사에서 인턴을 했다. 실제 사업에서 기계공학이 얼마나 도움이 되는지를 알아보고 싶었기 때문이다. 맥퀸은 철제 가구회사에서 처음으로 컴퓨터를 접했다. 24인치 자기 디스크와 펀치카드로 운영되는 IBM 305 RAMAC 모델은 상품과 부품의 재고 관리를 위해 활용됐다. 맥퀸은 나중에 "컴퓨터가 돌아갈 때 마치 화물 기차 같은 소리가 났지만 저는 그 소리가 너무 좋았어요."라고 회상했다.[5] 하지만 곧 새로운 열정이 생겨났다. 기계공학을 공부하는 동안 그는 기업 재무학 강의를 우연히 듣게 됐고 재무학의 복잡성에 매력을 느꼈다. 그리고 채권과 주식의 세계에 빠져들었다.

맥퀸은 대학 시절에 학군단ROTC에 가입했고 1957년 졸업한 뒤 해군 소위로 임관해 제2차 세계대전 시기에 샌디에이고 기지를 거점으로 활동했던 USS윌시USS Wiltsie 구축함에서 2년간 근무했다. 그는 복무 2년째인 스물네 살, 7개월에 걸친 서태평양 지역 근무에 배치되기 전에 수석 엔지니어로 승진했다. 이는 젊은 맥퀸에게 엔지니어링 실무와 리더십을 단기간에 집중적으로 배우는 기회가 됐다. 그는 나중에 "군 생활이 인성 함양을 뛰어넘어 나에게 더 큰 영향을 미쳤습니다."라고 말했다.[6]

해군에서 경험은 중서부 출신 젊은이의 인생에 오랫동안 깊은 영향을 미쳤고 그의 강철 같은 의지를 더욱 강하게 만들었다. 친구와 동료들은 그의 의욕이 지나칠 정도였다고 말했다. 의욕이 과하면 조급함과 매우 공격적인 성향이 될 수도 있지만 그는 의욕 덕분에 일을 끝까지 완수할 수 있었다. 나이조차 그의 고집을 누그러뜨리지 못했다. 한 친구는 스키 사고로 다리가 부러져 깁스를 한 60대의 맥퀸이 골절상에도 불구하고 군용 지프에 자신을 태우고 캘리포니아 소노마Sonoma의 포도 농장까지 데려간 일을 이야기했다. 그 친구는 "맥퀸은 매우 강인한 사람이었죠."라고 회상했다.

2년간의 해군 복무 후에 맥퀸은 하버드대학교 경영대학원에서 MBA를 따기로 결심했다. 그곳에서 컴퓨터에 대한 초창기 그의 관심이 열정으로 바뀌었다. 그런데 하버드 경영대학원에는 학생들이 사용할 수 있는 컴퓨터가 없었다. 그는 정기적으로 컴퓨터를 사용하기 위해 찰스Charles강을 건너 MIT로 갔다. 그곳에서 맥퀸은 과거의 거래량과 거래 유형을 근거로 미래 주식시장의 가격을 예측할 수 있는지를 알아보고 싶은 MIT의 한 교수를 만났다. 맥퀸은 그 교수의 데이터 처리를 도와주는 보조원이 되었다. 맥퀸은 잡지 《배런스》Barron's에서 주식시장의 가격 자료를 수집하고, 이를 기계가 읽을 수 있는 형태로 바꾼 다음 MIT의 IBM 메인프레임 컴퓨터를 이용해 교수의 가설을 검증했다.

맥퀸은 1961년에 하버드 경영대학원을 졸업했지만 그의 전공과 관심사는 투자은행 면접관들의 눈살을 찌푸리게 했다. 한 면접관은 "엔지니어가 도대체 월스트리트에서 뭘 하고 싶은 건가요?"라고 물었다.[7] 요즘에는 공학, 물리학 그리고 수학 전공자들이 금융계에 필요하지만 그 당시에 맥퀸은 그 질문에 대답하느라 애를 먹었다. 그래서 그는 금융 실무에 관한 종합 교육 프로그램이 있는 월스트리트의 유명 회사인 스미스바니에 취업했다. 그는 부업으로 MIT 교수의 프로젝트를 계속 진행했다. 결과적으로 이 프로젝트는 1964년 초에 웰스파고 회장과 만나서 경영과학부를 설립하는 일로 이어졌다.

경영과학부는 실제 투자 관리 업무를 담당하는 웰스파고의 신탁 부서에 속한 공식 조직이 아니었다. 더구나 경영과학부에는 개별 지점의 재무 상태를 계량화하거나 대기업에 대한 대출과 대출 부도의 통계적 위험에 대한 확률을 추정하는 것과 같은 광범위한 다른 프로젝트가 맡겨졌다.

웰스파고 경영과학부는 소비자 신용도를 컴퓨터로 측정하는 방법을 개발하려고 노력했다. 이것은 나중에 FICO로 알려진 페어아이작앤드컴퍼니Fair Issac And Company의 신용점수를 산출하는 분석틀의 일부가 되었다.◆ 또 뱅크오브아메리카Bank of America의 성공적인 뱅크아메리카드BankAmericard와 경쟁하기 위해 신용카드를 공동으로 발급하려는 서부 은행 단체인 인터뱅크카드어소시에이션Interbank Card Association에서 중요한 역할을 했다. 인터뱅크카드어소시에이션은 마스터카드Mastercard의 시초가 되었다.

맥퀸은 입사한 첫날부터 신탁 부서의 실적 분석과 성과 개선 프로젝트를 시작했고, 이것이 업계의 관심을 불러일으켰다. 《기관투자자》는 1968년에 떠오르는 퀀트 분석가에 대한 소개 글에서 "웰스파고는 투자 업무에 컴퓨터를 응용하기 위한 진정한 실험실이다. 이 모든 것이 존 맥퀸 덕분이다."라고 칭찬했다.[8] 하지만 그의 열정에는 대가가 따랐다. 맥퀸의 아내 주디스는 서부 지역의 라이프 스타일을 좋아하지 않았고, 결국 1966년에 두 사람은 이혼했다. 그리고 그녀는 다시 동부로 돌아갔다.

직장에서도 극복해야 할 문제가 있었다. 가장 큰 장애물은 웰스파고 투자부의 경영진들이 맥퀸의 노력에 매우 적대적이었다는 사실이다. 연구와 포트폴리오 관리를 통해 신탁 업무를 주관하는 재무 분석부 부장인

◆ 웰스파고의 최고경영자 리처드 쿨리는 페어아이작을 설립한 빌 페어Bill Fair의 친구였다.

제임스 버틴이 특히 그랬다. 그는 맥퀸을 '칼잡이 맥Mac the Knife'이라고 불렀고 경영과학부를 '윙윙거리는 컴퓨터와 함께 일하는 하얀 작업복을 입은 사람들'이라고 이야기했다. 그리고 맥퀸의 경영과학부를 자신의 영역을 침범하는 '물살을 가르는 상어의 지느러미'(바닷속 상어처럼 상당히 위험한 인물이나 집단을 비유-옮긴이)라고 생각했다.[9] 이런 적대감은 불가피하게 내부 마찰을 불러왔다. 맥퀸은 나중에 "그것은 마치 밑 빠진 독에 물 붓기처럼 아무 소용이 없는 것 같았습니다."라고 당시를 회상했다.[10]

이러는 동안에 마코위츠, 샤프, 파마 그리고 동료들의 첨단 연구 업적을 이용해 수동적으로 관리되는 획기적인 지수 추종 펀드를 최초로 출시하려는 사람들이 보이지 않는 곳에서 은밀히 움직이고 있었다.

⌒‿⌒

렉스 싱크필드는 금융계에서 특이한 경력의 인물이었다. 그는 극심한 가난 속에서 성장했고 아주 짧은 기간 성직자 생활을 했다. 하지만 그의 업적은 자신이 자주 경멸했던 미국 동부의 부유한 가문 출신의 진보적 엘리트들에 못지않게 중요하고 잊힐 수 없는 것이었다.

싱크필드는 세인트루이스에서 성장했다. 아버지가 세상을 떠난 뒤 어머니가 자신과 네 살 난 동생을 돌볼 수 없게 되자 한동안 독일 수녀들이 운영하는 엄격한 가톨릭계 보육원에서 지냈다. 싱크필드의 누나는 그 당시 고등학생이어서 어머니와 함께 살았다. 이산가족의 슬픔은 매우 컸지만 싱크필드는 성 빈센트 보육원이 정한 규율에 따라 잘 성장했다. 그리고 6년 후에 그의 어머니가 비서로 일하게 되면서 집으로 돌아올 수 있었다.

고등학교를 졸업한 뒤 싱크필드는 신학 대학에 입학했다. 처음에는 목사가 될 계획이었지만 3년 만에 공부를 중단했다. 신학 공부를 중단하고 떠나는 학생에게는 그 결정이 매우 개인적이라는 점을 고려해 이유를 묻지 않는 것이 불문율이다. 싱크필드도 그에 관해 지금까지 입을 다물었다. "신학이 저한테 맞지 않았어요. 교회가 더 잘 살아요."라고 이야기할 뿐이다. 모든 신학생은 철학을 전공했다. 하지만 그는 완전히 다른 것을 갈망했다. 그래서 세인트루이스대학교에서 철학을 전공하는 학생으로 적을 두었지만 경영학을 추가로 공부했고 재무학 학사를 따기 위해 결국 학교를 1년 더 다녔다.

그의 성적은 매우 좋았고 선생님들은 싱크필드에게 시카고대학교 경영대학원에 지원하라고 권했다. 그는 당시 한창 맹위를 떨치던 베트남 전쟁에 징집돼 짧지만 운 좋게도 안전하고 눈에 띄지 않는 육군 행정병으로 복무한 뒤에 시카고대학교 경영대학원에 진학했다. 이미 열정적인 체스 선수였던 싱크필드는 포트 라일리Fort Riley에서 시간을 보내기 위해 유도를 배웠고 캔자스주의 지역 경기에 출전했다.

시카고대학교는 새로운 통찰을 얻는 시간이었다. 싱크필드는 머튼 밀러와 그의 제자 유진 파마 같은 뛰어난 교수들에게 매료됐고 효율적 시장 가설의 열렬한 신봉자가 되었다. 그 당시에 싱크필드는 '효율적 시장 가설이 진실임이 틀림없어. 이것이야말로 우주와 시장에서 질서를 창조하는 유일한 가설이야.'라고 생각했다.[11] 그는 나중에 자신을 효율적 시장 가설의 '종교적 지도자'라고 부르곤 했다. 파마의 효율적 시장 가설에 대한 그의 믿음은 절대적 진리였다.[12] 동네 유도 클럽에서 미래에 결혼하게 될 진 케언스Jeanne Cairns라는 이름의 사회학 박사 과정에 있는 똑똑한 학생을 만난 것은 덤으로 얻은 행운이었다.

대학원을 졸업한 뒤 싱크필드는 투자 분야에서 일하면서 자신이 배운 모든 것을 실천해보고 싶었다. 하지만 시카고대학교의 MBA 학위에도 불구하고 그는 시카고, 뉴욕 그리고 로스앤젤레스의 대형 은행 면접에서 모두 떨어졌다. 싱크필드는 성과가 저조한 투자관리업계를 새롭게 재편하고 싶은 열망이 있었다. 유일하게 그를 받아준 곳은 시카고의 아메리칸내셔널뱅크였다. 신탁 부서는 매우 작았지만 적당한 규모의 평판이 좋은 지역 은행이었다.[13]

처음부터 그는 신탁 부서에서 주식시장 연구를 담당하기 위해 채용됐다. 신탁 부서는 시카고의 활기 넘치는 금융가 중심부의 아름답고 상징적인 예술 장식이 있는 고층 건물에 자리 잡고 있었다. 효율적 시장 가설의 열정적 주창자인 싱크필드로서는 새로운 현실에 대한 적응이 필요했다. 최고의 주식 종목을 골라내는 것을 목표로 하는 연구는 그가 하고 싶은 일이 아니었다. 그가 작성한 첫 번째 보고서는 양조업체인 앤하이저부시Anheuser-Busch에 관한 것이었다. 싱크필드에게 이런 보고서를 쓰는 일은 일종의 고통이었다. 어느 날 그는 비서에게 "신디, 이것은 모두 엉터리야. 우리가 하는 모든 것이 말도 안 되는 헛소리들이지."라고 말했다.

그는 부업으로 시카고대학교의 로저 이봇슨Roger Ibbotson 교수와 함께 인플레이션뿐만 아니라 채권과 미국 재무부 단기채의 장기 수익률에 관한 시카고증권가격연구소의 연구를 지속적으로 갱신하고 확대하는 일을 했다. 《주식, 채권, 재무부 단기채 그리고 인플레이션》Stocks, Bonds, Bills and Inflation은 1977년에 처음으로 출판됐고, 투자업계에서는 스포츠 연감과 유사한 정기 간행물이 되었다.

싱크필드의 교육 배경과 그 당시에 공개된 획기적인 학술적 연구에 관한 모든 이야기가 신탁 부서를 책임지는 공군 대위 출신의 고든 캠벨 Gordon Campbell의 관심을 끌었다. 그는 싱크필드에게 자신의 부서 직원들에게 효율적 시장 가설에 관해 설명해달라고 요청했다. 설명회는 성공적이었다. 그래서 캠벨은 싱크필드에게 새로운 주장이나 생각을 잘 받아들이는 은행의 이사회에서도 똑같이 설명해달라고 부탁했다.

결과적으로 싱크필드는 1972년 1월에 포트폴리오 운용부로 자리를 옮겼고 그곳에서 자신의 시카고대학교 MBA 학위를 잘 활용하게 되었다. 그다음 달에 싱크필드는 한동안 준비해왔던 혁신적 제안을 했다. 그는 S&P500 지수를 모방하는 패시브 포트폴리오 상품을 시작할 것을 은행에 촉구하는 1페이지 분량의 간략한 보고서를 상사들에게 보냈다. 그는 처음에 이 상품을 '마켓 펀드The Market Fund'라고 불렀다. 그는 보고서에서 패시브 펀드 아이디어의 근거가 되는 금융 이론과 대부분의 액티브 펀드 매니저들의 성과가 실망스러웠다는 실증적 증거에 관해 간략하게 설명했다.

답변을 받지 못한 싱크필드는 자신의 보고서에 관해 캠벨에게 캐물었다. 캠벨 자신은 그 아이디어가 좋다고 생각한다며 앞으로 2년 안에 검토해볼 수 있는 프로젝트라고 이야기했다. 싱크필드는 걸어 나오면서 '2년이나 걸린다고? 헛소리하고 있네. 우리는 이 일을 당장 시작해야 하는데.'라고 생각했다.

놀랍게도 이사회는 얼마 지나지 않아 싱크필드의 엉뚱한 아이디어에 관한 연구를 허가하면서 정말로 주식시장 지수를 정확하고 저렴하게 복제할 수 있다는 것을 입증해보라고 했다. 싱크필드는 나중에 "나는 정말로 그들을 존경했어요. 그 사람들은 내가 아는 만큼 이 연구를 잘 알지는 못했지만 은행 전체의 명성을 걸었던 거죠."라고 당시를 회고했다.

1973년 여름 싱크필드는 연구에 전력했다. 그는 신중하게 이론상의 포트폴리오를 구성하고 매일 밤 가격을 설정하면서 자신들이 산출한 지수와 S&P500 사이의 편차가 아주 적다는 것을 입증하려고 노력했다. 그는 초창기에 효율적 시장에 관한 설명을 듣고 생각을 바꾸게 된 신탁 부서의 직원들로부터 많은 도움을 받았다. 하지만 싱크필드가 아메리칸내셔널뱅크의 최고위 경영진들로부터 실시간으로 지수를 추종하는 펀드 출시에 대한 최종 허가를 받을지는 확실하지 않았다.

맥퀸과 싱크필드처럼 딘 르바론도 금융계의 인습을 거부하는 또 다른 별난 인물이었다. 금융계에서는 많은 사람이 남들과 잘 어울리지 않고 규칙을 잘 지키는 데 반해 그는 사람들과 어울리기를 좋아하고 충동적이었다. 그리고 거의 모든 사람이 최고가 되고 싶어 하는 업계에서 르바론은 언제나 최고보다는 최초가 되고 싶다고 했다. 그는 "최고가 되기는 쉬워요. 그냥 어떤 사람이 하는 것을 따라 하면서 더 멋지고 더 잘하면 되는 겁니다. 하지만 최초가 되는 것은 어렵습니다."라고 농담했다.

르바론은 하버드대학교에서 MBA를 마친 후에 1960년에 투자업계에 첫발을 내디뎠다.[14] GM(제너럴 모터스)의 어느 공장에서 부지배인이 되고 싶어 하는 평범한 회사원이 되기 싫었기 때문이다.[15] 르바론은 1960년대 성장 지향적인 주식시장이 호황이었을 때 키스톤인베스트먼트매니지먼트Keystone Investment Management에서 노련한 포트폴리오 운용자로 이름을 날렸다. 하지만 반골 기질을 타고난 그는 시카고대학교, 스탠퍼드대학교 그리고 보스턴의 MIT가 주도하는 첨단 금융 연구 방법에 매력을 느꼈다. 그래서 1년에 두 번 시카고에서 개최되는 시카고증권가격연구소의 세미나에 몇 차례 참석했다.

그는 부가적으로 그 당시 인기 있던 프로그램 언어였던 포트란을 배우기 시작했다. 강한 개성의 열정적인 비행기 조종사인 르바론은 쌍발 엔진의 세스나 스카이마스터Cessna Skymaster와 선홍색의 수륙양용 자동차를 샀다. 그는 보스턴 항구 주변에서 독일제 수륙양용차를 운전하면서 부둣가에 있는 식당의 손님들에게 헤드라이트를 깜빡이곤 했다.[16]

하지만 1969년, 그는 키스톤매니지먼트와 사이가 나빠졌다. 이 회사는 모든 고위 임원이 일정 금액을 정치 기부금으로 적립하고 일부 시간을 정책 지침서를 쓰는 데 할애해야 한다는 방침을 강요했는데, 그가 거부했기 때문이다.[17] 르바론은 이것을 투자업계가 벌이는 사실상의 로비라고 생각했다. 내부적으로 그의 이런 비타협적 태도는 사람들을 깜짝 놀라게 했다. 그는 "당시 나는 그들이 다른 방에서 내가 들어갈 관을 짜는 소리를 듣기 시작했죠."라고 농담하면서 웃었다.

르바론은 그들이 만드는 관으로 떠밀려 들어가기 전에 회사를 먼저 떠났고, 1969년에 배터리마치파이낸셜매니지먼트Batterymarch Financial Management라는 회사를 설립했다. 그는 인간의 판단력과 숫자를 처리하는 컴퓨터의 능력을 결합해 저평가된 소형 주식으로 구성된 더 좋은 포트폴리오를 만드는 금융 서비스 회사를 만들겠다고 생각했다. 그가 키스톤에서 채용했던 영국 출신의 젊고 똑똑한 펀드매니저인 제러미 그랜섬Jeremy Grantham이 배터리마치에 합류했다.

뻔뻔스럽게도 회사 이름은 회사가 있는 거리의 이름을 그대로 가져왔다. 배터리마치가 거리 명칭에서 따온 것이 아니라 회사명이 거리 이름으로 된 것이라는 인상을 고객들에게 심어주기 위해서였다. 1970년대 초에 약세장의 타격을 받으면서 초창기 배터리마치의 영업은 상당히 힘들었다. 르바론은 재미를 위해 오래된 제2차 세계대전 당시의 비행 시뮬레이터 한 대를 사무실에 가져다 놓았다.[18] 그는 성공보다 혁신을 원했지만 인덱스펀드를 출시하면서 두 가지 욕구를 다 충족시킬 수 있었다.

1971년에 제러미 그랜섬은 하버드대학교 경영대학원에서 열리는 만찬에 참석했다. 참석자들은 펀드매니저를 평가하고 선택하는 가장 좋은 방법에 관해 이야기했다. 그랜섬은 농담조로 많은 투자자에게 'S&P라는 신사'에게 돈을 맡기는 것이 가장 좋은 선택이 될지도 모른다고 주장했다. 어떤 회사를 S&P500 지수에 포함시킬지를 결정하는 지수위원회가 장기적으로 대부분의 펀드매니저를 이기는 것처럼 보였기 때문이다. 예상대로 그의 제안에 사람들의 반응은 뜨뜻미지근했다. 그랜섬은 "내 제안은 사람들의 관심을 전혀 끌지 못했어요."라고 웃으면서 말했다.

하지만 르바론은 그랜섬의 생각에 커다란 호기심을 느꼈다. 그래서 그는 이 주제에 관해 컬럼비아대학교 경영대학원의 방문 교수와 별도로 대화를 나눴다. 르바론은 이와 관련된 금융 이론을 잘 알고 있었다. 그리고 투자업계의 콧대를 꺾기 위해 이전과 완전히 다른 새로운 상품 개발에 관한 아이디어를 좋아했다. 무엇보다 그는 많은 잠재 고객들이 기본적으로 지수를 기초로 한 투자상품을 원한다는 것을 알고 있었다. 즉 고객들은 유명한 미국의 우량기업들이 발행한 주식을 담고 있는 규모가 크고, 분산돼 있으면서, 단순하고, 회전율이 낮은 포트폴리오를 원했다. 르바론은 열렬한 효율적 시장주의자가 아니었다. 그는 여전히 노련한 펀드 매니저들이 중소기업이나 개발도상국처럼 조금 덜 효율적이고 보호장치가 약한 시장에서 좋은 성과를 낼 수 있을지도 모른다고 생각했다. 하지만 주류 금융시장에서는 그런 상품이 의미가 있다고 생각했다.

1973년에 배터리마치는 지수를 바탕으로 한 새로운 상품을 개발하는 가장 좋은 방법을 찾아냈다고 생각했다. 배터리마치 시장 포트폴리오 Batterymarch Market Portfolio는 독립적으로 운용되는 계좌를 통해, 즉 여러 투자 상품이 섞여 있는 기존의 투자 펀드가 아니라 별도의 투자 계좌를 통해 연금 펀드들에 제공됐다. 배터리마치의 프로그램 셀렉티드 포트폴리오 Program Selected Portfolio 사업부는 새로운 포트폴리오 전략에 따라 S&P500의 가장 큰 250개 종목을 매수할 예정이었다. 르바론은 250개 종목을 담은 포트폴리오가 적은 비용으로 전체 지수의 성과를 따라가기에 충분하다고 생각했다. 수수료는 연간 10만 달러로 일정하게 정했다.

초기에 배터리마치는 투자자들을 끌어들이는 데 실패했고 수수료를 2만 5천 달러로 낮춘 후에도 관심을 끌지 못했다. 르바론은 1973년 11월에 "우리는 프로그램 셀렉티드 포트폴리오에 관한 질의를 많이 받았지만 투자할 돈을 실은 장갑차가 우리의 문 앞까지 오는 것을 보지는 못했습니다."라고 말했다.[19] 이 때문에 투자 잡지인 《연금과 투자》Pension & Investment의 한 칼럼니스트는 1년 동안 한 명의 고객도 가입하지 않은 인덱스펀드를 선전하는 끈기를 높이 평가해 배터리마치에게 '의심스러운성과 상Dubious Achievement Award'을 주었다.[20] 르바론은 마치 호방하고 대범한 사람처럼 《연금과 투자》의 사무실을 찾아가 직접 상을 받았고 상장을 액자에 넣어 자

신의 사무실 벽에 걸어두었다.[21]

　샌프란시스코의 투자운용사인 아메리칸익스프레스American Express도 그 당시에 스탠퍼드대학교의 윌리엄 샤프에게 자문을 받아가며 인덱스펀드를 만들고 있었다. 하지만 프로젝트는 느리게 진행됐고 성공도 불확실했다. 시작하기만 하면 성공하리라 믿는 낙천적인 생각은 어느 정도 시간이 흐를 때까지 새로운 금융 분야를 개척하는 몇몇 회사에는 실제로 효과가 없는 것처럼 보였다. 싱크필드는 나중에 "우리는 반역자들이었죠."라고 말했다. 하지만 이들은 끝내 성공했고, 그들이 만든 금융상품은 오랫동안 자신들을 경멸했던 투자업계의 많은 저명인사들의 자존심을 상하게 만들었다.

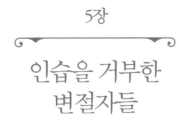

5장

인습을 거부한
변절자들

샌프란시스코에서 전쟁이 벌어졌다. 존 맥퀀의 경영과학부와 제임스 버틴의 금융분석부 사이의 싸움은 여러 분야에 걸쳐 수년간 이어졌다. 맥퀀은 고집이 셌지만 버틴 또한 소심한 인물이 아니었다.

금융 역사가인 피터 번스타인에 따르면 버틴은 제2차 세계대전 시기에 해군 중위였고, 열정적인 야외 스포츠 애호가이자 날카로운 눈매를 가진 오리 사냥꾼이었다. 선홍색의 자동차를 운전했고 때때로 따분한 은행의 분위기와 반대인 붉은 스포츠 상의를 입고서 '천하무적의 전사처럼' 거리를 활보했다. 버틴과 면담을 한 잡지 기자는 젊은 활기와는 어울리지 않아 보이는 '숱이 많은 흰색 눈썹'에 관해 언급했다.[1] 그는 맥퀀과 마찬가지로 날카롭고 호기심이 많은 지적으로 뛰어난 사람이었고, 자신이 일하는 투자업계에 대해서는 다소 회의적이었다.

버틴은 많은 투자 자문기관과 펀드매니저를, 환자를 치료하기 위해 굿을 하는 주술사에 비유했다. 결과적으로 병은 저절로 좋아지지만 주술사는 당연히 기적적인 회복이 자신의 공이라고 할 것이다.[2] 버틴은 사무실에 "우리 중 누구도 우리 모두만큼 똑똑하지 않다."라고 적힌 표어를 걸어두었다.[3]

그래도 버틴은 맥퀀과 신탁 부서를 항복시키려는 시도를 포기하지 않았다. 버틴은 2018년에 사망했는데 죽기 직전에 종종 맥퀀이 '골칫거리'였다는 사실을 인정했다.[4] 버틴만 그렇게 말하는 것은 아니었다. 웰스파고의 많은 부하 직원들은 맥퀀이 군림하려 들고 남들을 깔보며 잘난 척한다고 생각했다.[5] 하지만 은행 회장과 직접 대면하는 관계라는 사실을 감안할 때 그들이 할 수 있는 일은 거의 없었다. 한 신탁 부서의 직원은 "분위기가 정말로 험악했어요. 사람들이 많이 다쳤어요."라고 회상했다. 샤프 교수와 같은 학문적 동지들도 맥퀀이 때때로 거칠고 미친 듯이 화를 낼 때가 있었다고 말했다.

그럼에도 버틴은 경영과학부의 괴짜들이 자신들의 주장에 대한 타당성을 뒷받침하려고 만든 수많은 자료를 보고 결국에는 자신의 고집을 꺾었다. 맥퀀은 금융업계를 상대로 벌이는 위대한 성전을 지원하기 위해 그리고 최고경영자의 후한 자금 지원을 받아 최고의 학자들로 구성된 웰스파고 자문단을 만들었다. 웰스파고 자문단에는 여러 시기에 걸쳐 윌리엄 샤프, 짐 로리, 로렌스 피셔, 마이클 젠슨, 해리 마코위츠, 머튼 밀러 그리고 잭 트레이너 같은 기존의 거물들뿐만 아니라 그 당시에 새롭게 떠오르던 경제학자인 피셔 블랙Fischer Black과 마이런 숄즈Myron Sholes 같은 다양한 인물들이 포함됐다. 맥퀀은 시카고에서 1년에 두 번 개최되는 시카고 증권가격연구소 세미나에서 이들 가운데 상당수를 만났다. 맥퀀은 정기적으로 세미나에 참석했고 리처드 쿨리는 그들이 하고 싶은 모든 연구를 지원하기 위해 기꺼이 웰스파고의 지갑을 열었다.

유진 파마는 공식적으로 웰스파고를 위해 일하지 않았지만 연구에 도움을 주었고 그들의 학문적 대부 역할을 했다. 가장 똑똑한 제자였던 데이비드 부스를 맥퀀에게 보내주고 숄즈와 블랙을 웰스파고의 경영과학부에 소개해준 것도 파마였다. 떠오르는 파마 교수의 명성은 초기의 작지만 열정적인 인덱스펀드 추종자 집단에 필요한 학문적 보호막을 제공했다. 웰스파고의 경영과학부는 금융경제학의 맨해튼 프로젝트Manhatten Project(제2차 세계대전 중에 미국이 주도하고 영국과 캐나다가 공동으로 참여했던 핵폭탄 개발 프로그램-옮긴이)라고 말할 수 있다. 학계의 거물급 인사들과 함께 일하는 것에 전혀 주눅 들지 않던 맥퀀조차 겸손하게 만들었다. 그는 "그들과 함께 일하는 것은 저에게는 교육이었고 놀라운 경험이었습니다."라고 회상했다.

숄즈와 블랙은 매우 중요한 역할을 했다. 숄즈는 이미 웰스파고에 자문을 하고 있었고 1968년 여름에 웰스파고가 전체 시장의 일부를 사서 보유하는 패시브 투자상품을 만들어야 한다고 조언했다. 맥퀀은 관심이 있었지만 잠재적 위험에 대한 깊이 있는 연구를 원했다. 당시 숄즈는 27세에 불과했지만 이미 MIT의 조교수여서 1주일에 며칠만 시간을 낼 수 있었다. 그래서 맥퀀은 시카고대학교 졸업생인 마이클 젠슨을 통해 소개받은 블랙에게 도움을 줄 수 있는지 물었다.[6]

두 사람은 매우 생산적인 협력을 시작했다. 1973년에 블랙과 숄즈는 파생상품의 가격을 정하는 획기적 수학 모형을 공개했다. 이것은 금융계를 뒤흔들었고 현재의 월스트리트를 만드는 초석이 되었다. 숄즈와 이 모형을 더욱 발전시킨 또 다른 MIT의 교수인 로버트 머튼은 1997년에 노벨 경제학상을 받았다. 하지만 1995년에 사망한 블랙은 노벨상을 받지 못했다.

그 당시에 잘 알려지지 않았던 숄즈와 블랙은 패시브 펀드를 만들려는 웰스파고의 노력에 분석적 토대를 제공했다. 그들이 말하는 패시브 펀드는 '선택된 주식이나 시장 전체의 미래 실적에 관해 주관적 측정을 하지 않고 만들어진 주식들의 포트폴리오'를 의미했다.[7] 맥퀀의 경영과학부 사람들, 주로 래리 쿠네오Larry Cuneo와 웨인 와그너Wayne Wagner는 지루하고 힘든 일을 담당했지만 숄즈와 블랙은 정기적으로 비행기를 타고 출장을 다니면서 달콤한 아이스티를 맘껏 마시고 자료를 꼼꼼히 살펴보곤 했다.[8]

이런 일련의 학문적 노력과 거의 매일같이 출판되는 획기적인 학술 논문들에 마침내 버틴은 항복했다. 실제로 그는 뒤늦게 변절한 사람만이 갖는 특유의 열정으로 새로운 사고방식을 적극적으로 받아들였다.

하지만 버틴의 표현처럼 이들에게는 이론을 담당하는 신세대와 영업을 담당하는 구세대를 이어줄 누군가가 필요했다. 웰스파고는 맥퀀과 버틴의 사고방식에 잘 어울리는 웨스트버지니아 출신의 전 색소폰 연주가이자 쾌락주의자인 의외의 인물을 찾아냈다.

⌒

윌리엄 파우스는 다방면에 빛나는 재능과 지성을 가졌으나 통통한 체격과 커다란 사각 안경, 작은 콧수염과 웃는 얼굴에 가려져 있었다. 인덱스펀드의 역사에서 동시대 사람들보다 유명하지 않았을지 모르지만 그와 함께 일해본 모든 사람은 파우스가 인덱스펀드의 발명과 성장에 이바지한 공이 컸다고 이야기한다.

파우스는 1928년 9월 20일 웨스트버지니아의 파커스버그에서 태어났다.[9] 그의 아버지는 은행원이었고 어머니는 선생님이었다. 파우스는 고등학교 밴드에서 클라리넷을 연주했고 그의 음악적 재능은 나중에 켄터키대학교에서 산업 경영을 공부하고 경영학 석사학위 과정을 마치는 데 경제적으로 도움이 됐다.[10] 그는 여러 재즈 밴드에서 연주하면서 생활비를 벌었다. 파우스는 2019년에 사망할 때까지 재즈와 맛있는 음식에 대한 열정을 잃지 않았다. 그의 한 오랜 친구이자 동료는 "파우스는, 인생은 양보다 질이 중요하다고 믿었다."라고 말했다.[11]

1952년에 파우스는 피츠버그의 멜런은행Mellon Bank의 신탁 부서에 애널리스트로 취업했고 초기에는 철도 주식을 담당했지만 나중에는 투자 연구부의 부책임자가 되었다. 멜런은행은 '순수한 정통파의 수호자'였지만 파우스는 정통주의자가 아니었다.[12]

그는 컴퓨터를 좋아하게 되면서 금융학계의 새로운 세대의 학자들이 쓴 최신 연구 논문을 열심히 읽었고 시카고대학교의 증권가격연구소가 주최하는 세미나에 정기적으로 참석했다. 그는 세미나에서 자신과 관심사가 비슷한 사람들을 알게 되었다. 멜런은행의 상사들은 마코위츠, 샤프 그리고 파마 같은 학자들이 주장하는 베타, 효율적 투자선efficient frontiers 그리고 현대 포트폴리오 이론과 같은 새로운 학술적 이야기에 관심이 없었다. 멜런은행 펀드매니저들의 성과를 추적하고 연구하는 파우스의 노력은 전혀 관심 받지 못했고 오히려 거센 반발에 부딪혔다.[13] 그의 표현을 빌리면 멜런은행의 펀드매니저들의 성과는 아무것도 없거나 최악 그 이상이었다.

1969년에 샤프의 연구에서 영감을 얻은 파우스는 멜런은행이 미국에서 가장 큰 기업들로 구성된 S&P500 지수 같은 대형 주식시장 지수 가운데 하나를 추종하는 패시브 펀드를 출시할 것을 추천했다. 그러나 멜런은행의 경영진은 그의 제안을 거부했다. 1970년 봄에 그는 존 윌리엄스가 고안한 배당금을 기초로 한 모형에 따라 체계적으로 투자하는 펀드를 제안했지만 이것 역시 즉석에서 퇴짜를 맞았다. 존 윌리엄스는 거의 20년 전에 마코위츠의 연구에 영감을 준 인물이었다. 그의 상사는 파우스에게 "이봐요 파우스, 당신은 내 사업을 과학으로 만들려고 해요."라고 말했다.[14] 평소에 사람들과 잘 어울리는 성격의 파우스도 상사의 이런 말은 복부를 찌르는 비수처럼 느껴졌다.[15]

이 사건은 파우스가 멜런은행을 떠나는 결정타가 되었다. 파우스는 혁신의 가치를 아는 사람을 위해 일하기로 마음먹었다. 그리고 이단적인 투자 사상가들을 위한 증권가격연구소의 학술회의에서 만났던 맥퀀에게 전화를 걸었다. 또한 맥퀀에게 웰스파고가 자신을 고용해야 하는 이유를 설명하는 장문의 편지까지 보냈다. 그 편지에서 파우스는 자신을 매우 분석적이고 혁신적이며 독립적인 사고를 하고, 과학적 방법을 좋아하며, 무지를 참지 못하고 솔직하게 말하는 사람이라고 설명했다. 맥퀀은 파우스를 즉각 채용했다. 그는 버틴 아래에서 일하면서 그 즉시 웰스파고 금융분석부의 주식시장 연구를 이끄는 책임자가 되었다. 버틴은 마침내 신세대와 구세대의 가교 역할을 할 사람을 찾게 됐다.

그때가 바로 버틴의 사고방식에 큰 변화가 있었던 시기였다. 하지만 사무실에서는 여전히 견해 차이에 따른 충돌이 빈번했다. 파우스는 맥퀀이 버틴이 이끄는 이교도 땅인 신탁 부서에 자신을 선교사처럼 파견했다고 생각했다. 파우스는 나중에 "버틴에게는 이미 종교가 있었어요. 하지만 나는 우리가 그를 강제로 개종시키지 않았다면 과연 그가 개종했을지는 잘 모르겠습니다."라고 당시를 회상했다.

그렇다고 해도 맥퀸은 언젠가 파우스를 해고하려고 했었다. 멜런은행에서 상사들에게 가차 없이 거부당한 배당금을 기초로 한 투자 모형을 웰스파고에 도입하기 위해 열띤 논쟁을 벌인 직후였다. 파우스는 "그 당시저는 제가 이리저리 주고받기를 하는 탁구공 같다고 느꼈습니다."라고 말했다. "아주 흥미로운 시기였습니다. 하지만 잘 견뎌냈어요." 그는 가끔 1970년에 개업한 샌프란시스코의 이탈리아 식당 노스비치North Beach에서 마티니를 곁들인 점심을 먹으며 깨지기 쉬운 마음의 평화를 유지하곤 했다.

파우스가 웰스파고에 합류했을 당시 그들은 이미 모종의 패시브 투자 펀드에 관해 연구하고 있었다. 그러나 초기의 연구는 순수한 인덱스펀드가 아니었다. 숄즈와 블랙의 연구는 변동성이 적은 주식이 (샤프가 사용한 최초의 용어인 베타 값이 낮은 주식들) 실제로 더 많은 수익을 낼 수도 있다는 시장의 비효율성을 잠재적으로 보여주었다. 이것은 자본자산가격결정모델과 유진 파마의 연구와 정면으로 배치되는 것이었다.

웰스파고에 제출한 1969년 12월의 보고서에서 숄즈와 블랙은 세 가지 선택을 제안했다. 첫째, 주식시장 전체를 사서 레버리지를 통해 수익을 챙기는 패시브 펀드, 둘째, 베타가 낮은 주식들만 매수하지만 또다시 레버리지를 이용해 전반적 변동성을 시장 평균으로 끌어올리는 패시브 펀드, 셋째, 베타가 낮은 주식을 사고 실제로 베타가 더 높은 주식에 반대로 베팅하는 공매도 펀드였다.[16]

세 번째 선택은 헤지펀드와 더 유사했다. 하지만 웰스파고는 두 번째 선택에 관한 연구를 본격적으로 시작했다. 그리고 초기 연구를 골드러시 시대에 웰스파고의 유명한 상징을 존중하는 의미에서 '스테이지코치 펀드Stagecoach Fund'라고 불렀다. 그들은 현대적인 연구 방법을 활용해 지속적으로 주식시장을 이기는 펀드를 개발하기를 바랐다. 이런 펀드는 웰스파고의 개인과 연기금 등 모든 고객에게 매력적인 상품이 될 것 같았다.

하지만 새롭게 합류한 파우스는 이런 생각을 거부했다. 그는 베타가 낮은 주식을 매수하는 것은 분산에 너무 많은 돈을 사용하는 결과가 될 것이라고 주장했다. 이런 주식은 소수의 안정적인 산업 분야에서만 찾을 수 있기 때문이다. 대신 그는 레버리지를 사용하지만 폭넓은 주식 포트폴리오를 구성하는 첫 번째 선택을 원했다. 블랙에게는 실망스럽지만 파우스가 열띤 내부 논쟁에서 최종적으로 승리했다. 평소에 침착한 블랙도 이에 심하게 화를 내면서 중요한 회의에서 자리를 박차고 나가버렸다.[17]

모두가 아는 것처럼 스테이지코치 펀드는 1971년 대법원의 판결 여파로 최종적으로 폐기되었다. 대공황 시대에 만들어진 글라스-스티걸 법Glass-Steagall Act은 웰스파고 같은 상업은행들이 일반 투자자들에게 뮤추얼펀드를 판매하는 것을 금지하고 있다. 웰스파고의 신탁 부서는 그레이하운드Greyhound와 일리노이 벨Illinois Bell의 퇴직연금으로부터 이미 투자 약속을 받았었다. 하지만 기관투자자 외에도 개인투자자들을 끌어올 것이라는 희망이 사라진 데다 기관투자자들의 관심도 미적지근해지면서 스테이지코치 펀드 프로젝트는 단계적으로 폐지됐다. 스테이지코치 펀드에 관여했던 파마 교수의 제자인 데이비드 부스는 "그 배에 붙어 있는 조개껍데기들이 너무 많았고 그것 때문에 결과적으로 배가 침몰했습니다."라고 당시를 기억했다.

이것은 나중에 오히려 행운이 되었다. 레버리지 펀드는 1974년 주식 시장의 폭락으로 완전히 망할 뻔했었고 그 결과 패시브 펀드의 개발도 수년 동안 지연됐다. 대신 결과적으로 맥퀀의 경영과학부가 주도한 다소 주목받지 못한 부차적인 연구가 최초의 인덱스펀드가 되었다. 그리고 다시 한번 시카고대학교 출신들이 인덱스펀드의 출범에 중요한 역할을 했다.

1970년에 키스 슈웨이더Keith Schwayder는 시카고대학교에서 경영학을 공부하고 여행용 가방을 만드는 가족 회사인 샘소나이트Samsonite에서 일하기 위해 고향 덴버Denver로 돌아왔다. 그는 시카고대학교에서 금융학자들로부터 많은 것을 배웠다. 그리고 기업의 퇴직연금이 성과가 형편없는 뮤추얼펀드에 투자됐다는 사실을 알고 깜짝 놀랐다. 효율적 시장 가설에 깊이 빠진 슈웨이더는 이런 투자 방식을 정말로 혐오했다.

슈웨이더는 시카고대학교의 교수님들에게 전화를 걸어 조금 더 현대적인 방법, 즉 이론적으로 탄탄한 방법으로 돈을 관리하는 사람이 있는지 물어봤다.[18] 그들은 슈웨이더를 맥퀀에게 연결해주었고 맥퀀은 덴버로 날아가 샘소나이트가 원하는 것이 무엇인지를 알아봤다. 맥퀀은 "예산에 제약이 없었기 때문에 어디든 비행기를 타고 가고 싶으면 그냥 가면 됐어요."라고 회상했다.

맥퀀의 직속 부하인 와그너와 쿠네오가 기본적인 설계와 개발을 담당했지만[19] 실험적 연구 부서인 경영과학부는 자체적인 자금 운용이 허용되지 않았다. 그래서 이상하고 새로운 상품을 관리하기 위해 '웰스파고인베스트먼트어드바이저'라는 새 조직을 만들었다. 버틴의 부서는 일일업무를 담당했고 펀드 자체는 파우스가 운용했다. 그 당시에는 거의 주목받지 못했지만 웰스파고인베스트먼트어드바이저는 수십 년 후에 세계에서 가장 큰 투자회사의 핵심 조직이 되었다.

새로운 상품은 뉴욕증권거래소에 상장된 약 1,500개의 주식에 동일한금액을 투자하는 것이었다. 이것이 미국 전체 주식시장에 투자하는 것과가장 비슷했기 때문이다. 1971년 7월에 샘소나이트의 퇴직연금이 위탁한 600만 달러의 초기 자금 덕분에 패시브 방식으로 운용하는 지수 추종펀드가 세계 최초로 탄생했다.

그러나 불행하게도 뉴욕증권거래소의 주식을 동일 가중치로 추종하는지수는 악몽이 되고 말았다. 주가는 항상 움직였고 이에 따라 샘소나이트의 펀드도 개별 주식에 동일한 금액이 투자되도록 계속해서 비중을 조정해야만 했다. 그 결과 거래비용이 커졌고 회계 처리도 굉장히 힘들었다.

데이터에 근거한 이론에 따르면 동일 가중치 방식의 펀드가 시간이지나면서 주식시장의 전통적인 측정 결과보다 성과가 좋다는 것이다. 하지만 현실에서의 결과는 매우 실망스러웠다. 파우스는 나중에 "샘소나이트 펀드의 운용과 관련해 맥퀸이 시장을 이기는 방법에 오류가 있었습니다. 동일 가중치 방식이 문제였어요. 하지만 이것은 사실상 해결하기 어려운 문제였습니다."라고 말했다.

하지만 이 펀드에서 영감을 얻은 웰스파고인베스트먼트어드바이저는 1973년 11월에 은행의 모든 기관투자자 고객을 위해 더 단순한 펀드를 만들었다. 초기 투자자금은 웰스파고의 자체 퇴직연금에서 500만 달러 그리고 일리노이 벨의 퇴직연금에서 500만 달러를 조달했다. 이것은 S&P500의 성과를 단순히 따라가도록 만든 상품이었다.◆ 그 당시 S&P500 은 전체 미국 주식시장의 3분의 2를 차지하고 있었다.[20] 그리고 S&P500 지수는 각 기업의 비중이 기업의 시가총액 크기에 따라 결정되는 시가총액 가중 방식의 지수였다. 그래서 펀드는 개별 기업에 대해 동일한 수의 주식을 매수해야만 했다. 1976년에 샘소나이트는 이전에 투자했던 자금을 웰스파고인베스트먼트어드바이저의 S&P500 지수 펀드로 옮겼다.

이 펀드의 첫 펀드매니저는 이스트먼딜런Eastman Dillon 투자은행에서 일했던 젊은 은행가인 토머스 러브Thomas Loeb였다. 그는 1973년 초에 신탁영업부에 입사했다. 이 펀드는 첫 번째 펀드보다 운용하기가 훨씬 쉬웠다. 지속적으로 종목을 바꿀 필요가 없어 펀드가 추종하는 지수와의 차이인 추적 오차를 대략 1~2퍼센트로 유지하는 데 도움이 됐다.◆◆ 마침내 웰스

◆　번스타인에 따르면 처음의 1천만 달러는 S&P500의 모든 종목을 1천 주씩 사기에는 부족했다. 그래서 그들은 2,500만 달러에 도달할 때까지 지수와 근접하게 하려고 노력해야만 했다.

◆◆　1975년에 러브의 획기적인 발명은 거래비용을 낮추는 데 도움이 됐고 인덱스펀드의 발명이 시간이 지나면서 금융업계의 환경을 어떻게 바꿔놓을지를 보여주는 전조였다. 러브는 스탠더드앤드푸어스가 매 분기 기준을 변경할 때나 배당금을 다시 투자해야 할 때, 웰스파고가 인덱스펀드의 종목을 사고팔면서 증권사에 너무 많은 수수료를 지급하고 있다는 것을 깨달았다. 증권사는 일반적으로 주식을 사고파는 사람은 정보적 우위를 가지고 이유가 있어 그렇게 한다고 가정한다. 그래서 매수가격과 매도가격 사이에 스프레드라는 이윤을 붙인다. 이것은 거래 수수료에 추가로 더해진다. 하지만 웰스파고의 인덱스펀드들은 정보의 이점을 가지고 거래하는 것이 아니라 저렴하게 시장을 따라가려는 것이기 때문에 무엇인가 다르게 할 수 있지 않을까? 그리고 인덱스펀드는 시장 전체를 보유하고 싶기 때문에 아마도 증권사들은 한 번에 한 종목이 아니라 더 낮은 비용의 바스켓 형식으로 개별 종목을 동시에 거래할 수 있도록 허용할 수 있지 않을까? 러브는 월스트리트에서 가장 큰 기업 가운데 하나인 살로몬브라더스Salomon Brothers의 수석 중개인인 스탠리 숍콘Stanley Shopkorn에게 전화를 걸었고 그는 이 문제를 논의하기 위해 샌프란시스코로 비행기를 타고 왔다. 페어몬트Fairmont 호텔의 한 식당

파고는 수년에 걸친 어렵고 비용이 많이 들어간 연구에서 흥미로운 결과를 끌어내는 데 성공했다.

～～⌣～～

자기 덕분에 성공했다고 주장하는 사람은 언제나 많기 마련이다. 그래서 각자의 정의에 따라 자신들이 최초의 인덱스펀드를 출시했다는 그럴 듯한 주장을 하는 사람도 많다. 웰스파고는 샘소나이트와의 모험적 투자 사업을 통해 가장 먼저 인덱스펀드를 출시했다고 주장할 수 있다. 하지만 그것은 공식 펀드가 아니라 작고 다루기 어려운 계좌였다. 그리고 샘소나이트의 계좌는 일 처리가 번거로운 동일 가중 방식의 뉴욕증권거래소 지수를 추적했다. 이 때문에 몇몇 경쟁자들은 자신들이 인덱스펀드를 먼저 출시했다고 주장한다.

아메리칸내셔널뱅크는 자신들이 공개적으로 최초의 S&P500 지수 펀드를 판매했다고 주장하고 있다. 하지만 아메리칸내셔널뱅크는 1973년 9월 4일에 기존의 투자상품을 전환했을 뿐이었다.[21] S&P500 지수를 복제

에서 저녁을 먹으면서 러브는 이런 생각에 관해 설명했다. 숍콘은 "글쎄요 톰, 당신이 설명한 것은 프로그램입니다!"라고 말했다. 그들은 세부 사항을 조율했고 살로몬의 거래 책임자이자 나중에 뉴욕 시장이 될 마이클 블룸버그Michael Rubens Bloomberg로부터 승인을 받았다. 그리하여 프로그램 매매program trading라는 개념이 탄생했다. "현금을 받아 원활하게 주식시장에 투입하겠다는 것이 최종 생각이었죠."라고 러브는 말했다. 처음에 프로그램 매매는 노력이 상당히 많이 들어가는 고된 작업이었다. 프로그램 매매를 하기 위해 수작업으로 가장 경쟁력 있는 호가를 찾아 증권사에 팩스로 전송했다. 그런 다음에 증권사는 뉴욕증권거래소 영업장의 중개인들에게 거래 정보를 배포했다. 오늘날 프로그램 매매는 수십억 분의 1초 사이에 전자적으로 처리되고 있고 모든 주식시장 거래 활동 가운데 상당한 비중을 차지하고 있다.

할 수 있는지 확인하기 위해 몇 달 동안의 힘든 검증을 거친 후에 싱크필드는 3천만 달러 규모의 '성장^{growth}' 신탁상품 투자자들에게 편지를 보내서 목표는 그대로 유지되지만 그 목표를 달성하기 위한 전략은 S&P500을 따라가는 것이라고 알렸다. 어떤 고객도 이에 이의를 제기하지 않았다. 하지만 싱크필드가 종종 동료들에게 세례 요한이 하는 일이 인덱스펀드 가입자를 모으는 것보다 더 쉬웠을 거라고 말했던 것처럼 처음 2년 동안 신규 고객을 유치하는 일은 무척 힘들었다.

배터리마치는 1972~73년에 S&P500 지수 상품을 제안하기 시작했지만 오랫동안 가입자를 찾지 못했다. 1974년 연말이 되어서야 뉴욕시 교원 퇴직연금이 1천만 달러를 투자했다.[22]

이들 세 기관의 초기 상품들은 완전한 인덱스펀드가 아니었다. 펀드가 S&P500의 모든 종목을 사지 않았기 때문이다. 월스트리트의 증권사들이 정액 수수료를 부과했고, 우량주 지수에 포함된 소형 주식들의 거래량이 적었던 시기에 모든 종목을 사는 것은 비용이 너무 많이 들었다. 또 펀드 규모도 너무 작아 모든 주식을 매수하는 것은 불가능했다. 표본 추출로 알려진 과정을 통해(전체 지수를 가장 잘 따라가는 주식들로 구성된 광범위하지만 더 작은 하위 집합을 선택하는 것) 기준 지수를 복제하는 방법도 펀드마다 달랐다.

그런데도 웰스파고, 아메리칸내셔널뱅크 그리고 배터리마치의 인덱스펀드 프로젝트들은 현대 금융시장에서 가장 크고 영향력 있는 혁신 가운데 하나라는 데는 이론의 여지가 없다. 그리고 인덱스펀드의 거대한 혁신은 투자업계 전반에 걸쳐 서서히 모습을 드러냈다.

딘 르바론은 1975년 1월 금융분석가 콘퍼런스에서 "오늘날 우리가 목도하는 것은 투자라는 해변에 거대한 파도를 몰고 올 깊은 해저에서 만들어지고 있는, 느리고 감지할 수 없는 움직임입니다."라고 말했다. "파도를 타는 사람은 이미 지나간 파도를 보기 위해 해변을 보는 것이 아니라 다가올 파도를 판단하기 위해 바다를 내다봅니다. 이와 마찬가지로 우리도 오늘날 점점 발전하는 기준과 규칙에 근거한 투자 전략을 수립하는 일에 민감해져야 합니다."[23]

하지만 모든 사람이 다가오는 파도를 예측하고 그 위에 올라타는 것은 아니었다. 아메리칸익스프레스애셋매니지먼트American Express Asset Management는 1974년 2월에 '아메리카 인덱스펀드Index Fund of America'라고 불리는 유가증권 등록 명세서registration statement를 제출했지만 나중에 신청을 철회했다.[24] 처음에는 기관투자자들을 대상으로 했지만 개인투자자들에게도 개방된 최초의 인덱스펀드가 될 가능성이 있는 것이었다.

그럼에도 인덱스펀드를 개발하고 확산시키려는 노력은 매우 활발하게 진행됐다. 싱크필드는 "우리는 언제나 싸우고 서로를 싫어했지만 결과적으로 성장했고 모두가 함께하는 것이 서로에게 유리한다는 사실을 깨달았습니다. 왜냐하면 마케팅에 신뢰성을 더해주기 때문이죠."라고 말했다.

1975년 말에 웰스파고, 배터리마치 그리고 시카고의 아메리칸내셔널뱅크는 진보적인 사고방식을 가진 퇴직연금과 각종 기금을 수수료가 저렴한 지수 기반의 전략으로 성공적으로 운영하고 있었다. 그 당시 배터리마치는 지수 전략을 통해 1억 달러를 운용했고 아메리칸내셔널뱅크는 약 1억 2천만 달러를 굴렸다. 웰스파고인베스트먼트어드바이저는 그 당시 추정에 따르면 약 1억 5천만 달러의 자금을 관리했다.[25] 수수료는

0.3~0.6퍼센트였다. 이것은 대부분의 전통적인 펀드매니저들이 부과하는 수수료와는 비교가 되지 않을 정도로 적은 금액이었다.[26] 비록 일반 투자자들은 인덱스펀드를 이용할 수 없었지만 마침내 그 혜택이 미국의 연금 수령자들을 위해 차곡차곡 쌓이기 시작했다.

　그럼에도 1972년 《기관투자자》 여름 호는 이미 웰스파고를 '베타의 성전The Temple of Beta'(베타는 시장 수익률을 의미하기 때문에 시장 대표 지수를 추종하는 인덱스펀드를 발명한 웰스파고를 베타의 성전이라고 부른다. -옮긴이)이라는 별칭으로 불렀다.[27] 1974년 초에 웰스파고는 최초로 인덱스펀드에 관한 광고를 했다. 광고에는 "웰스파고가 S&P500의 장기 성과를 비슷하게 따라가고자 하는 모든 기업의 퇴직연금 관리자들에게 중요한 소식을 전해 드립니다."라는 간결하고 과장 없는 문구가 실렸다.

　지난 세월 펀드매니저들이 운용하는 많은 펀드가 S&P500의 장기적인 성장 기록에 미치지 못했습니다. 웰스파고의 임플로이이 베네핏 트러스트 Employee Benefit Trusts 인덱스펀드의 목표는 S&P500의 성과를 그대로 따라가는 것입니다. 따라서 펀드의 위험과 수익도 지수와 비슷합니다. 웰스파고는 이례적으로 저렴한 비용으로 지수 복제를 달성할 수 있도록 설계된 특별한 컴퓨터 처리 과정을 통해 지속적인 비교 분석을 실시합니다. 물론 이것은 지나치게 단순화된 설명이지만 우리는 이런 주장을 뒷받침할 놀랍고도 세밀한 연구 결과를 가지고 있습니다. 우리는 여러분이 그 결과를 듣고 싶어 할 것으로 생각합니다.[28]

　다음 장에서 우리가 살펴볼 것처럼 웰스파고인베스트먼트어드바이저는 인덱스펀드를 개척한 세 회사 가운데 가장 오랫동안 성공을 누렸다. 싱크필드는 곧바로 2개의 인덱스펀드를 더 출시했다. 이번에는 S&P500에 편입되지 않은 더 작은 주식과 해외 주식에 초점을 맞추었다. 그리고 그는 최종적으로 아메리칸내셔널뱅크의 신탁사업부 총괄 책임자가 되었다가 1981년에 그곳을 떠났다. 아메리칸내셔널뱅크는 지역의 경쟁 은행인 퍼스트시카고앤드노던트러스트First Chicago and Northern Trust에 의해 합병됐다.

이런 일이 벌어지는 동안 르바론은 1980년대 중반에 배터리마치의 지수 추종 전략을 폐기했다. 일부 경쟁자들은 그의 전략이 시장을 제대로 따라가지 못했기 때문이라고 말했지만 최고가 아니라 최초를 꿈꾸는 금융가인 르바론은 특별한 이유가 있어 그만두었다고 반박했다. 그 당시에 인덱스펀드를 제공하는 회사들이 75곳이라는 사실을 알게 된 후에 르바론은 금융시장이 매우 상품화됐다고 생각했다. 배터리마치가 계속해서 인덱스 상품을 판매하는 것은 의미가 없다고 결론 내렸다. 대신 그는 개발도상국가들의 주식시장으로 시선을 돌렸다.

스테이지코치 펀드의 어려움에 실망하고 환경을 바꾸고 싶었던 맥퀀은 1974년 3월 17일에 웰스파고를 그만두었다. 정확하게 그가 10년 전에 샌프란시스코 은행에 합류한 날짜와 같았다. 하지만 그 당시 파우스는 확고하게 자리를 잡았고 버틴도 완전히 인덱스펀드의 주창자로 돌아선 상태였다. 부스는 "결국 그것은 연애였죠. 버틴과 맥퀀은 함께 해피엔딩을 맞이한 것입니다."라고 말했다.

맥퀀은 자신의 임기가 끝나갈 때쯤 버틴에 대한 강한 적대감이 점차 존경과 우정으로 변해가면서 고맙게도 반감이 사라졌다고 이야기했다. 그는 "버틴은 든든한 적군이었고 마침내 믿음직한 옹호자로 변했습니다."라고 말했다. "마지막 분석에서 그는 환상적이었죠. 하지만 그는 논쟁을 좋아하는 골치 아픈 친구였습니다."

당연히 둘 다를 아는 많은 사람이 맥퀀에 관해서도 똑같은 말을 하곤 했다. 아마추어 화가이자 위인들의 전기를 읽으면서 성장한, 두 미술가의 아들인 러브는 1970년대의 웰스파고와 20세기로 전환하는 시기의 고급 예술 세계 사이에 묘한 유사점이 있다고 주장했다. 그는 "그들은 개성이 매우 뚜렷했고 신념도 강했습니다. 그리고 매우 강하게 논쟁했다는 것이죠."라고 말했다. "사고방식이나 신념의 체계는 완전히 다르지만 성격은 모두 열정적이었습니다." 투자에 대한 새로운 사고방식이 대중들에게 얼마나 널리 받아들여졌는지를 보여주는 하나의 상징으로 웰스파고은행은 20년 전 해리 마코위츠의 선구자적 업적에 경의를 표하는 의미로 소프트볼팀 이름을 이피션트 프론티어스멘Efficient Frontiersmen으로 변경했다.[29]

이런 인덱스펀드 개발 노력에 대해 투자업계는 무관심과 조롱, 비판, 노골적인 적대감을 보였다. 1974년은 대공황 이후 가장 큰 약세장이었다. 그로 인해 많은 펀드매니저가 굴욕감을 느꼈지만, 전반적으로 그들은 투자자들이 평균적 성과에 만족할 것이라는 생각을 비웃었다.

펀드매니저에서 역사가로 변신한 피터 번스타인은 옛 동료가 자신은 장모님을 위해서도 S&P500을 사지 않을 것이라며 흥분했다고 당시를 회상했다.[30] 미니애폴리스에 본부를 둔 금융연구단체인 루트홀트그룹Leuthold Group은 엉클 샘Uncle Sam(흰 수염에 미국 국기 무늬의 높은 중절모를 쓴 키 큰 남자, 미국 정부를 상징하기도 함.-옮긴이)이 "인덱스펀드를 근절시키도록 도와주세요. 인덱스펀드는 미국과 전혀 어울리지 않습니다!"라고 선언하는 포스터를 배포한 것으로 유명했다. 이 포스터의 복사본은 인덱스펀드가 초기에 직면했던 적대감을 단적으로 보여주는 과거의 기념물로 아직도 인덱스펀드 매니저들의 사무실에서 찾아볼 수 있다.

물론 작가 업튼 싱클레어Upton Sinclair가 이야기한 것처럼 어떤 사람들의 월급이 자신들이 이해하지 못하는 뭔가에 좌우될 때 누군가에게 그것을 이해시키는 일은 상당히 어렵다. 한 익명의 뮤추얼펀드 매니저는 "사람들이 이런 무작위 행보의 쓰레기를 믿고 인덱스펀드로 이동한다면 연봉 8만 달러를 받는 펀드매니저들과 분석가들은 1만 6천 달러를 받는 컴퓨터 운영자로 대체될 것입니다. 그런 일은 일어날 수 없어요."라고 1973년 〈월스트리트 저널〉에 불만을 제기했다.[31]

투자업계의 몇몇 사람들은 확고한 자료가 아니라 질투심이 인덱스펀드를 만든 동기가 됐다고 주장했다. 한 펀드매니저는 "랜덤워크 이론은 단지 펀드매니저들을 질투하는 경영대학원의 많은 교수들이 만들어낸 창작품에 불과합니다. 펀드매니저들이 교수들보다 더 많은 돈을 벌기 때문이죠."라고 불평했다.[32] 푸르덴셜보험Prudential Insurance의 에드워드 진버그 Edward Zinberg는 더욱 솔직하게 표현했다. "다른 사람들처럼 주식 종목을 선택하는 데 있어 우리가 더 똑똑하고 더 잘한다고 생각하고 싶어 합니다. 알다시피 희망은 영원히 솟아나는 샘물이잖아요!"

초창기 비판 중에는 너무 많은 사람들이 지수에 의존하면 시장이 덜 효율적으로 변하고 시장의 활기도 떨어질 것이라는 주장도 있었다. 이후 수십 년에 걸쳐 이러한 비판은 여러 번 반복됐다. 체이스인베스터매니지먼트Chase Investor Management의 어윈 제우슈너Erwin Zeuschner와 메리 홀랜드Mary Onie Holland는 1975년 〈월스트리트 저널〉에 보낸 편지에서 "주식시장에서 전체 자본의 배분 기능이 왜곡되고 지수로 대표되는 기업들만 자본을 조달하게 될 것입니다."라고 경고했다.[33]

인덱스펀드가 월스트리트의 전통적인 거대 금융기관이 아니라 작은 규모의 유명하지 않은 금융기관을 통해 나오게 된 것도 우연이 아니다. 초기에 인덱스펀드에 대한 지지는 워런 버핏과 그의 스승이자 유명한 투자자인 벤저민 그레이엄처럼 전혀 예상하지 못한 인물들에게서 나왔다.

하지만 가장 중요하고 직접적인 지원을 해준 곳은 이른바 베이비 벨즈Baby Bells(AT&T의 자회사 American Bell Inc.의 속칭-옮긴이)였다. 그 당시 거대한 AT&T 통신사는 여러 개의 작은 지역 회사로 구성돼 있었다. 벨 시스템Bell System은 1980년대 해체될 때까지 미국에서 거의 독점적 기업이었으나 각 지역의 베이비 벨은 이미 개별 퇴직연금 제도를 운영하고 있었다.

지역의 베이비 벨은 1970년대 초에 투자 계획이 어떻게 설계되고 진행되는지를 조사한 이후에 일찌감치 지수 투자를 도입한 중요한 기업이 되었다. 러브는 "베이비 벨은 액티브 펀드매니저들이 기본적으로 주식으로 돌려막기를 하고 있다는 사실을 알았습니다. 즉 한쪽에서는 IBM 주식을 매도하고 다른 한쪽에서는 동시에 IBM 주식을 사고 있었던 거죠." 라고 말했다. "그들은 단순한 추정만으로도 인덱스펀드에 투자하는 것이 비용을 줄일 수 있다는 사실을 깨달았습니다."

더구나 일부 퇴직연금의 경영진들은 자신들이 고용한 펀드매니저들의 상당수가 실질적으로 '밀실에 있는 지수 투자자'라는 것을 서서히 깨닫기 시작했다. 다시 말해 그들은 기본적으로 주식시장 전체의 성과를 따라가고 있었지만 최고의 주식을 고르기 위해 비용이 많이 들어가는 일을 하는 것처럼 수수료를 요구한 것이다. 이 때문에 많은 회사가 퇴직연금의 투자금 배분 비율을 바꾸었다. 일리노이 벨의 사장인 조지 윌리엄스George Williams는 1979년 〈월스트리트 저널〉에 "우리는 지수에 근거한 펀드 운용에 대해서는 지수 비용만 부담해야 한다는 사실을 알게 됐습니다."라고 말했다.[34] 그는 최초의 인덱스펀드들을 옹호하는 매우 중요한 지지자가 됐다.

1977년 말에 29억 달러에 달하는 퇴직연금이 이제 막 출범한 어설픈 인덱스 전략에 따라 운용됐다.[35] 1974년의 약세장이 이런 움직임에 커다란 자극제가 되었지만 그 당시 주식시장에 대한 암울한 장기 전망도 점점 더 명확해지고 있었다. 금융업계의 저명한 자문회사인 AG베커는 미국 연금 운용사의 77퍼센트가 1974년 12월 기준으로 지난 10년 동안 S&P500을 추종해온 사실을 발견했다.[36] 그 결과 스테이트스트리트State Street(미국 3대 자산운용사 중 하나)와 뱅커스트러스트Bankers Trust 같은 거대한 새로운 기업들이 속속 인덱스펀드 산업으로 진출하면서 1985년에 인덱스펀드에 투자하거나 내부 운용 전략에 따라 투자한 연금의 규모는 910억 달러로 크게 증가했다.[37]

그럼에도 불구하고 이런 초기의 인덱스펀드들은 연금이나 보험회사 같은 대규모 기관투자자들의 전유물이었다. 많은 사람들이 자신들의 퇴직연금을 통해 간접적으로 혜택을 보고 있었지만 일반인에게는 여전히 접근이 허용되지 않았다. 그리고 인덱스펀드에 대한 일반인들의 지지도 초기에는 미온적이었다. 1977년에 《기관투자자》는 "지수 투자가 유행처럼 지나가는 투자 아이디어가 될 가능성이 크다."라고 지적했다.[38] 어쨌든 일반 투자자들은 인덱스펀드에 결코 가입하지 못할 것이라는 비관론이 널리 퍼져 있었다. 일반 투자자들은 뮤추얼펀드 매니저들의 평균을 밑도는 성과에 관해 학자들이 쏟아내는 연구를 전혀 알지 못했다. 어찌 됐든 누군들 단지 중간 정도의 성과에 만족하고 싶어 하겠는가. 《기관투자자》는 "대중은 이런 방식으로 평균을 사는 것을 수용하지 않을 가능성이 크다. 개인들은 일반적으로 극적인 수익을 추구하려고 하지, 평범한 시장 수준의 성과를 바라지 않기 때문이다."라고 꼬집어 말했다.[39] 파우스는 나중에 농담 삼아 나치의 선동가 요제프 괴벨스Joseph Geoebels의 말을 인용해 "단지 작은 비밀만이 보호가 필요합니다. 커다란 비밀은 대중의 불신에 의해 보호받기 때문이죠."[40]라며 일반 대중이 뒤늦게 깨닫게 되는 이유를 설명했다.

미국 경제학계의 원로인 폴 새뮤얼슨은 이런 비밀이 대중들에게 무료로 널리 알려지기를 바랐다. 그는 1976년에 《뉴스위크》Newsweek에 기고한 글에서 퇴직연금 펀드가 마침내 현명하고 광범위한 시장 전체에 대한 지수 투자를 선택할 수 있게 됐다는 점에 주목했다. 하지만 일반 투자자들이 투자할 수 있는 유사한 상품이 없다는 사실에 아쉬움을 드러냈다.[41]

새뮤얼슨은 "아직도 시장 전체를 모방하면서 판매 수수료를 받지 않고 위탁 수수료, 회전 비용 그리고 관리 비용을 최소로 유지하는 편리한 펀드가 없다. 앞으로 이런 새롭고 편리한 투자 수단이 곧 등장할 것이라고 생각한다."라고 기고문에서 주장했다. 실제로 그 시기는 폴 새뮤얼슨이 바라던 것보다 훨씬 빨리 왔다. 펜실베이니아주의 밸리 포지Valley Forge에는 이미 대중들의 의구심을 불식시키고 많은 퇴직연금 펀드들이 발견한 '거대한 비밀'을 대중에게 알리려고 준비하는 인물이 있었다.

TRILLIONS

2부

대중을 위한
투자의 시작

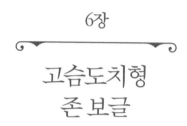

6장
고슴도치형
존 보글

1960년에 존 암스트롱이라는 무명의 금융업 종사자가 논문을 썼다. 펀드매니저들의 투자 성과는 형편없으며 시장을 이기려 하기보다 시장을 따라가려고 노력해야 한다며 학계의 연구를 조롱하는 내용이었다.

암스트롱은 권위 있는 《금융분석가 저널》 8월호에서 "유명한 보통주 투자 펀드들은 다우존스 산업평균지수보다 더 좋은 장기 성과를 보여주었다."라고 주장했다. 이것은 캘리포니아대학교의 에드워드 렌쇼 교수가 그해 초에 같은 잡지에 기고한 과감한 논문을 정면으로 반박하는 글이었다. 렌쇼 교수는 자신의 논문에서 펀드매니저 없이 단순히 주식시장의 지수를 추종하는 뮤추얼펀드를 옹호했다. 암스트롱의 관점에서 렌쇼 교수의 주장은 터무니없었다.

암스트롱은 뮤추얼펀드의 성과에 대한 일부 연구 결과가 그렇게 우호적이지 않다는 점을 인정했다. 하지만 4개의 유명한 주식형 뮤추얼펀드(그 당시 전체 투자업계의 15퍼센트를 차지했다)들이 1930년부터 1959년까지 평균적으로 다우존스 산업평균지수를 월등하게 이겼다는 점을 강조했다. 이 논문은 투자업계의 다른 사람들에게 깊은 인상을 주었고 암스트롱은 투자 관련 저술과 연구 분야에서 권위 있는 그레이엄앤드도드 상 Graham and Dodd Awards 시상식에서 명예상을 받았다.

이 저널은 '암스트롱'이 주식과 뮤추얼펀드 분석 분야에서 오랜 세월 연구해온 한 남성의 필명이라고 밝혔다. 그러면서 그의 신분에 관한 두 가지 중요한 단서를 제공했다. 저자는 프린스턴대학교를 졸업했고 투자회사의 경제적 역할에 대한 논문을 썼다는 것이다. 실제로 나중에 공개된 것처럼 익명의 저자는 다름 아닌 존 보글이었다. 보글이 후에 뱅가드를 설립하고 시장 지수를 추종하는 저렴한 패시브 펀드의 선구자적 전도사가 되었다는 것은 얄궂은 운명이 아닐 수 없다. 보글은 논문을 쓴 1960년 당시에는 인덱스펀드에 관한 아이디어를 좋아하지 않았다.

한 사람의 본질을 한 가지 특성으로 깎아내리는 것은 쉬운 일이 아니다. 90년의 세월을 살아오면서 투자업계를 완전히 바꾸어놓고 일부 사람들에게는 심지어 자본주의 자체를 변화시킨 인물로 평가받는 보글은 특히 그렇다. 그의 많은 지인들은 인덱스펀드의 대중화를 위해 펼친 신성한 전쟁과 뱅가드에 만든 종교 같은 기업 문화 때문에 보글을 '금융계의 구세주'라고 불렀다. 다른 사람들은 보글이 논쟁에서 지는 것을 얼마나 싫어하는지를 떠올리면서 강철 같은 의지의 인물이라고 부르기를 좋아했다. 보글은 '의지가 결연한'이라는 표현을 더 좋아했다. 이것은 가족과 친구들이 호기심을 가지고 뭔가를 조사하는 보글을 묘사할 때 사용하는 말이었다. 보글 자신도 "그들이 내 성격을 제대로 설명했을 거라고 생각합니다. 나도 결연한 의지가 목표를 달성하는 데 필요하다고 생각해요. 하지만 이런 결연함이 다른 사람들이 좋아하지 않는 한 가지 목표에만 집중하는 결과로 이어질 수 있습니다."라고 인정했다.[1]

필명으로 쓴 논문에서 알 수 있듯이 보글은 최종적으로 인덱스펀드의 열렬한 옹호자가 됐지만 처음부터 그런 것은 아니었다. 필명은 그가 존경하는 중조부 필랜더 암스트롱Philander B. Armstrong에게서 빌려온 것이었다. 그는 19세기에 반소비주의적 관행에 반대하는 집회를 이끌었던 보험사의 임원이었다.[2]

성인이 된 보글은 처음에 한창 잘나가는 투자산업에 심취해 있었다. 《금융분석가 저널》에 글을 쓴 당시 보글은 미국에서 가장 규모가 크고 오래된 뮤추얼펀드 회사인 웰링턴매니지먼트에서 잘나가는 젊은 임원이었다. 하지만 1970년대 중반 뜻밖에 찾아온 행운과 불행으로 그는 자신이 동경했던 투자업계를 뒤집어놓는 길로 들어서게 됐다. 뱅가드 설립 과정에서 보글의 가장 친한 동료였던 짐 리페는 "개종한 사람보다 더 종교에 심취하는 사람은 없습니다."라는 말로 보글의 놀라운 변신을 설명했다.

그리스 시인 아르킬로코스Archilochus는 "여우는 많은 것을 알지만 고슴도치는 중요한 한 가지를 안다."라고 말했다. 이 표현은 후대의 철학자 이사야 벌린Isaiah Berlin을 통해 더 유명해졌다. 보글은 전형적인 고슴도치형이었다. 그는 언제나 강렬한 열정으로 한 가지 중요한 것만 믿었다. 하지만 그는 자신의 견해를 바꾸는 지적인 유연성과 도덕성도 갖춘 인물이었다. 나중에 액티브 투자의 장점으로 생각의 변화를 강조하면서 보글은 존 케인스John Maynard Keynes의 말을 인용했다. "사실이 변하면 나도 생각을 바꿉니다. 당신은 어떻게 하실 겁니까?"[3]

존 보글의 유년기는 1929년의 대공황과 이후 계속된 경기 침체의 파괴적 영향을 크게 받았다. 아버지인 윌리엄 예이츠 보글 주니어William Yates Bogle Jr.는 1916년에 국경을 넘어 캐나다로 건너가 제1차 세계대전 당시 영국 왕립 공군의 전투기 조종사로 자원한 부유한 사업가였다. 어머니 조세핀 로레인 힙킨스Josephine Lorraine Hipkins는 덕망 있는 스코틀랜드계 미국 가정의 매력 있고 카리스마 넘치는 상속녀였다. 보글의 할아버지는 아메리칸브릭코퍼레이션American Brick Corporation을 창업했고 새니터리캔Sanitary Can을 공동으로 창업했다. 새니터리캔은 1908년에 아메리칸캔컴퍼니American Can Company에 인수됐다. 그의 아버지는 전쟁에서 돌아온 뒤 두 회사에서 일했다.

윌리엄과 조세핀의 첫 번째 쌍둥이는 출산 중에 사망했다. 1927년에 윌리엄 예이츠 보글 3세가 태어났고 1929년 5월에 존 클리프턴John Clifton과 데이비드 콜드웰David Caldwell 쌍둥이가 태어났다. 버드Bud, 존John 그리고 데이브Dave는 뉴저지주 몽클레어에 사는 3명의 보글 형제가 되었다.

불행하게도 그들의 상류층 생활은 1929년 10월에 주식시장의 붕괴로 상속 재산이 사라지면서 완전히 무너졌다. 보글의 부친은 파산했고 알코올 중독자가 됐다. 형제들은 뉴저지의 시골에 있는 할아버지 집으로 이사할 수밖에 없었다. 나중에는 필라델피아의 교외 지역인 애드모어Admore의 작은 주택 3층에 있는 방 2개짜리 아파트로 이주했다. 삼 형제가 모두 가족을 부양하기 위해 어린 나이부터 일을 시작했다. 하지만 아버지가 서서히 몰락해가는 모습을 지켜보는 것이 더 큰 정신적 충격이었다. 버드 보글은 뱅가드 설립자의 전기 작가인 루이스 브래햄Lewis Braham에게 다

음과 같이 말했다.[4]

포도주, 여자, 노래 등 아버지가 빠져 있는 나쁜 것들로부터 동생들과 나자신을 보호하고 가정을 이끌어가는 것은 늘 나의 책임이었습니다. 나는 동생들이 어떤 상황인지 알기 훨씬 이전에 그것이 미칠 나쁜 영향을 알 수있었죠. 그래서 내가 망할 술병을 찾아 아버지 앞에서 깨트리고 울어야 했습니다. 매우 끔찍한 경험이었죠. 이런 일들은 어머니와 우리 모두에게 영향을 미쳤습니다. 아버지는 매우 감성적인 사람이었고 내가 그런 일을 할때마다 우셨어요. 그 당시 나는 술도 병이라는 것을 알지 못했습니다.

오히려 이런 환경은 보글 형제들에게 강한 직업윤리를 심어주었다. 그리고 어머니는 뉴저지의 명문 기숙학교인 블레어 아카데미Blair Academy에서 아들들을 공부시키는 일에 온 힘을 쏟아부었다. 어린 존에게 이것은 커다란 변화의 계기였다. 훗날 그는 처음에 절망적이었던 수학 점수가 어떻게 기말시험에서 백 점이 되었는지 그리고 영어 선생님들이 얼마나 재미있게 글쓰기를 가르쳐주었는지를 자랑스럽게 이야기했다.[5]

보글은 나중에 "스트레스가 많은 집에서 벗어난 것이 우리에게는 가장 좋은 일이었습니다. 뉴저지의 훌륭한 기숙학교는 나의 오랜 인생에서 중요한 초석이 되었습니다."라고 말했다.[6] 보글 형제들은 장학금을 받아 학비를 충당했고 존 보글은 식당에서 종업원으로 일했다. 존 보글은 1947년에 최고 우등생으로 학교를 졸업하면서 친구들 사이에서 가장 성공할 가능성이 높은 학생으로 불렸다. 하지만 애석하게도 수석 졸업생이 되지는 못했다. 이 때문에 짜증이 난 그는 몇몇 선생님들을 찾아가 성적을 고쳐달라고 부탁했지만 성공하지 못했다. 이런 일화는 보글이 어렸을 때부터 패배를 잘 받아들이지 못하는 성격이었음을 보여준다.[7]

삼 형제 가운데 한 명만 대학에 갈 수 있었고 나머지 둘은 가족을 부양해야 했다. 성적을 고려해 존이 대학에 가는 것으로 결정됐다. 존은 넉넉한 장학금과 공부를 하면서 동시에 생활비를 벌 수 있는 일자리가 많았기 때문에 가장 가까운 프린스턴대학교에 진학하기로 결심했다.

그는 경제학을 전공하였으며 1학년 때 유명한 학자인 폴 새뮤얼슨이 쓴 최신 교과서《경제학》을 공부했다. 이 책은 여러 세대에 걸쳐 경제학자와 재무학자들에게 중요한 입문서가 되었다. 그는 경제학을 좋아했지만 처음에는 어렵다고 생각했다. 1학년 중반의 학점은 D 플러스에 불과했는데, 계속 D 학점을 받으면 장학금을 받지 못할 지경이었다. 그는 열심히 공부했지만 겨우 C 마이너스를 받았다.[8]

가정 형편도 점점 나빠지고 있었다. 어머니는 최종적으로 자궁경부암을 진단받고 여러 증상으로 힘들어하기 시작했다. 해병으로 근무하고 제대한 버드 보글은 아버지의 알코올 중독 때문에 집을 나가버렸다. 어머니의 건강 상태는 점점 더 나빠졌고 막판에는 마약성 진통제 주사를 맞으며 병상에서 누워 지냈다. 어머니는 1952년 2월에 사망했다. 그해 말에 아버지도 벨뷰 병원Bellevue Hospital에서 뇌졸중으로 사망했다. 보글은 "아버지는 강한 사람은 아니었지만 최선을 다하셨습니다."라고 담담하게 말했다.[9] 그는 나중에 아버지의 전성기 시절을 기억하는 기념품으로 자신의 사무실에 제1차 세계대전 당시 소프위드 카멜Sopwith Camel 복엽기 모형을 전시해두었다.[10]

다행스럽게도 프린스턴대학교는 의욕 넘치는 보글에게 좋은 환경을 제공해주었고 학점도 좋아졌다. 대학 4학년 때 경제학에 관해 상상력이 풍부한 좋은 논문 주제를 찾으려고 했지만 상당히 어려웠다. 그러던 어느 날 보글은 대학 도서관에서 잡지를 훑어보다 1949년 12월호《포춘》에서 '보스턴의 큰돈Big Money in Boston'이라는 제목의 기사를 우연히 읽고 뮤추얼펀드에 관한 논문을 쓰게 됐다. 이 기사는 미국 최초의 개방형 뮤추얼펀드를 다루는 매사추세츠인베스터즈트러스트Massachusetts Investors Trust에 초점을 맞추고 있었다. 이 회사는 성장하는 미국 주식시장에 일반 투자자들이 접근할 수 있도록 돕기 위해 5만 달러를 가지고 1924년에 설립되었다. 그때까지 대부분의 투자상품들은 판매할 때 정해진 종류의 주식만을 제공했고 새로운 자금을 받아들일 수 없다는 점에서 폐쇄형 신탁이었다. 매사추세츠인베스터즈트러스트의 혁신은 큰 성공을 거두었고 1949년에는 1억 1천만 달러의 자금을 운용했다.

그 당시 전체 뮤추얼펀드 업계는 18억 달러를 관리하는 90개의 펀드로 구성돼 있었고 대부분이 보스턴 지역에 있었다. 하지만 《포춘》의 기사는 뮤추얼펀드의 규모가 빠르게 성장하고 있고, 잠재적으로 미국 경제에 상당히 중요한 의미가 있는 논쟁을 불러올 산업이라고 언급했다.[11] 이것이 보글의 관심을 끌었고 뮤추얼펀드에 관해 논문을 쓰기로 결심했다.

말년에 보글은 자신의 논문이 "뮤추얼펀드가 시장 평균보다 더 뛰어나다고 할 수 없다."라는 주장을 어떻게 펼쳤는지를 열심히 강조했다. 그의 논문은 인덱스펀드에 대한 그의 메시아주의messianism에 대한 전조였다. 하지만 실제로 보글의 졸업 논문인 〈투자회사의 경제적 역할〉The Economic Role of the Investment Company은♦ 뮤추얼펀드의 장점에 대해 굉장히 긍정적이었다. 보글은 "대부분의 펀드는 포트폴리오를 다양화하는 데에 건전한 판

단을 내리고 있고 펀드가 단지 평균을 사야 한다는 비판은 타당성이 없는 것처럼 보인다."라고 썼다.[12]

하지만 뮤추얼펀드 업계의 성장 잠재력에 대한 그의 분석은 정확했다. 가능한 한 가장 효율적이고 정직하며 경제적인 방법으로 운용하라는 권고와 초기 판매 보수와 관리 비용을 줄임으로써 더 많은 성장 동력을 제공하는 처방은 미래에 뱅가드의 성장을 예고하는 것이었다. 123쪽짜리 논문은 A 플러스를 받았다. 이 논문은 1951년에 우등 졸업을 하는 밑거름이 됐고 또 다른 프린스턴대학교의 졸업생이자 웰링턴매니지먼트의 설립자인 월터 모건Walter Morgan의 눈에 띄는 계기가 되었다.

원래는 회계사였지만 고객들에게 투자 조언을 해주던 모건은 1928년 자신의 뮤추얼펀드를 위해 10만 달러를 끌어모았다. 그리고 워털루Waterloo 전투에서 나폴레옹을 이긴 '철의 공작Iron Duke' 아서 웰즐리Arthur Wellesley 웰링턴 공작의 이름을 빌려 펀드 명칭을 '웰링턴 펀드'라고 불렀다.[13] 모건은 자신의 가족이 투기적인 주식 거래를 통해 돈을 잃은 뒤 기본적으로 보수적인 투자자가 되었다. 웰링턴 펀드는 주식과 채권에 투자하고 레버리지로 투자하는 것을 피하는 최초의 혼합 펀드 중 하나였다.

신중함 덕분에 모건은 1929년의 대폭락을 잘 넘겼고 제2차 세계대전

◆ 뮤추얼펀드라는 용어는 당시에는 아직 널리 사용되지 않았고, 1949년의 《포브스》 기사에서는 전혀 언급되지 않았다.

동안 발 빠른 투자로 웰링턴매니지먼트는 투자업계의 상위권에 올라섰다. 1951년에 웰링턴은 1억 9천만 달러의 자금을 운용했는데 이는 미국에서 네 번째로 큰 뮤추얼펀드였다.[14]

모건이 보글을 소개받았을 때 대학을 갓 졸업한 보글은 필라델피아 내셔널뱅크Philadelphia National Bank와 지역 증권회사인 보잉앤드컴퍼니Boeing & Company에서 온 취업 제안을 고민하고 있었다. 모건은 프린스턴대학교 출신 학생들은 버릇이 없다고 생각했기 때문에 프린스턴 졸업생을 채용하기를 꺼렸다. 하지만 보글의 논문에 매력을 느낀 모건은 논문에 주석을 달아 웰링턴 직원들에게 읽어보라고 보냈다. 면접을 보면서 모건은 보글의 전반적인 태도가 마음에 들었다. 모건은 구시대적인 은행보다 빠르게 성장하는 새로운 투자 분야에서 일해야 한다고 보글을 설득했다. 그리고 1951년 7월 8일에 보글은 웰링턴으로 출근했다.

그는 입사하자마자 맡은 업무에 전력을 다했고 놀라운 직업윤리, 계산자를 다루는 기술 그리고 투자회사의 모든 영업 활동을 빠르게 이해하는 능력을 보여주었다. 1955년에 보글은 프린스턴대학교의 동문이자 친구인 제이 셰레르드Jay Sherrerd의 동생인 이브 셰레르드Eve Sherrerd와 결혼했다. 그다음 해에 6명의 자녀 가운데 첫째가 태어났다.[15]

그 당시 보글의 가장 큰 업적은 1958년에 모건이 회사의 두 번째 펀드를 출시하도록 설득한 것이었다. 이 펀드는 순전히 주식에만 투자했다. 처음에 이 펀드는 웰링턴 에쿼티 펀드Wellington Equity Fund라고 불렸지만 1963년에 윈저Windsor라고 명칭을 바꾸었고 이후 역사상 가장 위대한 펀드매니저인 존 네프John Neff가 윈저 펀드를 운용했다. 윈저 펀드의 성공으로 보글은 모건의 확실한 후계자이자 투자업계의 신동이 되었다. 그는

1960년에 웰링턴매니지먼트의 이사로 승진했다. 1962년에는 관리 부사장이, 1965년에는 수석 부사장이 되었다.[16]

하지만 1960년대에 시련이 없었던 것은 아니다. 보글은 언제나 강인한 것처럼 보였지만 1960년 노동절에 처남과 테니스를 치다가 심장마비 증세를 경험했다. 첫 번째 경기 도중에 보글은 불현듯 가슴에 통증을 느꼈다. 잠시 숨을 돌리고 나서 그는 처남에게 "내 말을 믿지 않겠지만 방금 심장마비가 왔던 것 같아."라고 말했다.[17] 두 사람은 그냥 웃어넘겼다. 보글은 고작 서른한 살이었고 겉보기에 건강했기 때문이다. 그래서 그들은 다시 경기를 시작했지만 (보글이 경기를 이기고 있었다) 통증이 다시 시작됐다. 이브는 보글을 의사에게 데려갔고 심근경색으로 진단받아 보글은 6주 동안 병원에 입원했다. 이것은 이후 수년간 발생한 6번의 심장마비 가운데 첫 번째에 불과했다. 그는 불규칙한 심장 박동 때문에 병원을 들락날락했다. 보글은 나중에 부정맥 유발 우심실 형성이상이라는 유전병을 확진받았고 결국 1996년에 심장 이식 수술을 받았다.[18]

보글은 병원의 침상에서도 일을 멈추지 않았다. 테니스와 스쿼시에 대한 애착도 수그러들지 않았다. 그의 동료인 제러미 더필드Jeremy Duffield는 격렬한 경기를 한 후에 구급차를 불러야만 했다고 회상했다. 구급 대원이 심장에 전기 충격 요법을 실시하기 전에 마취를 제안하자 보글은 "전기 충격 느낌이 어떤지 알고 싶어요."라고 말하면서 마취를 거부했다. 제러미는 만일의 사태를 대비해 보글이 스쿼시 코트 앞에 심장 제세동기를 비치해두었다고 말했다. 하지만 보글과 정기적으로 경기를 하는 사람들은 코트에 제세동기를 가져다 놓은 것은 의학적 목적이라기보다 상대방이 자신을 힘들게 하지 못하게 해서 시합을 유리하게 진행하려는 의도라고 생각했다.

1960년대는 보글의 개인적 경력은 크게 좋아진 반면 웰링턴매니지먼트의 사업은 어려운 시기였다. 웰링턴매니지먼트의 보수주의는 고위험과 고수익을 노리는 강세장의 등장과 새롭게 떠오르는 신세대 유명 펀드매니저들을 따라잡지 못했다. 1965년에 웰링턴이 운용하는 자산은 20억 달러에 달했지만 미국 뮤추얼펀드 시장에서 점유율은 서서히 감소하고 있었다. 모건은 보글에게 회사의 투자 방향과 전략을 바꾸는 일을 맡겼다.

불행하게도 보글의 전략은 자신은 물론 웰링턴매니지먼트에도 처참한 결과를 가져왔다. 처음부터 새로운 성장형 펀드를 만드는 대신 보글은 최신 유행을 따르는 투자회사들 가운데 하나와 웰링턴을 합병하기로 결정했다. 그는 몇몇 잠재적 후보 회사들, 예를 들어 로스앤젤레스의 캐피털그룹Capital Group과 프랭클린커스토디안펀드Franklin Custodian Funds를 검토했지만 거부당했다.[19] 그래서 보글은 1965년 말에 손다이크도란페인앤드루이스Thorndike, Doran, Paine & Lewis와 합병을 추진하기 시작했다. 보스턴의 상류층 출신 젊은이들이 창업한 이 회사는 그 당시 투자업계에서 최고의 주식형 펀드인 아이베스트 펀드Ivest Fund를 운용하고 있었다.[20]

두 회사의 합병은 한마디로 개성 강한 사람들의 충돌이었다. 보글은 요란하고 자신 있고 단호한 반면 로버트 도란Robert Doran은 조용하고 내성적이었다. 니콜라스 손다이크Nicholas Thorndike는 보글이 중요한 토대로 생각하는 핵심 운용 원칙들을 좋아하지 않았고 큰 그림을 보는 성격이었다. 두 사람은 더 현대적이고 합의에 기반을 둔 리더십을 믿었지만 보글은 판타지 작가인 테리 프라체트Terry Prachett가 만들어낸 한 사람이 한 표를 행사하는 '앙크 모포크Ankh-Morpork' 민주주의를 추종했다. 보글이 투표권을 가진 한 사람이었다.

처음엔 놀랍게도 그들 사이가 좋았고 모건 자신도 합병을 지지했다. 모건은 합병 초기에 회사에 대한 임시 지배권을 유지하고 싶었다. 하지만 모든 것이 계획대로 된다면 '보스턴 그룹'으로 알려진 4명의 구성원들이 5년 후에 합병 그룹의 40퍼센트 지배권을 차지하게 되고 보글은 28퍼센트 그리고 나머지는 (회사가 1960년에 이미 주식의 일부를 상장한 이후였기 때문에) 일반 주주들이 소유하게 될 터였다. 그들은 1966년 6월 6일에 합의서에 서명했다.[21] 보글은 새로운 동업자들에게 평화를 상징하는 1달러 동전을 붙인 은접시를 선물했다.[22] 1967년 11월에 보글은 웰링턴의 사장이자 최고경영자로 임명됐고 1970년에 웰링턴 펀드의 회장이 되었다.

이론상으로 합병은 모두에게 합리적으로 보였다. 《기관투자자》는 '신동이 웰링턴을 장악하다'라는 제목의 합병을 다룬 표지 기사에 "웰링턴은 투자 운용 능력과 분석 능력을 지닌 젊은 인재들로 구성된 풍부한 연구 집단을 얻게 되고, 아이베스트Ivest는 웰링턴의 명성, 강력한 유통 조직 그리고 존 보글의 마케팅 재능을 얻게 된다."라고 썼다. 잡지 표지에는 여러 개의 팔을 가진 쿼터백인 보글이 금융 증권이 그려진 공을 4명의 보스턴 동업자들에게 넘겨주는 삽화가 그려졌다.[23]

처음에 합병은 굉장한 성공을 거둔 것처럼 보였다. 웰링턴의 강력한 유통 네트워크와 높은 수익의 결합에 힘입어 아이베스트 펀드의 자산은 1966년 말에 5천만 달러에서 1968년 말에 3억 4천만 달러로 급증했다. 새로운 젊은 스타들 덕분에 웰링턴은 시대정신을 따라가는 여러 개의 새로운 펀드를 출시했다. 이 펀드에 대한 운용권은 필라델피아의 본사가 아니라 손다이크도란페인앤드루이스의 보스턴 사무실이 가지고 있었다. 이들은 성과가 저조한 대표 펀드인 웰링턴 펀드에 대한 운용 권한도 가져왔다. 도란은 5명이 '매우 특별한 관계'를 맺고 있었다고 말했고 보글은 합병이 "어떤 누가 기대했던 것보다 훨씬 더 좋다."라고 자랑했다.[24]

하지만 이런 친밀한 관계는 금세 깨졌다. 합병 직후에 좋은 시절이 끝나면서 1968년 11월부터 1970년 5월 사이에 S&P500은 1961년 쿠바 피그스만Bay of Pigs 침공 실패 이후 첫 번째 약세장에 접어들었다. 아이베스트의 성과를 주도했던 미국 투자자들이 가장 선호하는 50개 대형 주식들이 가장 큰 타격을 받았고 웰링턴 최고경영진 사이에 갈등의 골도 깊어만 갔다. 채권 펀드를 시작하고 싶은 보글의 바람은 처음부터 좌절됐고, 이는 심각한 불만으로 이어졌다. 보글은 웰링턴 펀드의 저조한 성과에 크게 화를 냈다. 손다이크도란페인앤드루이스는 아이베스트 펀드에 대한 형편없는 관리 업무 때문에 크게 실망했다.[25]

하지만 가장 중요한 문제는 보글과 다른 동업자 4명의 성격 차이에 따른 갈등이었다. 이들 가운데 누구도 그때까지 직업적으로 큰 실패를 겪어보지 못한 탓에 갈등은 점점 더 심해졌다. 결과적으로 모건이 개입해 중재자 역할을 했다. 모건은 그 당시 "나는 존에게 내가 그랬던 것처럼 강하게 나아가라고 가르쳤습니다. 내가 모든 주식을 가지고 있었고 내가 원하는 것을 할 수 있었으니까요."라고 말했다. "하지만 사실상 당신과 동등한 지분을 가진 사람이 4명이나 5명이 있다면 그렇게 할 수가 없죠."[26]

1972년 이들 사이의 갈등은 세상에 알려졌고 4명의 동업자들은 각자의 업무 책임을 분명하게 정하고 휴전을 선언했다. 보글은 그 당시 한 기자에게 "갈등이 위험 단계에 도달했을 때 모두가 자신을 돌아볼 수밖에 없었죠. 나는 이런 성찰이 좋았다고 생각합니다."라고 말했다.[27] "나는 이전보다 덜 이기적이 되고 아마도 인내심이 더 커진 것 같아요."

하지만 휴전은 오래가지 못했다. 1973년 1월에 미국 주식은 대공황 이후 최악의 약세장에 진입했다. 그 충격은 심각했다. 합병 전에 20억 달러를 운용했던 보수적인 웰링턴 펀드는 10억 달러로 감소했고, 아이베스트의 성과도 무너졌다. 그리고 시대의 유행을 따라가는 많은 새로운 펀드들의 성과도 크게 저조했으며 웰링턴매니지먼트의 주식은 1968년에 최고 50달러에서 1975년에는 최저 4달러 25센트로 폭락했다.[28]

이런 혹독한 시련 속에서 성격이 완전히 다른 5명의 웰링턴매니지먼트 최고경영진은 회사에 훨씬 더 해를 끼치는 방식으로 일하기 시작했다. 그 당시 보글의 비서였던 얀 트바르도프스키는 "정말 끔찍했어요. 코끼리들이 서로 싸웠고 우리 쥐들은 밟히지 않으려고 달아나고 있었죠. 갈등은 크게 악화됐습니다."라고 말했다. 확실히 심판의 날이 다가오고 있었다.

❧

짐 리페는 뉴욕 파크 애비뉴 37번가에 있는 유니언 리그 클럽Union League Club의 당구장에서 초조하게 서성거렸다. 유니언 리그 클럽은 존 모건John Pierpont Morgan과 테디 루스벨트Teddy Roosevelt 같은 유명인사들이 자주 방문하는 유명한 남성 클럽이었다. 술 마시기에는 너무 이른 시간이었다. 짐 리페는 바로 옆 방에서 열리는 웰링턴 이사회의 결론을 기다리는 동안 혼자 당구를 치면서 초조함을 달래고 있었다.

그 방에서는 그의 상사인 보글이 자신의 인생 경력을 걸고 싸우고 있었다. 그 당시 웰링턴의 이사회에는 보스턴 출신 동료를 지지하는 이사들이 필라델피아를 지지하는 세력보다 그 수가 많았다. 그리고 보글과 그의 동료들의 관계는 완전히 끝났었다.

1973년 11월에 도란은 보글을 찾아가 단도직입적으로 현재 상황에서는 일할 수가 없기 때문에 관계를 끝내야 한다고 말했다. 내성적인 펀드 매니저인 도란은 매우 이례적으로 "다른 직원들과 이야기를 해봤는데, 당신이 회사를 떠나는 것이 최선이라고 생각합니다."라고 보글에게 말했다.[29] 도란은 보글이 조용히 회사를 떠나는 것을 전제로 향후 15년 동안 연금으로 연간 2만 달러를 주겠다는 보상안을 제시했지만 보글은 거절했다. 보글은 도란에게 "그보다 더 어리석은 제안은 들어본 적이 없어요."라고 말했다.[30] 보글은 웰링턴 이사회의 이사들에게 전화를 걸었고, 도란이 그를 해고하기에 충분한 표를 확보했다는 사실을 알게 됐다. 그는 여전히 조용히 물러나지 않았다. 4일 후에도 그는 또다시 사임을 거부했다. 상황은 절정을 향해 치닫고 있었다.◆

1974년 1월 23일에 보스턴이나 필라델피아보다는 중립적인 뉴욕에서 열릴 다음 이사회에서 보글은 해고될 것처럼 보였다. 하지만 겁에 질린 친구들과 달리 보글은 보스턴과 필라델피아 사이의 긴장이 어떻든 간에 그런 일이 일어날 수 없다고 생각하는 듯 보였다. 보글은 자신이 경쟁자

◆ 루이스 브래햄이 쓴 보글의 전기에 따르면 갈등이 점점 증폭되자 웰링턴의 또 다른 펀드의 이사회에 속한 몇몇 사외 이사들이 걱정하기 시작했다. 1974년 1월 3일에 바버라 하울트푸러 Barbara Hauotfuhrer는 "나는 웰링턴의 불화가 주주들에게 피해를 입힐까 우려하고 있습니다."라고 동료인 찰스 루트Charles Root에게 편지를 보냈다. "예를 들면 그런 보고서들은 갑작스러운 자금 회수를 유발할 것이고 그렇게 되면 질서 정연한 청산은 불가능할 것입니다. 결국 주주들에게 매우 해로울 것입니다. 이런 사태를 피할 수 있을까요?"

들보다 투자 사업에 관해 더 많이 알고 있어 (실제로 그는 동업자들보다 더 똑똑했다) 그런 졸렬한 사태가 결코 일어날 수 없다고 예상했다. "그는 이런 맹목적인 자신감으로 결국 다른 모든 사람도 이 일의 적임자가 보글 자신이라는 사실을 이해하게 될 거라고 확신했습니다."라고 리페는 나중에 회상했다.

보글은 20쪽 분량의 획기적인 보고서를 이사회에 제출하면서 이것이 자신의 자리를 지켜줄 것이라고 기대했다. 그는 웰링턴의 펀드가 웰링턴 회사를 인수하는 방식을 통해 펀드의 고객들이 회사를 소유하는 상호 법인화가 되어야 한다고 주장했다. 그리고 실제로 웰링턴 회사는 기본 수수료만으로 운영되는 펀드들의 자회사가 될 것이라고 했다. 그렇게 되면 손다이크도란페인앤드루이스와 합병이 무산될 테고 보글은 웰링턴의 대표직을 유지하게 될 것이다.[31]

언뜻 자기 잇속만 차리는 것처럼 보이지만 이것은 보글이 한동안 깊이 생각했던 아이디어였다.[32] 그는 투자회사들이 펀드매니저를 고용한 회사의 주인과 고객이라는 서로 이해관계가 상충하는 두 주인을 섬기고 있다는 사실을 오랫동안 고민했었다. 고객들은 최소의 비용으로 최고의 성과를 내기를 바란다. 투자회사들은 좋은 성과를 원하지만 동시에 사원들에게 높은 급여를 주고 싶고 고용주에게 많은 이익을 가져다주고 싶어 한다. 이것은 아주 골치 아픈 모순이었다. 보글은 이 두 가지를 묶고 있는 고르디우스의 매듭Gordian knot(아주 힘든 문제)은 펀드가 펀드운용회사를 소유하는 완전한 상호 법인화라는 방법으로 해결될 수 있다고 믿었다.

하지만 보글의 제안은 받아들여지지 않았다. 이사회는 10 대 1로 보글의 사퇴 안건을 가결했다. (보글은 사퇴를 거부했고 그의 사퇴를 거부한 사람은 존 네프였다.) 보글이 또다시 사퇴를 거부하자 10명의 이사회 구성원들은 네프와 보글이 기권한 가운데 투표를 통해 노골적으로 해고했다. 그리고 도란이 웰링턴매니지먼트의 새로운 대표로 선출됐다.[33]

얼굴이 잿빛이 된 보글은 유니언 리그 클럽의 이사회에서 빠져나와 짐 리페를 찾아갔다. 두 사람은 보글의 해임에 관한 보도자료를 작성했다. 웰링턴의 본사가 있는 펜실베이니아주 밸리 포지로 기차를 타고 돌아오는 오후 내내 두 사람은 긴장된 분위기에서 입을 다물었다. 리페는 "보글은 크게 실망했습니다."라고 회상했다.

하지만 언제나 과감하고 결단력이 있었던 보글은 빠르게 대담한 쿠데타를 일으키기로 마음먹었다. 법적으로 미국의 뮤추얼펀드는 자체적으로 이사회를 구성해야만 하고 이사회의 과반수는 실제로 자금을 관리하는 펀드매니저들로부터 독립적이어야 했다. 이론적으로 이사들은 펀드를 운용하기 위한 새로운 펀드매니저를 선택할 수 있었다. 그러나 현실에서는 펀드매니저들이 비용을 줄이고 지배력을 유지하기 위해 명목상으로는 독립적이지만 실제로 힘이 없는 이사들을 펀드 이사회의 구성원으로 선택하는 경우가 빈번했다. 그리고 심지어 정말로 독립적인 이사회조차 펀드를 운용하는 펀드매니저를 해고하기가 어려웠다. 결과적으로 펀드의 이사회가 하는 주된 역할은 효율적인 펀드 운용을 보장하고 비용과 수수료를 검토하며 잠재적인 이해관계의 충돌을 감시하는 것이었다.

보스턴 출신의 동업자들은 보글만큼 펀드 이사회에 관해 세부 사항을 잘 알지 못했다. 그리고 웰링턴 펀드의 이사들과 교류할 시간도 거의 없었다. 합병 당시에 보스턴의 동업자들은 11개의 웰링턴 펀드 이사회에 아이베스트 펀드의 이사들을 추가로 선임했다. 하지만 이사회에서 확실한 다수를 차지하지는 못했다. 보글은 이 점을 이용하기로 했다. 그는 나중에 "룰렛 테이블에서 진 것을 크랩스craps(주사위 2개로 하는 도박의 일종-옮긴이) 테이블에서 이기기로 결심했습니다."라고 이야기했다.[34]

다음 날에 보글은 아침 6시 기차를 타고 다시 뉴욕으로 돌아와 펀드의 이사회에 자신의 주장을 직접 전달했다. 그는 "여러분은 저를 해고할 필요가 없습니다. 이것은 여러분의 회사입니다. 펀드의 주주들을 대신해 뮤추얼펀드를 감독하는 것이죠. 웰링턴매니지먼트는 뮤추얼펀드를 소유하고 있지 않습니다. 이것은 우리에게 좋은 기회입니다. 펀드들도 각자의 목소리를 내야 합니다."라고 말했다.[35] 그리고 보글은 자신의 혁신적인 상호 법인화에 대한 아이디어를 다시 한번 제안했다.

이것은 11개 웰링턴 펀드의 독립 이사들에게 너무 무리한 요구였다. 하지만 의장인 찰스 루트는 보스턴 동업자들을 좋아하지 않았고 이사들이 기업 쿠데타에 관해 단순히 거수기 역할을 하리라는 생각에 분개했다. 그래서 이사회는 현재 관계를 유지하는 것부터 상호 법인화 제안까지 펀드와 웰링턴매니지먼트 사이의 전반적 관계에 대한 다양한 선택 방안을 연구하기 위해 '미래 조직 연구Future Structure Study' 과제를 보글에게 맡겼다. 갑자기 보글은 화려한 복귀를 할 수 있는 기회를 잡게 되었다.

수개월에 걸친 격렬한 협상, 보고서 작성, 보스턴 동업자들의 반박 그리고 공기가 탁한 유니언 리그 클럽에서 오랜 시간에 걸친 치열한 이사회 논의 끝에(이 기간에 보글의 젊은 동료들이 힘을 합쳐 보스턴의 동업자들을 상대했다) 보글은 마침내 3월 20일 이사회에서 웰링턴투자그룹의 미래 조직 개편을 위한 세 가지 방안을 제안했다. 이 방안은 보글과 그의 보조원인 리페 그리고 비서 트바르도프스키가 작성한 250쪽 분량의 두터운 보고서에 담겨 있었다.[36] 장문의 보고서였지만 보글은 다음과 같은 네 가지 선택을 제안했다.

1. 웰링턴매니지먼트가 펀드와 관련된 모든 활동을 통제하는 현재의 상태.
2. 웰링턴매니지먼트가 행정 업무를 제외하고 모든 펀드 운용을 계속 책임지는 것. 여기에는 주주 기록 관리와 소통, 법과 규정 준수, 펀드 회계 그리고 주식 매수와 환매 등 일상적인 업무 포함.
3. 웰링턴매니지먼트가 회사 행정 업무와 증권 인수를 제외한 모든 펀드 운용을 계속 책임지는 것. 이것은 펀드가 웰링턴의 영업, 광고 그리고 마케팅 활동을 통제하는 것을 의미.
4. 웰링턴 펀드들이 투자 자문 서비스를 포함해 펀드와 관련된 모든 활동을 웰링턴매니지먼트 회사로부터 인수하는 것. 사실상 완전한 상호 법인화.

보글은 당연히 네 번째 방안을 선호했다. 이것은 보글에게 펀드운용회사의 세 가지 주요 업무에 대한 통제권을 넘겨주는 것을 의미했다. 하지만 펀드의 이사들은 전 증권거래위원회의 위원장인 리처드 스미스 Richard Smith를 자문위원으로 고용했다. 스미스는 길고 지루한 법적 분쟁을 방지하려면 어떤 결정이든 만장일치가 되어야 한다고 이사회에 조언했다. 보글은 이런 결정 방식이 가장 혁신적인 방안을 채택할 가능성을 없애버릴 것이라고 걱정했다.

그의 예상은 적중했다. 1974년 6월 20일에 이사회는 가장 혁신적이지 않은 두 번째 안을 만장일치로 채택했다. 웰링턴의 펀드들은 공동소유의 새로운 자회사를 설립하고 자회사가 모든 행정 업무를 담당하게 되었다. 독립을 향한 매우 작은 발걸음이었지만 보글과 리페는 이것이 더 큰 변화로 이어질 작은 결정이라고 믿었다.

노년기에 보글은 자신이 채용된 것과 같은 이유로 웰링턴을 떠나게 됐다고 자주 이야기하곤 했다. "바로 열정 때문에 해고당한 것입니다!" 실제로 보글의 가장 가까운 동료들은 보글이 오랫동안 회사의 '거대한 분열'에 대해 창피함과 분노 그리고 비통함을 느꼈다고 말했다. 이것이 그를 오래 괴롭혔다. 보글은 놀라운 경력을 쌓는 동안 커다란 좌절이나 실패를 거의 경험하지 않았다. 그는 최근까지 미국에서 가장 크고 오래된 펀드 회사의 대표를 지냈다. 그는 보수를 많이 받기는 했지만 이제는 단지 명예로운 훌륭한 직원에 불과했다.

하지만 불공정에 대한 깊은 억울함은 이미 격렬하게 타오르는 보글의 단호한 결심에 기름을 퍼부었다. 이것은 그의 인생에 가장 큰 굴욕이 될 수 있었던 일을 특별한 역전의 기회로 바꾸는 계기가 되었다.

그 당시 함께 점심을 먹으려고 보글을 만났던 배터리마치의 르바론은 "그는 엄청나게 화가 나 있었습니다."라고 회상했다. "나는 이 친구들이 (손다이크, 도란, 페인 그리고 루이스) 본질적으로 뱅가드의 설립자라고 생각합니다. 왜냐하면 그들이 보글을 화나게 했거든요. 보글은 그들이 단지 개의 꼬리에 불과하다고 생각했던 것이 개의 몸통을 흔들 것이라는 사실을 입증하고 싶어 했습니다."

7장

세계적 펀드 회사, 뱅가드의 출범

1974년 늦여름에 골동품 그림 중개인이 밸리 포지의 존 보글을 찾아왔다. 그야말로 우연한 방문이었다.

펀드의 이사들은 웰링턴 회사에 압력을 행사해 보글이 이전에 사용하던 사무실에서 계속 일할 수 있게 했다. 하지만 사무실 벽에 걸려 있는 그림은 회사의 재산이므로 회사가 분할되면서 다른 곳으로 옮겨졌다. 그래서 보글은 자신의 검소한 사무실을 장식하기 위해 나폴레옹 전쟁을 묘사한 10여 개의 그림을 샀다. 거기에는 과거의 웰링턴매니지먼트가 그 이름을 따온 웰링턴 공작Duke of Wellington의 지상 전투와 호레이쇼 넬슨Horatio Nelson 경의 해상 전투를 묘사한 그림들이 포함돼 있었다.

그림을 사준 것을 고맙게 생각한 미술품 판매상은 《1775~1815 대영제국의 해군 전투》Naval Battles of Great Britain 1775-1815라는 책 한 권을 보글에게 주었다. 해상 전투를 묘사한 그림들은 이 책의 내용에 기초해 그려진 것이었다. 책을 훑어보다 보글은 1798년 나일 해전Battle of Nile 후에 넬슨 제독이 쓴 글을 읽게 되었다. "어떤 것도 내 지휘 아래 있는 함대를 막을 수 없었다. 모든 사병과 장교들의 높은 기개와 용기에 더해 선장들의 판단력까지 적들을 압도했다."[1] 넬슨의 글은 곧바로 보글의 마음속에 공감을 불러일으켰다. 그리고 넬슨의 서명 아래에 있는 '대영제국 군함 뱅가드, 나일강 하구에서HMS Vanguard, off the mouth of the Nile'라는 문구를 발견했다.

새롭게 설립하는 펀드 회사는 불과 몇 주 뒤 공식 법인으로 출범할 예정이었다. 보스턴의 옛 동료들과 또 다른 싸움에서 처참하게 패배한 뒤에 보글은 웰링턴이라는 이름을 사용할 수 없다는 통보를 받았다. 홧김에 그만두겠다고 위협한 후에 보글은 리페와 트바르도프스키와 함께 사무실에 쪼그려 앉아서 새 회사의 이름을 무엇으로 할지를 논의했다.[2] '빅토리Victory'(너무 거창한)부터 '뮤추얼펀드매니지먼트컴퍼니Mutual Fund Management Company'(너무 특징이 없는)까지 여러 선택지를 놓고 고민했다. 보글은 넬슨 제독의 기함 이름을 알게 된 후부터 뱅가드Vanguard라는 이름을 좋아하게 됐다.◆ 그리고 보글은 넬슨 제독의 기함이라고 생각하는 그림을 사무실에 걸어두었다.

웰링턴 펀드의 이사들은 보글만큼 기뻐하지는 않았다. 하지만 보글이 새로운 회사에서 훨씬 더 장대한 계획을 세우고 있음을 뱅가드라는 이름이 암시한다는 것을 정확하게 알고 있었다. 이사들은 마지못해 동의했다.[3] 그 결과 직원은 선원crew, 식당은 갤리galley(선박이나 항공기의 조리실-옮긴이)라고 부르고, 복도는 바다와 관련된 그림으로 장식하는 등 기업 문

◆ 리페는 몇몇 광고 담당자들과 논의했다. 그들은 리페에게 몇몇 글자들은 강한 느낌을 준다면서 V도 그런 글자들 중 하나라고 말했다. 이런 조언이 회사의 이름을 정하는 데 도움이 됐다.

화가 배나 항해와 관련된 것들이 많았다.

그 당시 새로운 이름의 뱅가드그룹오브인베스트먼트컴퍼니Vanguard Group of Investment Companies는 혼란스러운 시간을 보내고 있었다. 회사를 둘로 나누는 골치 아픈 과정이 여전히 진행되고 있었다. 웰링턴의 일부 직원들은 보스턴으로 인사 발령이 났고 다른 직원들은 필라델피아의 밸리 포지에 남았다. 남은 사람들은 뱅가드에서 신구 동료들과 나란히 앉아 일했다. 뱅가드의 주력 펀드도 상당한 어려움을 겪고 있었다. 웰링턴 펀드에서는 40개월 연속으로 투자자들이 빠져나갔다. 이런 암울한 상황은 1978년 1월까지 계속되었다.[4]

무엇보다 보글은 자신이 쫓겨난 것에 앙심을 품고 있었다. 그는 나중에 리페에게 이런 감정을 극복하기 위해 상담사를 찾아갔다고 털어놓았다. 그 상담사는 보글에게 인간의 본성상 비통한 감정을 말끔히 없애버리는 것은 어려우므로 굳이 그렇게 할 필요가 없다고 말했다. 대신 그런 감정을 마음속에 있는 별도의 상자에 담아놓고 다른 일에 집중하라고 조언했다.

때때로 보글은 마음속 상자의 뚜껑을 열고 비통함을 느꼈지만 다시 그런 감정을 접어두고 더 중요한 문제에 집중해야만 했다. 상담사의 조언은 그에게 도움이 되는 것처럼 보였다. 리페는 "하지만 나는 나쁜 감정이 늘 그의 마음속에 남아 있었다는 것을 알고 있었어요. 가끔씩 그것이 예상치 못한 방식으로 표출되곤 했거든요."라고 회상했다.

이런 혼란스러운 환경 속에서도 뱅가드는 1974년 9월 24일에 마침내 법인을 설립했다. 초기에 뱅가드의 직원은 임원 19명과 회계 및 운영팀에 속한 직원 40명을 합쳐 총 59명이었다. 그리고 뱅가드는 최초의 대표

펀드인 웰링턴, 아이베스트 그리고 윈저 같은 그들이 운용하는 펀드를 소유한 법인이었다. 뱅가드는 약 14억 달러의 자금을 관리했다.[5] 보글은 뱅가드의 초대 사장이 됐고 연봉은 웰링턴에서 받던 것과 똑같이 10만 달러로 정했다. 뱅가드는 회계 처리, 납세 신고, 정부에 대한 보고 의무 그리고 주주 기록을 담당했다. 뱅가드는 기본 비용만 받고 운영했으며 모든 수익은 운용하는 펀드들에 귀속됐다. 이를 통해 펀드들이 웰링턴매니지먼트에 지급했던 연간 수수료는 100만 달러 정도가 줄어든 640만 달러가 됐다.[6]

언론은 우호적이지 않았다. 1975년 5월에 《포브스》는 '두 회사 모두에게 재앙?'이라는 제목으로 회사의 분열을 둘러싼 기업의 기만적 행위에 대해 매우 비판적인 기사를 썼다.[7] 《포브스》의 기사는 보글을 격분시켰다. 하지만 더 중요한 것은 금융 역사의 한 획을 그은 뱅가드의 출범을 대부분의 사람들이 기억하지 못한다는 사실이었다. 이런 무관심이 보글을 더욱 고통스럽게 하는 것 같았다.

보글은 확실히 뱅가드에 관해 더 원대한 계획을 세우고 있었다. 그래서 펀드 판매뿐만 아니라 투자 운용에 대한 통제권을 어떻게 확보할 수 있는지를 곰곰이 생각하기 시작했다. 그는 나중에 "전체 지분의 3분의 1은 아무것도 없는 것보다 낫지만 우리가 나머지 3분의 2까지도 즉각적으로 확보하는 방법을 찾아야 한다고 결론 내렸습니다."라고 썼다.[8] 그는 진정한 독립을 선언하기 위해 뱅가드의 펀드에 대한 웰링턴의 지배권을 무력화할 방법을 찾아야만 했다. 그렇게 할 수 있는 첫 번째 기회가 갑자기 찾아왔다.

미국인으로서는 최초의 노벨 경제학상을 받은 폴 새뮤얼슨은 1974년 가을에 《포트폴리오 매니지먼트 저널》Journal of Portfolio Management의 첫 호에 〈판단에 대한 도전〉Challenge to Judgment이라는 매우 중요한 논문을 기고했다. 이 글은 교황청이 있는 바티칸에서 발행되는 신문인 〈로세르바토레 로마노〉L'Osservatore Romano에 무신론을 주장하는 글을 게재하는 것만큼이나 엄청난 논란을 불러일으켰다.

새뮤얼슨은 대부분의 펀드매니저들이 시장 수익률보다 더 낮은 성과를 기록했다는 증거들이 점점 더 늘어나고 있다고 주장했다. 그는 효율적 시장 가설에서 이례적으로 뛰어난 일부 펀드매니저들이 꾸준히 시장을 이기는 경우가 있긴 했지만, 그런 능력은 매우 찾기 힘들다고 강조했다. 그리고 그렇게 탁월한 능력을 소유한 극소수가 자신들의 재능을 일반 대중에게 저렴한 수수료를 받고 제공할 가능성은 거의 없다고 지적했다. 따라서 비싼 수수료를 고려하면 대부분의 평범한 펀드매니저들이 시장을 이기려는 시도에서 발생하는 과도할 정도의 빈번한 거래는 낭비였다.

그는 《포트폴리오 매니지먼트 저널》의 논문에서 "나는 그렇지 않다고 믿고 싶었다. 하지만 증거에 따르면 포트폴리오를 결정하는 대부분의 사람들이 실직할 것이라는 가정에 도달할 수밖에 없다. 즉 이들은 배관공이 되거나 그리스어를 가르치거나 기업의 임원으로 일하면서 연간 GDP를 생산하는 데 도움을 주어야 한다는 결론에 이를 수밖에 없다."라고 매우 신랄하게 비판했다.[9]

새뮤얼슨은 웰스파고와 배터리마치가 출시한 인덱스펀드를 간략하게 언급했지만 "사내 펀드매니저들이 자신들의 성과를 비교 측정할 수 있는 단순한 모형을 만드는 목적을 위해서라도" 더 많은 대형 기관들이 S&P500을 추종하는 대규모 패시브 펀드를 만들 것을 촉구했다.

이 글은 수년 전에 프린스턴대학교에서 새뮤얼슨이 쓴 경제학 교과서와 씨름했던 보글을 열광시켰다. 보글은 새뮤얼슨의 논문에서 '전략은 구조를 따라간다.strategy follows structure.'라는 미래의 좌우명에 대한 영감을 얻었다. 이것은 절류발이 신세가 된 뱅가드에 완벽하게 맞아떨어지는 전략이었다. 소수의 기존 인덱스펀드들은 연기금 펀드의 전유물이었다. 인덱스펀드가 관심을 끌기 시작했지만 뮤추얼펀드 업계에서 뱅가드의 경쟁자들 가운데 어떤 회사도(대부분이 일반 투자자를 대상으로 하는) 수수료가 더 비싼 전통적인 액티브 펀드의 판매를 감소시킬 수도 있는 저비용 상품을 시작하고 싶어 하지 않았다. 반면 기본 수수료만 받고 운용하는 뱅가드의 펀드 구조와는 완벽한 조합이었다. 여기에 더해 보글은 인덱스펀드가 자신을 해고했던 보스턴의 몇몇 펀드매니저들의 콧대를 꺾어놓으리라 생각했다.

보글은 "새뮤얼슨 박사의 문제 제기는 나에게 엄청난 충격이었다. 나는 신생 회사인 뱅가드가 저비용의 인덱스펀드를 운용하면서 적어도 몇 년 동안 패시브 펀드 시장을 독점하는 놀라운 기회를 얻었다는 확신에 불타올랐다."라고 자서전에 기록했다.[10]

보글은 나중에 자신은 마코위츠의 현대 포트폴리오 이론과 파마의 효율적 시장 가설과 같은 학계의 아이디어들을 몰랐다고 주장했다. 또한 당시에는 웰스파고, 아메리칸내셔널뱅크 그리고 배터리마치의 선구자적 노력에 대해서도 잘 몰랐다고 했다. 하지만 보글의 이런 주장은 웰스파고와 배터리마치 등에 대한 경제 전문 매체의 보도, 광범위한 분야에 걸친 보글의 지식과 다양한 뉴스에 대한 관심 그리고 여러 차례의 시카고 방문 등을 고려할 때 신빙성이 떨어진다. 보글은 1951년에 자신의 논문에 쓴 "펀드는 시장 평균보다 우월할 수 없다."라는 핵심 주장이 뱅가드의 첫 번째 인덱스펀드를 탄생시킨 학문적 근거라고 자주 언급했다. 그리고 존 암스트롱이라는 필명으로 쓴 자신의 논문이 실제로는 액티브 펀드를 옹호했고 패시브 펀드에 대한 아이디어를 익명으로 공격했다는 사실을 의도적으로 모른 척했다.

보글은 또 노련한 펀드매니저들이 시간이 지나면서 시장을 계속 이길 수 없다는 것에 관해서도 나중에 때때로 언급했던 것만큼 열정적으로 이야기하지 않았다. 그는 지난 수년 동안 웰링턴의 윈저 펀드를 운용하면서 놀라운 성과를 기록한 네프와 가까워졌다. 보글과 네프의 나이 차는 두 살에 불과했고 두 사람 다 효율 우선주의에 어울리는 짧은 헤어스타일을 좋아했다.[11] 그리고 보글은 보스턴의 동업자들과 싸움에서 자신을 지지해주었던 네프에게 늘 고마움이 있었다.

보글은 펀드매니저들이 대부분 과도한 수수료를 요구하고 이것이 고객들에게 불리하다고 늘 생각했다. 그는 이것을 '비용 중요성 가설cost matters hypothesis(펀드 운용에서 중요한 것은 시장의 효율성 정도보다 비용의 통제 여부라는 주장-옮긴이)이라고 불렀다. 이런 점에서 인덱스펀드는 매력적이었다. 친구와 동료들은 보글이 개인적으로 굉장한 구두쇠였기 때문에 대중을 위한 저렴하고 단순한 투자상품에 대한 아이디어가 틀림없이 그에게 공감을 불러일으켰을 것이라고 말했다.

보글은 나중에 패시브 투자의 대표적 옹호자로 등장했지만, 일반 개인투자자를 위한 최초의 인덱스펀드 탄생(결과적으로 미래에 전체 투자산업의 판도를 바꿀 혁신이 된)은 단순히 뱅가드의 열악한 업무 환경과 과거 동업자들의 손아귀에서 벗어나려는 욕망의 결과였다. 나중에 보글이 무슨 말을 했는지와 상관없이 적어도 인덱스펀드의 탄생은 거창한 소명 의식에 의한 것이 아니었다. 단지 자신을 해고한 보스턴의 동업자들과 벌이던 전쟁에서 이기기 위한 전략적 도박이었다. 그 당시 보글의 조력자였던 트바르도프스키는 "보글의 입장에서 인덱스펀드는 독립을 향한 첫걸음을 내디딜 기회였습니다. 나중에 그는 이 모든 상황을 이해하고 그것을 계획했다고 말했습니다. 그 정도는 아니었죠. 누가 인덱스펀드의 혁명을 예상할 수 있었겠어요? 하지만 결과적으로 훌륭한 판단이었죠."라고 말했다.

직원들은 뱅가드를 설립하고, 증권거래위원회로부터 조직의 재정비에 대한 허가를 받고, 웰링턴 펀드 주주들의 승인 투표를 준비하는 업무에 많은 시간을 할애했다. 하지만 1975년 초에 보글은 트바르도프스키를 찾아가 인덱스펀드를 운용할 수 있는지를 물었다. 그는 와튼 경영대학원에서 MBA를 공부하기 전에 프린스턴대학교에서 컴퓨터 프로그램을 전공했다. 트바르도프스키는 "음, 저에게 며칠 시간을 주세요."라고 답했다.

트바르도프스키는 인덱스펀드의 개념을 연구하기 시작했다. 그리고 공개된 주가 데이터베이스와 단순 시가총액 가중 알고리즘을 활용해 지금은 사용하지 않는 'APL'이라는 코딩 언어로 공용 메인프레임 컴퓨터를 통해 검증하는 프로그램을 만들었다. 며칠간의 작업 끝에 그는 상당히 쉽게 인덱스펀드를 운용할 수 있다고 확신했다. 그리고 보글에게 인덱스펀드 운용이 가능하다고 말했다.

보글의 열망은 1975년 7월에 찰스 엘리스가 《금융분석가 저널》에 기고한 선동적인 논문을 보고 더욱 크게 자극받았다. 찰스 엘리스는 그 당시 도널드슨러프킨앤드젠레트를 떠나 자신이 설립한 그리니치어소시에이츠라는 금융자문회사의 대표였다. 엘리스는 투자 운용이 '패자의 게임'으로 변했다는 도발적인 주장을 했다. 그는 펀드의 포트폴리오에 담긴 연간 평균 주식 회전율과 그에 따른 거래비용 그리고 펀드가 투자자들에게 부과하는 수수료를 고려할 때 비용을 제외한 금액 기준으로 고객들이 시장 평균 수익과 비슷해지려면 펀드매니저들이 시장을 상당히 큰 격차로 이겨야만 한다고 주장했다. 엘리스는 "당신이 시장을 이길 수 없다면 당연히 시장에 참여하는 것을 생각해야만 한다. 인덱스펀드가 한 가지 방법이다. 성과 측정 회사들의 자료를 보면 인덱스펀드가 대부분의 펀드매니저들을 이긴 것으로 나타났다."라고 강조했다.[12]

엘리스의 논문으로 힘을 얻은 보글, 리페 그리고 트바르도프스키는 뱅가드 이사회에 공식적으로 인덱스펀드의 설립을 제안하기 위한 업무를 시작했다. 새뮤얼슨 교수의 명성과 위상을 고려하면 그의 논문이 증거물 1호였다. 두 번째는 보글이 존 암스트롱이라는 필명으로 행사했던 영향력을 다시 발휘하는 것이었다. 하지만 이번에는 매우 다른 결과를 증거물로 제시했다.

보글은 1975년까지 과거 30년 동안 미국의 주식형 뮤추얼펀드의 평균 수익률은 단지 9.7퍼센트였던 반면 S&P500의 수익률은 11.3퍼센트였다는 사실을 발견했다. 복리의 효과를 고려할 때 수익에서 상당한 차이가 발생했다. 30년 전에 어떤 사람이 평균적인 주식형 펀드에 100만 달러를 투자했다면 1975년에는 1,639만 달러가 됐을 것이다. 이것도 꽤 큰돈이

긴 하지만 S&P500을 단순히 추종했다면 2,500만 달러가 넘는 돈을 갖게 됐을 것이다. [13]

지수를 추종하는 패시브 뮤추얼펀드를 만들자는 제안은 1975년 9월 18일에 뱅가드의 이사회에 보고됐다. 이사들은 회의적이었고 뱅가드는 규정에 따라 투자 운용이나 마케팅 활동에 관여할 수 없다는 점을 보글에게 지적했다. 보글은 인덱스펀드는 사람이 운용하는 것이 아니므로 뱅가드의 엄격한 의무 규정을 위반하는 것이 아니며 일반인을 상대로 한 펀드 판매는 증권사나 투자은행의 외부 조직에 의해 진행할 수 있다고 허위로 주장했다. 놀랍게도 이사회는 이런 허술한 논리를 받아들여 보글의 제안을 승인했다. 뱅가드의 인덱스펀드는 이런 과정을 통해 출시됐다.

트바르도프스키는 인덱스펀드를 운용하는 데 무엇이 필요한지 더 자세히 알아보기 위해 웰스파고의 존 맥퀸, 아메리칸내셔널뱅크의 렉스 싱크필드 그리고 배터리마치의 딘 르바론에게 연락했다. 싱크필드는 트바르도프스키에게 특히 많은 도움을 주었다. 하지만 매일 자금이 들어오고 나가는 지수 추종 개방형 뮤추얼펀드는 퇴직연금처럼 대형 기관투자자들이 이용하는 패시브 펀드와 완전히 다른 문제점이 있었다.

최초의 인덱스펀드들은 연기금을 위한 계좌나 공동신탁이었다. 이런 기금은 거액의 투자 수표를 발행하고 돈을 많이 입출금하지 않는 경향이 있었다. 돈이 매일 들어오고 나가는 수백, 수천 그리고 잠재적으로 수십만 명의 개인 주주 계좌를 관리하는 일은 컴퓨터가 제대로 발전되지 않은 시대에 더욱 복잡했다. 규제 당국은 일반 대중에게 개방된 펀드에 대해서는 거대한 기관투자자들에게 적용되는 것과 반대로 더욱 엄격한 조건과 보고 기준을 적용했다.

1975년 12월에 뱅가드는 델라웨어에서 '퍼스트 인덱스 투자신탁'을 등록했다. 다음 해 4월까지 보글, 트바르도프스키 그리고 리페는 퍼스트 인덱스 투자신탁을 위한 투자설명서를 준비했다. 투자설명서에는 인덱스펀드를 운용하는 비용이 연간 0.3퍼센트 그리고 거래비용이 연간 0.2퍼센트가 될 것으로 추정했다. 이것은 액티브 펀드 전체 비용의 10분의 1 정도였다.[14] 이들은 뱅가드 이사회가 문의한 추가 질문에 답변을 마친 뒤 1976년 5월에 증권거래위원회에 투자설명서를 공식적으로 제출했다.

뱅가드는 스탠더드앤드푸어스에 매우 적은 비용을 주고 지수 사용에 대한 허가권 계약을 체결했다. 이것은 당시에 스탠더드앤드푸어스가 지수를 잠재적 수입원으로 인식하지 못했다는 사실을 알려준다.✦ 다음 단계로 뱅가드가 할 일은, 펀드가 출범하기 위해서는 자금이 필요했고 뱅가드가 직접 펀드를 판매할 수 없다는 점을 고려하면 고객들에게 주식 판매를 담당하는 증권회사들을 모집하는 것이었다. 보글은 이사회에 최초 공모에서 최대 1억 5천만 달러의 자금을 끌어올 수 있다고 자신 있게 말했다. 이것은 S&P500을 복제하는 데 필요한 모든 주식을 매수하기에 충분한 금액이었다.[15]

✦ 나중에 설명하겠지만, 오늘날 3대 주요 지수 제공업체인 S&P 다우존스 지수, FTSE 러셀 그리고 MSCI(모건스탠리 캐피털인터내셔널사가 발표하는 세계 주가 지수)는 벤치마크 지수의 사용 허가권으로 막대한 수입을 올리고 있다.

뱅가드는 월스트리트의 대형 증권사 가운데 한 곳이 공모를 주관할 수 있도록 한다는 조건으로 바체할시스튜어트Bache Halsey Stuart, 페인웨버잭슨앤드커티스Paine Webber Jackson & Curtis 그리고 레이놀즈증권Reynolds Securities과 펀드 판매 계약을 체결했다. 보글의 입장에서는 다행스럽게도 로저우드오브딘위터Roger Wood of Dean Witter(1997년 모건스탠리에 의해 합병당하기 전까지 미국에서 가장 큰 증권사)가 공모를 주관하기로 했다. 뱅가드가 유명 증권사들로 구성된 펀드 인수단을 구성할 수 있게 된 것은 행운이었다. 1975년 5월 1일 노동절에 미국 규제 당국은 주식 거래에 대한 고정 수수료 관행을 폐지했고 그 결과 증권사들은 필사적으로 고객을 붙잡으려고 했다.

보글의 낙관주의는 두 번에 걸친 언론의 시의적절한 보도 덕분에 더욱 힘을 얻었다. 25년 전에 뮤추얼펀드에 대한 보글의 논문을 크게 보도했던《포춘》은 1976년 6월에 '인덱스펀드의 시대가 오고 있다Index Fund – An Idea Whose Time Is Coming'라는 제목으로 6쪽에 걸친 장문의 기사를 실었다. 그 기사는 인덱스펀드의 학문적 토대를 살펴보고 대부분의 펀드매니저들의 저조한 성과를 자세하게 보여주면서 초기의 선구자적 노력에 관해 설명했다. 그리고 이제 인덱스펀드가 "전문가들이 운용하는 펀드 세계를 완전히 재편하겠다는 으름장을 놓고 있다."라고 전했다.[16] 8월에 새뮤얼슨은《뉴스위크》주간지에서 2년 전에 자신이 제기한 문제에 대한 대답을 언급했다. 그는 "내가 예상한 것보다 더 빨리 나의 암묵적인 기도가 응답을 받았다. 새로운 투자설명서로 볼 때 퍼스트 인덱스 투자신탁이라고 불리는 상품이 시장에 출시될 것이다."라고 썼다.

하지만 증권사들이 보글과 리페와 함께 미국 전역의 고객들에게 상품을 설명하는 순회 설명회를 개최했을 때 초기의 낙관론은 자취를 감추었다. 인덱스펀드는 시카고의 금융 전문가들 사이에서 최신 상품으로 유행했을지 모르지만 버팔로나 미니애폴리스의 일반 투자자들과 자산관리사들 사이에서는 인기를 끌지 못했다. 설명회가 끝날 때쯤 증권사들은 단지 3천만 달러의 자금을 모집할 수 있을 것이라는 암울한 예상을 알려왔다. 전체 S&P500을 사기에는 충분하지 않은 돈이었다. 리페는 트바르도프스키에게 적은 금액으로 지수를 복제할 수 있는지 물어봤다. 자신이 개발한 프로그램으로 검증한 결과 트바르도프스키는 가능하다고 답했다.

보글은 열정적인 도박꾼이었다. 그는 어떤 사실이나 숫자에 관해 논쟁할 때면 언제나 내기가 시작됐다는 신호를 보내기 위해 그의 지갑을 탁자에 던져놓는 것을 좋아했다. 그래서 보글은 증권사들이 얼마의 자금을 모을 것인지에 관해 내기를 시작했다. 낙관론자인 보글은 1억 5천만 달러라고 이야기했다. (그는 나중에 4,500만 달러에 관한 또 다른 내기로 자신의 손해를 막았지만) 딘위터의 로저 우드는 1억 2,500만 달러라고 했고 리페와 트바르도프스키는 더 비관적으로 3천만 달러라고 했다. 퍼스트 인덱스 투자신탁은 최종적으로 1976년 8월 31일에 단지 1,132만 달러의 자금을 모으는 데 그쳤다.

이것은 처참한 실패였다. 전체 지수를 사기에 충분하지 않았다. 증권사들은 보글에게 모든 것을 폐기하고 싶은지 물었지만 보글은 예정대로 진행하겠다고 주장했다. 그는 "아니요, 우리는 이제 막 세계 최초의 인덱스펀드를 출시했습니다. 그리고 이것은 투자산업에 엄청난 영향을 미칠 펀드의 시작입니다."라고 말했다.[17] 하지만 1천만 달러로 트바르도프스키가 살 수 있는 S&P500 종목은 280개뿐이었다. 가중치를 통해 가장 큰 200개의 종목들이 지수의 80퍼센트를 대표할 수 있도록 했고 나머지 지수를 최대한 추종할 수 있도록 더 작은 80개 기업의 주식을 신중하게 선택했다.

뱅가드에서 상대적으로 새로운 임원인 밥 리프먼Bob Lippman이 내기에서 승자가 됐다. 여러 건의 추정 금액 가운데 가장 낮은 금액이 리프먼의 1,111만 1,111달러였다. 트바르도프스키는 즉시 리프먼에게 메모를 보내 좋은 소식과 나쁜 소식이 있다고 말했다.

첫째, 좋은 소식은 당신이 내기에 이겼다는 것입니다. 승리를 축하해요. 당신이 추정한 1,111만 1,111달러는 끔찍할 정도로 최종 모집 금액에 가장 가까웠습니다. 우리는 오늘 아침 1,132만 달러짜리 수표를 받았습니다. 내기에 참여한 사람들의 모든 추정치 목록이 첨부돼 있습니다. 당신의 내기 상금인 27달러가 오늘 저녁을 따뜻하게 만들어주리라 확신합니다.

이제 나쁜 소식입니다. 당신의 추정치가 가장 낮았다는 사실이 보글의 관심을 끌었습니다. 보글은 우리 조직에 대한 당신의 신뢰가 부족하다면서 저더러 비교적 짧은 기간이지만 뱅가드에서 일한 것에 대해 고맙게 생각한다는 말을 전해달라고 했습니다. 척 윌리엄스Chuck Williams에게 당신이 책상을 비울 때 사용할 수 있는 오래된 이삿짐 상자가 있습니다. (주: 항의할 것을 예상해 보글은 당신의 다른 두 추정치들도 이 상황을 바꾸지 못할 것이라고 말했습니다. 2개 모두 상당히 더 높은 수치였지만요. 보글이 말한 것처럼 "당신의 추정치는 경쟁자들 추정치의 평균 표준편차보다 훨씬 낮았습니다." 이것이 명쾌한 사실이라고 믿습니다.)

트바르도프스키는 이 메모가 농담이었고 유대관계가 긴밀한 직원들 사이에 통상적인 장난이었다고 확인해주었다. 이런 친밀감에도 불구하고 펀드 공모는 확실히 실패했고 언론은 퍼스트 인덱스 투자신탁을 '보글의 어리석음Bogle's Folly'이라고 불렀다.

인덱스펀드가 크게 실패하면서 어떤 누구도 뱅가드의 전철을 밟을 생각을 하지 못했다. 인덱스 투자는 연기금 사이에서는 점점 관심이 증가했을지 모르지만 일반 대중의 관심은 얻지 못했다. 그리고 많은 뮤추얼펀드는 지수 추종 전략을 금기의 대상으로 생각했다. 저명한 뮤추얼펀드 분석가인 마이클 리퍼Michael Lipper는 그 당시 "아직 결론은 나지 않았지만 비용을 매우 낮게 유지해야 하므로 전통적인 뮤추얼펀드 운용사에 돌아가는 이익은 매우 적었습니다."라고 말했다. "게다가 대부분의 펀드매니저들은 자신들이 시장을 이길 수 없다는 생각을 받아들이기를 거부했습니다. 그들이 아직 이런 생각을 수용하지 않으려는 것은 역설이 아닐 수 없습니다."[18]

경쟁자들도 비난 대열에 참여했다. 피델리티Fidelity's의 회장인 에드워드 존슨Edward Johnson은 〈보스턴 글러브〉Boston Globe 신문에 자신의 회사는 인덱스 투자 분야에 참여하지 않을 것이라고 거만하게 말했다. "나는 많은 투자자들이 평균 수익을 얻는 데 만족할 것으로 생각하지 않습니다. 가장 중요한 것은 최고가 되는 것입니다."라고 말했다.[19] 보글은 나중에 또 다른 경쟁자가 반어법으로 질문을 던지는 전단을 배포한 것에 관해 재미있게 이야기했다. "누가 평균적인 의사에게 수술받고 싶어 합니까? 누가 평범한 변호사에게 조언을 받고 싶어 합니까? 누가 평균적인 주식중개인이 되고 싶어 할까요? 아니면 누가 평균보다 못하거나 더 나쁜 것을 하고 싶어 할까요?"[20] 리페는 언제나 이런 질문에 대해 사람들이 골프에서 간신히 파par를 기록하는 것에 만족하는지 아닌지를 물어보라고 응수했다.

⌒▾⌒

뱅가드에게 퍼스트 인덱스 투자신탁은 상징적으로 그리고 전략적으로 매우 중요한 이정표였다. 처음으로 웰링턴의 간섭을 받지 않고 독립적으로 자금을 운용했기 때문이다. 하지만 투자의 관점에서는 실패였다. 퍼스트 인덱스 투자신탁은 S&P500을 비슷하게 따라갔지만 일반 투자자를 대상으로 한 상품 판매에는 어려움을 겪었다. 1976년 말까지 뱅가드는 1,400만 달러의 자금을 유치했고 성장은 매우 더뎠다. 여전히 출중한 펀드매니저들에게 주로 의존하는 일반 투자자를 상대로 패시브 펀드를 판매하는 것은 매우 힘든 일이었다.

버턴 말킬은 패시브 펀드를 옹호하는 유명한 지지자였다. 그는 《랜덤워크 투자수업》을 통해 학문적인 투자 이론 가운데 일부를 최초로 대중화시킨 프린스턴대학교의 경제학자였다. 1977년 지미 카터Jimmy Carter가 대통령에 당선되자 말킬은 제럴드 포드Gerald Ford 대통령의 경제자문위원회를 떠나 뱅가드의 이사회에 합류했다. 그는 종종 보글과 함께 자신들이 퍼스트 인덱스 투자신탁의 유일한 투자자들이라고 농담하곤 했다. 이 펀드의 자산은 1981년 말까지 1억 달러를 넘지 못했다. 이마저도 5,800만 달러 규모의 다른 펀드와 합병한 결과였다.[21] 보글은 종종 자신의 인덱스펀드를 '상업적으로는 아니지만, 기술적으로는 성공한' 펀드라고 이야기했다.[22]

이후 몇 년 동안 뱅가드는 1975년에 출시된 머니마켓펀드Money Market

Fund, MMF(초단기 수시입출식 실적 배당상품)의 성공에 훨씬 더 크게 의존했다. 머니마켓펀드는 미국 단기 국채 또는 IBM이나 제너럴 일렉트릭General Electric 같은 우량기업이 발행한 어음처럼 단기 우량 채권에 투자하는 상품으로, 일반적으로 만기가 9개월 이하였다. 1970년대 연방준비제도가 지난 수십 년간 미국 경제를 괴롭혔던 인플레이션을 잡기 위해 금리를 인상하면서 머니마켓펀드의 인기도 치솟았다. 주식형 뮤추얼펀드의 자금은 서서히 빠져나가고 있었지만 머니마켓펀드로는 자금이 흘러들어왔다. 1981년 말에 뱅가드의 머니마켓펀드 자금은(웰링턴이 운용하는) 14억 달러에 달했다. 이것은 회사 전체 자산의 40퍼센트에 해당하는 규모였다. 수년에 걸친 혼란 이후 회사를 어려움에서 구해준 것은 머니마켓펀드였다.[23]

하지만 퍼스트 인덱스 투자신탁은 보글이 웰링턴으로부터 투자 운용 업무의 또 다른 지분 3분의 1을 되찾아 오는 데 도움이 되었다. 기본적으로 뮤추얼펀드의 판매와 마케팅은 투자 운용보다 덜 빛났지만 투자회사의 건전성에는 매우 중요했다. 웰링턴매니지먼트가 펀드의 판매와 유통에 대한 통제권을 가지고 있는 한 뱅가드는 웰링턴에 전적으로 의존해야 하고 실제로 돈을 버는 투자 운용 업무를 되찾아 올 수 없었다.

뱅가드의 새로운 인덱스펀드가 직면한 문제들 가운데 하나는 많은 투자자가 꾸준히 내야 하는 운용보수 외에도 패시브 펀드를 사는 데 들어가는 판매 보수의 지불을 꺼린다는 것이었다. 그 당시 투자자가 중개업자에게 지불하는 선취 판매 수수료는 일반적 관행이었고 종종 전체 투자금액의 8퍼센트에 달할 때도 있었다. 적어도 펀드매니저들이 펀드 운용을 통해 수수료를 돌려줄 것으로 기대할 수 있다면 투자자들은 기꺼이 비용을 지불할 것이다. 하지만 수수료의 대부분은 펀드를 판매하는 중개업자가 가져갔고 일부는 유통비용을 지급하는 운용사에 돌아갔다. 퍼스트 인덱스 투자신탁은 1년에 단지 0.3퍼센트의 수수료만 부과하지만 펀드를 사고 싶은 사람은 여전히 중개업자에게 약 6퍼센트의 수수료를 내야만 했다.

1960년대 주식시장이 활황이고 수익률이 괜찮았을 때 대부분의 투자자들은 수수료를 기꺼이 지급했다. 하지만 1970년대에 시장이 어려워지면서 분위기가 급변했다. 몇몇 뮤추얼펀드 회사들은 수수료를 받지 않기 시작했고 보글은 이것이 뱅가드가 추구해야 할 장기적인 방향이라고 생각했다. 이런 추세는 뱅가드의 저비용 구조와 잘 맞아떨어졌지만 웰링턴은 저조한 판매 성과를 방어해야만 했다. 보글은 또 몇몇 기관투자자들을 인덱스펀드에 끌어들이고 싶었다. 하지만 그들은 대개 판매 수수료 내는 것을 꺼렸다.

뱅가드의 인덱스펀드가 출시된 직후에 보글은 이사들에게 보낸 한 편지에서 웰링턴의 펀드들이 웰링턴매니지먼트와 판매 계약을 끝내고 중개업자에게 돌아가는 판매 수수료를 없앨 것을 제안했다. 사실상 1929년 이후 웰링턴매니지먼트를 지탱해온 판매 시스템을 폐지하고 투자자들에게 직접 판매하자는 것이었다. 보글은 또다시 어느 정도 거짓말을 섞어 이것이 뱅가드가 의무를 위반하는 것이 아니라고 주장했다. 엄밀히 말하면 그의 편지는 판매에 관해 언급하는 것이 아니라 판매 조직을 없애는 것에 관해 이야기했기 때문이다.[24]

보글의 오랜 숙적인 도란과 손다이크가 여전히 이사회 구성원이었던 만큼 그의 제안은 거센 반대에 부딪혔다. 하지만 4년에 걸친 투자자 이탈과 미래에 대한 희망도 보이지 않는 현실에서 그들의 주장은 먹혀들지 않았다. 1977년 2월 8일 뉴욕에서 또 한 차례 이사회가 열렸고 열띤 공방을 주고받았다. 이사회는 7 대 4로 중개업자들에게 돌아가는 수수료를 없애고 펀드를 판매하기로 결정했다.[25] 보글은 신이 났다. 하지만 지난 반세기에 걸쳐 웰링턴이 관계를 구축하고 펀드 판매를 위임했던 중개업자들은 격분했다. 뱅가드를 구원한 것은 결국 네프의 윈저 펀드였다. 윈저 펀드는 성과가 좋아서 중개업자들이 고객들에게 윈저 펀드를 그만두라고 조언하기를 꺼렸다. 1979년에 윈저 펀드의 자산 규모는 한때 창업자인 모건이 직접 운용했던 대표 펀드인 웰링턴 펀드를 넘어섰다.◆

뱅가드는 1977년 9월에 미국 지방채에 투자하는 펀드를 만들면서 독립을 향한 또 다른 기념비적 발걸음을 내디뎠다. 뮤추얼펀드들이 처음으로 지방채에 제공하는 비과세 수익을 투자자들에게 이전할 수 있도록 허가를 받은 것도 1977년이었다. 씨티은행이 선취 수수료가 없는 워윅 지방채 펀드Warwick Municipal Bond Fund를 운용했다. 지방채 펀드는 뱅가드/웰링턴의 펀드 가운데 제3자가 운용하는 최초의 펀드였다. 그 당시 뱅가드의 변호사였던 필 피나Phil Fina는 "이런 결정은 매우 의미가 있었습니다. 왜냐하면 뱅가드가 구조조정을 하고 자체적인 결정을 내릴 가능성을 열어주었기 때문이죠."라고 말했다.[26] 실제로 보글의 다음 도박은 투자 운용의

◆ 판매 수수료를 없애는 일은 보글이 생각했던 것보다 더 오랜 시간이 걸렸고 더 복잡했다. 뱅가드가 웰링턴매니지먼트에 운용 수수료라는 간접 형태가 아니라 직접적으로 판매 수수료를 지급하기 위해서는 펀드 자산 이용에 관해 증권거래위원회의 승인을 받아야 했다. 심사위원은 처음에 그의 제안을 거절했고 보글은 크게 화를 냈다. 하지만 최종적으로 보글은 자기 뜻을 관철했다. 이것은 의도하지 않게 투자업계에 광범위한 영향을 미쳤다. 결국 증권거래위원회는 모든 뮤추얼펀드가 투자자들에게 판매 수수료를 부과할 수 있도록 했다. 전반적으로 자산에 근거한 수수료는 그 당시 업계에 널리 퍼졌던 선취 수수료를 줄이거나 상당 부분 대체했다.

마지막이자 세 번째 업무를 되찾아 오는 것이었다.

1980년에 뱅가드의 이사회는 부진한 성과 때문에 씨티은행으로부터 워워 펀드에 대한 운용 권한을 회수하는 문제를 논의하고 있었다. 기회를 포착한 보글은 지방채와 웰링턴매니지먼트가 운용하는 머니마켓펀드를 관리하기 위해 뱅가드에서 채권 운용팀을 만들겠다고 제안했다. 보글은 결과적으로 기본 수수료만으로 운용하는 뱅가드의 사업 모델이 투자자들에게 훨씬 저렴한 비용을 부과하면서 수익률은 더 낮지만 꾸준한 소득을 내는 인컴 펀드Income Fund를 운용하는 데 안성맞춤이라고 생각했다.[27] 이맘때쯤 도란과 손다이크 두 사람은 이사회를 떠났고 1980년 9월에 이사들은 거의 만장일치로 보글의 제안을 승인했다.◆

마침내 뱅가드는 회사에서 쫓겨난 최고경영자에게 이사회가 동정심으로 선물한 단순한 사무 조직이 아니라 그 자체로 완전한 서비스를 제공하는 투자회사가 되었다. 보글은 세상의 도전에 맞서는 것과 동시에 1974년의 악몽을 떨쳐버릴 준비를 마쳤다.

보글은 자신의 뼈아픈 실패의 기억을 끊임없이 회자되는 인덱스펀드의 탄생에 관한 흥미로운 이야기로 바꾸어놓았다. 여기에 더해 뱅가드는 수백만 명이 편안한 은퇴 생활을 할 수 있도록 도왔다. 그리고 투자산업의 역사에서 가장 혁신적인 투자기관이 되었다.

◆ 보글과 리페는 그 당시 필라델피아의 지라드Girad은행에서 전도유망한 채권 펀드매니저였던 이언 맥키넌Ian MacKinnon을 고용했다. 맥키넌은 이후 뱅가드에서 부러움의 대상이 될 정도로 성공적인 채권 운용팀을 빠르게 구성했다.

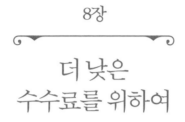

8장

더 낮은
수수료를 위하여

1979년 8월에 《비즈니스위크》는 언론계 명예의 전당에 헌정된 '주식의 사망The Death of Equities'이라는 제목의 표지를 실었다. 표지 기사는 인플레이션이 주식시장을 붕괴시키고 있다고 주장했다. 하지만 폴 볼커 연방준비제도이사회 의장이 이끄는 미국 중앙은행이 마침내 인플레이션에 대응하고 나섰다. 1980년대 초에 짧지만 고통스러운 불황을 경험한 이후채권과 주식시장은 모두 금융 역사에서 가장 큰 상승장 가운데 하나로진입했다.

이런 상승장은 미국인들이 주식 펀드를 통해 연금을 저축하도록 1978년소득세법에 따라 우연히 만들어진 401(k) 퇴직연금과 결합되면서 사실상 거의 모든 투자회사가 혜택을 받았다. 하지만 뱅가드보다 더 큰 혜택을 누린 회사는 많지 않았다. 1980년 9월에 뱅가드가 운용하는 자산 규모는 30억 달러에 이르렀다. 보글은 300명에 달하는 모든 직원을 위해파티를 열고 탁자 위에 올라가 축하 연설을 했다.[1] 자산 규모가 10억 달러씩 증가할 때마다 축하 파티가 열렸고 얼마 지나지 않아 100억 달러를 기념하는 파티가 개최됐다. 뱅가드는 1983년에 401(k) 사업에 뛰어들었고 1980년대 말에 뱅가드의 자산 규모는 470억 달러에 달했다.

수수료가 비싼 투자업계에서 뱅가드를 저비용 투자회사로 각인시킨 것은 매우 영리한 전략이었다. 401(k)의 성장이 뱅가드의 성장 동력이 됐기 때문이다. 여기에 더해 뱅가드는 규모가 빠르게 커갈수록 그만큼 비용을 더 절약할 수 있었다. 뱅가드는 더 낮은 수수료를 통해 수익을 주주들에게 돌려주는 독특한 사업 구조를 갖추었다. 1982년에 당시 뱅가드가 운용하는 21개 펀드의 평균 운용비용이(규모에 따라 가중치를 반영한 모든 비용) 단지 0.6퍼센트에 불과했다. 2000년에는 거의 100개에 달하는 펀드의 평균 운용비용이 0.27퍼센트로 더 떨어졌다.[2] 같은 기간에 뮤추얼펀드의 평균 운용비용은 실제로 증가했다.

보글은 언론 광고에 돈 쓰는 것을 싫어했는데, 언론과 좋은 관계를 유지한 덕분에 뱅가드는 굳이 광고할 필요가 없었다. 한때 〈필라델피아 불러틴〉Philadelphia Bulletin의 야간 기자였던 보글은 기자들이 무엇을 원하는지, 즉 이야깃거리가 되고 익살스러우며 쉽게 이해할 수 있는 인용구가 무엇인지 잘 알고 있었고 그런 것을 만드는 데 탁월했다. 어떤 기자가 투자업계의 내부 관계자로부터 비판적 논평을 원하면 그들은 누구를 찾아가야 하는지를 정확히 알았다. 언론 홍보가 재미없는 일반적 설명이나 기자와 나누는 조심스러운 대화를 의미하는 투자업계에서 보글은 쉽게 다가갈 수 있는 인물이었다. 게다가 대중의 관심을 사로잡는 이야기를 그만큼 잘할 수 있는 사람도 없었다.

지난 수년 동안 많은 기자가 보글과 장시간의 인터뷰와 전화통화를 하면서 우렁차게 울리는 그의 중저음 목소리를 알게 되었다. 때때로 그의 동료들조차 보글의 목소리를 '신의 목소리the voice of God'라고 불렀다. 보글은 자칭 자산운용업계의 도덕적 목소리를 의미하는 '세인트 잭Saint Jack'으로 알려지게 됐다. 처음에는 설교하는 듯한 그의 말투에 짜증이 난 비평가들이 사용한 별명이었지만 점차 지지자들이 늘어나면서 보글을 가장 좋게 표현하는 방법으로 세인트 잭이라는 별명을 사용했다.

그 결과 뱅가드는 자연스럽게 낮은 비용과 투명성으로 언론의 극찬을 받기 시작했다. 보글의 제자이자 최고경영자로서 최종 후계자였던 잭 브레넌은 훗날 "언론과 좋은 관계는 보글의 훌륭한 자산이었습니다. 언론은 다양한 주제에 관해 가장 먼저 보글에게 전화를 걸어왔거든요. 마케팅 측면에서 이는 해마다 수백만 달러에 달하는 가치가 있었습니다."라고 말했다.[3]

하지만 보글은 때때로 쉽게 화를 냈다. 1991년에 '뱅가드어드바이저 The Vanguard Advisor'라고 불리는 뉴스레터를 시작한 전직 기자인 대니얼 위너 Daniel Wiener가 보글의 연봉이 260만 달러라고 추정하자(그 당시 업계 평균보다 크게 낮았다) 보글은 크게 화를 냈다. 뱅가드는 뉴스레터에 뱅가드 이름을 사용했다는 이유로 위너의 회사를 고소했다.[4] 보글은 크고 탐욕스러운 자산운용사와의 언론전에서 골리앗에 맞서는 다윗의 이미지를 만들어왔다. 그러나 고객들이 뱅가드를 찾아가도록 도와준 작은 독립 언론사를 상대로 소송을 제기한 것은 다윗을 약자를 괴롭히는 나쁜 사람처럼 보이도록 했다.

이 소송은 위너가 뉴스레터의 이름을 '인디펜던트어드바이저포뱅가드인베스터즈The Independent Advisor for Vanguard Investors'로 바꾼 후에야 해결됐다.

그런데도 그 당시 《필라델피아》Philadelphia 잡지는 보글의 소송이 '백기사의 갑옷에 약간의 오점'을 남겼다고 보도했다. "자신을 정직함과 순수함의 본보기로 내세우는 것은 훌륭하고 좋은 일이다. 하지만 당신이 조금이라도 나빠 보이는 일에 연루된 것처럼 보인다면 정말로 나쁜 것처럼 보인다."라고 썼다.[5] 보글은 나중에 위너가 추정한 연봉이 정확했다고 인정했다. 사실 보글은 은퇴한 후에 태도를 완전히 바꿔 고위 경영진이 얼마를 받는지를 더 명확하게 밝히라고 뱅가드에 촉구했다.

하지만 그가 남긴 오점들은 빠르게 사라졌고 뱅가드는 놀라운 성장을 이뤘다. 1980년 말에 뱅가드는 미국 뮤추얼펀드 시장에서 5퍼센트 이하의 점유율을 기록했었다. 1990년대에서 2000년으로 넘어가는 시기에 뱅가드가 운용하는 자산은 5,620억 달러를 넘어서면서 빠르게 성장하는 미국 뮤추얼펀드 시장에서 10분의 1 이상을 차지하게 되었다.[6] 뱅가드가 운용하는 대부분의 펀드가 매우 빠르게 성장했지만 1982년부터 2000년까지 상승장 기간에 뱅가드의 엄청난 성장을 이끈 것은 초창기에 비난받던 상품들이었다.

여러 해 동안 고전한 끝에 퍼스트 인덱스 투자신탁은 놀라울 정도로 자금을 끌어들이는 효자 상품이 되었다. 1980년에 뱅가드 인덱스 트러스트Vanguard Index Trust로 그리고 나중에는 뱅가드500 인덱스펀드Vanguard 500 Index Fund로 이름을 바꾸었다. 1982년 말에 뱅가드의 자산은 단지 1억 달러에 불과했고 주식에 투자하는 263개의 미국 뮤추얼펀드 가운데 104번째 규모였다. 1988년에는 자산 규모가 10억 달러를 넘어서면서 1,048개 펀드 가운데 41위를 기록했다.[7]

그 당시 몇몇 경쟁업체들이 일반 투자자를 대상으로 뱅가드와 유사한 인덱스펀드를 출시했지만 문을 닫거나 고객 유치에 어려움을 겪었다.[8] 뱅가드와 적극적으로 경쟁했던 웰스파고인베스트먼트어드바이저, 스테이트스트리트 그리고 뱅커스트러스트의 지수 추종 상품은 연기금 같은 기관투자자들 사이에서 빠르게 성장하고 있었지만, 일반 투자자를 위한 금융시장에는 진출할 수 없었다. 대공황 시대에 제정된 글라스-스티걸법이 여전히 은행 소유의 펀드 회사가 일반 투자자들에게 상품 판매하는 것을 금지했기 때문이다. 이런 법적인 규제와 인덱스펀드가 전통적인 뮤추얼펀드를 잠식할 것이라는 투자회사들의 거부감 덕분에 뱅가드는 아무런 방해를 받지 않고 일반 투자자들에게 인덱스펀드를 판매하는 기회를 누렸다.

그 결과 뱅가드500은 2000년 4월에 피델리티의 유명한 마젤란 펀드 Magellan Fund를 제치고 1,072억 달러의 자산을 운용하는 세계에서 가장 큰 규모의 뮤추얼펀드가 되었다.[9] 마젤란 펀드가 몇 년 동안 새로운 투자에 대해 폐쇄적으로 운용됐기 때문에 이것은 상징적 변화였지만 그 영향력이 매우 컸다는 사실은 부인할 수 없다. 그 당시 〈월스트리트 저널〉은 "뱅가드 포트폴리오의 막강한 지배력은 수백만 명에 달하는 미국인의 투자 전략에 대한 거대한 변화에서 확인할 수 있다."라고 보도했다.[10] "뱅가드500은 수많은 주식 분석가들에게 굴욕감을 안겨주면서 거의 모든 것을 추종하는 수십 종류의 인덱스펀드들을 잇따라 출시하는 데 기폭제가 되었다."

마침내 평범한 저축 생활자들도 연기금의 전철을 따라 인덱스펀드의 저렴한 수수료 혜택과 평균적으로 더 좋은 성과를 직접 누리게 되었다. 과거에 월스트리트 부자들의 주머니로 흘러 들어갔던 수십억 달러가 마침내 자식들의 대학 학비나 은퇴 생활을 위해 저축하는 사람들의 은행 계좌에 조금 더 많이 남아 있게 되었다. 새뮤얼슨은 나중에 뱅가드500 펀드의 탄생을 바퀴, 알파벳, 구텐베르크의 인쇄 기술, 포도주 그리고 치즈에 견줄 만한 발명품으로 순위를 매겼다.[11] 하지만 막강한 뱅가드500 펀드도 결국에는 뱅가드의 또 다른 펀드에 권좌를 물려줬다.

⌒⌒

1992년 초에 보글은 뱅가드의 주식형 펀드를 운용하는 조지 소터George Sauter의 사무실로 가서 "이제 그만 빈둥거리고 전체 주식시장에 대한 펀드를 만들어봅시다."라고 말했다. 세세하게 규칙을 따지는 사람들에게 진정한 인덱스 투자가 시작된 날이었다.

소터는 마코위츠, 샤프 그리고 파마의 금융 이론에 심취해 있었고 시카고대학교에서 MBA를 땄다. 그는 작은 금광을 매수하는 것을 비롯해 다양한 사업을 조금씩 해본 뒤 1987년에 뱅가드에 합류했다. 이것은 소터에게 끔찍한 시련의 시작이었다. 합류한 지 2주가 지나 미국 주식시장은 이른바 '검은 월요일Black Monday'로 알려진, 역사상 하루 기준으로 가장 큰 폭락을 경험했다. 하지만 뱅가드가 소터를 채용한 것은 탁월하고 시의적절한 일이었다.

그가 합류했을 때 뱅가드는 단지 2개의 인덱스펀드를 보유하고 있었다. 1년 전에 출시한 뱅가드500 펀드와 채권 펀드의 자산 규모는 모두 합쳐 12억 달러였다.[12] 뱅가드의 펀드들이 경쟁사 펀드보다 훨씬 저렴했지만 판매 보수 없이 기본 수수료만 청구하는 구조 때문에 판매 확산 속도가 느렸다. 인터넷은 아직 초창기였고 뱅가드는 마케팅을 많이 하지 않았다. 그리고 판매 보수가 없다 보니 뱅가드의 펀드를 판매하고 싶어 하는 중개인들도 거의 없었다. 보글조차도 기본적으로 뱅가드의 액티브 펀드를 만드는 일에 집중했다. 가장 큰 승리는 잭 브레넌이 1983년에 캐피털그룹에서 떨어져 나온 3명의 펀드매니저가 설립한 프라임캡PRIMECAP 투자회사와 제휴하는 데 성공한 것이었다.

하지만 소터는 여유 시간을 이용해 더 낮은 비용으로 인덱스펀드가 기준 지수를 따라가는 방법을 개선하는 거래 프로그램을 만들기 시작했다. 1990년대 초에 마침내 인덱스펀드들이 급격하게 성장하기 시작했을 때(1991년에 뱅가드 자산의 10분의 1 이상을 차지할 정도로)[13] 보글은 뱅가드가 지향하는 최초의 전략에 다시 집중했다.

소터가 합류할 때까지 뱅가드500 펀드를 운용했던 제러미 더필드는 보글이 "처음에는 인덱스 투자를 지지했지만 그렇다고 열렬한 지지자는 아니었어요."라고 말했다. 보글이 인덱스 투자를 대표해 끈질긴 십자군 전쟁을 시작한 것은 1980년대 말에서 1990년대 초였다. 더필드는 "그는 자신이 대단한 무엇인가를 가지고 있다는 것을 깨달았죠. 그리고 그것을 만들기 위해 준비했습니다."라고 말했다. 뱅가드는 1987년 말에 익스텐디드 마켓 인덱스펀드Extended Market Index Fund를 출시했다. 이 펀드는 규모가 작아서 S&P500에 들어갈 수 없는 중견기업에 투자하는 펀드였다. 하지만 1992년에 보글은 미국 전체 주식시장에 투자하는 거대한 펀드를 만들어야 한다고 결정했다.

S&P500이 규모 측면에서 미국 주식시장의 상당 부분을 차지하지만, 여전히 스탠더드앤드푸어스의 지수위원회가 선택한 미국에서 가장 큰

500개 기업을 모아놓은 것에 불과했다. 금융 이론에 따르면 인덱스펀드는 실제로 모든 종목을 포함해야 한다. S&P500은 초창기 주식시장 개척자들을 위한 편의적이고 실용적인 약칭이었을 뿐인데, 사실상 주식시장을 정의하는 것으로 변질되었다.

1992년에 뱅가드는 뱅가드 토털 스톡마켓 인덱스펀드Vanguard Total Stock Market Index Fund를 출시하기 위해 시가총액이 더 작은 주식들의 거래 조건을 개선하기로 결정했다. 소터는 "제 생각에는 이것이 최초의 인덱스 뮤추얼펀드였습니다. 당신이 순수한 지수 투자자라면 진정한 의미에서 지수에 투자하는 뮤추얼펀드는 1992년에 시작됐습니다."라고 말했다.

또다시 출발은 느렸지만 펀드는 대성공이었다. 2013년 10월에 뱅가드 토털 스톡마켓 인덱스펀드는 '채권왕' 빌 그로스Bill Gross가 운용하는 핌코 토털 리턴 펀드Pimco Total Return Fund를 추월해 세계 최대의 펀드가 되었다. 오늘날 뱅가드 토털 스톡마켓 인덱스펀드는 1조 달러가 넘는 자금을 운용하고 있다. 뱅가드는 토털 스톡마켓 인덱스펀드 하나만으로도 세계에서 가장 큰 자산운용사 가운데 하나가 됐고 총자산도 사우디아라비아나 스위스의 연간 경제 생산량보다 많다. 일련의 다른 펀드 출시와 1990년대 패시브 투자의 인기 상승에 힘입어 인덱스펀드는 2000년을 기준으로 뱅가드 전체 자산의 절반을 차지했다.[14] 현재는 뱅가드 자산의 4분의 3 정도가 인덱스펀드이다.

뱅가드의 끊임없는 성장으로 회사의 모든 부분에서 과부하가 생기면서 1980년대와 1990년대에는 어려움도 많았다. 보글은 투자업계의 모든 면을 알고 있다고 자부했다. 하지만 세부 사항, 조직 그리고 절차와 같은 문제는 잘 알지 못했다. 보글이 비용을 낮게 유지하겠다고 결심하면서 뱅가드는 오랜 기간 기술 투자에 인색했고, 이는 종종 커다란 문제를 초래했다. 더필드는 "우리는 그동안 상당한 성장통을 경험했습니다. 1980년대 중반쯤에 규모 면에서 한계에 부딪힐 뻔한 적도 있었습니다."라고 말했다.

1987년 말에 회계사로 뱅가드에 합류했다가 나중에 보글의 조력자가 된 짐 노리스Jim Norris는 블랙 먼데이의 폭락이 특히 회사의 약점을 드러냈다고 말했다. "우리는 가까스로 문제에 대처했습니다. 블랙 먼데이로 인해 정말로 운영상의 허점이 많이 드러났습니다." 하지만 보글의 오른팔이자 사실상 최고운영책임자였던 브레넌의 노력 덕분에 뱅가드는 점차 더 좋은 조직 구조를 갖추었고, 보다 현대적인 기술 능력을 키울 수 있었다. 그리고 이것이 미래의 성장을 준비하는 데 도움이 됐다.

보글 자신도 가끔 인정했듯이 안 그래도 강한 그의 자존심이 뱅가드의 성공과 함께 더욱 강해졌다. 1990년대 초에 6명의 고위 경영진 모두가 지역 업체에 대대적인 IT 개선 업무를 맡기기로 투표로 결정했을 때 보글은 이를 무시하고 맥킨지McKinsey와 계약을 체결했다.[15] 점점 커지는 그의 자신감은 맬번Malvern에 있는 뱅가드의 새로운 사옥에서 구체적으로 드러났다. 뱅가드는 밸리 포지의 본사 사무실이 증가하는 직원들을 수용하기에 너무 작아지자 1993년에 맬번으로 이전했다.

맬번의 새로운 본사가 문을 열자마자 보글은 자신이 존경하는 예술가인 마리차 모건Maritza Morgan에게 나일 해전을 생생하게 묘사한 5장의 나무 패널로 만든 가로 8미터, 세로 1.5미터 크기의 벽화를 의뢰했다. 뻔뻔스럽게도 보글은 벽화 한가운데에 영국 군함 뱅가드호에 의해 격침 당하는 프랑스 함대 이름을 '피델리트La Fidelite'로 바꾸어달라고 요청했다. 이것은 뱅가드가 출시한 최초의 인덱스펀드를 매우 무시했던 보스턴의 투자그룹인 피델리티 회장을 대놓고 비판하는 것이었다.

어떤 것도 뱅가드호와 도도한 선장을 항로에서 벗어나게 할 수 없었다. 보글은 해마다 5월이면 고위 경영진들을 데리고 휴양지로 여행을 떠나곤 했다. 1993년에는 경치가 아름다운 포코노 마운틴즈Pocono Mountains에 있는 스카이톱 로지Skytop Lodge로 갔다. 스카이톱 로지는 웰링턴이 설립된 해인 1928년에 세워진 5만 5천 에이커 규모의 골프 코스를 갖춘 리조트였다. 1993년에 뱅가드가 운용하는 자산 규모는 1천억 달러를 넘어섰다. 보글은 투자 수익의 누적 효과를 고려할 때 뱅가드의 자산 규모가 2000년대 중반쯤에 1조 달러를 넘어설 것이라고 자신 있게 예측했다. 그의 예측이 맞아떨어졌지만 뱅가드는 다른 선장의 지휘 아래 자산 규모 1조 달러를 달성했다.

⌒

스승인 모건을 그대로 따라 하는 보글은 언제나 젊은 업무보조원을 데리고 일했다. 그의 업무보조원은 일반적으로 20대 중반의 남성이었다. 가끔은 비즈니스 경험이 거의 없지만 학문적 배경이 든든한 인물도 있었다. 보글은 젊은 조수를 자기 생각대로 가르칠 수 있었다. 그는 충성심과 비범한 직업윤리뿐만 아니라 사고의 독립성과 정직함도 요구했다. 아첨꾼은 필요 없었다.

보글의 과거 업무보조원들은 그의 밑에서 일하는 1년이 마치 7년 같았다며 우스갯소리를 했다. 그리고 그들은 보글의 엄청난 업무 요구와

7시보다 늦게 출근하면 가혹하게 혼내던 일을 자유롭게 이야기했다. 하지만 심한 꾸짖음을 당하면서도 7년이라는 가장 긴 시간 동안 보글과 함께 일한 짐 노리스는 다시 7년간 일할 것이라고 말했다. 노리스는 "보글은 믿을 수 없을 정도로 요구사항이 많았지만 많은 것을 배웠습니다."라고 말했다. 노리스는 2020년에 은퇴할 때까지 뱅가드의 국제 영업 부분을 이끌었다. "우리는 항상 뭔가를 놓고 논쟁을 벌였는데, 사실 논쟁을 즐겼던 거죠." 보글은 뱅가드의 경비원, 식당 직원, 이사회 구성원과 연금펀드의 경영진 등 모든 사람과 이야기하는 것을 정말로 좋아했다. 그리고 그의 친밀함은 열렬한 충성심을 불러일으켰다.

보글은 매년 크리스마스가 되면 과거 업무보조원들을 점심 식사에 초대했고 말년에는 저녁을 함께했다. 자신과 일했던 사람들을 위해서 여는 떠들썩한 연례행사였다. 이들 가운데 상당수는 뱅가드나 투자업계의 다른 회사에서 고위직에 올랐다. 이 행사에서는 항상 음식값보다 술값이 더 나왔다. 보글은 늘 중간쯤에 건배를 제안하고 "여러분은 모두 나의 훌륭한 판단에 많은 도움을 주었습니다."라고 말했다. 과거의 보조원들은 익살스럽게 "들어봅시다!"라고 말하면서 계속해서 술을 마시고 유명한 구두쇠이자 자칭 스코틀랜드 사람인 보글에게 엄청난 청구서를 안겨주곤 했다(뱅가드의 이사회 구성원인 버턴 말킬 교수는 보글이 가장 좋아하는 술은 1병에 8달러짜리 카베르네 소비뇽 포도주라고 놀렸다).

저녁 식사에서는 많은 논쟁이 벌어졌다. 1982년에 뱅가드를 그만두고 경쟁업체인 티로프라이스T. Rowe Price의 최고경영자의 자리로 옮긴 리페와 보스턴 웰링턴매니지먼트의 최고경영자가 된 덩컨 맥팔런드Duncan McFarland 그리고 보글 사이에는 특히 논쟁이 많았다. 하지만 모든 사람은 보글의 강한 자존심을 긁는 것에 즐거움을 느꼈다. 어느 날 저녁 자리에서 리페와 트바르도프스키는 보글이 독선적인 복음주의자처럼 계속 설교한다면 그에 어울리는 옷을 입어야 한다며 보글에게 신부들이 목에 두르는 흰색 성직 칼라를 선물했다. 리페는 "보글은 약간은 어리둥절한 반응을 보였다."라고 당시를 회상했다. 하지만 그 자리에 모인 사람들은 아주 좋아했다.

또 다른 저녁 행사에서 노리스는 유명한 '보글주의Bogleisms'라는 목록을 만들어 신물했다. 여기에는 어떤 사람이 복도를 지나갈 때 머리를 살짝 낮추고 손을 흔들어 인사하는 보글의 습관이나 "설마 그럴 리가 있나!The hell you say!" 같이 그가 자주 사용하는 표현들이 담겨 있었다. 그 외에도 보글주의에 대한 유용한 해석을 담은 목록을 사람들에게 나눠주었다.

보글이 아래와 같이 말할 때	보글이 한 말의 의미
"네 잘못이 아니라는 것을 알아."	"너의 잘못이야."
"당신이 결정해."	"내가 하려고 하는 것을 해."
"내 잘못이 확실해."	"글쎄, 확실히 내 잘못은 아닌 것 같은데."
"3시까지 완성해!"	"1시까지 완성해!"
"뭔가 이상해 보이는데."	"전부 다 망쳐버렸네."
"그 일에 너무 많은 시간을 쓰지 마라."	"저녁 늦게까지 남아서 제대로 됐는지 확인해."
"대략 7시쯤에 나를 데리러 와."	"1초도 늦지 말고 정확하게 7시에 나를 데리러 와."

대부분은 좋은 마음으로 하는 보글 놀리기였다. 포도주와 보글에 대한 애정 그리고 관계자들의 경쟁적 성격이 이런 분위기를 부채질했다.

하지만 보글이 직접 선택한 후계자인 브레넌과 함께할 때는 긴장감이 감돌았다. 브레넌은 뱅가드에서 일하면서 보글이 웰링턴에서 축출됐던 것과 유사한 충격적인 불화를 겪은 후 더는 연례행사에 참석하지 않았다.

잭 브레넌은 보글의 가장 똑똑한 제자였고 보글만큼 뱅가드의 성공에 크게 이바지했다고 할 수 있다. 브레넌은 다트머스대학교에서 경제학을 공부하고 뉴욕뱅크포세이빙스New York Bank for Savings와 S. C. 존슨앤드선S. C. Johnson & Son에서 짧게 근무했다. 그리고 하버드대학교에서 MBA를 받은 뒤 보글의 업무보조원으로 1982년에 뱅가드에 입사했다. 브레넌은 유복한 집안 출신이었다. 브레넌의 아버지 프랭크Frank는 보스턴유니언워런세이빙스뱅크Boston's Union Warren Savings Bank의 사장이었고 보스턴의 금융계와 아일랜드 가톨릭 단체에서 중요한 인물이었다. 그럼에도 불구하고 보글처럼 열심히 일하는 것을 매우 가치 있게 생각했다. 프랭크 브레넌의 부모는 아일랜드의 컨트리 케리Country Kerry 출신의 가난한 이민자였고 아들을 대학에 보내기 위해 경비로서 피땀 흘려 일했다.[16] 제2차 세계대전에서 동성 훈장을 받은 프랭크 브레넌은 자식들이 열심히 일하기를 기대했기 때문에 자신의 은행에서 인턴을 시키지 않았다. 그래서 잭 브레넌은 여름 방학 동안 매사추세츠 고속도로 중앙 분리대의 잔디 깎는 일을 하곤 했다.[17]

매우 열심히 일하는 근로 윤리는 보글이 제자들에게 요구하는 중요한 덕목이었다. 브레넌과 보글은 스쿼시 게임[18]과 뱅가드 사내 식당에서 매일 점심을 함께 먹으면서 깊은 관계로 발전했다.[19] 브레넌은 뱅가드에서 승승장구했고 그의 조직 운영 능력은 회사 경영에 대한 보글의 더 원대하고 미래 지향적인 접근 방식을 보완해주었다. 더필드는 "잭 브레넌이 얼마나 훌륭한 임원이었는지 그 진가를 인정받지 못했다고 생각합니다."
라고 말했다. 1980년대에 뱅가드는 매우 급속하게 성장하면서 많은 혼란이 발생했지만 브레넌은 이런 무질서한 상태를 바로잡았다. 1989년에 브레넌은 뱅가드의 사장에 임명되면서 보글의 명백한 후계자로 자리 잡았다.

두 사람의 스타일은 완전히 달랐다. 보글은 사람들과 어울리고 주목받는 것을 좋아했다. 반면에 과묵한 브레넌은 사람들과 어울리는 것을 피했다. 보글은 자신의 초라하고 검소한 옷차림에 자부심이 있었다. 그래서 종종 해진 셔츠와 어울리지 않는 정장을 입고 출근했다. 반면에 브레넌은 언제나 깔끔했다. 토요일에 일할 때도 브레넌은 다림질한 카키색 바지와 정장 셔츠를 입고 출근하곤 했다. 보글은 스쿼시와 테니스를 취미로 즐겼지만 브레넌은 모든 것을 갖춘 운동선수였다. 그는 럭비와 하키를 했고 마라톤에도 출전했다.

이들 둘 다 투지를 높이 평가했고 서로의 모자라는 점을 보완해주었다. 보글은 혁신적인 비전가이자 동기부여자로서 전체 회의와 회사 야유회에서 감동적인 연설로 회사를 단결시켰다. 반면에 브레넌은 보글의 아이디어가 현실에서 구현될 수 있도록 만드는 실행가였다. 그들의 경쟁 본능은 서로에게 힘을 북돋아주었다. 보글은 동생 버드Bud에게 다음과 같이 말한 적이 있다. "내가 7시 30분에 회사에 출근했거든, 그런데 브레넌이 7시에 출근해 있더라고. 그래서 나도 7시까지 회사에 출근했지. 얼마 지나 브레넌이 6시 30분에 출근하기 시작하는 거야. 나도 6시 30분까지 회사로 갔어."[20]

여러 측면에서 브레넌의 빠른 승진 과정과 보글과 브레넌의 관계는 웰링턴에서 보글과 모건의 관계와 비슷했다. 보글은 2019년 1월 사망하기 직전에 출간된 자서전에서 "브레넌은 강인한 관리자로서 자신의 명성을 빠르게 얻었습니다."라고 썼다. "내가 함께 일했던 사람들 가운데 그 어떤 사람도 브레넌만큼 자신이 원하는 것을 성취하는 능력을 갖춘 사람은 없었습니다."[21]

하지만 보글은 자서전에서 이런 상황을 자신에 관한 것처럼 조심스러운 표현을 사용하여 설명했다. 이런 신중함 덕분에 오랜 기간 뱅가드에 큰 파문을 불러일으키고 보글을 괴롭혔던 두 사람 사이의 불화는 그가 죽을 때까지 잘 알려지지 않았다. 둘 다를 존경했던 또 다른 보글의 조수인 더필드는 이것을 그리스 비극에 비유했다.

보글과 브레넌 사이에 발생한 불화의 시작은 오랜 세월 보글을 괴롭혔던 심장마비가 시작된 1995년으로 거슬러 올라간다. 보글의 건강이 위험한 수준으로 나빠지면서 동료들을 불안하게 했다. 지팡이를 짚지 않고는 방을 걸어 다닐 수 없을 정도였다. 5월에 보글의 후계자로 지명된 브레넌은 더 많은 일을 떠맡았고, 1996년 1월 최고경영자로 승진을 앞두고 실제로 뱅가드의 모든 업무를 총괄했다. 1995년 10월에 보글은 결국 필라델피아 하네만 병원에 입원했고 심장 이식 수술 명단에 이름을 올렸다. 보글은 128일 동안 링거를 맞으면서 점점 체력이 쇠약해졌고 1996년 2월 21일 30세 젊은이가 기증한 심장을 이식받았다.[22]

브레넌은 보글에게 매우 헌신적이어서 거의 매일 병문안을 갈 때 회사 업무를 가지고 와 보글이 회사 일에 계속 관심을 가지도록 했다. 심장 이식 수술이 믿을 수 없을 만큼 성공적이었지만 보글은 결국 현실을 받아들였다. 그래서 회사에 돌아오자마자 뱅가드의 회장직으로 물러났다. 창업자가 회사에 대한 통제권을 완전히 물려주지 않거나 부적합한 후계자를 선택한 기업들도 많다. 짧은 기간이지만 보글은 뱅가드를 창업했을 때처럼 침착하게 후계 구도를 관리하는 것처럼 보였다. 보도자료에서 보글은 브레넌이 "내가 찾을 수 있는 최고의 인물이다. …… 그는 탁월한 성격, 지성, 근면 그리고 판단력을 지니고 있다."라고 극찬했다.[23]

하지만 보글의 끈질긴 본성이 다시 타올랐다. 심장 이식 수술을 받고 회복 기간이 지나자 그는 뭔가를 하고 싶은 마음에 뱅가드 본사로 돌아왔다. 보글은 회장이었지만 아직도 자신이 최고경영자처럼 행동했다. 사실상 브레넌이 수년간 홀로 회사를 경영해왔지만 보글은 직원들에게 명령을 내렸다. 말킬은 "존은 다시 태어난 사람이 됐고 결국은 뱅가드로 돌아왔습니다. 그리고 '내가 돌아왔으니 회사를 다시 경영하고 싶다'라고 말하는 것과 같았죠. 두말할 필요도 없이 잭 브레넌과 이사회는 보글의 이런 태도를 달가워하지 않았습니다."라고 말했다.

이사회는 보글의 나이와 건강을 걱정했다. 이사회가 무엇보다 크게 우려한 바는 그 당시 뱅가드가 이미 대기업이었기에 보글과는 다른 최고경영자가 필요하다는 사실이었다. 말킬은 "브레넌은 인덱스펀드를 개발한 혁신가이자 창업자인 보글처럼 될 수는 없었습니다. 하지만 보글은 거대한 회사를 경영할 수 있는 사람이 아니었죠."라고 말했다.

다른 한편으로 보글은 브레넌이 최고경영자 자리에서 내려오는 것을 거부한 것과 이사회가 한때 그의 제자였던 브레넌을 지지하는 것을 자신에 대한 모욕으로 여겼다. 그 결과 두 사람 사이에 점점 더 적대적인 충돌이 일어났다. 이것은 완고한 보글이 수십 년 전에 손다이크와 도란의 합의적 지도체제와 어떻게 갈등을 빚었는지에 관한 섬뜩한 기억을 떠올리게 했다. 하지만 이번에는 초창기 둘 사이의 친밀감으로 인해 갈등이 더 커졌고 불화는 양쪽 모두에게 큰 고통이었다. 말킬은 보글이 한 기자에게 자신이 브레넌을 최고경영자로 임명한 것을 후회한다는 뜻을 내비친 후에 두 사람이 완전히 갈라섰다고 기억했다. 회사 안팎에서 보글에 대해 칭찬만 했던 브레넌은 보글의 발언에 매우 실망했다. 말킬은 "브레넌은 돌이킬 수 없는 상처를 받았습니다."라고 말했다.

이런 갈등은 기술에 더 많이 투자하고 싶어 하는 브레넌의 요구부터 인터넷 광고에 이르기까지 모든 안건에 대한 이사회의 충돌로 이어졌다. 결국 두 사람은 서로 말도 하지 않게 되었다. 회장과 최고경영자 사이의 심각한 불화는 용납될 수 없었고 이사회는 1998년에 브레넌을 회장으로 그리고 보글을 수석 회장으로 임명했다. 보글은 이것을 또 다른 모욕으로 받아들였다. 그 당시 한때 자신의 제자였던 브레넌과의 관계를 묻는 질문을 받았을 때 보글은 "너무 복잡해서 쉽게 설명할 수 없는 논술 시험 문제 같네요."라고 간단히 답할 뿐 다른 말은 하지 않았다.[24] 아마도 보글이 말을 자제한 유일한 경우였을 것이다.

파국은 다가오고 있었다. 1999년 초에 보글은 이사회 구성원으로서 퇴직해야 하는 나이인 70세에 가까워지고 있었다. 그는 회사의 창업자로서 이사회에 남는 것이 허용되어야 한다고 생각했다. 하지만 이사회가 브레넌과 갈등을 줄이려는 의도로 은퇴를 강요하자 크게 화를 냈다. 보글의 친구인 말킬조차 보글이 은퇴해야 한다는 데 동의했다. 그는 "회사에 주인이 2명일 수는 없다는 이사회의 결정은 옳았습니다."라고 말했다.

권력 투쟁의 결과는 끔찍했고 언론에도 알려지게 됐다. 브레넌은 외부에 잘 알려지지 않은 인물이었다. 하지만 보글은 유명한 투자업계의 양심적 목소리이자 투자자들에게 공정한 몫을 돌려주기 위해 설립한 회사에서 쫓겨난 '세인트 잭Saint Jack'이었다. 뱅가드의 설립자를 위해 결성된 온라인 동호회 보글헤즈는 격분했다. 공개적으로 논쟁을 벌인 끝에 뱅가드와 보글은 보글이 이사회에서 물러나지만 새로운 내부 싱크탱크인 보글파이낸셜마켓리서치센터Bogle Financial Market Research Center의 소장으로 일하는 것에 합의했다.

이를 통해 보글은 투자업계를 지원하는 역할을 계속하면서 투자 세계의 양심으로 명성을 유지할 수 있게 됐다. 하지만 이는 많은 악감정을 남긴 지저분한 타협이었다. 보글의 동생인 버드가 1996년에 경영권을 브레넌에게 넘긴 결정에 관해 물어봤을 때, 보글은 이렇게 답했다. "그 결정은 지금까지 내가 한 것 중 가장 큰 실수였어."[25]

두 사람의 불화는 매우 심각했다. 전 미국 대통령 존 애덤스John Adams와 토머스 제퍼슨Thomas Jefferson이 평생에 걸친 정치적 원한을 덮어두고 빠르게 친구가 됐다는 사실에 영감을 받은 보글은 보스턴의 오랜 숙적인 도란과 손다이크와 화해했다.[26] 하지만 그는 자신의 전기 작가에게 "지옥이 얼어붙으면 그런 일이 일어날 것"이라고 말하면서 브레넌과는 죽을 때까지 화해하지 않았다. 두 사람과 친한 사인인 리페는 특히 보글의 삶이 얼마 남지 않았을 때 화해를 주선해보려고 여러 차례 노력했지만 실패했다. 리페는 "두 사람의 불화는 상당히 고통스러웠죠."라고 말했다.

말년에 보글은 자신의 전설을 빛나게 만드는 자서전을 쓰면서 대부분의 시간을 보냈다. 사실 너무 많은 시간을 할애하다 보니 몇몇 친구들은 보글이 관련이 없는 다른 것에 관해 글을 쓰고 있다고 생각했다. 한번은 짐 노리스가 보글에게 자서전을 쓰는 데 시간을 너무 많이 허비하지 말고 쉬엄쉬엄 여생을 즐기라고 말했다. 노리스는 "지금부터 100년 후에 우리는 이 시대의 몇몇 사람들에 관해 이야기하게 될 것입니다. 사람들은 워런 버핏에 대해 이야기하고 당신에 관해서도 이야기하겠죠."라고 말했다. "보글, 당신은 역사의 기록에서 빠지지 않을 것입니다. 아무도 역사를 다시 쓰지 않을 것입니다. 하지만 다른 한편으로 어떤 사람도 사실이 아닌 역사를 쓰지는 않을 것입니다." 말킬도 프린스턴의 나소 인 Nassau Inn에서 오랜 친구인 보글과 정기적으로 아침을 함께하면서 비슷한 대화를 나누었다. 그 당시 보글은 "나는 사람들이 나를 잊을 것 같아 정말 걱정이야."라고 말킬에게 자신의 은밀한 속내를 조용히 털어놓았다.

보글은 그런 걱정을 할 필요가 없었다. 보글의 명성은 금융계의 다른 어떤 사람보다 훌륭했다. 그가 사망하기 직전에 온라인 미디어 고커 Gawker의 해밀턴 놀런 Hamilton Nolan은 뱅가드500 인덱스펀드 탄생 40주년을 기념해 뱅가드의 창업자를 위한 장문의 찬사를 썼다. "체 게바라 Che Guevara는 베레모를 쓴 모습이 잘 어울리고, 엘드리지 클리버 Eldridge Cleaver도 전성기가 있었습니다. 하지만 오늘 우리는 진정한 국민의 영웅을 기리는 시간을 갖고자 합니다. 그는 바로 존 보글입니다. 보글은 수천억 달러를 월스트리트의 탐욕쟁이들 주머니로 들어가지 않게 지켜냈습니다."

보글은 놀런이 사용한 표현에 상당히 놀랐지만 자신에 대한 찬사에 크게 기뻐했다. 2019년 그가 사망하기 전 인터뷰에서 보글은 인생을 돌아볼 때 자신이 발명한 인덱스펀드를 통해 많은 돈을 벌지는 못했지만 후회가 없다고 말했다. "나에게 개인용 제트기가 필요할까요? 아내가 나를 차로 어디든 데려다주거든요. 다른 누구보다 더 많이 가졌다는 사실이 내 정신 건강에 아무런 도움이 되지 않아요. 나는 세상을 위해 내가 한 일에 매우 만족합니다."라고 말했다.[27]

어떤 사람들은 위대한 인물의 단점은 덮어줘야 한다고 이야기한다. 그들의 업적에 비해 약점을 강조하는 것은 악의적이기 때문이다. 하지만 단점이나 실수가 그들의 위대함을 훼손하지는 않는다. 그들을 현실적이고 굴곡진 사람으로 묘사함으로써 오히려 그들의 위대함을 더욱 돋보이게 만든다. 금융의 역사에서 보글을 위대한 인물로 만든 것은 그의 뜨거운 열정, 드높은 자존심, 반대 의견에 대한 거부 등 개인적 특성이었다. 동시에 이는 뱅가드호의 선장으로서 험악한 말이 오가는 지저분한 결말에 이르게 만들었다.

보글의 지인들은 보글이 브레넌과 그를 따르는 다른 사람들에게 회사의 지배권을 넘겨주는 것이 실제로 회사의 성공을 보장한다는 사실을 미처 깨닫지 못한 것을 안타까워했다. 가끔 자신이 설립한 회사에 분노를 표출했지만 그는 투자업계의 양심적 목소리로서 뱅가드 이후의 삶을 자유롭게 즐겼다.

2019년 1월 21일 브린모어 장로교회에서 열린 보글의 장례식에서 더 필드는 캐나다의 의사이자 시인인 존 매크레이John McCrae의 〈개양귀비 들판에서〉In Flanders Fields를 개작한 시를 읽었다. 이것은 다른 누구보다 인덱스 투자의 대중화에 앞장선 열정적인 보글에게 어울리는 비문이자 그의 유산을 이어갈, 남아 있는 뱅가드호 선원들의 약속이었다.

뱅가드의 바다에 여전히 파도가 치고 있네

파도의 거품이 줄줄이 밀려오고

이것은 그가 쉬는 곳을 덮어주네

그리고 하늘에는

갈매기들이 힘차게 노래하며 날아 오르네

저 아래에서는 총소리 때문에 갈매기의 노래가 잘 들리지 않고

우리의 적과 싸운 나의 전투를 이어받아

힘 빠진 내 손으로 너에게 횃불을 던지니

그대의 횃불을 높이 들라

당신이 죽은 사람들과 신의를 저버린다면

나는 바람이 불더라도 잠들지 못할 것이리라

뱅가드의 바다에서.

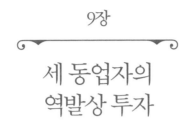

9장

세 동업자의
역발상 투자

데이브 버틀러Dave Butler는 비참했다. 그는 1991년에 막강한 영향력을 가진 메릴린치에 들어가면서 월스트리트 진출에 대한 야망을 실현했지만 열심히 일한 만큼 높은 연봉을 받는 금융업계를 좋아하는 거만한 젊은 투자자들과 달리 그는 점점 더 불행해졌고 불안감을 느꼈다. 캘리포니아로 돌아가고 싶은 마음이 굴뚝같았고 고등학교 농구 코치가 되기 위해 잠시 금융계를 떠나고 싶었다.

호리호리한 버틀러는 키가 190센티미터를 넘었고 금융계에 입문하기 전에는 직업 농구선수였다. 1980년대 초에 캘리포니아대학교의 골든 베어스Golden Bears에서 포워드로 이름을 날린 버틀러는 1987년에 NBA 선수 지명 순위에서 다섯 번째로 보스턴 셀틱스에 영입됐다. 하지만 보스턴 셀틱스의 전설적인 농구선수인 래리 버드Larry Bird와 함께 경기를 뛰지는 못했다.

그해 여름 NBA 파업으로 버틀러는 튀르키에에서 한 농구팀과 연습했는데 그 자리에서 NBA의 신인 선수가 받는 것보다 훨씬 더 큰 금액의 계약을 제안받았다. 미국에서 경기가 언제 시작될지 전혀 알 수 없었기에 버틀러는 튀르키예 리그에서 1년 정도 선수 생활을 하는 것이 실력도 키우고 적당한 수입도 얻을 것으로 생각했다. 불행하게도 튀르키예의 시즌이 절반 정도 끝났을 때 버틀러는 종아리가 찢어지는 부상을 당했고 결국 NBA에서 선수로 뛸 기회를 잃어버렸다. 그는 일본에서 1년 정도 더 선수로 활동하고 버클리로 돌아와 MBA 과정을 마쳤다.

버틀러는 1991년에 뉴욕에서 영업사원으로 메릴린치에 입사했다. 유망 NBA 농구선수에서 월스트리트의 금융가로 변신한 것은 말도 안 되는 일처럼 보였을지도 모른다. 하지만 버틀러는 숫자 계산 능력이 탁월했고, 금융이 매력적이라는 것을 알았다. 그는 금융가로의 변신이 자연스러운 성장으로 느껴졌다.

하지만 월스트리트의 우울하고 더러운 현실은 엄청나게 실망스러웠다. 버틀러의 업무는 여러 은행에 전화를 걸어 판매하고 싶은 부실 채무가 있는지 확인하는 것이었다. 그는 물론 다른 동료들도 자신들이 무슨 일을 하고 있는지 정말로 모르고, 신경도 쓰지 않는다는 사실을 점점 더 분명하게 깨달았다. 실제로 모든 것이 수수료를 받기 위해서였고, 고객들에게 그것이 어떤 의미가 있는지는 아무런 상관이 없었다.

동시에 버틀러는 금융계의 내부자들이 종종 시장에서 얼마나 끔찍하게 장난을 치는지 알게 됐다. 그는 투자 전문지 〈인베스터 비즈니스 데일리〉Investor's Business Daily가 홍보하는 'CANSLIM'이라고 부르는 놀라운 시스템을 이용해 자신만의 주식 투자를 시작했다. CANSLIM은 유망한 종목을 선택하기 위해 활용되는 일곱 가지 요인의 첫 글자들을 조합해 만든 용어이다. 버틀러의 첫 번째 8개 종목은 수익을 냈지만 아홉 번째 종목은 완전히 실패했다. 중개인의 조언에 따라 버틀러는 그의 수익금을 보스턴 치킨Boston Chicken에 모두 투자했는데 그동안 번 돈을 순식간에 전부 잃었다. 동료들도 버틀러만큼 많은 돈을 잃은 것 같았다.

점점 더 업무에 실망한 버틀러는 고향인 캘리포니아로 돌아가기로 결심했다. 월스트리트는 그에게 맞지 않았다. 하지만 어느 날 우연히 책상에 앉아 〈월스트리트 저널〉에 실린 구인 광고를 훑어보다 샌타모니카에 있는 어느 이름 없는 펀드운용회사의 광고를 보게 됐다. 호기심에 전화를 했지만 회사 이름이 디멘셔널펀드어드바이저이고 100억 달러 이하의 자산을 운용한다는 것 이상의 정보는 얻을 수 없었다.

일반적으로 100억 달러는 상당한 금액이지만 거대한 자산운용업계에서는 아주 작은 규모에 속했다. 그는 이력서를 보냈지만 확신이 서지 않았다. 1994년의 크리스마스 휴가 기간에 버틀러는 그 회사의 고위 경영진인 댄 휠러를 만나기 위해 오션 애비뉴Ocean Avenue 1299번지의 해안가에 있는 디멘셔널펀드어드바이저의 본사를 잠깐 방문하기로 했다. 그가 있는 곳에서 불과 한 시간 거리였고 세탁물도 맡겨야 했기 때문이다.

엘리베이터에서 내려 11층 로비에 들어섰을 때 버틀러는 디멘셔널펀드어드바이저의 우락부락하지만 친절한 설립자 데이비드 부스와 마주쳤다. 데이비드 부스는 유진 파마의 제자이자 웰스파고 경영과학부에서 사환으로 일했었다. 그의 옆에는 노벨상을 받은 시카고대학교의 경제학자인 머튼 밀러가 서 있었는데, 그는 마침 그 회사의 이사이기도 했다. 부스는 약속이 있어서 급히 나가야만 했다. 휠러는 밀러에게 자신과 버틀러가 점심을 먹으려고 하는데 함께 갈 것인지 물었다. 밀러는 기꺼이 그러겠다고 했고 세 사람은 근처 식당으로 향했다.

점심을 먹는 동안 밀러는 효율적 시장, 분산 투자의 이점 그리고 저비용의 중요성에 관해 이야기하면서 버틀러의 감탄을 자아냈다. 이것은 투자업계에 환멸을 느낀 젊은이에게 '아!' 하는 탄성이 나오는 깨달음의 시간이었다. 밀러가 월스트리트에서 버틀러의 다양한 경험을 전문가답게 잘 정리해주자 그는 갑자기 모든 것을 이해하게 되었다. 그날 저녁에 버틀러는 부모님의 집으로 가서 버클리대학교에서 배웠던 오래된 경제학 교과서들을 꺼내 밤새도록 읽었다. 그는 디멘셔널펀드어드바이저가 제안하는 어떤 일자리든 받아들이기로 마음먹었다. 버틀러는 1995년 1월에 휠러를 만나고 1주일 뒤 그 회사에 합류했다. 그는 그 회사가 매우 특별하다고 확신했다.

실제로 디멘셔널펀드어드바이저는 인덱스 투자 혁명에서 독특한 거대 기업으로 발전하고 있었다. 심지어 영화배우이자 전 캘리포니아 주지사였던 아널드 슈워제네거Arnold Schwarzenegger가 투자자로 참여했다고 자랑했다. 뱅가드만큼 유명하지도 않고 큰 회사도 아니었지만 디멘셔널펀드어드바이저는 '부트 캠프'라는 교육 프로그램을 통해 자산관리사를 철저하게 교육하면서 인덱스펀드의 투자 확산에 중요한 역할을 했다. 그리고 이를 통해 투자산업을 한 단계 발전시키는 데 기여했다.

그럼에도 불구하고 과거의 웰스파고와 뱅가드처럼 디멘셔널펀드어드바이저도 초창기에 해결하기 어려운 사업적 문제와 회사를 거의 쓰러뜨릴 뻔한 내분으로 어려움을 겪었다.

데이비드 부스는 1946년 12월 2일에 태어났고 캔자스시티 외곽의 약 3천 명이 거주하는 아주 작은 동네인 가넷Garnett에서 자랐다. 그의 부모님인 길버트 부스Gilbert Booth와 베티 부스Betty Booth는 나중에 자식들이 좋은 학교에 다닐 수 있도록 인근의 로렌스Laurence로 이사했다. 로렌스는 당시 3만 명이 조금 넘는 사람들이 살았지만 부스 일가에게는 실질적으로 대도시 생활이나 마찬가지였다. 캔자스대학교가 있었고 5층 건물의 호텔도 있었다. 5층 호텔은 어린 부스가 그때껏 보았던 건물 중 가장 높았다. 호텔에는 피자 가게도 있었다.

부스는 학교 성적이 좋았고 특히 수학을 잘했다. 체격이 작았지만 농구를 했다. 그리고 지역의 메모리얼 경기장Memorial Stadium에서 팝콘을 팔면서 약간의 용돈을 벌었다. 그는 경제학을 공부하기 위해 캔자스대학교에 입학했다. 그 당시는 베트남 전쟁이 한창이었다. 그래서 대학에 다니는 동안 석사 과정을 밟는 등 징병을 피하는 방법을 찾느라 애를 먹었다.

부스는 처음에 박사학위를 받고 학교에서 학생들을 가르칠 계획이었다. 하지만 시카고대학교 출신의 한 교수가 유진 파마의 이론을 소개하면서 그 대학에 진학할 것을 권했다. 자신이 결국에는 징집될 것으로 생각한 부스는 군 당국이 징집 전에 원래 있던 곳으로 복귀시켜주어야만 한다는 법을 근거로 군에 지원하는 편이 낫다고 생각했다.

신체검사를 하는 날 부스는 치명적인 알레르기를 이유로 징집을 피하려고 했다. 그는 당연히 웃음거리밖에 안 됐고 육군으로 배치받았다. 하지만 그날 늦게 우연히 신체검사를 담당한 군의관을 만났다. 호기심이 발동한 군의관은 부스에게 신체검사에서 탈락했다면 무엇을 할 생각이었는지를 물었다. 부스는 시카고대학교에서 박사 과정을 밟으려고 했다고 대답했다. 군의관은 "당신의 서류를 한번 더 봅시다."라고 말했다. 그리고 그는 이전의 평가를 지워버리고 부스를 현역 군 복무에서 면제시켰다. 부스는 밸리언트Valiant 컨버터블 자동차에 짐을 꾸려 시카고로 향했다.[1] "징병이 아니었다면 나는 아마도 캔자스에서 일자리를 구했을 것입니다."라고 부스는 그 당시를 회상했다. "시카고대학교 경영대학원에 입학한 해에 유진 파마와 머튼 밀러 교수 앞에서 논문을 발표할 때 정말 기뻤습니다. 그렇지 않았다면 베트남 전쟁터의 어느 늪에 빠져 있을지도 모른다는 사실을 알고 있었거든요."

부스는 대학 생활을 즐겼다. 특히 파마의 수업을 좋아했다. 파마는 위험과 수익이 어떻게 연계되는지 그리고 시장 가격이 어떻게 수천 명의 투자자들의 지혜를 반영하는지에 관해 열정적으로 설명했다. 그래서 그는 종종 수업이 끝날 때쯤이면 온몸이 땀에 흠뻑 젖었다. 열기를 식히기 위해 파마 교수는 중서부의 차가운 겨울 날씨에도 창문을 열어놓았다.[2] 때때로 파마는 학생들과 함께 농구 경기를 했고 다른 어떤 젊은 학생보다 훨씬 더 경쟁심이 강했다. 시카고대학교에서 부스는 자신보다 한 학년 아래의 또 다른 조숙한 학생을 알게 됐다. 렉스 싱크필드였다. 2명의 젊은 학생들은 파마 교수와 가까워졌고 펀드매니저들에 대한 그의 비판적인 견해를 물려받았다. 한번은 파마 교수가 "나는 펀드매니저들을 점성술사에 비유한다네. 하지만 점성술사에게 악담을 퍼붓고 싶지는 않네."라고 비꼰 적이 있다.[3]

하지만 부스는 대학에서 공부하는 것이 자신과 맞지 않는다는 생각에 힘들어했다. 그는 파마의 수업을 듣는 학생 가운데 가장 똑똑한 학생으로, 유명한 재무학 교수의 조교 자리를 얻었지만 박사학위와 가르치는 일 자체가 점점 덜 매력적으로 느껴졌다. 크리스마스 휴가에 농사를 짓는 캔자스주의 할아버지와 할머니를 방문했을 때 대학에서 연구를 하는 것이 자신과 얼마나 맞지 않는 일인지 절실하게 느꼈다.[4]

시카고대학교 경제학과의 거물인 밀턴 프리드먼이 자신의 논문을 혹평했던 두 번째 해에 부스의 불안감은 최고조에 달했다. 크게 실망한 부스는 파마의 사무실로 찾아가 학교를 떠나겠다고 말했다. "저는 대학을 떠나겠습니다. 더 이상 견딜 수가 없어요." 2년이 지났기 때문에 그는 MBA 학위를 취득할 수 있는 학점은 충분했다. 하지만 박사학위 과정을 마칠 생각이 없었다.

파마는 실망했지만 이해했다. 부스는 파마의 제자 중 가장 훌륭했지만 모든 학생이 시카고대학교에서 박사학위를 마치는 것은 아니었다. 그리고 부스는 순수한 학문적 연구와 맞지 않았다. 파마는 웰스파고의 맥퀸에게 전화를 걸었다. 파마는 지난 수년 동안 맥퀸을 잘 알고 지냈고 맥퀸은 늘 파마에게 뛰어난 학생을 보내달라고 요청했었다. 그렇게 부스는 웰스파고의 경영과학부에서 일하게 됐다.

웰스파고 신탁부와 경영과학부 사이의 끊임없는 갈등에도 불구하고 부스는 2년간 즐겁게 일했다. 이 기간에 부스는 스테이지코치 펀드에 관한 업무를 주로 담당했다. 그러나 스테이지코치 펀드는 성가신 규제와 투자자들의 미온적 관심 때문에 결국 폐기됐다. 학문이 아니라 실용적 업무에서 확고하게 자리를 잡게 된 것과 별개로 부스는 스테이지코치 펀드에 관한 경험 덕분에 영업의 중요성과 실제로 고객의 목소리에 귀를 기울이는 것이 중요하다는 사실을 배우게 됐다. 이것은 그가 머지않아 실행에 옮길 중요한 교훈이었다.

⌒⌒⌒

1975년에 부스는 웰스파고를 떠나 뉴욕의 AG베커에서 근무하게 됐다. AG베커는 펀드매니저들의 성과를 전체적인 시장 성과와 비교하는 '그린북Green Book'으로 잘 알려진 연기금 업계의 자문회사였다. 비록 전통적 펀드매니저들의 능력에 대해서는 점점 더 냉소적으로 변해갔지만 인덱스펀드 투자라는 새로운 분야는 파마의 제자였던 부스에게 딱 맞는 업무였다.

어느 날 고객 회사인 퍼스트내셔널뱅크오브시카고First National Bank of Chicago가 전화를 걸어 인덱스펀드를 운용하는 소프트웨어를 원한다고 말했다. AG베커는 당연히 그 일을 부스에게 맡겼다. 부스가 그 분야에서 실무 경험이 있는 유일한 직원이었기 때문이다. 그는 6개월 안에 자신을 도와줄 2명의 IT 직원과 함께 소프트웨어를 개발해야만 했다. 화학 제품 공장에서 일했던 2명의 IT 직원들은 금융에 관해서는 아무것도 몰랐다. 하지만 부스는 6개월 만에 소프트웨어를 완성했다. 여기에 자극받은 AG 베커는 부스에게 다른 투자자들에게 새로운 상품을 판매하는 일을 맡겼다. 처음으로 계약한 업체는 AT&T였다. AT&T는 자회사들의 퇴직연금을 강화하고 있었다. 그들은 직접 할 수 있는 것에 대해 수수료를 지급할 필요가 없다고 생각해 내부적으로 인덱스펀드를 운용하고 싶어 했다.

부스는 정기적으로 AT&T의 뉴욕 사무실을 방문해 상황이 어떤지를 확인하곤 했다. 시간이 지남에 따라 부스는 펀드매니저와 금융 증권의 조합에 맹점이 있다는 사실을 발견했다. 즉, AT&T의 퇴직연금에는 여전히 S&P500 가운데 가장 좋은 종목을 선택하려는 수많은 펀드매니저들이 있었고 내부적으로 인덱스펀드도 운용했다. 하지만 시가총액이 작은 주식은 보유하지 않고 있었다.

이런 현상은 그 당시 대형 기관투자자들 사이에서는 일반적이었다. 작은 기업들의 주식은 변동성이 훨씬 높았고 S&P의 우량주보다 거래 조건도 훨씬 까다로웠다. 얀 트바르도프스키가 보글의 뱅가드를 그만두고 새로 옮긴 투자자문회사인 프랭크러셀Frank Russel은 1984년에야 러셀 2000Russel 2000이라는 시가총액이 작은 소형주 시장 지수를 만들었다. 그때는 '소형주small caps'라는 용어가 아직 금융 사전에 등장하기 몇 년 전이었다.

하지만 부스는 AT&T의 연금 펀드매니저가 소형주를 포트폴리오에 담아두는 것이 좋다고 생각했다. 시카고대학교에서 배운 지식과 마코위츠, 샤프 그리고 파마의 이론을 떠올리면서 부스는 AT&T가 장기적으로 더 큰 위험을 통해 더 많은 이익을 거둘 수 있다고 지적했다. 그는 AT&T가 IBM, 제너럴 일렉트릭, 셰브론Chevron, 포드Ford 또는 보잉Boeing으로 구성된 거대한 포트폴리오에 소형주를 추가함으로써 가치 있는 분산 투자를 하게 될 것이라고 주장했다.

AT&T는 그의 생각을 받아들였고 부스는 이것을 AG베커의 경영진에게 설명했다. 회사의 최고경영진 가운데 래리 클로츠가 관심을 보였다. 그의 고객 중에 상장된 중소 타이어 제조사의 최고경영자가 최근 자기 회사의 주식에 대한 투자자들의 무관심을 한탄하며 자신의 동료와 경쟁사들도 같은 문제로 고충을 겪고 있다고 말했기 때문이다. 클로츠는 중

소형 주식에만 투자하는 주식형 펀드를 만들 수 있을지 고민했다. 그는 '이것은 중소기업에 공정한 경쟁의 기회를 제공할 것이다. 그리고 중소기업은 미국 경제에서 가장 역동적인 분야지만 자본을 조달하는 데 어려움을 겪고 있다.'라고 생각했다.

설명이 끝난 후에 클로츠는 부스에게 다가가 이 문제를 더 세부적으로 검토해보라고 제안했다. 그들은 소형주에 사업 기회가 있을지도 모른다고 생각했다. 하지만 웰스파고의 스테이지코치 펀드의 교훈을 기억하는 부스는 고객의 관심이 어느 정도인지 알아보기 위해 클로츠의 퇴직연금 펀드 고객 가운데 일부를 찾아가 의사를 타진해보기로 했다. 여름 동안에 그들은 디트로이트에서 신시내티에 이르는 I-75 고속도로를 오가면서 고객들이 얼마나 관심이 있는지 알아봤다.[5] 구체적인 자료는 없었지만 부스와 클로츠는 기본적으로 중·소형주에 대한 투자가 투자자들에게 어떻게 더 좋은 분산 투자를 제공할 수 있는지에 관해 설명했다. 마코위츠에 따르면 분산 투자는 금융이 제공하는 유일한 '공짜 점심'이었다. '소형주 인덱스펀드'에 관해 이야기하면 연기금 경영진들이 관심을 갖지 않을 것처럼 보였다. 그래서 부스는 이것을 '스몰캡 디멘셔널 펀드Small-cap Dimensional Fund'라고 부르기 시작했다. 부스는 이것이 투자자들에게 훨씬 더 멋지게 들리고 더 큰 공감을 불러일으키리라 생각했다.

하지만 AG베커의 고위 경영진들은 별로 관심이 없었다. 그들은 자산운용사업에 진출할 생각이 없었다. 클로츠와 부스는 독립해 직접 사업을 하기로 했다. 하지만 그들은 자본과 조언이 필요했다. 다행스럽게도 부스는 두 가지를 모두 얻을 수 있는 곳을 알았다. 그는 과거의 상사였던 맥퀸에게 전화를 걸었다. 맥퀸은 1974년에 웰스파고를 떠났고 그 당시에 다양한 금융 기업에 자문하고 있었다. 그들은 1980년 추수감사절 기간에 캘리포니아 타말파이스산Mount Tamalpais 기슭의 아름다운 도시인 밀 밸리Mill Valley에 있는 맥퀀의 집에서 연기금에 소형주 인덱스펀드를 판매하는 새로운 사업의 세부 사항을 논의했다.[6]

<hr />

그런데 뜻밖의 행운이 찾아왔다. 비슷한 시기에 부스의 오랜 시카고대학교 친구인 렉스 싱크필드가 전화를 걸어왔다. 싱크필드는 지수 투자에 관한 선구자적 노력과 로저 이봇슨 교수와 《주식, 장기채, 단기채, 인플레이션》Stocks, Bonds, Bills and Inflation을 공동으로 집필한 덕분에 아메리칸내셔널뱅크의 전체 신탁 부서와 투자업계의 유명 회사의 자산을 운용하고 있었다. 뉴욕 지사를 운영할 사람을 찾고 있던 싱크필드는 부스가 적임자라고 생각했다. 부스는 중소형 주식에 초점을 맞춘 새로운 인덱스펀드 회사를 설립하기 위해 AG베커를 떠나려 한다고 말했다. 싱크필드는 자신의 상황을 솔직하게 털어놓았다.

알고 보니 싱크필드도 자신이 하는 일에 지루함과 실망 그리고 좌절감을 느끼고 있었다. 그는 아메리칸내셔널뱅크에 뮤추얼펀드를 성공적으로 설명하지 못했고 자신이 직접 그 일을 하기 위해 회사를 떠나려고 했다. 부스와 싱크필드는 자신들이 힘을 합쳐야 한다고 생각했다. 그래서 1981년 6월에 싱크필드는 디멘셔널펀드어드바이저에서 클로츠, 부스와 함께 동업자가 되었다.

평판을 고려할 때 싱크필드를 영입한 것은 대단한 행운이었다. 그는 새로운 회사에서 최고경영자가 되고 부스는 사장 그리고 클로츠는 고객 관리와 영업을 책임질 예정이었다. 3명의 창업자들은 낮은 임금을 보완하는 높은 판매 수수료를 제안하는 방식으로 몇몇 AG베커 출신 영업 담당자들을 끌어들였다. 그리고 이들은 미국 전체를 여러 개의 영업 활동 구역으로 나누어 각자가 책임을 졌다.[7]

당시는 새로운 투자회사를 시작하기 좋은 시기였다. 마침내 금리가 하락하고 미국 주식시장도 기록적인 호황을 맞을 준비 중이었다. 공적 연금과 사적 연금 모두 훨씬 빠른 속도로 성장하고 있었다. 1980년 말에 미국의 각종 연금들은 9,900억 달러의 자산을 보유하고 있었다. 1990년대 말에는 그 규모가 3조 6천억 달러로 3배 이상 늘었다. 20세기가 끝나가면서 개인연금 계좌, 401(k) 같은 확정기여형 연금, 연금 보험, 그리고 주·지방 자치단체와 연방정부의 확정급여형 연금의 전체 자산 규모는 12조 달러로 급증했다. 오늘날 이런 연금의 전체 규모는 30조 원 이상이다.[8] 연금 자산 증가의 중요한 수혜자들은 자산을 운용하는 보스턴과 뉴욕 그리고 로스앤젤레스의 투자사들이었다. 야심이 큰 금융 전문가들에게 그야말로 우호적인 환경이었다.

디멘셔널펀드어드바이저는 여전히 고객들이 필요했다. 다행스럽게도 클로츠가 초기에 몇몇 고객들을 확보했다. 무명의 회사가 출범하기 두 달 전인 1981년 2월에 클로츠는 중서부의 보험회사인 스테이트팜State Farm과 유리병 제조 기업인 오웬스-일리노이Owens-Illinois의 퇴직연금을 고객으로 확보했다.[9] 이것이 디멘셔널펀드어드바이저가 영국의 대형 자산운용사인 슈로더Schroder로부터 회사에 대한 투자금을 확보하는 데 도움이 됐다. 슈로더는 15년 후에 15퍼센트의 소유권 지분으로 전환될 35만 달러

의 채권을 매입했다. 맥퀸도 투자를 했고 개인적으로 디멘셔널펀드어드
바이저를 위해 일부 대출에 대한 보증도 섰다. 싱크필드는 맥퀸이 무슨
일에 서명하는지 모른다고 생각했다. 하지만 맥퀸은 일이 잘못될 경우
자신이 떠안게 될 채무에 대해 잘 알고 있었다고 주장했다.

또다시 컴퓨터의 발전이 중요한 역할을 했다. 1981년 8월에 IBM은 최
초의 개인용 컴퓨터를 출시했고 초기 가격은 1,565달러였다.[10] 지금의 기
준으로 볼 때 조악했지만 (현재의 아이폰은 그 당시 16K의 메모리 처리 능력을
가진 IBM 컴퓨터보다 250배의 처리 능력을 자랑한다) IBM의 개인용 컴퓨터는
빠르게 세계 시장을 장악했다. 디멘셔널펀드어드바이저 같은 기업 입장
에서 개인용 컴퓨터의 등장은 당시에 주식시장 관련 데이터를 처리하는
데 필수적이었던 고가의 메인프레임 컴퓨터를 구매하거나 시간제로 빌
려 사용할 필요가 없다는 의미였다.[11] 한때 특별했던 컴퓨터는 이후 10년
에 걸쳐 월스트리트의 거래 창구에 급격하게 도입되었고, 금융산업의 디
지털 전환을 촉진했다.

디멘셔널펀드어드바이저는 펀드를 출시하기에 앞서 여전히 해결해
야 할 문제가 많았다. 그래서 부스는 조언을 구하려고 투자업계에서 가
장 경험이 많은 경영진인 뱅가드의 존 보글을 찾아갔다. 부스는 보글을
짐 로리의 시카고증권가격연구소의 세미나에서 만났지만 AG베커에서
뱅가드를 고객으로 대하면서 보글을 잘 알게 되었다. 그 당시에는 뱅가
드가 곧 인덱스펀드 산업 그 자체였지만 보글은 친절하게도 디멘셔널펀
드어드바이저를 위해 저렴한 비용을 받고 펀드 관리에 관한 모든 문제를
처리해주기로 합의했다. 이것은 디멘셔널펀드어드바이저 같은 작은 회
사의 입장에서 신이 준 선물과 같았다.

뮤추얼펀드 운용과 관련해 일상적인 영업 업무를 지원하려면 많은 비용과 노력이 필요했다. 배당금이 적립됐는지 확인하는 업무, 당일 주식시장이 끝났을 때 가격이 정확한지 확인하는 업무, 주식 분할 문제를 관리하는 업무 그리고 이 모든 것과 연관된 서류 업무 등이 포함돼 있었다. 하지만 뱅가드는 이 분야에 대한 경험이 풍부했다. 뱅가드는 디멘셔널펀드어드바이저가 스스로 업무를 처리할 수 있을 때까지 출범부터 3년 동안 관련 서비스를 제공했다.

이것이 전부가 아니었다. 밸리 포지에서 만남이 끝나갈 때쯤 보글은 부스에게 디멘셔널펀드어드바이저가 훌륭한 변호사를 채용해야 할 것이라고 조언했다. 그는 뱅가드를 대표하는 변호사의 명함을 꺼내 부스에게 전해주었고 직접 전화를 걸어 그 변호사에게 부스의 일을 맡아달라고 이야기했다. 부스는 "이것은 매우 중요한 일이었습니다. 어떤 유명한 변호사도 과거 실적이 없고 아파트에서 영업 활동을 하는 작은 신생 회사와 일하려고 하지 않았기 때문이죠."라고 말했다.

⌒‿⌒

다음 단계는 이사회 구성이었다. 맥퀸은 당연히 이사회 구성원이 됐다. 하지만 부스와 싱크필드의 스승인 파마를 이제 막 출범하는 신생 회사에 연구 책임자로 합류시킨 것은 신의 한 수였다. 그 대가로 파마는 약간의 회사 지분을 받았다. 뮤추얼펀드는 별도의 이사회가 필요했다. 그들은 시카고대학교 경영대학원을 돌아다니면서 대부분의 이사회 후보를 물색했다. 그 결과 이사회는 머튼 밀러, 마이런 숄즈, 파마의 제자인 리처드 롤Richard Roll, 로저 이봇슨, 그리고 잭 굴드Jack Gould 같은 경제학계의 유명 인사들로 구성됐다. 부스와 싱크필드는 그들에게 처음에는 어떠한 보상도 해줄 수 없다고 했지만 새로운 회사가 성공하면 이사 활동에 대한 보수를 주겠다고 약속했다.[12] 이사들은 시카고대학교 출신의 우수한 학생 2명이 설립한 연구 주도적인 투자회사에 관심이 있었고, 자신들의 이론을 현실과 접목하겠다는 약속 때문에 모두 동의했다. 유명 경제학자들의 합류는 무명의 신생 회사에 약간의 활력을 불어넣었다.

얼마 지나지 않아 또 다른 직원이 합류했다. 사회학자이자 싱크필드의 아내인 진Jeanne은 학계에 염증을 느껴 남편의 모교로 돌아와 MBA 학위를 받았다. 경영대학원 컴퓨터센터에서 오랜 기간 능력을 갈고닦은 진은 통계학과 프로그램 분야에서 전문성을 발휘했다. 그녀는 세계에서 가장 오래된 선물先物 거래소인 시카고상품거래소Chicago Board of Trade에 취업했다. 시카고상품거래소는 1930년대부터 시카고의 금융지구 한가운데 있는 웅장한 마천루 빌딩에 자리 잡고 있었다. 그리고 마이런 숄즈와 피셔 블랙이 1973년에 옵션 가격 결정에 대한 혁신적인 모형을 공개한 이후 폭발적으로 증가한 금융 파생상품의 중심지로 떠올랐다. 옵션은 가장 인기 있는 파생상품이었다. 시카고상품거래소에서 진 싱크필드는 파생상품을 설계하는 일을 했다. 파생상품 설계는 많은 노력을 쏟아부어야 하는 복잡한 분야였다.

곧바로 클로츠와 부스는 디멘셔널펀드어드바이저의 거래 시스템을 강화해줄 사람이 필요하다고 판단했다. 중소형 주식들은 코카콜라나 제너럴 모터스와 같은 대형주보다 거래가 훨씬 더 힘들었기 때문에 거래 시스템 보강이 특히 중요했다. 거래 시스템이 제대로 작동하지 않으면 펀드는 기초자산 시장을 정확하게 따라가지 못하고 최악의 경우 지속적인 거래비용 발생으로 손실이 심해질 것이다. 렉스 싱크필드는 동료들에게 참견하지 않겠다고 말했지만 아내가 디멘셔널펀드어드바이저에 도움이 될 거라고 그의 생각을 적극적으로 이야기했다. 싱크필드의 아내는 초기에는 밤늦게까지 야근하면서 디멘셔널펀드어드바이저의 거래 시스템을 무료로 점검해주었다. 하지만 오랜 시간에 걸친 지속적인 요청 끝에 진 싱크필드는 거래 부서의 책임자로 회사에 합류했다.

클로츠에 따르면 그녀는 펀드 회사의 성공에 중요한 역할을 했다. 그는 "진은 거래 시스템을 운영하는 데 핵심 인재였습니다."라고 말했다. 추종할 실제 지수가 없었기 때문엔 디멘셔널펀드어드바이저는 언제 어떻게 거래할 것인가를 조금 더 유연하고 기민한 방식으로 접근할 수 있었고 진 싱크필드는 이를 최대한 활용했다. 나중에 그녀는 디멘셔널펀드어드바이저의 거래 담당자와 펀드매니저를 선발할 때 회사의 모든 부문과 효율적 시장 그리고 뮤추얼펀드 규제에 관해 심층 면접을 하는 평가자가 되었다. 여러 날에 걸쳐 치르는 구두시험은 '진 테스트'라고 불렸다. 그리고 시험에 합격한 사람은 거래 부서에 있는 모든 사람에게 밀크셰이크를 사주었다. [13] 현재 디멘셔널펀드어드바이저의 공동 최고경영자인 데이브 버틀러는 "진은 매우 엄격한 관리자였습니다."라고 말했다. "그녀와 함께 일하는 사람은 누구나 그녀의 완벽주의를 알고 있었습니다." 하지만 렉스 싱크필드 자신은 정작 '진 테스트'를 받지 않았다.

디멘셔널펀드어드바이저의 첫 번째 펀드는 처음에는 9-10 펀드라고 불렸다. 왜냐하면 이 펀드는 뉴욕증권거래소에 상장된 주식 가운데 시가총액이 하위 9분위와 10분위에 해당하는 주식에 투자했기 때문이다.

9-10 펀드는 당시 약 3천 개의 종목으로 구성됐는데 가중 평균 가치가 대략 1억 달러였다. 오늘날이라면 이런 주식들을 초소형 주식micro caps이라고 불렀을 것이다. 이 펀드에 포함된 가장 유명한 회사는 잼 제조업체인 스머커스Smuckers와 크레용 제조사인 비니앤드스미스Binney & Smith였다. 9-10 펀드는 전적으로 패시브 펀드였고 전체 시장의 실적을 추종했다.

1981년 12월에 디멘셔널펀드어드바이저는 마침내 자신들이 만든 펀드를 세상에 공개했다. 이전의 인덱스펀드들처럼 이 펀드도 처음에는 성과가 좋지 않았다. 한 신문은 잔인하게도 이 펀드를 '폐품 펀드Scrap Heap Fund'라고 불렀다.[14] 그리고 3명의 설립자 가운데 1명은 이 펀드가 성공을 거두기 전에 나머지 둘이 공모한 쿠데타로 쫓겨날 운명이었다.

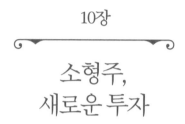

10장

소형주,
새로운 투자

1981년 봄, 브루클린 하이츠의 가로수가 늘어선 고요한 거리를 따라 낮에 걸어본 사람이라면 누구나 렘센가Remsen Street 48번지의 붉은 벽돌로 지은 건물에서 흘러나오는 기괴한 소리를 들었을지도 모른다.

그 소리는 바로 전 세계 증권사와 펀드매니저들을 위해 실시간으로 주가를 산출해주는 냉장고 크기의 기계인 쿼트론Quotron 팬이 윙윙거리며 돌아가는 소음이었다. 부스는 1979년에 그 건물의 최상층에 있는 침실이 2개인 아파트를 7만 5천 달러를 주고 샀다. 디멘셔널펀드어드바이저가 설립되고 처음 수개월 동안은 부스가 사는 아파트의 남는 방 하나가 본사 사무실이었다. 식당은 최초의 회사 회의실이었고 주방은 최초의 매점이었다.

수년 후에 마이클 블룸버그가 자신의 이름을 딴 금융 정보 서비스를 제공하기 전까지 쿼트론은 금융업계에서 절대적으로 필요한 서비스였다. 하지만 소음이 너무 심해서 부스는 자신의 사우나를 뜯어내고 쿼트론을 설치할 방음실을 만들었다. 사무실에서 잠시 벗어나기 위해 부스는 한낮에 브루클린과 남쪽 맨해튼을 연결하는 브루클린 다리Brooklyn Bridge를 가로질러 달리기를 하곤 했다.[1]

시카고도 뉴욕과 상황이 비슷했다. 하지만 싱크필드는 그랜트 공원 Grant Park 바로 옆 사우스 미시간 애비뉴South Michigan Avenue 8번지에 작은 사무실이 있었다. 첫해에는 저가 항공을 이용하고 저렴한 호텔에서 잠을 자면서 대부분의 시간을 길에서 보냈다. 미니애폴리스의 외곽에 본사가 있는, 산업 분야에서 기술을 선도하는 대기업인 허니웰Honeywell을 방문했던 어느 겨울에 싱크필드와 그의 동료는 거대한 눈보라를 뚫고 레드 루프인Red Roof Inn의 사무실을 찾아가 방탄 유리창의 좁은 틈 사이로 신용카드를 밀어 넣어야만 했다. 싱크필드는 그날 밤 동료에게 "우리가 돈을 벌면 절대로 이런 곳에 다시는 머물지 않을 거야."라고 말했다. ◆

운 좋게도 미국 주식시장은 1982년에 다시 살아났고 소형주가 특히 강세를 보였다. 디멘셔널펀드어드바이저의 최초 펀드는 29퍼센트의 수익률을 기록했지만 S&P500의 수익률은 14.7퍼센트였다. 높은 수익률은 디멘셔널펀드어드바이저의 영업에 큰 도움이 되었다. 1983년 초에는 운용하는 자산이 10억 달러에 가까워지고 있었다.[2] 〈뉴욕타임스〉는 그해

◆ 그의 동료인 로렌스 스피스Lawrence Spieth는 회사를 거의 그만둘 뻔했다. 매출이 거의 없는 상황에서 수수료에만 의존해 생활하는 것이 힘들었고 부양해야 할 가족이 있었다. 1982년 초에 스피스는 주택담보대출을 갚기 위해 자신의 자동차 한 대를 팔아야만 했다. 그해 말에도 상황이 좋아질 조짐이 거의 보이지 않자 그는 그만두기 위해 싱크필드의 사무실로 들어갔다. 바로 그때 스피스의 전화벨이 울렸다. 볼 베어링을 만드는 팀켄컴퍼니Timken Company의 연금 운용자였다. 팀켄컴퍼니는 그에게 디멘셔널펀드어드바이저의 펀드에 1천만 달러를 투자할 것이라고 말했다. 수수료는 그해를 보내기에 충분했고 스피스는 사표를 내지 않았다. (데이비드 부스와 에두아르도 레페토David Booth and Eduardo Repetto, 《디멘셔널펀드어드바이저 30주년》 Dimensional Fund Advisor at Thirty, 디멘셔널펀드어드바이저, 2011, 30.)

9월에 "데이비드 부스는 일을 쉽게 하는 것처럼 보인다. ······ 큰 노력 없이 사업이 잘되는 것 같다."라고 표현했다.[3] 클로츠는 디멘셔널펀드어드바이저가 한창 잘나가던 그 시절의 분위기에 대해 "우리는 성공의 분위기를 확실히 느낄 수 있었습니다."라고 매우 흥분해서 설명했다.

그 당시에 디멘셔널펀드어드바이저의 영업 부서에는 강력한 무기가 있었다. 마이런 숄즈의 스위스 출신 제자인 롤프 반즈Rolf Banz가 시카고 증권가격연구소의 누적된 데이터를 활용해 소형주의 평균 수익률을 측정하고 있었기 때문이다. 그는 소형주의 수익률이 사람들이 잘 아는 대형 우량주보다 훨씬 더 변동성이 높지만 장기적으로 더 좋은 수익률을 기록한 사실을 발견했다. 반즈가 연구한 1926년부터 1975년까지 50년 동안 대형주의 연평균 수익률은 8.8퍼센트인 데 반해 소형주는 11.6퍼센트를 기록했다.[4]

이것은 놀라운 결과였다. 이론상의 소형주 분산 투자 효과가 실제로 입증된 것이다. 이는 마코위츠가 수십 년 전에 입증한 것처럼 금융에서 유일한 공짜 점심이자 연기금에 대한 디멘셔널펀드어드바이저의 중요한 마케팅 포인트였다. 심지어 장기적으로 대형주보다 수익률이 더 높았다. 《포춘》은 1980년 6월호 '소형주들의 거대한 수익'이라는 제목의 기사에서 반즈의 잠정적 연구 결과를 대대적으로 보도했다. 반즈는 이 주제에 관한 박사학위 논문을 1981년 3월에 《금융경제 저널》Journal of Financial Economics에 발표했다. 그의 논문은 더 큰 변동성에 대한 조정을 거쳐도 소형주가 대형주보다 수익률이 좋다는 사실을 보여주었다.[5] 싱크필드는 이미 이 연구를 알고 있었다. 하지만 부스가 이 논문에 관심을 갖도록 한 사람은 유진 파마였다. 부스는 디멘셔널펀드어드바이저의 소형주 펀드가 투자자들에게 달걀을 더 많은 바구니에 나눠 담을 수 있는 능력뿐만 아니라 더 많은 장기 수익을 가져다줄 수 있다는 확고한 증거를 확보하게 됐다.[6]

소형주의 장기 수익률이 더 높다는 연구 결과는 투자와 펀드 운용에 관한 새로운 접근법을 마련하는 중요한 토대가 됐다. 디멘셔널펀드어드바이저는 마케팅 기회를 염두에 두고 처음에는 이런 투자 접근법을 '디멘션즈dimensions'라고 불렀다. 하지만 오늘날 디멘셔널펀드어드바이저의 새로운 투자 기법을 옹호하는 대부분의 사람들은 이것을 '스마트 베타smart beta' 또는 '팩터 인베스팅factor investing'이라고 부른다.

투자의 역사는 기본적으로 암호 해독의 역사이다. 주식시장이 존재했던 지난 수백 년 동안 일반 투자가, 이론가, 전문 투자가들은 모두 다양한 복잡성과 비밀스러운 기법으로 주식을 선택하는 시스템을 만들어왔다. 모두가 금융시장에서 부자가 될 수 있다고 큰소리쳤다.

많은 투자 비법은 순진한 사람들에게 이런 공식을 판매한 장사꾼들만 부자로 만들어왔다. 하지만 지난 세월 적어도 어느 정도 성공을 거둔 몇몇 투자 방법이 있었다. 여기에는 〈월스트리트 저널〉의 설립자인 찰스 다우가 최초로 주장한 다우 이론dow theory(기본적으로 기술적 지표들을 활용해 다양한 시장 상황에서 수익을 내려는 이론)과 데이비드 버틀러의 CANSLIM 시스템, 벤저민 그레이엄이 역설한 가치투자 등이 있다.

1960년대와 1970년대에 실행된 연구들은 실제로 암호를 풀 수 없을 수도 있고 암호 해독을 위한 노력이 비용만 많이 들고 효과가 없을 수도 있다는 매우 의미 있는 결과를 보여주었다. 해리 마코위츠의 현대 포트폴리오 이론과 윌리엄 샤프의 자본자산가격결정모델은 시장 자체가 위험과 수익 사이에 최적의 균형을 이루고 있다고 주장했다. 그리고 유진 파마는 그 이유를 설득력 있게 제시했다. 즉, 서로를 이기려고 노력하는 수십 만 명에 달하는 투자자들의 꾸준한 노력의 순수한 결과가 바로 주식시장의 효율성으로 나타나 실제로 시장을 이기기 어렵다는 것이다. 따라서 대부분의 투자자들은 아무것도 하지 않고 그냥 전체 시장을 사야만 한다고 주장했다.

하지만 1980년대와 1990년대에 새로운 획기적 연구가 있었다. 이 가운데 몇 가지는 1960년대와 1970년대 투자 세계를 뒤흔들었던 효율적 시장 가설의 신봉자들로부터 나왔다. 이런 연구들은 이전 수십 년에 걸쳐 축적된 학문적 체계에서 몇 가지 잘못된 점들을 찾아내기 시작했다. 주식시장이 완전히 효율적이지 않을지도 모르고 장기적으로 시장을 이길 방법이 있을지도 모른다는 것이다.

시스템 문제는 언제나 원인이 밝혀지게 마련이지만 종종 무시되고 넘어가기도 한다. 이미 1970년대 초에 블랙과 숄즈는 변동성이 적은 주식들이 어떻게 변동성이 더 큰 주식보다 장기적으로 더 큰 수익을 냈는지처럼 기존의 이론에 몇 가지 문제를 제기했다. 이는 수익과 위험이 (변동성은 위험의 대체 요인) 상관관계가 있다는 믿음과 상반되는 것이다. 다시 말해 더 구불구불한 롤러코스터가 훨씬 더 짜릿함이 넘치는 법이다. 수익과 위험의 상관관계는 직관적으로 이해할 수 있지만 실증적이고 엄격한 연구 결과로 입증하기 어려워 보였다.

숄즈와 블랙이 처음에 웰스파고가 변동성이 더 낮은 주식을 (베타가 낮은 주식) 매수하고 포트폴리오의 전체 변동성을 전체 주식시장 수준으로 높이는 수단으로 활용할 펀드를 만들어야 한다고 제안한 것도 이 때문이었다.[7] 다시 말해 다른 롤러코스터와 같은 코스를 달리지만(똑같은 시장 변동성을 가지고 있지만) 짜릿함은 훨씬 더 큰 롤러코스터를(수익률이 더 높은 펀드를) 만들어야 한다는 것이다. 그럼에도 불구하고 효율적 시장 가설은 미국 전역의 경영대학원에서 가장 권위 있는 학설로 자리 잡았다.

변화의 징조는 1970년대 후반에 물리학자에서 경제학자로 변신한 펜실베이니아대학교의 스티븐 로스Stephen Ross와 금융계에서 유명인사가 된 요가를 좋아하는 분석가인 바 로젠버그Barr Rosenberg에게서 처음으로 나타났다.

샤프의 최초 자본자산가격결정모델은 단순화를 위해 주식이 전체 시장과 비교해 얼마나 많이 움직이는지를 설명하는 하나의 시장 요인, 즉 베타만 규명했다. 자본자산가격결정모델의 장점은 '단순함'이다. 이 모델은 시장이 실제로 어떻게 움직이는지를 설명하는 데 어려움이 있고 단일한 기간에만 의미가 있으며 몇 가지 과장된 가정에 의존했다.

자본자산가격결정모델은 시장 요인 이외에 주식의 수익을 설명하는 다른 요인들을 특이한 것으로 생각했다. 즉 실적 부진, 신제품 출시 또는 존경받는 최고경영자의 은퇴 같은 회사의 구체적인 문제들은 특별한 경우라는 것이다.

로스의 차익거래가격결정 이론arbitrage pricing theory과 로젠버그의 바이오닉 베타bionic Betas(시장 베타를 포함해 여러 위험 요인에 따라 주식의 수익이 결정되는 멀티팩터 이론으로 1970년대 증권가에서 바이오닉 베타라고 불렸음. 스마트 베타와 유사한 개념-옮긴이)는 증권의 수익이 여러 시스템적 요인으로 인한 결과라는 사실을 인정했다. 겉보기에는 뻔한 이야기 같지만 이것은 시장을 좀 더 분명하게 이해할 수 있게 해주었다. 절충주의자인 로젠버그는 1978년《기관투자자》5월호의 표지에 등장했다. 대머리에 콧수염을 기른 그는 머리에 꽃을 꽂은 명상의 대가이자, 정장을 차려입은 포트폴리오 매니저 집단의 숭배를 받는 것으로 묘사됐다. 표지 기사의 제목은 '바로 젠버그는 누구인가? 도대체 그는 무슨 말을 하는 것일까?'였다.[8]

그는 학자들이 어떻게 산업이나 산업 지형도가 아니라 재무적인 특성에 따라 주식을 분류하기 시작했는지를 이야기했다. 그리고 이런 특성 가운데 일부는 실제로 전체 주식시장보다 더 좋은 장기 수익률을 제공하는 것으로 판명될 수도 있다는 것이었다.

온타리오Ontario의 맥매스터대학교McMaster University의 재무학 교수인 산조이 바수Sanjoy Basu는 1973년에 수익 대비 주가가 낮은 기업들은 효율적 시장 가설이 설명하는 것보다 훨씬 더 성과가 좋았음을 보여주는 논문을 발표했다. 기본적으로 그는 1930년대 벤저민 그레이엄이 역설한 가치투자 원칙이 지속적인 투자 요인임을 입증했다. 여기서 가치투자 원칙은 기업의 내재가치보다 낮게 거래되는 인기 없는 저렴한 주식 매수에 집중하는 것이다. 체계적으로 모든 저렴한 주식을 매수함으로써 투자자들은 이론적으로 시간이 갈수록 시장을 이길 수 있었다.

이후 반즈가 입증한 소형주에 대한 가치투자 방식의 효과는 팩터 투자factor investing(주식 수익률의 차이를 설명할 수 있는 정량화할 수 있는 기업 특성 또는 요인을 목표로 하는 투자 접근 방식-옮긴이) 발전의 획기적 전환점이 되었다. 일본과 영국에서 소형주에 관한 후속 연구도 유사한 결과를 보여주었다. 그래서 1986년에 디멘셔널펀드어드바이저는 일본과 영국 시장에서 소형주에만 투자하는 펀드를 출시했다. 1990년대 초에 재무학 교수인 내러시먼 예가디시Narasimhan Jegadeesh와 셰리든 팃먼Sheridan Titman은 단순히 시장의 추세라는 파도에 올라타는 것, 그러니까 이익 종목을 매수하고 손실 종목을 매도하는 전략이 시장을 이기는 수익률을 낼 수도 있다는 것을 보여주는 논문을 발표했다.[9]

이런 분명한 이상 현상에 대한 원인을 놓고 학계의 주장은 엇갈렸다. 효율적 시장을 지지하는 학자들은 특이한 사례들은 투자자들이 추가적인 위험을 받아들이는 것에 대한 보상이라고 설명했다. 예를 들어 가치주는 닷컴 버블이 한창인 시기에 제조 분야의 대기업처럼 오래되고 인기가 없는 기업에서 흔히 찾아볼 수 있다. 가치주들은 오랜 기간 성과가 좋지 않을 수 있지만 결국에는 근본적 가치가 빛을 발하고 믿음을 지킨 투자자들에게 보상을 가져다준다는 것이다. 대체로 작은 기업들이 대기업보다 실패할 확률이 높기 때문에 소형주들은 성과가 좋다.

다른 한편으로 행동경제학자들은 이런 요인들이 인간의 비이성적 편견의 산물이라고 주장한다. 예를 들면 우리가 막대한 당첨금을 탈 확률이 극히 낮은 복권을 비싼 가격을 주고 사는 것처럼 투자자들도 빠르게 성장하는 매력 있는 주식을 비싼 가격에 매수하는 성향이 있다는 것이다. 그리고 더 느리게 움직이고 더 안정적인 주식들을 회피하려 한다. 우리는 이름을 익히 아는 주식들에 비논리적으로 끌리기 때문에 소형주의 성과가 좋다는 것이다. 반면에 모멘텀 팩터는 투자자들이 처음에는 뉴스에 미온적 반응을 보이지만 장기적으로 과도한 반응을 보이기 때문에 효과가 있다. 또 투자자들이 종종 가격이 올라 수익이 나는 종목은 너무 빨리 팔고, 가격이 하락해 손실이 발생하는 종목은 더 오래 붙들고 있기 때문이기도 하다.

이유가 무엇이든 오늘날 거의 모든 경제학자나 투자자들은 지속적으로 효과가 검증된 투자 요인들을 받아들이고 있다. 이런 요인들은 약간의 기발한 마케팅 요소가 더해져 종종 '스마트 베타smart beta'라고 불린다. 샤프 자신은 모든 다른 형태의 베타들이 어리석게 들릴 수 있다는 이유로 스마트 베타라는 용어를 싫어했다.[10] 대부분 금융학자들은 '위험 프리미엄'이라는 용어를 선호한다. 그들은 이 용어가 몇 가지 형태의 위험을 감수하는 것을 통해 투자에 대한 프리미엄을 얻을 수 있다는 자신들의 생각을 더욱 정확하게 반영한다고 생각했다. 하지만 위험이 정확하게 무엇인지에 관해서는 학자들의 의견이 늘 분분하다.

1992년에 파마의 동료이자 나중에 디멘셔널펀드어드바이저에 합류한 또 다른 시카고대학교의 재무학 교수인 켄 프렌치Ken French가 발표한 〈주식 기대 수익률의 단면〉The Cross-Section of Expected Stock Returns이라는 애매모호한 제목의 논문은 중요한 이정표였다.[11]

이 논문은 매우 충격적이었다. '3팩터 모형three-factor model'으로 알려진 이 논문에서 파마와 프렌치는 1963년부터 1990년까지 뉴욕증권거래소, 아메리카증권거래소 그리고 나스닥에 상장된 기업들에 관한 데이터를 활용해 가치(저렴한 주식이 비싼 주식의 수익률을 능가하는 경향)와 크기(더 작은 주식이 더 큰 주식의 수익률을 능가하는 경향)가 전체 시장 요인, 즉 베타와 분명하게 구별되는 요인이라는 사실을 입증했다.

파마와 프렌치의 논문은 이런 요인들을 추가적인 위험 감수에 대한 보상이라고 이야기했지만, 이것은 금융경제학의 역사에서 상징적인 사건이었다.[12] 그 뒤로 학자들은 금융 분야에서 다양한 수준의 지속성, 영향력 그리고 수용력을 가진 여러 요인을 찾아냈다.

물론 이런 요인들이 언제나 효과가 있었던 것은 아니다. 오랫 동안 시장보다 못한 수익을 기록할 수도 있기 때문이다. 예를 들면 가치주는 투자자들이 유행에 민감한 기술주만 매수하려고 했던 닷컴 버블 기간에 비참한 실적을 맛보았다. 그리고 디멘셔널펀드어드바이저의 입장에서는 억울한 일이었지만 소형주들은 디멘셔널펀드어드바이저가 출범한 첫해에 강세를 보인 뒤 무려 7년이라는 오랜 기간 동안 S&P500에 크게 뒤처지는 고통스러운 시간을 경험했다.[13]

디멘셔널펀드어드바이저는 계속 성장했고 고객들도 거의 떠나지 않았다. 고객들에게 이런 힘든 기간이 언제든지 있을 수 있다고 늘 강조했기 때문일 수도 있다. 그렇다고 해도 견디기 힘든 기간에는 많은 고객들과 불편한 대화가 이어질 수밖에 없었다.

언젠가 부스는 중요 고객의 재무 담당자가 자신의 팔을 붙잡고 "우리 자산을 관리하는 사람들 가운데 당신이 최악이라는 것을 알았으면 합니다. 당신은 아직도 소형주들의 기대수익률이 더 높다고 생각합니까?"라고 큰 소리로 항의하는 통에 궁지에 몰린 적도 있었다. 부스는 디멘셔널펀드어드바이저의 대응 원칙에 입각해 "우리는 소형주가 대형주보다 더 위험하고, 위험과 수익이 상관관계가 있다는 것을 믿습니다. 제 주장의 어떤 부분이 맘에 들지 않으신가요?"라고 대답했다.[14] 결과적으로 디멘셔널펀드어드바이저는 힘든 시기를 이겨냈지만 피해가 없었던 것은 아니었다.

부스와 싱크필드가 클로츠의 여행 가방을 옮기는 것을 도와주겠다고 했을 때 클로츠는 즉시 의심이 들었다. 그들이 서로 잘 지내기는 했지만 부스는 남의 물건을 들어줄 정도로 친절한 사람이 아니라고 생각했기 때문이다.

그들이 시카고 호텔 방으로 들어갔을 때 부스는 즉시 클로츠에게 "회사를 인수할 예정인데 당신은 함께할 수 없어요."라고 말했다. 클로츠는 충격을 받았고 엄청나게 화가 났다. 디멘셔널펀드어드바이저는 1983년 4월, 예상보다 1년 정도 더 빠르게 약간의 이익을 내기 시작했다. 그리고 최초의 고객들 가운데 상당수를 끌어온 사람이 클로츠였다. 그는 회사 지분의 3분의 1을 가지고 있었고 회사와의 계약이 철저하게 보장된다고 생각했다.

더구나 판매원들에게 지급한 대규모 수수료를 둘러싼 부스와의 언쟁을 빼면 그들의 관계에 문제가 없다고 생각했다. 실제로 그는 싱크필드를 축출하려는 부스의 욕심을 걱정했었다. 클로츠에 따르면 부스는 몇 달 전에 은밀하게 이런 의도를 내비쳤다가 그만두었다. 그는 다른 설립자 둘이 청천벽력처럼 갑자기 힘을 합쳐 자신에게 덤벼들었다고 주장했다.

충격을 받은 클로츠는 변호사에게 전화를 걸었다. 하지만 부스와 싱크필드 그리고 파마 세 사람의 소유 지분을 합치면 그가 할 수 있는 일은 아무것도 없었다. 시카고대학교 출신들은 힘을 합쳐 클로츠를 쫓아냈다. 부스가 행동대장 역할을 했지만 클로츠는 나중에 광적인 체스 애호가인 싱크필드의 계산된 전략이 주효했음을 알게 됐다. "그들은 나를 이용하고 나서 쓰레기처럼 버렸어요. 그 이후 나는 시카고대학 출신이라면 어떤 누구도 믿지 않습니다."라고 클로츠가 말했다.

클로츠는 자신이 가진 회사 지분의 가치를 떨어뜨리는 일을 하고 싶지 않아 조용히 떠났지만, 결과적으로 길고 험악한 싸움이었다. 클로츠는 디멘셔널펀드어드바이저의 초기 자본금에 대한 지분으로 부스에게 빌려준 2만 5천 달러를 돌려달라며 부스를 고소했다(이 문제에 관한 부스의 의견은 달랐다). 그리고 부스와 싱크필드가 회사에 대한 자신의 지분 매각을 방해한다고 생각했다. 1989년이 되어서야 클로츠는 자신의 지분을 적절한 가격에 살 매수자를 찾을 수 있었다. 디멘셔널펀드어드바이저는 사규에 따라 회사가 설립자들이 매도하는 지분에 대해 우선 매수청구권을 갖도록 규정하고 있었다. 따라서 부스와 싱크필드는 결과적으로 클로츠가 요구한 850만 달러를 마지못해 맞춰주었다.

20년이 훨씬 더 지난 뒤 클로츠는 그때의 갑작스러운 결별에 대해 마음의 평화를 찾았고 그들을 용서했다고 말했다. "나는 사람들에게 원한을 가지면 자신과 주변 사람들에게 상처를 준다는 사실을 충분히 알고 있습니다."라고 말했다. 하지만 갑작스러운 해고에 대한 고통과 비통함 그리고 오랜 기간 이어진 해고의 결과는 아직도 또렷하게 남아 있었다. 반면에 부스와 싱크필드는 지금 억만장자가 되었다. 시카고대학교 경영대학원은 디멘셔널펀드어드바이저의 설립자로부터 3억 달러라는 기록적인 기부금을 받은 뒤 지금은 '부스경영대학원Booth School of Business'으로 불리고 있고, 싱크필드는 자신의 고향인 세인트루이스에서 정치계의 실력자가 되었다. 하지만 클로츠는 오하이오에서 자산관리사로 일하고 있다.

싱크필드는 클로츠와의 결별에 관한 자세한 이야기를 거부했다. 부스는 여전히 조심스러운 태도를 보이며 클로츠와의 결별은 회사가 그에게 적합한 역할을 찾기 위한 과정에서 생긴 갈등 때문이라고 말했다. 부스에 따르면 그들은 함께 앉아서 "클로츠, 당신은 최고의 영업사원이지만 영업을 하기 싫어하는 것 같아요. 우리는 당신이 영업을 해야 한다고 생각합니다."라고 말했다고 한다. 클로츠는 화를 내면서 자리를 박차고 떠났다. 부스는 클로츠가 훌륭한 영업사원이자 매우 좋은 친구라고 말했다. 그리고 디멘셔널펀드어드바이저의 첫 고객들은 모두 그의 고객들이었고 회사를 일으켜 세워 제대로 돌아가게 하는 데 중요한 역할을 했다는 사실을 인정했다.

하지만 2011년에 고객들에 대한 선물로 발간된 사사社史에는 좋지 않은 감정이 이어지고 있었다. 이 책은 설립자 가운데 한 사람과의 결별을 단 세 문장으로 설명했다. "회사의 성공에 대한 클로츠의 기여는 간과할 수 없다. 탁월한 영업사원이었던 그는 디멘셔널펀드어드바이저가 설립된 초기에 매우 중요한 고객들을 유치했다. 1984년에 클로츠는 다른 목적을 추구하기 위해 부스와 싱크필드에게 회사의 경영을 맡기고 떠났다."

두 사람은 회사의 경영을 명확하게 구분해 부스는 사업 개발을 맡았고, 싱크필드는 투자 운용을 담당했다. 이때쯤 두 사람은 시카고 본사 1층에 있는 커피숍에서 저녁 시간에 만나 회사의 미래에 관해 사적인 이야기를 나눴다. 그리고 회사가 얼마나 크게 성장할 수 있는지를 논의했다. 부스는 "내 생각에 우리는 상당히 큰 회사가 될 것 같아요."라고 말했다. 싱크필드는 회의적이었고 작은 회사로 남을 것으로 생각했다. 서로 이런저런 이야기를 주고받은 다음 그들은 3년이나 4년 후 디멘셔널펀드어드바이저의 직원이 몇 명이나 될지 적어보기로 했다. 두 사람 다 40명이라고 적었고, 회사의 규모에 대한 서로의 인식 차이를 알고 큰 소리로 웃었다.

그 당시에 디멘셔널펀드어드바이저는 여전히 2개로 분리된 조직이었다. 부스는 뉴욕에 있었고 시카고로 이사 오는 것을 꺼렸다. 싱크필드는 시카고에 있었고 뉴욕으로 이사하는 것을 싫어했다. 회사는 여전히 작은 조직이었고 사실상 연기금을 상대로 소형주 인덱스펀드를 판매하는 일에만 집중했다. 소형주 중심의 인덱스펀드 판매 전략은 이후 10년 동안 디멘셔널펀드어드바이저를 크게 변화시켰고 성장의 원동력이 되었다.

⌒‿⌒

1985년 6월에 디멘셔널펀드어드바이저는 캘리포니아 샌타모니카의 경치 좋은 해변과 인접한 도로에 본사를 마련했다. 온화한 날씨는 시카고와 뉴욕의 혹독한 기후를 경험한 사람들에게는 기분 좋은 변화였다. 디멘셔널펀드어드바이저의 사업 전망도 상당히 밝아 보이기 시작했다.

그해에 디멘셔널펀드어드바이저는 처음에 '6-10 전략'이라고 불렸던 또 다른 미국 주식 펀드를 출시했다. 이 펀드는 시가총액 기준으로 뉴욕증권거래소에 상장된 주식의 하위 6분위에서 10분위에 속한 주식들을 매수했다. 이것은 당시 개념 형성 과정에 있었던 소형주에 대한 고전적인 정의에 가까웠다. 이 펀드는 나중에 '미국 스몰캡 포트폴리오US Small Cap Portfolio'로 이름을 바꾸었고 그 이전의 9-10 펀드는 '미국 마이크로캡 포트폴리오US Micro Cap Portfolio'라고 명칭을 바꿔 두 펀드 사이에 명확한 차별성을 두었다.

일본과 영국에 초점을 맞춘 스몰캡 펀드는 1986년에 모습을 드러냈다. 그리고 1988년에는 유럽에서 소형주 펀드가 출시됐다. 다행스럽게도 1980년대 말에 소형주의 실적은 다시 회복됐다. 하지만 디멘셔널펀드어드바이저는 여전히(파마 교수가 특별한 관심을 보이는 인플레이션에 대한 위험 회피 수단으로 단기채권에 투자한 작은 펀드를 제외하고) 한 가지만 잘하는 회사였다.

이런 상황은 팩터 투자의 등장과 함께 급변하기 시작했다. 디멘셔널펀드어드바이저에서 파마의 역할을 고려할 때 부스와 싱크필드는 파마와 프렌치가 1980년대 후반부터 영구적인 위험 프리미엄으로서 가치와 규모에 관해 수행하던 연구를 잘 알고 있었다. 1992년《금융 저널》Journal of Finance에 그들의 획기적인 연구 논문이 발표된 이후 불과 몇 달 만에 디멘셔널펀드어드바이저는 소형주와 대형주에 초점을 맞춘 두 종류의 가치주 펀드를 출시했다.[15]

싱크필드에 따르면 3팩터 모형의 공개는 디멘셔널펀드어드바이저를 위한 획기적인 도약의 시작이었다. 회사와 그 창업자들이 효율적 시장 가설의 원리를 굳건하게 지지했지만 디멘셔널펀드어드바이저는 이제 회사의 근본 원칙을 뛰어넘어 미국과 해외에서 다양한 전략을 갖춘 완전한 투자회사가 될 수 있었다. 파마, 프렌치 그리고 이들의 전철을 밟을 다른 사람들의 연구가 이 모든 것을 뒷받침해주었다.

엄밀히 말하면 디멘셔널펀드어드바이저는 그들의 투자상품을 인덱스 펀드라고 부르지 않았다. 다른 많은 경우와 마찬가지로 이 세 종류의 펀드가 추종하는 공식적인 주식시장 지수들이 존재하지 않았기 때문이었다. 디멘셔널펀드어드바이저는 펀드가 복제하려는 시장에서 약간의 추가 수익을 추구하기 위해 조금 더 많은 재량권을 가지고 있었다. 하지만 디멘셔널펀드어드바이저는 종목을 선택하는 인간의 결정권보다 기회주의적인 유연한 거래 전략을 통해 시장을 초과하는 수익을 달성했다. 이것은 디멘셔널펀드어드바이저가 일반적으로 0.33퍼센트의 연간 수수료를 부과한다는 의미였다. 이런 수수료는 전통적인 뮤추얼펀드의 절반이고 기존 인덱스펀드의 2배 수준이었다. 때때로 뱅가드의 보글은 수수료가 높다고 생각해 부스를 비난하곤 했다. 하지만 결과적으로 볼 때 많은 고객은 기꺼이 수수료를 지급할 의사가 있었다.

고객 가운데 한 회사는 디멘셔널펀드어드바이저에 직접 투자하려고 했다. 슈로더가 투자한 15년 만기 채권은 1996년에 15퍼센트 지분으로 전환됐고 디멘셔널펀드어드바이저는 이 채권을 인수하고 싶었다. 세금 혜택을 받기 위해서는 소수의 개인투자자들을 주주로 받아들이는 것이 유리했다.

그래서 부스는 친구인 폴 와흐터Paul Wachter에게 도움을 요청했다. 와흐터는 유투U2의 보노Bono, 빌리 아일리시Billie Eilish 그리고 르브론 제임스LeBron James를 포함해 유명 고객들에게 투자 자문을 하고 있었다. 와흐터는 부스를 아널드 슈워제네거에게 소개했고 인기 영화배우는 미공개 지분을 재빨리 인수했다. 슈워제네거는 〈월스트리트 저널〉에 "나는 부스와 디멘셔널펀드어드바이저가 그들의 투자 철학과 이론에서 벗어나지 않고 경제적 뿌리를 지키면서 회사를 크게 키웠다는 점이 마음에 들었습니다."라고 말했다.[16] 슈워제네거는 디멘셔널펀드어드바이저의 가장 유명한 고객이었을지 모르지만 가장 중요한 고객은 아니었다.

방랑자 같은 인생을 살던 댄 휠러는 결과적으로 디멘셔널펀드어드바이저의 열렬한 지지자가 되었다. 휠러는 디멘셔널펀드어드바이저가 기관의 자산만 운용하는 무명 회사에서 벗어나 미국 전역의 수천 고객들에게 효율적 시장주의를 전파하는 데 기여했다.

그는 세인트루이스 동부의 노동자 계층 거주 지역에서 성장했고 한 작은 대학에서 역사를 공부했다. 그 후에 해병대에 입대해 베트남 전쟁에 자원했다. 하지만 얼마 지나지 않아 군대의 엄격함에 염증을 느꼈고 좀 더 보람 있는 일을 하기 위해 민간 분야로 진출했다. 휠러는 아서앤더슨Arthur Anderson의 회계사에서부터 악명 높은 억만장자 무기 거래상인 아드난 카쇼기Adnan Kashogi의 제국에서 재무 담당 책임자, 그리고 버클리대학교에서 박사학위를 빠르게 포기하는 데 이르기까지 다양한 경력을 경험한 뒤 아이다호주州의 보이스Boise에 가족과 함께 정착해 지역 대학에서 강의하기 시작했다. 이웃 주식중개인의 권유로 메릴린치에 취업했지만, 이 또한 얼마 안 가 겉보기만 그럴 듯한 일에 염증을 느꼈다.

메릴린치의 중개인들은 자신들이 고객들에게 어떤 상품을 판매하는지 몰랐고 단지 거래 수수료를 챙기기 위해 고객들의 돈을 회전 매매하는 일에만 관심이 있었다. 더구나 메릴린치에는 수많은 분석가가 일하고 있었지만 주식에 관한 정보는 형편없었다. 휠러는 "나는 사람들이 매일 돈을 뜯긴다고 느꼈어요."라고 말했다. 이에 실망한 휠러는 파마와 그의 동료들의 논문을 연구했다. 이것은 마치 구세주처럼 느껴졌다. 휠러는 시장이 효율적이라는 확신을 얻었고 사람들이 시장을 항해하는 데 매우 서툴다는 사실을 알게 됐다.

마흔 살 생일에 휠러는 독립적인 금융 자산관리사로 일하기 위해 메릴린치를 그만두고 새크라멘토Sacramento에 작은 사무실을 개업했다. 투자 업계의 고착화된 중요한 문제인 과도한 비용 청구를 하지 않겠다고 결심한 휠러는 최소한의 경비만 받고 금융 문제를 자문해주는 초창기 개혁 운동에 합류했다. 판매 보수를 받지 않는 대신 시간당 정액 수수료나 고객들의 자산에서 일정 비율을 보수로 받았다. 이것은 고가의 금융상품을 선전하거나 판매 보수를 챙기기 위해 주식을 사도록 고객을 설득할 필요가 없다는 의미였다. 대신 휠러는 고객들의 돈을 뱅가드500 펀드에 투자했다. 그 당시 일반 투자자들이 살 수 있는 유일한 패시브 펀드였다.

1988년 그는 〈USA 투데이〉USA Today에서 기사 하나를 발견했다. 1세대 인덱스펀드에서 매우 중요한 역할을 했던 파마의 두 제자가 운용하는 디멘셔널펀드어드바이저와 소형주 인덱스펀드에 관한 내용이었다. 휠러가 고객들의 돈을 투자했던 펀드와 유사한 소형주 펀드였다. 기사에 흥미를 느낀 휠러는 자신의 고객들을 그들의 펀드에 편입시킬 수 있는지 알아보기 위해 샌타모니카의 본사에 연락했다.

하지만 디멘셔널펀드어드바이저의 펀드는 대형 기관투자자들만 가입할 수 있었고 휠러 같은 개인 투자 자문가들은 가입할 수가 없었다. 싱크필드와 부스는 개인의 돈을 받아들이는 데 회의적이었다. 연기금들은 느리게 투자 결정을 내리지만 일단 결정을 내린 후에는 대체로 자금을 움직이지 않았다. 반면 일반 투자자들의 돈은 기관투자자들보다 변덕스러웠고 이런 변동성은 투자 운용사에게 끔찍한 악몽이기 때문이다.˚ 어쨌든 부스와 싱크필드는 패시브 펀드들이 일반 투자자들 사이에 인기를 끌

것으로 생각하지 않았다. 하지만 끈질긴 반박 끝에 휠러는 자신의 의견을 관철시켰다.

실험은 매우 성공적이었다. 그래서 휠러는 부스와 싱크필드에게 자신이 앞으로 1년 안에 수수료만 받는 자산관리사들에게 디멘셔널펀드어드바이저의 펀드를 판매하는 새로운 전문 부서를 만들겠다고 제안했다. 이번에도 디멘셔널펀드어드바이저는 회의적이었지만 휠러가 디멘셔널펀드어드바이저와 함께 일할 자산관리사들을 개별적으로 심사하는 조건으로 그의 제안에 동의했다. 자산관리사들이 회사의 효율적 시장 가설을 충분히 알고 있고 펀드가 처음에 저조한 실적을 보일 조짐이 있어도 해지하지 않을 것인지를 평가하기로 했다.

이를 위해 휠러는 디멘셔널펀드어드바이저의 펀드에 대한 정보를 얻고 싶은 자산관리사들이 필수로 참가해야 하는 콘퍼런스를 조직하기 시작했다. 콘퍼런스에서는 싱크필드, 파마, 프렌치, 숄즈 그리고 밀러 등이 효율적 시장 가설과 팩터 투자에 대해 설명했고 버턴 말킬 같은 외부 인사도 강연을 했다.

콘퍼런스는 디멘셔널펀드어드바이저의 펀드 판매가 아니라 교육에 초점을 맞추었다. 참석자들에게 식사를 제공했지만 샌타모니카까지 오는 경비는 자신들이 부담해야만 했다. 첫 번째 콘퍼런스에는 단 7명만 참

♦ 거대 증권사인 찰스슈왑Charles Schwab에서 뮤추얼펀드 마켓플레이스mutual fund marketplace가 등장한 것은 휠러와 같은 독립적인 자산관리사들의 영업에 도움이 되었다. 이것은 독립적인 금융 자산관리사들이 많은 고객들과 많은 펀드들을 하나의 계좌에서 통합적으로 관리하고 운용할 수 있게 해주었다. 이를 통해 휠러와 디멘셔널펀드어드바이저는 더 작은 개인 계좌와 관련된 자금 운용 업무를 수월하게 할 수 있었다.

석했지만 1990년대에는 입소문을 타고 인기가 높아졌다. 디멘셔널펀드어드바이저조차 콘퍼런스를 "반은 투자 세미나이고 반은 부흥회"라고 설명했다.[17] 반면 외부인들은 종종 그들의 콘퍼런스를 조직적인 선전 활동이라고 불렀다. 한 금융 자산관리사는 "콘퍼런스는 알코올 중독자들을 위한 갱생회보다 훨씬 더 강력했습니다. 나치의 선전을 담당했던 영화감독 레니 리펜슈탈Leni Riefenstahl의 방식과 비슷했어요. 하지만 좋은 목적을 위한 것이었죠."라고 작가 마이클 루이스Michael Lewis에게 이야기했다.[18]

휠러는 함께 일할 파트너들에게 디멘셔널펀드어드바이저의 방법은 "결코 미안하다고 이야기할 필요가 없는 접근법"이라고 설명했다. 대부분의 펀드매니저들이 고객들을 위해 얼마나 형편없는 일을 하고 있는지에 관한 자료와 시카고학파의 이론을 알기 쉽게 정리해 제공했다. 디멘셔널펀드어드바이저 콘퍼런스의 개막 연설에서 휠러는 참석자들에게 "여러분은 새로운 투자법을 우리한테 배울 수 있습니다. 아니면 시장이 여러분에게 가르쳐줄 수도 있지만 수업료를 더 많이 내야 합니다!"라고 우스갯소리를 했다.

많은 사람이 이 말의 의미를 이해한 것 같았다. 첫해에 휠러는 7천만 달러를 유치했고 두 번째 해에는 1억 5천만 달러 그리고 세 번째 해에는 3억 2,500만 달러의 자금을 끌어왔다. 디멘셔널펀드어드바이저는 자산관리사와 주식중개인들을 더 많이 채용했다. 콘퍼런스의 성공 덕분에 1990년대 말에 디멘셔널펀드어드바이저가 운용하는 자산은 340억 달러로 증가했다.

오늘날 디멘셔널펀드어드바이저가 운용하는 6천억 달러 가운데 3분의 2는 자산관리사들이 유치한 자금이다. 금융위기 속에서 많은 펀드들이 저조한 실적을 기록했다. 하지만 자산운용업계에서 가장 끔찍한 해였던 2008년에도 디멘셔널펀드어드바이저로 투자자들이 유입됐다는 것은 고객들에 대한 주입식 교육의 힘이 얼마나 강력한지를 보여주는 증거라고 할 수 있다.

디멘셔널펀드어드바이저의 조직적 선전 활동은 회사의 운용 자산을 늘리는 것보다 훨씬 더 중요했다. 1980년대에 연금, 기금, 은행의 신탁 부서에서 일하는 대부분의 투자 책임자들은 인덱스 투자의 근거가 되는 액티브 펀드매니저들의 저조한 실적에 관한 학문적 이론과 자료에 관해 알고 있었다. 하지만 이들이 이런 이론의 의미를 전적으로 수용하거나 좋아한 것은 아니었다. 디멘셔널펀드어드바이저의 세미나와 워크숍은 지난 수년 동안 미국의 수많은 자산관리사들에게 학술적 이론을 확산시키는 데 한몫했다.

이런 활동이 1990년대와 2000년대에 인덱스 투자의 성장을 촉진하는 데 얼마나 큰 도움이 됐는지를 단정적으로 말하기는 어렵다. 하지만 적어도 디멘셔널펀드어드바이저가 미국의 중산층과 월스트리트의 접점 역할을 하는 자산관리사들의 세계에 인덱스펀드 투자의 개념을 도입하는 데 도움을 준 것은 분명하다.

웰스파고의 윌리엄 파우스는 수년 전에 인덱스 투자가 일반 대중 사이에 인기가 없는 이유를 설명하기 위해 "커다란 비밀은 대중의 불신에 의해 보호받는다."라는 나치 선동의 대가 요제프 괴벨스의 말을 인용해 농담했었다. 효율적 시장 가설에 대한 열정적인 신병 훈련소 역할을 한 디멘셔널펀드어드바이저는 이런 불신을 해소하는 데 중요한 역할을 했다. 시간이 지나면서 디멘셔널펀드어드바이저가 개척한 성공적인 팩터 투자 방식은 더 널리 인정받았다. 그리고 아직 논란의 여지가 있지만 팩터 투자 기법은 오늘날 대부분의 투자업계에서 시장을 투시하는 렌즈lens가 되었다.

그럼에도 인덱스 투자의 기원에 관한 이야기는 여전히 완벽하게 정리되지 못했다. 웰스파고의 경영과학부가 인덱스펀드에 대한 최초의 맨해튼 프로젝트라면 대부분의 유사한 후속 상품이나 프로젝트들은 중요하기는 하지만 점진적 확대라고 주장할 수 있다. 이들 대부분은 투자 세계의 새로운 분야에 대한 접근 방식을 전파하고 확장한 것이다. 뱅가드는 인덱스펀드를 대중에게 소개했고, 디멘셔널펀드어드바이저는 인덱스 투자가 새로운 투자 방식이 될 수 있다는 것을 보여주었다. 하지만 뱅가드와 디멘셔널펀드어드바이저의 활동은 대체로 웰스파고, 아메리칸내셔널뱅크오브시카고 그리고 배터리마치가 처음으로 세운 토대에 기초한 자연스러운 발전 단계였다.

다음 발전 단계는 웰스파고의 원자 폭탄(인덱스펀드)에 맞먹는 수소 폭탄(ETF, 상장지수펀드)의 개발이었다. 이것은 금융시장 역사에서 판도를 바꾸어놓은 엄청난 변화이자 오늘날에도 우리가 이해하려고 애쓰는 복잡한 결과를 파생시키는 투자 방식이다. 웰스파고의 내로라하는 경제학자들이 최초의 인덱스펀드 개발에 도움을 주었지만 인덱스펀드의 돌연변이라고 할 수 있는 상장지수펀드가 금융업계의 평범한 사람들에 의해 만들어졌다는 것은 역설이 아닐 수 없다.

TRILLIONS

3부

투자의 혁명,
상장지수펀드

11장

상장지수펀드
'스파이더'의 탄생

평소처럼 존 보글은 오전 7시 정각에 사무실에 도착해 밸리 포지의 뱅가드 본사에서 힘든 하루를 준비하고 있었다. 하루 일정을 살펴보다가 그는 흥미로운 약속을 발견했다. 바로 아메리카증권거래소의 상품 개발 책임자인 네이선 모스트의 방문이었다.

안경을 쓴 친절한 아저씨 같은 전 잠수함 선원인 모스트와 보글은 서로 죽이 잘 맞았다. 그들은 비슷한 세대였고 둘 다 정장을 싫어했으며 대부분의 월스트리트 영업사원처럼 말솜씨가 좋았다. 점잖은 모스트가 존 보글보다 더 부드러운 어조로 말했지만 보글은 그의 솔직한 태도, 성격 그리고 두드러진 지적 능력을 높이 평가했다. 보글은 1주일 전에 모스트가 편지를 통해 대략적으로 설명한 논의 주제에 관심이 있었다. 하지만 모스트를 만난 보글은 그의 제안을 거절하고 돌려보냈다.

보글은 "네이선 모스트는 점잖은 신사였지만 그의 제안은 내가 좋아하는 것과 완전히 반대였습니다."라고 나중에 말했다.[1] 뱅가드와 자산운용업계 입장에서 모스트의 아이디어를 거절한 것은 순간의 잘못된 선택이었다. 이것은 존 보글이 강제로 은퇴당한 직후에 뱅가드가 서둘러 번복하고자 했던 결정이었다.

모스트는 역사와 전통을 자랑하지만 어려움을 겪고 있는 아메리카증권거래소의 운명을 부활시킬 대담한 아이디어를 가지고 있었다. 이를 위해 모스트는 뱅가드의 인덱스펀드 자체를 다른 보통 주식처럼 온종일 거래할 수 있도록 만들고 싶었다. 그렇게 되면 투자자들에게 더 많은 거래의 유연성을 제공할 수 있고, 훨씬 광범위한 잠재 이용자들이 뱅가드의 고객이 될 수 있다고 모스트는 주장했다.

보글은 모스트의 말을 열심히 들었다. 그는 몇 가지 해결해야 할 실질적인 문제들에 관해 설명했다. 하지만 문제가 해결된다고 해도 동업에는 관심이 없다고 모스트에게 직설적으로 말했다.[2] 보글은 모스트가 제안한 상품들이 투자자를 위한 장기 상품인 뱅가드의 인덱스펀드를 헤지펀드와 매우 적극적인 시장 참여자들의 투기 수단으로 변질시킬 것이라고 우려했다. 그는 모스트에게 "당신은 사람들이 S&P를 거래할 수 있기를 바라고 있어요. 하지만 나는 사람들이 주가 지수를 사서 절대로 팔지 않기를 원합니다."라고 말했다.[3]

모스트가 보글에게 설명한 상품은 나중에 상장지수펀드로 발전했다. 상장지수펀드는 투자 역사에서 가장 큰 영향력을 가진 발명품이었고, 지수 투자에서 인덱스펀드의 뒤를 잇는 다음 단계 혁명이었다.

상장지수펀드는 레고Lego 블록처럼 다양한 조합이 가능하다는 특성 때문에 오늘날 초기의 인덱스펀드보다 금융을 훨씬 더 크게 변화시키고 있다. 상장지수펀드 덕분에 복잡한 헤지펀드부터 평범한 저축 생활자에 이르기까지 모든 사람이 더 전략적으로 투자하거나 복잡한 투자 포트폴리오를 구축할 수 있다. 상장지수펀드의 급격한 성장은 거래소와 시장을 재편하고 투자업계를 흔들어놓고 있다. 그리고 우리가 겨우 이해하기 시작한 방식으로 기업들의 지배구조에 더디지만 확실하게 영향력을 행사하기 시작했다.

그 당시에는 보글도 모스트도 자신들의 만남이 얼마나 중요한지 알지 못했다. 두 사람은 우호적으로 헤어졌고 보글은 뱅가드의 다음 이사회에서 대화 내용을 자세하게 보고하고 자신이 모스트의 제안을 거부한 이유를 간략하게 설명했다. 그 당시 뱅가드의 이사였던 버턴 말킬의 기억에 따르면 보글은 "도대체 누가 오전 10시 30분에 시장을 산 다음 오후 1시에 팔려고 할까요. 이것은 정말 미친 짓입니다. 단지 사람들을 위험한 방향으로 이끌어가는 수단일 뿐입니다. 많은 사람이 돈을 잃을 것입니다."라고 이사회에 불평을 늘어놓았다.

공교롭게도 말킬은 아메리카증권거래소의 신상품위원회의 위원장을 맡고 있었고 모스트의 아이디어가 가진 가능성에 매료됐다. 말킬은 보글이 기회를 붙잡지 않으리라 짐작은 했지만 오랫동안 보글의 결정을 안타까워했고 그가 저지른 가장 큰 실수라고 생각했다. 말킬은 말했다. "보글은 확고한 주관이 있었고 처음의 생각을 바꾸지 않았습니다. 그는 그 당시 상장지수펀드에 대해 소심한 반대자였고 평생 반대자로 남았습니다."

사실 보글은 말년에 마지못해 상장지수펀드에 대한 비판을 누그러뜨렸다. 그는 거래의 편리함이 불러올 수도 있는 과도한 거래 행위에 여전히 강력하게 반대했지만 상장지수펀드가 더 많은 사람들을 인덱스 투자 혁명으로 끌어들이는 효율적인 방법이라고 생각하기 시작했다. 하지만 사망 직후에 출간된 자서전을 보면 보글은 상장지수펀드가 보여준 급격한 성공을 달가워하지 않았다.

보글은 "상장지수펀드에 관한 아이디어(그들의 만남에서 모스트가 제안한)가 10년 만에 인덱스 투자의 본질뿐만 아니라 투자 분야 전체를 바꿀 촉매가 되리라고는 생각하지 못했습니다."라고 인정했다.[4] "나는 상장지수펀드를 만든 네이션 모스트의 선구자적 아이디어가 21세기 들어 지금까지 가장 성공적인 금융 분야의 마케팅 아이디어라고 주저 없이 이야기할 수 있습니다. 하지만 상장지수펀드가 21세기의 가장 성공적인 투자 아이디어로 입증될지는 조금 더 지켜봐야 합니다."

～⌣～

인덱스펀드의 역사에서 우리가 알고 있는 많은 인물들처럼 모스트도 전혀 예상하지 못한 혁명가였다. 지적이었지만 지극히 평범한 전직 물리학자였던 모스트는 여러 직업을 전전한 후에 인생 후반에 금융업계에 뛰어들었다.

모스트는 1914년 3월 22일에[5] 동유럽에서 집단 학살을 피해 도망친 유대인 부모에게서 태어났다.[6] 그는 캘리포니아에서 성장했고 학교 성적도 좋아 UCLA에 진학했다. 하지만 대공황 때문에 물리학 박사학위 과정을 중단하고 라자루스Lazarus 가족이 운영하는 무역회사인 게츠브로스Getz Bros.에서 일하기 시작했다. 그의 업무는 동아시아에서 생겨나기 시작한 영화관에 음향 장비를 판매하는 것이었다.

그리고 전쟁이 일어났고 모스트의 경력은 또다시 단절됐다. 그는 상하이가 일본의 손에 들어가기 전에 상하이를 마지막으로 떠난 민간인 중한 명이었다. 그리고 진주만 공습이 미국을 격분시키자 그는 태평양에서음파로 잠수함을 탐지하는 기술을 개발하는 일을 하게 됐다.

전쟁이 끝난 후 그는 게츠로 돌아와 메이 라자루스May Rose Lazarus와 결혼했고 가족의 사업을 맡게 됐다.[7] 그는 홍콩과 필리핀의 모든 사업을 관리했고 그 지역의 공장과 창고를 방문하기 위해 태평양을 가로질러 출장을다녔다. 그는 원자재의 채굴과 정제 과정부터 지역 상업은행을 통한 금융 업무에 이르기까지 공급망 전반을 잘 이해하게 되었다.

불행하게도 그는 게츠를 경영하는 라자루스 가문과 사이가 나빠졌다.이 때문에 1950년대 말에 게츠에서 쫓겨났고 결국 메이와 이혼했다.[8] 이후에도 모스트는 여러 곳을 떠돌아다니면서 좌절감을 맛보았다. 1965년부터 1970년까지 그는 퍼시픽베지터블오일Pacific Vegetable Oil의 수석 부사장으로 일했지만 회사가 망했다.

그 후에 모스트는 아메리칸임포트컴퍼니American Import Company의 부사장이 되었다. 1974년부터 1976년까지 모스트는 퍼시픽상품거래소Pacific Commodities Exchange의 사장으로 일했다. 퍼시픽상품거래소는 1976년에 문을닫았다.[9] 이 회사의 주요 사업은 야자유 선물이었고 1970년대 중반에 세계적인 가뭄이 끝나면서 가격이 곤두박질치자 선물중개인들 가운데 상당수가 망했다.[10]

모스트는 미국 선물시장을 감시하는 규제기관인 상품선물거래위원회Commodity Futures Trading Commission에서 상대적으로 낮은 직책인 기술보조원 자리를 받아들였다. 그는 상품선물거래위원회에서 1년 정도 일했고 1977년에 아메리카증권거래소가 새로운 거래소에서 상품옵션commodity option(기초

자산이 곡물, 금, 은 등과 같은 일반상품인 옵션-옮긴이) 개발 책임자로 그를 채용했다. 이것도 얼마 되지 않아 흐지부지됐지만 모스트는 파생상품 개발부의 책임자로 일자리를 유지했다.[11]

뉴욕증권거래소만큼 오래된 아메리카증권거래소는 맨해튼의 브로드 스트리트Broad Street의 야외에서 거래하던 장외 거래인들에 의해 1908년에 설립됐다. 1920년에 《먼시즈 매거진》Munsey's Magazine은 "거래소의 혼란스러움은 먹이 주는 시간 직전에 야생동물 우리에서 나오는 깊은 목구멍의 으르렁거림, 육중한 분노의 중얼거림, 기쁨의 고함, 비명 등 한마디로 광란의 울음소리와 같다."라고 생생하게 묘사했다.[12]

장외 거래소는 1921년에 실내로 이전했지만 1953년에 공식적인 이름으로 바뀌기 전까지 오랜 기간 '커브거래소Curb Exchange'라고 알려졌다. 1970년대에 아메리카증권거래소는 미국에서 두 번째로 큰 거래소가 됐고 '빅 보드Big Board'라고 불리는 뉴욕증권거래소에 상장할 준비가 안 된 기업들을 위한 거래소 역할을 했다. 하지만 아메리카증권거래소는 여러 가지 비리 문제와 함께 월스트리트에 있는 뉴욕증권거래소와 전자 거래 시스템을 갖춘 신생 거래소인 나스닥NASDAQ으로 거래 물량이 이동하면서 어려움에 빠졌다.

1980년대에 아메리카증권거래소는 거래소를 부활시킬 방법으로 파생상품을 활용했지만 여전히 힘들었다. 아메리카증권거래소는 쇠락하는 운세를 되살리기 위해 뭔가가 절실히 필요했다.

우연히도 월스트리트에 닥친 최악의 주가 폭락이 모스트와 아메리카증권거래소에 기회를 가져다주었다.

1987년 10월 19일 월요일, 뉴욕 증권시장의 주가가 대폭락한 블랙 먼데이로 수천 개 기업이 파산하고 수많은 실업자가 생겨났다. 전 세계의 경제도 큰 타격을 받았다. 이번 시장의 하락이 심각하고 갑작스러워 조사가 필요했고, 이에 따라 이듬해 2월에 증권거래위원회Securities and Exchanges Commission는 분석 결과를 공개했다. 금융 감시 당국의 보고서는 블랙 먼데이의 주가 폭락 원인이 대체로 포트폴리오 보험portfolio insurance(선물옵션과 같은 파생상품의 매도와 매수를 통해 시장 가격이 상승할 때는 전체 포트폴리오가 함께 상승하도록 만들고 시장 상황이 하락할 때는 어느 선에서 하락을 멈추게 하는 투자 기법-옮긴이)이라는 알고리즘 기반의 자동화된 거래 전략 때문이라고 밝혔다.

포트폴리오 보험에는 시장이 일정 수준 이상 하락하면 주가 지수 선물을 매도하는 연기금과 보험사 같은 투자자들이 포함돼 있었다. 이것은 이론상으론 하락에 대비해 포트폴리오를 보호하는 보험 같은 것이다. 하지만 블랙 먼데이에 선물 매도가 이를 흡수할 시장의 수용력을 넘어서면서 주요 증권거래소에 영향을 미쳤고 결국 이것이 더 많은 자동화된 선물 매도로 이어졌다. 즉 끔찍한 폭락이 금융의 심장마비를 불러일으키는 연쇄 반응으로 이어진 것이다.

흥미롭게도 증권거래위원회의 철저한 사후 분석에는 시선을 끄는 내용이 포함돼 있었다. 보고서의 3장에서 대안적 접근법이 검토되어야 한다고 주장하는 대목이었다. 만약 거래자들이 주식 바스켓(10개 이상의 주식 조합) 전체를 거래하는 단일 상품으로 눈을 돌릴 수 있다면 선물시장과 개별 종목 사이의 충격을 흡수하는 기능을 제공함으로써 혼란을 줄일 수도 있을 것이라고 제안했다. 모스트의 젊은 동료인 스티븐 블룸은 모스트의 사무실로 달려와 "여기에 우리가 비집고 들어갈 허점이 있어요."라고 말했다.[13]

모스트와 블룸은 잘 어울릴 것 같지 않은 사람들이었다. 블룸은 최근에 하버드대학교에서 경제학 박사학위를 받고 금융계에 입문했다. 모스트는 증권거래위원회 보고서가 공개됐을 때 73세였던 반면 블룸은 20대 후반이었다.[14] 하지만 그들의 협력은 매우 좋은 결과로 이어졌다. 블룸의 체계적인 두뇌가 모스트의 재치와 창의성을 완벽하게 보완해주었다. 한 잡지는 블룸에 관해 "그와 이야기하고 있으면 우리는 안경 뒤에서 뇌 신경이 움직이는 소리를 들을 수 있습니다. 그의 머리는 초고속으로 돌아가는 것 같아요."라고 설명했다.[15] 모스트는 순수한 창의적 활동에서 전율을 느끼는 것 같았다. 그는 "당신이 만든 상품이 거래소에서 거래되는 것을 보고 있으면, 투자 세계에서 대부분의 사람들이 결코 경험하지 못한 그 상품에 대한 진정한 애착을 느낄 겁니다."라고 말했다.

다행히 그들의 상사들도 비슷한 성향의 사람들이었다. 모스트와 블룸의 직속 상관은 아메리카증권거래소가 파생상품 전반을 감독하기 위해 1987년에 뉴욕증권거래소에서 데리고 온 전 해군 비행 조종사인 아이버스 라일리였다. 그는 아메리카증권거래소에 활력을 불어넣어 운명을 바꿀 상품을 찾고 있었다. 라일리는 전체 시장을 대표하는 하나의 주식처럼 보이면서 그런 맛과 냄새 그리고 느낌이 나는 금융상품의 잠재력을 재빨리 알아봤다. 모스트가 제안한 아이디어는 시간이 지나면서 많은 유사 상품과 파생상품의 기초가 될 수 있는 완전히 새로운 상품이었다.[16]

그는 모스트와 블룸을 전폭적으로 지원했다.

말킬은 "조직의 생존은 혁신에 달려 있었죠. 그리고 우리에게 다행인 것은 뉴욕증권거래소가 혁신적인 조직이 아니라는 사실이었습니다."라고 말했다.

하지만 증권거래위원회가 애매모호하게 요청한 것과 비슷한 상품을 만들려는 두 사람의 첫 번째 시도는 실패로 돌아갔다. 더구나 아메리카증권거래소 외에 다른 거래소들도 수익 증대가 절실히 필요했고 인덱스펀드의 엄청난 잠재력을 알고 있었다.

필라델피아증권거래소는 미국에서 가장 오래된 거래소다. 1790년에 설립된 필라델피아증권거래소는 19세기 철도 건설 붐이 일어났을 때 건설 자금을 조달하는 데 중요한 역할을 했다. 하지만 뉴욕증권거래소가 미국의 금융 중심지로 떠오르면서 필라델피아증권거래소는 점차 힘을 잃어갔고 1970년에 철도 사업자인 펜 센트럴Penn Central의 파산으로 큰 타격을 입었다. 그 당시 펜 센트럴의 파산은 미국 역사상 가장 큰 기업의 파산이었다. 펜 센트럴은 필라델피아증권거래소에 상장된 주식 가운데 시가총액이 가장 컸다. 필라델피아증권거래소는 파생상품 시장에 적극적으로 진출해 최악의 상황은 피했지만, 경쟁 거래소에 인수당하지 않으려면 아메리카증권거래소와 마찬가지로 운명을 건 혁신이 필요했다.

그때 블랙 먼데이에 대한 증권거래위원회의 상세한 분석 보고서가 그 기회를 제공했다. 그 보고서가 공개되기 몇 달 전에 필라델피아증권거래소는 CIPs^{Cash Index Participation Shares}라고 불리는 상품에 관한 투자설명서를 제출했다. CIPs는 주식과 파생상품의 특성을 모두 가지고 있는 혼합형 증권으로 S&P500의 성과를 체계적으로 추종하도록 설계돼 있었다.

필라델피아증권거래소의 계획이 공개되자 경쟁 거래소들도 앞다퉈 똑같이 따라 했다. 모스트와 블룸은 물론 시카고옵션거래소^{Chicago Board Options Exchange}도 유사한 상품에 대한 투자설명서를 재빨리 제출했다. 명칭은 CIPs와 조금 다른 IPSs ^{Index Participation Shares}로 알려졌다. 1989년에 필라델피아증권거래소는 새로운 상품 거래를 시작했고 단기간에 성공을 거뒀다. 그러자 경쟁자들과 규제 당국이 그들을 방해했다.

다른 대부분의 국가와 달리 미국은 주식 등 대부분의 금융 거래를 감독하는 증권거래위원회와 선물, 스와프 그리고 옵션과 같은 파생상품 시장을 규제하기 위해 1974년에 설립된 상품선물거래위원회가 어정쩡하게 금융시장을 나누어 담당했다. 선물과 옵션 같은 파생상품은 상품 거래에서 압도적으로 많이 이용됐다. 몇몇 옵션은 증권거래위원회의 감독을 받았지만 상품선물거래위원회는 늘 자신들의 영역을 열성적으로 보호했고 모든 선물, 심지어 주식과 연관된 선물에 대해서도 통제권을 주장했다.

상품선물거래위원회는 IPSs가 사실상 선물 계약이며 따라서 자신들이 규제하는 선물거래소에서만 거래되어야 한다고 목소리를 높였다. 주식과 파생상품의 혼합형이라는 점을 고려할 때 그렇게 말하는 것이 불합리한 것도 아니었다.[18] 실제로 시카고의 연방 판사는 상품선물거래위원회의 손을 들어주었고 초기 형태의 상장지수펀드 상품들은 사라졌다.

아메리카증권거래소는 단념하지 않고 규제의 장애물을 극복할 뭔가를 단호하게 밀고 나갔다. 상품선물거래위원회가 IPSs를 모두 없애버렸을 당시 모스트는 75세였다. 모스트의 동료들은 고령에도 불구하고 그의 활기 넘치는 열정과 매일 아침 6시에 출근하는 업무 태도 그리고 주체할 수 없는 자신감에 놀라워했다. 한 동료는 모스트가 어느 월요일 아침에 팔에 삼각건을 메고 사무실에 출근한 일화를 기억했다. 주말에 가지치기를 하다 나무에서 떨어져 팔을 다쳤다며 모스트가 유쾌하게 말했다고 했다. 대부분의 70대 노인들은 엄두도 내지 못하는 일이었다.

전자공학을 공부한 모스트의 학문적 배경도 상장지수펀드 발명으로 이어지는 촉매가 되었다. 태평양 주변의 국가들을 여행하는 동안에 그는 중개상들이 거추장스럽게 야자유, 원유 또는 금괴의 실물을 사고파는 대신 상품이 보관된 창고 예치 증권을 사고파는 방법의 효율성을 알게 되었다. 이것은 창의적인 금융공학자들에게 다양한 기회를 열어주었다.

모스트는 "상품을 창고에 보관하면 예치 증권을 받습니다. 그리고 예치 증권을 담보로 돈을 조달할 수 있고요. 예치 증권을 팔거나 아니면 그것을 활용해 많은 것을 할 수 있습니다. 항상 상품을 이동시킬 필요가 없지요. 상품을 보관한 다음 단순하게 예치 증권을 거래하면 되는 것이죠."라고 말했다.[19]

모스트의 독창적인 아이디어는 창고 예치 증권 거래의 기본 구조를 어느 정도 유사하게 모방한 것이었다. 아메리카증권거래소는 S&P500 주식을 보관할 수 있는 일종의 합법적인 창고를 만들 수 있고, 사람들이 거래할 수 있도록 창고에 등록된 주식의 목록을 만들어 상장시킬 수 있었다. 새로운 형태의 주식 창고인 상장지수펀드는 포트폴리오 거래의 성장과 기술적 발전과 잘 알려지지 않은 현물거래의 특성을 이용한 것이었다.

포트폴리오 거래는 20년 전 웰스파고가 처음으로 만든 거대한 주식 바스켓을 동시에 사고파는 것을 말한다. 한마디로, 상장지수펀드는 어떤 펀드의 주식을 현금이 아니라 펀드에 포함된 주식에 상응하는 주식 바스켓으로 교환하는 '현물거래'라 할 수 있다. 또는 투자자가 기초자산 종목의 정확한 비율에 따라 만든 주식 바스켓을 펀드의 주식과 교환할 수 있다.

주식을 거래하는 시장조성자, 즉 거래소에서 매수자와 매도자를 연결해주는 증권회사들은 수요에 따라 이런 주식들을 발행하거나 환매할 수 있는 권한을 부여받는다. 이들은 창고(상장지수펀드)와 창고가 보관하고 있는 주식(기초자산) 가격 사이에 발생할 수 있는 모든 가격 차이를 이용할 수 있다. 이것은 상장지수펀드가 자산 가격에 따라 계속 거래할 수 있도록 도와주는 차익거래의 기회가 된다.

상장지수펀드를 발행하고 환매하는 멋진 과정을 통해 온종일 끊임없이 들어오고 나가는 현금을 계산하는 복잡하고 번거로운 문제를 피할 수 있었다. 이것은 보글이 우려했던 중요한 현실적 문제 중 하나였다. 기본적으로 투자자들은 자신들끼리 보관 창고의 주식을 서로 사고팔거나 창고로 가서 자신들의 주식을 창고가 보관하는 주식의 일부와 교환할 수 있다. 아니면 투자자들은 적합한 여러 종목의 주식 바스켓을 창고의 주식과 교환할 수도 있다. 더구나 창고의 주식을 발행하거나 환매할 때 돈을 주고받지 않기 때문에 투자자가 실제로 자신의 주식을 팔 때까지 양도소득세를 이연할 수 있다. 이런 부차적인 세금 효과는 미국에서 상장지수펀드의 성장에 매우 중요한 역할을 했다. 투자자들은 상장지수펀드를 실제로 매도할 때만 자본소득에 대한 세금을 냈다.

거래소로서 아메리카증권거래소는 이런 상품 자체를 운용하기 위해 어려움을 겪을 수도 있었다. 어쨌든 아메리카증권거래소는 상품 거래에서 발생하는 수익에만 관심이 있었다. 그래서 아메리카증권거래소는 상품을 운용할 동업자를 찾기 시작했다. 보글을 찾아간 모스트는 크게 실망했다. 기관투자가가 주요 고객인 인덱스펀드 분야에서 전문성을 고려할 때 웰스파고가 가장 적합한 동업자였다. 하지만 미국 서부에 있는 웰스파고는 아메리카증권거래소의 쥐꼬리만 한 출장 예산으로 찾아가기에는 거리가 너무 멀었다.[20]

그래서 모스트는 가까운 지역의 투자회사들을 찾아다니기 시작했다. 그는 가장 가까운 곳에 있었던 뉴욕은행Bank of New York을 먼저 방문했다. 그 당시 아메리카증권거래소와 뉴욕은행의 본사는 월스트리트의 트리니티교회Trinity Church를 내려다보면서 서로 맞은편에 자리 잡고 있었다. 하지만 뉴욕은행의 관료주의 때문에 최초로 상장지수펀드를 운영하는 일은 스테이트스트리트의 몫으로 돌아갔다.[21] 보스턴에 본사가 있는 스테이트스트리트는 아메리카증권거래소에서 멀지 않은 곳에 월스트리트 사무실이 있었다. 스테이트스트리트는 자산운용사인 스테이트스트리트글로벌어드바이저State Street Global Advisor를 통해 인덱스 투자 분야에서 중요한 핵심 회사로 발전했다. 결과적으로 이것은 뉴욕은행이 훗날 땅을 치고 후회할 결정이 되고 말았다.

스테이트스트리트에서 펀드 사업을 담당했던 글렌 프랜시스Glenn Francis, 미국 펀드 투자 서비스 책임자인 캐슬린 쿠콜로Kathleen Cuocolo 그리고 스테이트스트리트글로벌어드바이저의 인덱스펀드 운용자였던 더글러스 홈스Douglas Holmes는 모스트의 아이디어를 특히 좋아했다. 하지만 은행의 모든 사람이 모스트의 아이디어를 금융상품화하는 것에 찬성한 것은 아니었다. 프로젝트가 실패로 끝나면 관련자들이 미래의 일자리를 걱정해야 하기 때문이다. 그 당시 스테이트스트리트의 젊은 경영진으로 나중에 프로젝트에 합류한 짐 로스Jim Ross는 "많은 사람들이 프로젝트가 성공하기를 바랐습니다. 실패하면 직장을 잃을 위험이 있었기 때문이죠."라고 말했다.

새로운 상품의 이름을 정하는 것은 상당히 어려운 문제였다. 스테이트스트리트와 아메리카증권거래소의 팀원들은 거래하는 사람들이 쉽게 부를 수 있는 실용적인 명칭을 원했다. 해외 거래소에서 거래되는 주식의 미국 거래소 상장 주식인 미국 예탁 증권American Depository Receipts을 도입하는 데 아메리카증권거래소가 기여한 점에 영감을 받아, 그들은 스탠더드앤드푸어스 디포지토리 리시츠Standard & Poor's Depository Receipts, SPDRs로 정하기로 했다. SPDRs는 곧 시장에서 '스파이더스Spiders'라고 불리게 됐다. ◆

스파이더가 성공하려면 해결해야 할 복잡한 법적 문제와 운영상의 문제가 많았다. 스파이더에 대한 증권거래위원회의 간접적인 지원에도 불구하고 일반 투자자들에게 판매하는 모든 투자상품은 언제나 잠재적인 문제와 마주치게 된다. 스파이더 팀은 또 상품 발행과 환매 과정에서 모든 절차가 순조롭게 진행될 수 있도록 보장한 후에 증권거래위원회로부터 승인을 받아야만 했다. 1990년에 아메리카증권거래소의 신상품 개발에 합류한 전직 생화학자인 클리포드 웨버Clifford Weber는 "SPDR는 정말로

◆ 처음에 그들은 새로운 상품을 SPIRS, 즉 스탠더드앤드푸어스 인덱스 리시츠Standard and Poor's Index Receipts라고 부를 생각이었다. 하지만 거래소 영업장 주변에서 창spears(SPIRS의 발음이 spears와 비슷하기 때문이다.-옮긴이)을 던지는 무술을 연상시키는 이미지를 우려해 SPDRs로 정했다.

어떠한 규제의 틀에도 깔끔하게 들어맞지 않았습니다."라고 말했다. "증권거래위원회의 우려에 적절하게 대처하는 방법을 찾기 위해 변호사들과 정말 오랜 시간 함께 일했습니다. 이런 일은 시간이 오래 걸립니다. 피해갈 방법은 달리 없었어요."

오릭헤링턴앤드서트클리프Orrick, Herrington & Sutcliffe의 변호사인 캐슬린 모리아티Kathleen Moriarty가 이런 법적인 난제를 해결하는 임무를 맡았다. 아메리카증권거래소는 새로운 상품을 펀드와 상반되는 단위투자신탁Unit Investment Trust(일정 기간 동안 투자자에게 상환이 가능한 단위로 정해진 포트폴리오를 제공하는 투자회사—옮긴이)으로 만들기로 결정했다. 그 당시 단위투자신탁은 모스트가 개발한 상품에 추가 비용이라고 생각하는 포트폴리오 운용자나 이사회를 필요로 하지 않았다.[22] 하지만 모리아티는 1940년 제정된 투자회사법Investment Company Act에 대한 일련의 면제를 요청해야 했고, 이 과정에서 '스파이더 우먼'이라는 별명을 얻게 될 정도로 힘든 작업을 수행해야 했다. 그 사이 상품을 개발하는 비용은 계속 쌓여갔다.

1990년에 마침내 증권거래위원회에 SPDR의 허가 신청이 접수됐다. 하지만 이런 종류의 상품이 처음이라는 점에서 몇몇 감독기관 직원들의 지원에도 불구하고 스파이더가 승인을 받는 데는 오랜 시간이 걸렸다. 증권거래위원회의 시장 담당 부서의 변호사인 하워드 크레이머Howard Cramer는 스파이더의 열렬한 지지자였다. 그는 모스트와 블룸에게 영감을 준 블랙 먼데이 보고서를 작성한 사람 가운데 하나였다. 크레이머는 아메리카증권거래소의 신청 서류들을 읽어보자마자 상사의 사무실로 달려가 새로운 상품이 얼마나 획기적인지를 설명하고 빠른 승인을 요청했다. 그는 나중에 "모스트와 블룸이 SPDR의 부모라면 저는 산파였죠."라고 농

담조로 말했다.[23]

SPDR의 새로운 상품 구조는 증권거래위원회의 여러 부서와 업무적으로 연관돼 있었다. 하지만 관련된 부서 대부분은 혁신적인 상품에 대응할 준비가 안 되어 있었다. 예를 들면 SPDR의 지속적인 주식 발행과 환매는 사실상 기업공개IPO가 영구적으로 이루어지는 것이며, 통상적으로 기업공개 절차는 은행이 실사를 해야 한다는 문제점이 있었다. 크레이머는 이런 모든 과정에 대한 증권거래위원회의 철저한 검토 결과는 '분석에 의한 마비'(생각이 너무 많아 행동으로 옮기지 못하거나 결정을 내릴 수 없는 상황에 이르는 현상-옮긴이)였다고 말했다.

불행하게도 아메리카증권거래소와 스테이트스트리트만이 거래 가능한 인덱스펀드를 만들려는 유일한 투자회사가 아니었다. 승인 절차가 지연되자 다른 경쟁자들이 그들보다 먼저 당국의 허가를 받았다.

━━━◦◦◦━━━

포트폴리오 보험이 블랙 먼데이 폭락의 원인으로 질타를 받긴 했지만, 이런 개념을 만든 사람들은 그러한 비난을 두려워하지 않는 매우 창의적이고 의욕 넘치는 학자들이었다. 헤인 릴런드Hayne Leland, 존 오브라이언John O'Brien 그리고 마크 루빈스타인Mark Rubinstein은 그들의 이름을 딴 LOR 투자자문사를 설립했다. 그들은 자신들의 명성을 회복하기 위해 또 다른 아이디어를 찾아보기로 작정했다.

세 사람은 '슈퍼 셰어즈Super Shares'라고 부르는 것을 만들어보기로 했다. 슈퍼 셰어즈의 본질은 투자자들이 위험 선호도에 따라 선택하고 거래소에서 거래할 수 있도록 S&P500 전체를 여러 수익 부문으로 나누는, 창의적이지만 골치 아플 정도로 복잡한 투자상품이었다. 그 핵심에는 인덱스 트러스트 슈퍼 유닛Index Trust Super Unit이라고 불리는 것이 있었다. 이것은 어떤 면에서 나중에 상장지수펀드로 알려진 것과 유사했다.[24]

광범위한 규제 문제를 뛰어넘은 뒤 1992년 11월에 이 펀드가 출시됐고 처음에 약 20억 달러의 자금을 유치했다. 하지만 펀드가 너무 복잡해 투자자들과 중개인들에게 관심을 받지는 못했다. 새로운 펀드 인수를 거절한 한 금융 전문가는 "당신이 이 상품을 설명한다고요? 잘 해보세요." 라고 슈퍼 트러스트에 관한 기사를 쓰려는 〈뉴욕타임스〉 기자에게 말했다.[25] 슈퍼 트러스트가 SPDR보다 먼저 출시됐고, 슈퍼 트러스트의 일부 혁신적인 법률 절차가 다음에 출시될 상품에 대한 길을 열어주었지만 슈퍼 트러스트는 거의 거래되지 않았고 1995년에 사실상 청산되었다.

너무 복잡한 상품 구조에 따른 저조한 성과였지만 이는 모스트와 블룸에게는 위로가 되지 못했다. 그들은 이미 용기 있는 캐나다 사람들이 아메리카증권거래소보다 먼저 최초의 상장지수펀드를 출시하는 것을 지켜봤기 때문이다. 캐나다의 금융산업은 미국보다 규모가 작았고 경쟁도 심하지 않았다. 게다가 규제 당국도 훨씬 유연했기 때문에 미국보다 상장지수펀드를 먼저 출시할 수 있었다.

캐나다의 상장지수펀드 출시는 대체로 아메리카증권거래소의 창고 예치 증권의 개념에 근거한 것이었고, 토론토주식거래소Toronto Stock Exchange의 적극적인 지원을 받았다. 실제로 직접적인 경쟁자가 아니라는 점에서 아메리카증권거래소는 토론토증권거래소에 세부 문제에 관한 자문을 기꺼이 제공했다.[26] 캐나다의 상장지수펀드는 캐나다에서 가장 큰 35개 주식만 추종했는데, 전체 S&P500을 추종하는 것보다 훨씬 수월했다. 하지만 캐나다의 대표 주가 지수인 토론토증권거래소 400 종합주가지수의 실적을 매우 비슷하게 따라갔다.

1990년 3월 9일에 토론토증권거래소는 세계 최초의 성공적인 상장지수펀드로 알려진 TIPSToronto 35 Index Participation Fund로 불리는 상품을 공개했다. 미국보다 유연한 규제 당국 덕분에 캐나다가 최초로 상장지수펀드를 출시했지만, 상장지수펀드에 대한 설계는 아메리카증권거래소와 스테이트스트리트 스파이더 팀의 노력에서 영감받은 것이었다.* 게다가 캐나다의 상장지수펀드는 크게 성공하지 못했다. 토론토증권거래소의 상장지수펀드는 처음에 캐나다 금융기관들로부터 1억 5천만 달러를 유치했다. 그러나 일반 투자자들 사이에서는 기대했던 만큼의 자금을 끌어들이지 못했다.

상장지수펀드 혁명의 첫 번째 총성은 캐나다에서 울렸다. 하지만 상장지수펀드가 일반 대중에게 큰 인기를 얻기 위해서는 여전히 세계 최대 금융시장인 미국에서 성공적 출범이 필요했다.

⌒‿⌒

◆ 현재는 토론토도미니언은행Toronto Dominion Bank의 인덱스펀드 책임자이지만 그 당시 실험적인 상장지수펀드 팀의 신입 사원이었던 피터 헤인즈Peter Haynes는 그들이 실질적으로 스테이트스트리트와 아메리카증권거래소의 펀드 설계를 그대로 따라 했고, 단지 보다 협조적인 캐나다 규제 당국 덕분에 결승선에 1등으로 도달했다는 사실을 인정했다. "미국 증권거래위원회는 시간이 오래 걸렸고 우리는 유사한 상품이 캐나다에서 성공할 것으로 생각했습니다. 그래서 우리가 토론토 증권거래위원회에 찾아갔을 때 일이 상당히 빨리 진행됐습니다."

SPDR의 지지자들은 캐나다가 미국이 발명한 상품을 베껴 재빨리 시장에 출시하는 것을 지켜보면서 짜증이 났다. 다행스럽게도 증권거래위원회의 회장인 리처드 브리든Richard Breeden도 그들을 지지했다. 증권거래위원회는 무려 2년 동안 사소한 세부 사항부터 상장지수펀드의 발행과 환매에 관한 중요한 문제에 이르기까지 다양한 측면에서 열띤 논쟁을 벌였다. 그리고 이런 교착 상태를 타개하기 위해 마침내 리처드 브리든이 전체 회의를 소집했다.

아메리카증권거래소, 스테이트스트리트 그리고 그들의 변호사인 모리아티가 소속된 SPDR 연합 팀이 증권거래위원회의 본사에 도착했을 때 그들은 평상시에 사용하는 칙칙한 회의실이 아니라 대규모 공개 행사에 사용하는 커다란 회의실로 안내받았다. SPDR 팀은 회의실에서 증권거래위원회의 개별 관련 부서 대표들이 앉아 있는 테이블과 관련 변호사들을 위해 마련한 참관인석을 마주 보고 앉았다. 라일리는 나중에 "우리가 그 회의실을 떠나기 전에 사자들이 우리에서 풀려나는 것을 보게 되리라 기대했습니다."라고 농담조로 이야기했다.[27] 회의는 성공적이었고 1992년 12월에 증권거래위원회는 마침내 상장지수펀드의 출시를 승인했다.

다음 단계는 아메리카증권거래소에 상장하고 거래하기 위한 SPDR를 준비하는 것이었다. ◆ 스피어리즈앤드켈로그Spear, Leeds & Kellogg 증권사는

◆ 첫 번째 단계는 주식시장에서 사용하는 종목 코드tickers를 만드는 일이었다. 상장 주식은 월스트리트의 모든 거래용 화면에서 종목을 식별하는 데 필요한 종목 코드를 가지고 있다. S&P500 지수는 SPX라는 종목 코드를 사용했다. 그래서 SPDR의 마케팅 담당자들은 SXY라는 종목 코드를 사용할 수 있다고 제안했지만 너무 저속하다는 이유로 거절당했고 스파이더spider라는 SPDR의 별칭에 대한 동의의 뜻으로 SPY를 사용하기로 결정했다.

SPDR를 출시하는 데 중간 산파로서 중요한 역할을 했다. 초기의 SPDR를 위해 650만 달러의 자금을 조달했고[28] 상장지수펀드가 S&P500을 정확하게 추종해 거래될 수 있게 보장하는 최초의 시장조성자가 되었다. 거래소의 중개인이었던 개리 아이젠라이히Gary Eisenreich는 마지막에 법적인 문제에서 중요한 허점을 발견했다. 그것은 사람들이 증권을 공매도할 때 제한을 두는 증권거래소의 업틱 규정uptick rule(공매도할 때 직전 거래가격보다 낮은 가격으로 호가를 내지 못하게 하는 규정으로, 주가가 오른 경우에만 공매도할 수 있도록 제한을 둔 것-옮긴이)이었다. 이것은 SPDR가 올바르게 거래될 수 있도록 보장하는 시장조성자의 능력을 위태롭게 할 수도 있었다. 마지막 순간에 아이젠라이히와 모리아티는 증권거래위원회와 협력해 업틱 규정에 대한 면제권을 받아냈다.[29]

1993년 1월 29일에 SPDR는 마침내 화려하게 거래를 시작했다. 큰 비용이 들어간 실험이 성공하기를 간절하게 바라는 아메리카증권거래소는 〈월스트리트 저널〉에 자신들이 발명한 금융상품을 선전하는 전면 광고를 실었다. 거래소에 풍선으로 만든 거대한 검은 거미를 걸고 중개인들과 투자자들에게 거미를 주제로 만든 무료 기념품을 나누어주었다. SPDR는 1년에 0.2퍼센트의 수수료를 투자자들에게 부과했다. 이것은 보글의 뱅가드500 펀드와 같은 수준이었다. 그리고 첫날에 100만 주 이상이 거래되면서 SPDR의 지지자들을 들뜨게 했다.

하지만 초창기 SPDR의 활성화는 SPDR를 만드는 것보다 훨씬 더 어려웠다. SPDR가 자금을 끌어들이긴 했지만 속도가 너무 느렸다. 아메리카증권거래소가 상장지수펀드를 만든 이유는 거래량을 늘리기 위함이었지만, 거래량은 첫날에 큰 소동을 불러일으킨 이후 서서히 감소해 6월 10일에는 1만 7,900주로 최저 수준까지 떨어졌다.[30] 문제는 SPDR가 금융업계 전반의 지속적인 지원 사격을 받지 못했다는 점이다. SPDR는 뱅가드처럼 자산관리사와 중개인들에게 판매 수수료를 주지 않았다. 이것은 자산관리사나 중개인들이 굳이 새 상품을 고객에게 소개할 이유가 없다는 의미였다. SPDR는 주식처럼 거래됐지만 은행에도 인수 수수료를 지급하지 않았다. 초기 상황이 너무 좋지 않아 아메리카증권거래소는 어느 시점에서 SPDR의 폐지를 고려했다.[31] 적자를 피하려면 대략 3억 달러의 자산 규모와 많은 거래량이 필요했다.[32]

하지만 아메리카증권거래소는 아이젠라이히와 같은 외부 지지자들의 도움을 받았다. 아이젠라이히는 이른바 '칵테일 투자cocktail investing'를 통해 SPDR에 대한 확고한 생각을 전파했다. 그는 자신이 참석하는 모든 사교 모임에서 SPDR가 얼마나 훌륭한 상품인지를 열정적으로 이야기했다. 그리고 SPDR에 관해 주식중개인들에게 문의한다면 멋지고 최신 유행에 민감한 사람처럼 보일 것이라고 사람들을 독려했다. 아이젠라이히는 나중에 "나는 형편없는 영업사원입니다. 정말이에요. 하지만 확신이 있다면 다른 사람들을 잘 설득할 수 있습니다. 나는 SPDR를 우리 할머니에게도 판매할 수 있는 상품이라고 생각했어요."라고 말했다.[33]

이들의 노력은 천천히 하지만 확실하게 성과를 내기 시작했다. 1993년 여름에 SPDR의 자산 규모는 마침내 운영비를 감당할 수 있는 기준인 3억 달러를 넘어섰다. 1993년 말에는 4억 6,100만 달러에 달했다.[34] 하지만 1994년에는 자산 규모가 줄었다. SPDR는 1995년부터 다시 인기를 얻기 시작했고 계속해서 성공 가도를 달렸다.

2013년 1월 29일, 20년 전에 SPDR를 출범시켰던 남녀 관계자들이 증시 개장을 알리는 종을 치기 위해 뉴욕증권거래소에 모였다. 나이가 든 참석자들은 흰머리와 얼굴의 주름이 늘었지만 그것은 대단한 업적을 기념하는 축제의 자리였다. 모스트는 2004년에 세상을 떠나 참석할 수가 없었다.

SPDR는 그 당시 1,250억 달러 규모로 성장했을 뿐만 아니라 세계에서 가장 많이 그리고 편리하게 거래되는 주식이 되었다. 또한 오랜 시간 힘들게 상품을 만들고 설립 초기에 어려움을 겪었던 사람들에겐 대단한 자부심의 원천이 되었다. SPDR는 활기가 넘치고 여전히 성장하는 산업을 만들어낸 금융상품이었다.

초기 개척자들에게 SPDR는 처음에 펀드 설립을 위해 사용했던 이상한 신탁 구조 때문에 그들의 개인적 삶과 연계돼 있었다. 신탁의 수명은 유한한데 처음에 SPDR의 수명은 25년으로 정해졌다. 하지만 이것도 개인의 수명과 연결될 수 있기 때문에 나중에 SPDR가 설립된 해에 태어난 웨버의 딸 에밀리Emily처럼 1990년에서 1993년 사이에 태어난 11명의 자녀들과 연계시키는 것으로 수정했다.[35] 그래서 SPDR는 2118년 1월 22일 또는 신탁에서 언급된 11명 가운데 최후의 생존자가 사망한 지 20년이 되는 시점이 만기가 될 것이다. 이 둘 중 먼저 발생하는 것이 최종 만기가 된다.

치열한 내부 토론 끝에 아메리카증권거래소 팀은 그들이 발명한 금융상품에 대해 특허를 신청하지 않기로 결정했다. 이것은 엄청난 결과를 낳았다. SPDR의 공개 제안서를 고려할 때 경쟁자들이 상품을 그대로 따라 만들기가 매우 쉬웠다. 사실상 거의 모든 것이 상장지수펀드 '창고' 안에 담길 수 있었다. 지난 세월 동안 월스트리트의 금융공학자들은 미국 채권시장에서부터 위험한 은행 대출, 아프리카 주식, 로봇 산업 그리고 심지어 금융 변동성 자체까지 투자자들을 위한 상품으로 만들기 위해 금융상품의 구조를 다양하게 변형시켜왔다. 오늘날 상장지수펀드는 9조 달러 규모의 산업으로 성장했고 미국의 모든 증권거래소에서 거래되는 물량의 3분의 1을 차지하고 있다.

하지만 이것도 아메리카증권거래소를 구하기에는 역부족이었다. 2008년에 뉴욕증권거래소는 아메리카증권거래소를 2억 6천만 달러에 인수했다. 스테이트스트리트도 상장지수펀드를 개발하는 과정에서 선구자적 역할을 했지만 가장 위대한 승자가 되지는 못했다. 초기의 무관심과 상장지수펀드가 가져올 대변화의 잠재력을 이해하지 못한 문제가 복합적으로 작용하면서 스테이트스트리트는 결국 자신들의 SPDR 사업이 서부의 오래된 경쟁사인 웰스파고로 인해 빛을 잃어가는 것을 지켜봐야 했다.

나중에 스테이트스트리트의 상장지수펀드 사업 부문 회장이 된 짐 로스는 "돌이켜보면, 우리가 상장지수펀드 사업을 다르게 추진할 수 있었을까요? 물론입니다. 돈을 투자하지 않은 것은 아니지만 처음에 충분히 투자하지 못했던 거죠. 어쩔 수 없지요."라고 말했다.

12장

웰스파고인베스트먼트
어드바이저의 2.0 시대

1983년 여름에 웰스파고인베스트먼트어드바이저는 혼란 속으로 빠져들고 있었다. 1971년에 최초의 인덱스펀드 출시를 위해 논쟁하면서 견해차를 극복했던 선구자들은 모두 회사를 떠났다. 이후 10년 동안 회사는 성장했지만 투자금은 걱정스러울 정도로 빠르게 빠져나가고 있었다. 이는 웰스파고인베스트먼트어드바이저의 창의성에도 불구하고 낮은 수수료와 막대한 연구 예산이 수익 창출로 이어지지 못했다는 의미였다. 회사의 재정적 위기는 불가피해 보였고, 그럴 가능성이 컸다.

맥퀀은 오래전인 1974년에 이미 웰스파고를 떠났다. 맥퀀이 떠난 후에 모든 일을 정확하게 처리하는 제임스 버틴마저 은퇴했고 파우스만 회사에 남아 명맥을 유지했다. 하지만 웰스파고은행과 끊임없는 예산 갈등으로 인해 파우스도 결국 1983년에 회사를 그만두었다. 그는 멜런은행으로 돌아가 토머스 러브와 함께 멜런캐피털매니지먼트^{Mellon Capital} Management를 설립했다. 토머스 러브는 웰스파고에서 최초의 S&P500 펀드를 운용했었다. 또 다른 고위 경영자였던 윌리엄 얀케William Jahnke도 금융 소프트웨어 회사를 설립하기 위해 10여 명의 동료들과 함께 1983년 4월에 웰스파고를 떠났다. [1]

설상가상으로 시장은 매우 변동성이 컸다. 연방준비제도의 폴 볼커 의장은 인플레이션을 잡기 위해 금리를 전례 없는 수준으로 인상했다. 그 결과 경기가 침체에 빠졌고 그 여파는 주식시장에까지 미쳤다. 1982년 8월에 S&P500은 1960년대 말 수준으로 크게 하락했다.

1983년에 주식시장은 다시 오르기 시작했지만 상승 추세에 대한 믿음은 거의 없었다. 대신 투자자들은 하락하는 인플레이션과 여전히 높은 금리를 이용하기 위해 돈을 주식에서 채권으로 옮겼다. 이 때문에 웰스파고인베스트먼트어드바이저에서 우려스러운 수준으로 돈이 빠져나가고 있었다. 그해 여름에 웰스파고에서 인턴 생활을 하던 윌리엄 샤프의 스탠퍼드대학교 제자인 블레이크 그로스먼Blake Grossman은 "사람들은 웰스파고인베스트먼트어드바이저가 살아남을지 궁금해했어요."라고 당시를 회상했다.

사람들이 떠나가자 웰스파고인베스트먼트어드바이저는 인력이 모자랐고 처음에 임시 비서로 입사했던 전직 젊은 기자였던 패트리샤 던이 어쩔 수 없이 250억 달러 규모의 인덱스펀드를 책임지게 됐다. 던은 똑똑했고 카리스마가 있었으며 떠오르는 스타였다. 그녀는 웰스파고인베스트먼트어드바이저에서 사용하는 학술적인 전문 용어를 이해하기 쉬운 말로 설명해준 덕분에 연금 펀드 고객들에게 많은 사랑을 받았다.

하지만 그 당시 그녀는 겨우 서른 살이었고 회사를 그만둔 사람들 중 한 명인 얀케와 결혼한 사이였다. 그녀는 위기가 지나가면 자신의 지위가 강등되거나 해고될 수도 있다고 염려했다. 그래서 그녀는 웰스파고인베스트먼트어드바이저의 혼란을 둘러싼 위기감을 이용해 새로운 책임자가 고용될 때까지 연봉 1만 8천 달러에 추가로 한 달에 2만 5천 달러의 보수를 받기로 하는 협상에 성공했다. 이것은 그녀의 남편조차 놀랄 정도로 대담하고 적극적인 행동이었다. 남편은 우스갯소리로 웰스파고 역사관에 걸린 1800년대 후반 웰스파고의 마차를 강탈한 악명 높은 강도인 블랙 바트Black Bart의 초상화 옆에 그녀의 초상화가 걸릴 일이라고 했다.[2]

웰스파고인베스트먼트어드바이저와 웰스파고은행의 관계는 이미 망가져 있었다. 은행 직원들은 웰스파고인베스트먼트어드바이저의 자산관리 직원 가운데 상당수가 수익을 기록한 적도 없으면서 자신들보다 더 많은 돈을 받는 것에 오래전부터 적대감을 가지고 있었다. 한편 자산관리 직원들은 웰스파고은행 직원들을 투자 자문의 힘든 업무를 이해하지 못하는 얼간이들이라고 생각했다. 이런 혼란스러운 분위기가 이어지는 가운데 던은 상사에게 색다른 제안을 했다. 1980년에 웰스파고인베스트먼트어드바이저에서 단 8개월만 일하고 무자비하게 해고당했던 프레더릭 그라우어라는 전 임원을 다시 고용해야 한다는 것이었다.

그녀의 제안이 이상해 보였을 수도 있지만 던의 상사들은 마지못해 동의했다. 웰스파고는 그녀의 제안을 철저히 검토할 시간도 없었고 그당시 웰스파고인베스트먼트어드바이저가 처한 커다란 혼란의 소용돌이로 들어오겠다고 할 후보자도 거의 없었기 때문이다. 1983년에는 연기금을 기반으로 한 최대 인덱스펀드 운용사의 지위를 뱅커스트러스트Bankers Trust에 빼앗겼다. 이는 연기금을 위해 인덱스 투자 전략을 개발한 웰스파고 입장에서는 매우 모욕적이었다.

그라우어는 "웰스파고인베스트먼트어드바이저는 매우 큰 혼란에 빠졌습니다. 고객들과 직원들의 이탈로 인해 내부에서부터 무너질 것처럼 보였습니다."라고 당시를 기억했다. "남은 사람들은 기본적으로 제방의 구멍을 손가락으로 막고 있는 네덜란드 소년 같았습니다. 그들마저 떠나면 모든 돈이 물밀듯이 빠져나갈 것입니다. 내부 사람들은 저를 믿었습니다." 그라우어가 회사 문화에 잘 어울리는 학문적 배경을 가지고 있었고 그 자신이 인덱스 투자의 신봉자라는 사실은 많은 도움이 되었다. 그라우어는 1975년에 찰스 엘리스의 논문 〈패자의 게임〉을 읽었을 때 인덱스펀드 투자에 대한 신념을 갖게 되었다.

그라우어는 최고 관리자 이상의 능력을 입증했다. 그는 상황을 안정시켰을 뿐만 아니라 곤경에 빠진 지역 은행의 내부 투자 조직을 세계적인 자산관리회사로 바꾸어놓을 놀라운 변화를 위한 토대를 마련했다. 전 임원인 브루스 고다드Bruce Goddard는 "프레더릭 그라우어는 정말로 투자 자문업계의 판도를 바꾸어놓았습니다."라고 말했다. "그라우어가 가진 인성의 강점과 승리를 향한 강한 열망이 웰스파고인베스트먼트어드바이저의 2.0 시대를 열었습니다."

그라우어는 학문적 측면에서 어느 정도 학계의 인정을 받았지만 경력은 특별한 게 없어 보였다. 그는 브리티시컬럼비아대학교에서 경제학을 전공한 후에 시카고대학교에서 대학원 과정을 마쳤고 스탠퍼드대학교에서 박사학위를 받았다. 그리고 MIT에서 조교수를 거친 뒤 컬럼비아대학교의 경영대학원에서 부교수가 되었다.

하지만 그라우어의 아내는 샌프란시스코에서 일했다. 부부가 동부와 서부에서 영원히 따로 살 수는 없었다. 그래서 그라우어는 서부로 이사 하기로 했다. 버클리대학교가 그에게 자리를 제안했지만 그라우어는 더 실용적인 일을 해보고 싶었다. 그래서 스탠퍼드대학교 시절의 스승인 윌 리엄 샤프에게 전화를 걸어 조언을 구했다. 샤프는 그라우어에게 "당신 이 이곳으로 오고 싶다면 어울리는 자리가 한 곳 있네."라고 말했다. 샤프 의 추천을 받고 그라우어는 연기금에 포트폴리오와 현대 학술 연구에 관 한 투자 자문 업무를 담당하는 웰스파고인베스트먼트어드바이저에서 일 하기 시작했다.

그러나 그곳에서 오래 일하지는 못했다. 웰스파고인베스트먼트어드 바이저와 웰스파고은행의 고위 경영진들과 함께하는 회의에서 그라우어 는 두 회사 사이의 갈등을 모른 채 웰스파고인베스트먼트어드바이저의 투자 전략 하나를 비판하기 시작했다. 전체적인 관점에서 보면 이것은 사소한 견해 차이에 불과했다. 하지만 웰스파고의 대표들 앞에서 이런 이야기를 하는 것은 불난 집에 부채질하는 꼴이었다. 그라우어의 발언은 웰스파고은행 사람들에게 웰스파고인베스트먼트어드바이저를 공격할 수 있는 빌미를 제공하는 것과 같았다. 그라우어는 "나는 소똥을 밟지 말 라는 경고를 받지 못했죠. 그런데 결국 밟고 말았습니다."라고 후회스럽 다는 듯이 당시를 기억했다. 바로 다음 날 그는 버틴의 사무실로 불려갔 고 파우스는 그라우어를 해고했다. 막 아들이 태어난 그라우어 부부에게 그의 해고는 상당한 타격이었다.

다행스럽게도 그는 곧 다른 일자리를 구했다. 샤프는 메릴린치의 지인에게 그라우어를 소개했고, 다양한 일을 하는 조건으로 그라우어를 채용했다. 그는 월스트리트에 있는 투자회사의 서부 지사 영업 담당자였고, 부업으로 메릴린치의 연구 부서에 자문을 하고 있었다. 그라우어는 생활비는 벌 수 있었지만 사람들에게 주식 거래를 권하는 일은 한때 명성을 떨쳤던 학자가 컬럼비아대학교를 떠날 때 꿈꾸던 일과는 거리가 멀었다.

하지만 그는 이런 직업상의 좌절이 전화위복이 될 수 있다는 것을 입증했다. 영업사원으로 일하면서 그라우어는 거창한 학술 용어를 사용하지 않고 이야기를 전하는 방법을 배우게 됐다. 여기에 더해 1980년대에는 많은 전통적인 투자기관들이 스탠퍼드, 시카고 그리고 MIT 대학교에서 나오는 학술 연구에 관해 더 많은 호기심을 갖게 되었다. 그라우어는 기관투자자들에게 학술 연구의 결과를 설명하는 일에 탁월한 능력을 발휘했다. 그 대가로 고객들은 그에게 두둑한 수수료를 지급했다. 1983년에 그라우어는 미국 서부 지역에서 메릴린치의 최고 영업사원이 되었고, 1년에 50만 달러 넘게 벌었다. 그의 가장 큰 고객 가운데 하나가 웰스파고였다. 웰스파고은행은 그가 웰스파고인베스트먼트어드바이저의 옛 동료들과 관계를 회복할 수 있도록 도와주었다. 그리고 과거 그곳에서 얻은 좋은 평판 덕분에 그라우어는 1983년 9월에 아무도 예상하지 못한 웰스파고인베스트먼트어드바이저의 사장으로 복귀했다.

회사를 안정시키기 위해 발 빠른 행동이 필요한 때였다. 그라우어는 웰스파고은행을 설득해 웰스파고를 위한 새로운 방안을 만들어냈다. 웰스파고인베스트먼트어드바이저가 은행의 신탁 담당 부서가 아니라, 소유는 웰스파고은행이 하되 자체 이사회와 더 많은 결정권을 갖는 별도의 회사로 독립하는 방안이었다. 직원들의 이탈을 방지하기 위해 그라우어는 그들이 창출하는 수익의 일정 비율이나 판매 수익의 일부를 직원들이 가져간다는 합의안을 만들었다. 고객의 불안감을 완화하는 데도 성공했다. 인덱스펀드가 주로 자동 시스템에 따라 운용된다는 사실도 불안감을 해소하는 데 어느 정도 도움이 됐다. 웰스파고인베스트먼트어드바이저는 점진적으로 안정을 되찾았다. 그라우어는 "이것은 전적으로 팀의 노력 덕분이었습니다. 그리고 운이 좋았습니다."라고 말했다.

그 당시에는 아무도 몰랐지만 주식시장의 저점은 1982년 8월이었다. 연기금은 1983년의 주식시장 회복세에 관해 여전히 회의적이었다. 하지만 1984년과 1985년에 많은 연기금이 주식시장 포트폴리오의 비중이 적다고 생각하기 시작했다. 대부분의 연기금은 자금의 상당 부분을 전통적인 액티브 펀드에 넣고 있었지만 펀드를 선택하는 것은 몇 달에 걸친 면담과 조사 기간이 필요했다. 이러는 동안 주식은 계속 상승하고 있었다. 웰스파고인베스트먼트어드바이저는 연기금이 돈을 투자할 곳을 결정하는 동안에 자신들의 인덱스펀드가 저렴하고 손쉽게 주식시장에 투자할 수 있다는 사실을 강조하는 판매 전략을 내세웠다. 그 결과, 실제로 많은 연기금이 자금을 인덱스펀드에 투자했다.

1985년에 웰스파고인베스트먼트어드바이저는 처음으로 수익을 기록했다. 1980년대 후반에는 매우 빠르게 성장하면서 회사의 운명을 바꾸어 놓았다. 한때 절름발이 개로 취급받았던 웰스파고인베스트먼트어드바이저가 날렵하고 빠른 그레이하운드 사냥개처럼 보이기 시작했다. 인덱스펀드는 수수료가 매우 저렴했기 때문에 비용을 감당하기 위해서는 어느 정도 운용 규모가 필요했다. 하지만 일정 규모를 넘어서기 시작한 이후에는 비용이 크게 늘어나지 않았고 추가 매출은 순수익이 되었다.

웰스파고인베스트먼트어드바이저는 릴런오브라이언루빈스타인어소시에이츠Leland O'Brien Rubinstein Associates가 개발한 포트폴리오 보험 전략을 많이 활용했다. 하지만 1987년에 발생한 블랙 먼데이 대폭락도 회사의 성장을 둔화시키지는 못했다. ◆ 1988년에는 1,350만 달러의 수익을 달성했다.[3] 이는 끝도 없어 보이는 오랜 시간 동안의 연이은 손실과는 완전히 다른 결과였다. 그라우어는 소크라테스식의 토론과 종종 비현실적인 아이디어들을 좋아했던 고집 센 학자들의 조직을 적어도 어느 정도는 수익을 추구하는 조직으로 변화시키는 데 성공했다.

1980년에 회사를 떠났다가 1990년에 돌아온 그라우어와 가까이 지낸 고위 임원인 로렌스 틴트Lawrence Tint는 지난 10년 동안 웰스파고인베스트먼트어드바이저의 문화가 어떻게 미묘하게 바뀌었는지에 관해 이야기했다. 학문적 분위기가 완전히 바뀐 건 아니지만 직업윤리는 더욱 엄격해졌고 수익에 더 확실하게 초점을 맞추게 되었다. 틴트는 "대학보다는 골드만삭스Goldman Sachs에 훨씬 더 가까워졌습니다."라고 당시를 회상했다.

그럼에도 불구하고 웰스파고인베스트먼트어드바이저의 문화는 금융업계의 일반적인 기준보다 조금 더 부드러웠다. 직원 채용 인터뷰에서 그라우어는 점잖고 똑똑하며 야망과 열정을 지닌 사람을 원한다고 강조하곤 했다. 그는 배우 클린트 이스트우드Clint Eastwood와 프랜시스 코폴라

◆ 사실 웰스파고인베스트먼트어드바이저의 '전술적 자산 배분Tactical Asset Allocation' 펀드의 성공으로 회사의 평판이 크게 올라갔다. 미리 정해진 규칙에 따라 주식, 채권 그리고 현금 사이에 투자 비중을 조절하는 이 전략은 파우스에 의해 시작됐고 블랙 먼데이 폭락이 발생했을 당시 단지 10퍼센트만 주식에 투자하고 있었다.

Francis Ford Coppola 감독 같은 할리우드의 저명한 인사들이 자주 가는 유명한 중국 식당인 토미 토이즈Tommy Toy's에 동료들을 데리고 가 식사하곤 했다. 그 식당의 대표 메뉴인 랍스터 요리는 그라우어가 좋아하는 이탈리아 포도주로 씻어서 나왔다. 1987년에 웰스파고인베스트먼트어드바이저에 합류한 도널드 러스킨Donald Luskin은 "그라우어는 능력이 뛰어났고 카리스마가 있었습니다."라고 말했다. "나처럼 개인주의 성향이 강한 사람도 기꺼이 그의 리더십을 믿고 따랐으니까요."

그라우어는 미국 시장을 뛰어넘는 원대한 계획을 세우고 있었다. 투자산업은 역사적으로 미국에 국한되어 있었고 해외에서 성공한 회사는 거의 없었다. 미국의 자산운용사들은 거대한 내수 시장이 있기에 해외 사업에 딱히 관심이 없었다. 그라우어는 선견지명을 가지고 투자산업, 특히 인덱스펀드가 보다 국제적으로 성공하는 사업이 될 수 있으리라 확신했다.

펀드매니저들은 개별 기업과 그 기업의 영업 환경을 잘 이해하고 있어야 하는 반면 인덱스펀드는 단지 전체 시장에 대한 적절한 측정과 그 시장을 추종하기 위한 기술적 토대가 필요할 뿐이었다. 그래서 그라우어는 스테이트스트리트와 뱅커스트러스트 같은 경쟁업체들이 해외 시장에서 기회를 붙잡기 전에 웰스파고인베스트먼트어드바이저가 자문 업무를 해줄 거대한 다른 연기금을 찾아보기 시작했다.

일본이 확실한 후보 국가였지만 외국 기업들이 고전을 면치 못하는 배타적인 시장이었다. 단지 현지에 지사를 설립하는 것만으로는 성공할 가능성이 거의 없었다. 그래서 그라우어는 1989년에 회사 지분 50퍼센트를 일본의 닛코증권Nikko Securities에 1억 2,500만 달러에 매각하라고 웰스파고은행을 설득했다. 새로운 합작회사는 웰스파고닛코투자자문Wells Fargo Nikko Investment Advisors이라는 복잡한 이름으로 불렸다. 웰스파고닛코투자자문은 그 당시 700억 달러의 자산을 운용했다. 그라우어는 "지수 투자는 규모의 게임입니다. 그래서 우리는 경쟁자들보다 앞서기 위해 전 세계에서 더 많은 자산을 유치하고 싶었습니다."라고 말했다.

인덱스 투자는 일본에서 성공했지만 시기적으로 불행했다. 1990년대에 일본 경제의 거품이 붕괴됐기 때문이다. 그리고 미국의 오만한 금융기관과 일본 증권사의 결합은 문화적으로 맞지 않았다. 그럼에도 불구하고 웰스파고와 닛코증권의 합작은 일본의 연기금 자금을 끌어들이는 데 도움이 되었고, 웰스파고은행의 간섭과 지배로부터 더 많은 독립성을 확보할 수 있었다. 6년 후인 1994년에 웰스파고닛코투자자문은 1,710억 달러가량을 운용하게 됐고 세전 4,500만 달러의 이익을 기록했다.[5]

자산의 상당 부분이 인덱스펀드에 투입됐지만 웰스파고닛코투자자문은 액티브 펀드 사업에서도 점진적으로 성공을 거뒀다. 웰스파고닛코투자자문의 액티브 펀드 투자는 펀드매니저의 직관이 아니라 데이터, 컴퓨터 그리고 퀀트 투자quantitative investing로 운용됐다. 이것은 샌타모니카의 디멘셔널펀드어드바이저가 채택한 팩터 투자와 유사했지만 복잡성의 수준은 더 높았다.

인덱스 투자는 또다시 새로운 영역을 개척하기 시작했다. 개발도상국가들의 채권이나 주식 같은 훨씬 더 복잡한 시장을 복제하는 것이 목적인 패시브 전략은 1980년대에 개발됐지만 1990년대에 본격적인 인기를 얻기 시작했다. 한때 샤프의 제자였다가 1985년에 웰스파고인베스트먼트어드바이저에 합류해 1992년에 퀀트 투자팀을 이끌었던 그로스먼은 "그 당시는 인덱스 투자가 자리를 잡아가는 시기였습니다. 인덱스 투자는 1990년대 말에 핵심 전략으로 더 많이 채택되었습니다."라고 말했다.

하지만 그라우어는 여기서 멈추지 않았다. 닛코와 동업은 불편했을지 모르지만 그는 국제적으로 사업을 더욱 확장하면서 규모가 크지 않은 캘리포니아 지역의 은행인 웰스파고로부터 완전히 독립하고 싶었다. 그라우어는 "인덱스 투자의 경제성을 고려할 때 우리는 규모를 따라가는 열추적 미사일 같았습니다."라고 말했다.

인수 후보 회사는 세 곳이었다. 그라우어가 과거에 일했던 메릴린치, 경쟁 관계를 고려할 때 가능성이 적은 스테이트스트리트 그리고 영국의 바클레이즈은행Barclays Bank이었다. 결과적으로 돈이 많은 바클레이즈가 우세했고 오랜 협상 끝에 바클레이즈는 1995년에 웰스파고인베스트먼트어드바이저를 4억 4천만 달러에 인수했다. 이 거래는 엄청난 성공을 거두었고 웰스파고인베스트먼트어드바이저가 영국 시장에 진출하는 데 도움이 됐다. 하지만 영국 시장 초기의 진출 과정은 복잡했다. 그라우어는 "새로운 시장 진출은 엄청난 논란을 일으켰습니다."라고 당시를 회상했다.

웰스파고닛코투자자문은 바클레이즈의 증권 담당 부서인 바클레이즈디조트웨드Barclays de Zoete Wedd의 자산관리 조직과 합쳐졌는데 당시에 이들이 운용하는 자산 규모는 2,560억 달러에 달했다.[6] 두 조직을 합친 새로운 회사는 바클레이즈글로벌인베스터즈로 이름 붙였지만 웰스파고인베스트먼트어드바이저가 바클레이즈를 역으로 지배하는 방식이었다. 그라우어는 곧 합병된 회사를 이끌었고 본사는 샌프란시스코에 위치했다. 그리고 웰스파고인베스트먼트어드바이저의 학문적 문화가 전체 조직에 서서히 스며들었다. "바클레이즈디조트웨드는 '직감을 믿고 주식을 매수하고 점심을 먹으러 가는' 전통적인 자산관리 방식으로 운영되는 회사였습니다. 하지만 우리는 모두 데이터 분석을 중요하게 생각하는 퀀트 투자자들이었죠."라고 바클레이즈글로벌인베스터즈의 전 임원인 켄 크로너Ken Kroner는 말했다. 데이터 중심의 문화에 적응하지 못한 바클레이즈디조트웨드의 직원들은 얼마 못 가 회사를 떠났다.

╭━━━╮

하지만 그라우어 자신도 곧 회사를 떠날 운명이었다. 그는 바클레이즈와 인수 거래를 성공시키기 위해 급여를 크게 삭감했지만 3년 계약을 갱신해야 하는 시점이 다가오고 있었다. 그라우어는 이제 거대하고 성공적인 국제 투자 조직을 이끌고 있었다. 그는 새로운 계약에서 대폭적인 급여 인상을 요구하고 싶었다. 1998년 여름, 그는 글라인드본Glyndebourne에서 열린 바클레이즈 고위 임원들의 주말 모임에 참석했다. 영국 남부에 있는 600년 된 우아한 시골 저택으로 매년 여름 유명한 야외 오페라 축제가 열리는 곳이었다.[7] 나중에 그는 바클레이즈의 최고경영자 마틴 테일러Martin Taylor를 찾아가 사무실에서 차를 마시면서 새로운 계약에 관해 이야기했다. 자신의 요구가 수용되지 않을 것이 확실해지자 그라우어는 즉시 사표를 냈다.

최근 그와 함께 바클레이즈글로벌인베스터즈의 공동 최고경영자이자 공동 회장으로 승진한 그라우어의 제자인 패트리샤 던이 그를 따르지 않고 바클레이즈글로벌인베스터즈의 지배권을 장악하면서 그라우어를 화나게 했다. 그라우어는 아랫사람의 배신이라고 생각했다. 던이 테일러에게 자신은 바클레이즈에 계속 남겠다고 안심시켜서 바클레이즈가 자신과의 급여 협상에서 대담하게 나오게 만들었다고 믿었다. 바클레이즈글로벌인베스터즈를 불안정하게 만드는 것을 우려했던 그라우어는 그 당시 공개적으로는 아무 말도 하지 않았지만 이 일로 인해 던과 관계는 영원히 끝났다. 그는 "나는 그녀가 정확히 자신이 하고 싶었던 것을 알고 있었다고 생각합니다."라고 말했다. 그들 사이의 분열과 결별의 본질에 관해 던은 그녀의 전기 작가에게 "믿지 않을 수도 있지만 나는 내 인생에서 남에게 마음의 상처를 주는 일은 거의 하지 않았습니다."라고 나중에 말했다.[8]

그의 갑작스러운 퇴사는 샌프란시스코의 본사에 있는 직원들과 투자업계의 사람들에게 커다란 충격이었다. 한 투자 관련 잡지는 "왕이 죽었다. 여왕 폐하 만세!"라고 선언했다.[9] 그라우어는 혁신적이지만 어려움에 빠졌던 투자 조직을 살려내고 세계 최대의 자산관리회사로 바꾸어놓았다. 그리고 갑자기 회사를 떠났다. 고다드는 "우리는 깜짝 놀랐습니다. 하지만 우리에겐 2명의 부모가 있었고 던은 아직 남아 있었죠. 그녀는 놀라운 여성이었습니다."라고 당시를 회상했다. 그라우어는 동의하지 않을지 모르지만 바클레이즈글로벌인베스터즈에는 가장 거대하고 중요한 모험에 맞서 회사를 이끌어갈 패트리샤 던이 있었다.

임시직 비서에서 최고경영자까지 올라간 던의 이야기는 여성에 대한 기업의 사다리가 매우 불안정한 시기였고 남성 우위 사상으로 악명 높았던 금융업계의 분위기를 감안할 때 특히 놀라운 일이었다. 휴렛팩커드HP의 회장으로 일할 때 발생한 추문으로 미국의 가장 위대한 여성 기업 지도자로서 그녀의 경력에 오점이 남았지만, 바클레이즈글로벌인베스터즈에서 그녀와 함께 일했던 사람들은 예외 없이 그녀의 능력을 칭찬했다. 켄 크로너는 그녀가 놀라울 정도로 타고난 리더였다고 말했다.

던은 라스베이거스에서 성장했다. 그곳에서 그녀의 아버지는 둔스Dunes 호텔과 트로피카나Tropicana 호텔의 뛰어난 예약 담당자였고 어머니는 쇼걸이었다. 그녀가 겨우 열한 살이었을 때 아버지가 돌아가셨다. 그래서 어머니 루스 던Ruth Dunn과 3명의 어린 자식들은 샌프란시스코로 이사했다.[10] 패트리샤 던은 학업 성적이 좋아서 오레곤Oregon에서 장학금을 받고 저널리즘을 공부했다. 하지만 어머니가 알코올 중독에 빠지면서 집까지 잃게 되자 던은 학업을 중단하고 가사를 책임졌다. 나중에 그녀는 버클리대학교에서 저널리즘 공부를 마쳤지만 가족을 부양하기 위해 웰스파고인베스트먼트어드바이저에서 임시직 비서로 일하게 되었다.[11] 처음 그녀의 일은 S&P500 펀드에 대한 거래 전표를 입력하는 것이었다. 하지만 배우고자 하는 열정과 태도 덕분에 그녀에게 더 많은 일이 주어졌다. 파우스, 러브 그리고 그 당시 남편인 얀케가 1983년에 갑자기 회사를 떠나게 됐을 때 250억 달러의 인덱스펀드를 책임지게 된 것도 이런 이유 때문이었다.[12]

웰스파고인베스트먼트어드바이저에서 직장 생활이 조기에 끝날지도 모른다는 그녀의 걱정과 달리 그라우어는 그녀를 빠르게 승진시켰다. 그녀는 비행기 타는 것을 극도로 무서워해 비행 중 불안할 때마다 옆 좌석의 동료를 꽉 붙잡아야 했다. 하지만 그녀는 바클레이즈글로벌인베스터즈 지점과 고객들을 방문하기 위해 비행기를 타고 전 세계를 돌아다녔다. 러스킨은 "비행기가 난기류를 만났을 때 그녀가 내 팔을 너무 세게 붙잡아 생긴 상처가 지금도 남아 있습니다."라고 말했다.

던은 특히 사람을 다루는 재주가 뛰어나기로 유명했다. 직원들과 고객들 모두가 그녀를 좋아했다. 한번은 그녀가 아메리칸항공American Airlines을 설득해 상업용 항공편의 경로를 우회시켜 올랜도에서 열리는 마지막 회의에 참석한 일화는 회사의 전설로 남아 있다. 그녀는 나중에 크로너에게 그 이야기가 실화라고 말했지만 그 항공편의 유일한 승객이 그녀뿐이었다는 사실은 말하지 않았다.◆

그라우어가 힘으로 밀어붙이려다 실패했던 일을 그녀는 뛰어난 설득력을 발휘해 성공적으로 마무리했다. 던은 바클레이즈은행을 설득해 바클레이즈글로벌인베스터즈의 임원들에게 더 관대한 스톡옵션 프로그램을 제공하도록 했다. 덕분에 많은 임원이 부자가 되었다. 고다드는 "많은 사람들이 패트리샤 덕분에 두 번째와 세 번째 집 그리고 좋은 차를 갖게

◆ 그녀는 상사와 부하들을 관리하는 일에도 뛰어났다. 바클레이즈글로벌인베스터즈의 젊은 펀드매니저인 데이비드 부카르트David Burkart는 대규모 투자 위임 계약을 따낸 것을 축하하기 위해 던이 참석한 가운데 당구장에서 열린 2000년의 파티를 기억했다. 파티에서 즉흥적으로 개최한 당구 시합에서 부카르트가 던에게 당구 큐를 건넸고 그녀는 모든 공을 포켓에 다 집어넣고 태연하게 부카르트에게 당구 큐를 다시 돌려주었다. 다른 바클레이즈글로벌인베스터즈의 임원들은 그녀가 언제나 모든 파트너와 자녀들의 이름을 기억하는 것처럼 보였다고 회상했다.

되었습니다."라고 말했다.

하지만 1990년대 말에 바클레이즈글로벌인베스터즈는 점점 수익에 대한 압박을 받게 됐다. 인덱스펀드들이 크게 보편화되면서 치열한 수수료 경쟁에 직면했다. S&P500 지수를 추종하는 전략처럼 단순한 투자상품의 수수료는 거의 0에 가까워졌다. 투자자들의 퇴직 계좌에는 엄청난 혜택이었지만 바클레이즈글로벌인베스터즈 같은 기업들에는 심각한 문제였다. 바클레이즈글로벌인베스터즈는 실질적으로 주식의 하락에 베팅하는 펀드매니저들에게 주식을 빌려주는 '대주securities lending'를 통해 추가 수입을 창출할 수 있었다. 하지만 이 돈은 고객들과 나누어야 했고 금리가 하락하면서 이런 수입도 압박을 받기 시작했다.

많은 경쟁자들이 웰스파고인베스트먼트어드바이저가 도입한 것과 유사한 계량적인 전략을 개발하고 있었다. 그리고 당시 금융계의 모든 기업이 수학에 소질 있는 퀀트 분석가들을 서로 영입하면서 이들의 급여 상승을 부채질했다. 과거에는 퀀트 분석가들이 일할 수 있는 곳은 웰스파고인베스트먼트어드바이저뿐이었다.

이는 회사의 수익에도 큰 영향을 미쳤다. 그라우어가 회사를 떠난 해인 1998년에 웰스파고인베스트먼트어드바이저의 자산은 20퍼센트 증가해 6천억 달러에 달했지만 영업이익은 단지 2퍼센트 증가한 8,600만 달러에 불과했다.[13] 던은 회사의 성장에 활력을 불어넣을 새로운 성장 엔진을 필사적으로 찾아야만 했다. 마치 미래를 내다보는 것처럼 그녀는 몇 년 전에 모건스탠리의 부탁으로 만든 소규모 내부 사업에서 해답을 찾을 수도 있다고 생각했다.

1990년대 초반에 로버트 툴Robert Tull이라는 이름의 모건스탠리 임원은 릴런드오브라이언루빈스타인어소시에이츠의 슈퍼 셰어즈Super Shares, 캐나다의 TIPS 그리고 아메리카증권거래소/스테이트스트리트의 SPDR의 투자설명서를 열심히 연구했고 상장지수펀드라는 아이디어에 매료됐다. 로버트 툴은 이들의 아이디어를 이용해 투자은행이 상장 증권으로서 최적화된 포트폴리오Optimized Portfolios as Listed Securities, 즉 OPALS라고 부르는 것을 고안했다.

개념상으로 이것은 ETF와 유사했지만 실제로는 독일, 프랑스 또는 일본 등 여러 해외 주식시장의 수익을 추종하기 위해 모건스탠리가 만든 채무 증권이었다. 모건스탠리는 해외 시장에 대한 투자를 개척한 로스앤젤레스의 거대 투자회사인 캐피털그룹과의 합작 덕분에 여러 해외 시장의 주요 지수 사업을 지배하고 있었다. 두 회사의 합작 프로젝트는 MSCI라고 불렸고 나중에 하나의 독립 기업으로 분리됐다. 오늘날 MSCI는 세계 최대의 지수 제공 사업자 가운데 하나다.

다양한 법적 이유와 규제 때문에 OPALS는 모건스탠리의 해외 고객들만 이용할 수 있었다. 실제로 OPALS는 주식을 담고 있는 실제 펀드가 아니라 지수를 복제하기 위해 만들어진 오늘날의 합성 증권인 상장지수증권Exchange-Traded Notes의 전신으로 알려져 있다.

툴은 역사적으로 매우 엄격한 투자은행인 모건스탠리의 경영자로서 특이한 경력을 가지고 있었다. 그는 대학 교육을 받지 못했고 화물차 운전기사로 경력을 쌓은 뒤 상품중개인으로 금융업계에 처음으로 입문했다. 그러나 총에 맞고 칼에 찔려가며 농성을 해산시킨 일은 월스트리트 진출을 위한 훌륭한 준비였다고 우스갯소리를 했다. OPALS는 모건스탠리의 자금 조달 상품으로 빠르게 자리 잡았고, 툴은 미국의 투자자들을 위해서 비슷한 일을 하겠다고 결심했다. 하지만 이를 위해서는 아메리카증권거래소가 SPDR를 출시하기 위해 스테이트스트리트가 필요했던 것처럼 상품을 관리하는 투자기관이 필요했다.

그래서 툴은 던, 그로스먼 그리고 러스킨을 모건스탠리의 식당으로 초대해 해외 시장을 추종하는 여러 종류의 상장지수펀드를 어떻게 출시하고 싶은지에 관해 설명했다. SPDR는 크게 성공하지 못했지만 러스킨은 특별히 상장지수펀드 아이디어에 매우 관심이 많은 것처럼 보였다.

대학을 중퇴하고 옵션중개인이 된 러스킨은 모든 것을 끝까지 토론하고 분석하는 그로스먼 같은 전직 학자들이 지배하는 회사인 바클레이즈글로벌인베스터즈를 아니꼽게 생각했다. 하지만 러스킨을 헐뜯는 사람들조차 그가 매우 똑똑했으며 사람들에게 동기를 부여하고 거래에 관한 전문 지식을 제공한 사실은 인정했다. 또 그의 직설적인 성격이 소크라테스식의 끊임없는 토론을 좋아하는 조직에 도움이 되었다고 말했다.

러스킨은 바클레이즈의 해외 인덱스펀드를 책임지는 펀드매니저인 에이미 숄대거Amy Schioldager에게 상장지수펀드를 개발하는 실무를 맡겼다. 러스킨은 그녀에게 자세한 설명도 없이 "상장지수펀드를 만들어봐."라고 짧게 지시만 했다. 숄대거는 SPDR의 공시 서류를 읽어볼 수 있었지만 상당히 많은 세부 사항을 해결해야만 했다. 하지만 스테이트스트리트는 그당시 바클레이즈글로벌인베스터즈의 최대 경쟁자였기 때문에 전화를 걸어서 도움을 요청할 수도 없었다. 그래서 그녀와 팀원들은 모든 과정을 역으로 분석해 그대로 모방하는 방식으로 일했다.

솔대거는 정규 업무를 하고 있었기 때문에 이 일을 완수하기 위해 수 개월 동안 하루 15시간씩 일해야 했다. 그녀의 노력에 대한 보상은 일시적인 것처럼 보였다. 그녀는 상장지수펀드가 흥미로운 상품이라고 생각했다. 하지만 당시 그녀의 상사들은 대체로 상장지수펀드 개발이 모건스탠리의 요청 때문에 선의로 해주는 일이라고 생각하는 것 같았다.

이 상품은 월드 에쿼티 벤치마크 셰어즈World Equity Benchmark Shares, WEBS라고 불렸다. WEBS는 SPDR를 모방한 상품이었다. 이 상품의 투자설명서에서 현재 널리 사용되는 명칭인 상장지수펀드ETF라는 용어를 최초로 사용했다. 하지만 SPDR의 신탁 구조와 달리 상장지수펀드는 법적으로 바클레이즈글로벌인베스터즈가 관리하는 17개 MSCI 지수를 추종하는 거래 가능한 뮤추얼펀드들로 구성돼 있었다. 처음으로 상장지수펀드를 개발한 후에 아메리카증권거래소에서 은퇴했던 네이선 모스트가 WEBS의 회장으로 영입됐다.

이 상품은 1996년에 출시됐다. 하지만 SPDR가 출시 초기에 경험한 문제들을 알고 있었기 때문에 상품에 대한 기대는 높지 않았다. 처음에 WEBS는 실제로 실패작이었다. 상품을 출시한 지 3년이 지났지만 바클레이즈글로벌인베스터즈의 상장지수펀드에 들어온 돈은 20억 달러에도 미치지 못했다.[14]

20세기 말에도 상장지수펀드는 단지 36개 정도에 불과했다. 닷컴 버블이 최고조에 달했을 때 출시된 뉴욕은행의 나스닥 추종 상장지수펀드 QQQ의 대대적 성공에도 불구하고 1999년 말에 WEBS가 운용하는 자금의 규모는 단지 390억 달러에 불과했다.[15] 툴에 따르면 상품의 잠재력에 대해 비관적이었던 모건스탠리는 얼마 가지 않아 거의 명목적인 금액만 받고 상장지수펀드 사업의 지분을 바클레이즈글로벌인베스터즈에 매각했다. 상장지수펀드 사업에 들어가는 자원 가운데 일부를 회수해 수익성이 높은 주식 사업에 투입하기 위해서였다.

바클레이즈글로벌인베스터즈의 경영진 상당수도 회의적이었다. 인덱스펀드를 만들기 위한 금융 조직인 만큼 퇴직연금, 각종 기금, 외국의 중앙은행과 같은 대형 기관투자자들에게 집중하고 있었다. 이와 반대로 상장지수펀드 상품들은 주로 퇴직금을 스스로 운용하는 일반 가정 같은 개인투자자들을 위한 상품으로 알려졌다. 따라서 바클레이즈글로벌인베스터즈의 많은 사람들은 상장지수펀드를 핵심 사업이 아니라 곁가지로 여겼다. 심지어 잠재적으로 회사 브랜드에 대한 위험 요소가 될 수도 있다고 생각했다. 문화적으로 비유하면 바클레이즈글로벌인베스터즈가 개인을 상대로 하는 금융시장에 진출하는 것은 구찌Gucci가 갑자기 명품 옷을 월마트Walmart를 통해 판매하겠다고 하는 것과 비슷했다. 일반 투자자들을 위한 뮤추얼펀드 출시와 펀드 회사의 인수 문제는 정기적으로 논의됐지만 언제나 이런 이유로 거부당했다.

그럼에도 불구하고 던은 신념이 있었다. 1998년 그라우어의 퇴임과 함께 최고경영자로 승진한 던은 바클레이즈글로벌인베스터즈의 전략 책임자였던 활력 넘치는 리 크라네푸스에게 상장지수펀드 사업을 위한 야심 찬 계획을 설계하는 임무를 맡겼다. 여기에는 새로운 상장지수펀드의 개발 그리고 헌신적인 마케팅팀과 영업팀을 구성하는 업무도 포함돼 있었다. 이는 많은 자원을 요구하는 일이어서 바클레이즈은행의 절대적인 지지가 필요했다.

크라네푸스와 던이 런던의 바클레이즈 이사회에 자신들의 계획을 설명하자 상당수 이사들은 무표정한 얼굴로 반응을 보이지 않았다. 이사회는 영국의 주요 도심에 있는 지점 폐쇄에 관한 논의를 막 끝낸 상태였고 이사들은 상장지수펀드의 복잡한 구조를 전혀 이해하지 못했다. 하지만 던은 설득을 잘하는 사람이었고 투자은행인 바클레이즈캐피털Barclays Capital의 미국인 책임자 밥 다이아몬드Bob Diamond가 상장지수펀드의 가능성을 알아보고 이사회가 그들의 계획을 지지하도록 도왔다.

바클레이즈은행은 상장지수펀드 프로젝트에 3년 동안 1년에 4천만 달러를 지원하기로 약속했다. 바클레이즈글로벌인베스터즈의 많은 회의론자들은 이런 거액을 지원하는 것은 매우 어리석은 일이라고 생각했다. 그 당시 상장지수펀드는 거의 관심을 끌지 못했던 반면에 바클레이즈글로벌인베스터즈의 퀀트 전략은 빠르게 성장하면서 많은 돈을 벌어들였다. 이것은 동료들 사이에 액티브 투자와 패시브 투자에 관한 논쟁으로 이어졌다.

샌타모니카 부두에서 조금 떨어진 로우스Loews 호텔에서 열린 바클레이즈글로벌인베스터즈의 이사들을 위한 회사 야유회에서 던은 회의적인 경영진들을 설득해 자신들의 노력을 지지할 수 있게 하려고 애썼다. 프로젝트에 들어가는 비용이 이사들의 상여금에 영향을 미칠 수도 있었다. 몇몇 지지자들은 임원들의 거부감에 크게 놀랐다. 상장지수펀드 사업을 추진하는 크라네푸스의 팀원 가운데 한 명으로 야유회에 참석한 제임스 파슨스James Parsons는 "그제야 나는 그들이 우리가 자신들의 상여금 재원을 축낸다고 생각한다는 사실을 알게 됐습니다."라고 말했다.

던은 계속 자신의 계획을 밀고 나갔다. 2000년 5월에 WEBS는 아이셰어즈iShares로 상표를 바꾸었다. 아이셰어즈라는 이름의 기원에 관해서는 명확한 기록이 없다. 몇몇 임원들은 몇 년 전에 애플의 아이맥iMac 출시를 기원이라고 생각했고 다른 사람들은 인덱스 셰어즈index shares를 지칭하는 약어가 그냥 그대로 굳어진 것이라고 기억한다.

아이셰어즈는 S&P500부터 더 작은 주식, 가치주, 성장주 그리고 2002년에는 채권시장까지 모든 것을 추종하는 수많은 새로운 상장지수펀드와 함께 다시 출시됐다. 이것은 그 당시 금융공학의 가공할 만한 성과였다. 아이셰어즈는 일반 투자자들의 관심을 유발하기 위해 새로운 상품은 TV 광고부터 온라인 광고까지 막대한 지원을 받았다. 실제로 아이셰어즈는 태양의 서커스부터 사이클링 그리고 요트 경기에 이르기까지 거의 모든 것에 후원 광고를 냈다.

열정적이고 기업가적인 크라네푸스는 바클레이즈글로벌인베스터즈에서 일부 사람들의 불만을 샀다. 어떤 사람들은 그를 이상한 아이디어를 생각해내고 세부 문제와 실행 계획은 남에게 맡긴 다음 공은 모두 자신이 챙기는 '괴짜 교수'라고 생각했다. 또 다른 사람들은 상장지수펀드 사업을 구축하는 비용이 바클레이즈글로벌인베스터즈의 수익과 연말 상여금에 직접적으로 영향을 미친다고 생각했기 때문에 크라네푸스에 대해 지속적으로 반감을 품고 있었다.

하지만 그의 열정은 회사 내부에서 아이셰어즈를 종교처럼 충성도가 높은 차별화된 브랜드로 만드는 데 중요한 역할을 했다. 크라네푸스는 바클레이즈글로벌인베스터즈의 신중하고 학구적 환경이 신사업을 재빨리 구축하고 소매 시장에서 성공을 거두는 것에는 도움이 되지 않는다고 믿었기 때문에 이런 브랜드 전략이 필요하다고 생각했다. "바클레이즈글로벌인베스터즈는 모든 사업 분야에서 가장 똑똑한 사람들을 보유하고 있었죠. 하지만 대학 캠퍼스 같았어요."라고 파슨스는 기억했다. "크라네 푸스는 자존심을 내세우지 않고 빠르게 움직이는 문화를 만들었습니다." 심지어 크라네푸스는 전혀 다른 팀 분위기를 심어주는 데 도움이 되도록 샌프란시스코 프리몬트Fremont 45번가에 있는 바클레이즈글로벌인베스터즈의 본사 건물에서 한 블록 떨어진 마켓 스트리트Market Street 388번지의 별도 건물로 아이셰어즈를 옮겼다.

크라네푸스의 독창적인 전략은 대부분 지수 제공업체들이 최대 10년 동안 바클레이즈글로벌인베스터즈와 독점 계약을 체결하도록 만들어 다른 상장지수펀드 경쟁사들이 그들의 상품에 해당 지수를 사용하지 못하도록 하는 것이었다. 예를 들면 바클레이즈글로벌인베스터즈는 2000년 5월에 출시한 아이셰어즈 러셀 2000 상장지수펀드(iShares Russel 2000 ETF)를 위해 후한 사용료를 내고 러셀의 유명한 소형 주식 지수에 대한 단독 사용권을 확보했다.

투자자들이 유명 브랜드 지수의 사용을 얼마나 선호하는지 그리고 투자자 유입과 거래의 편의성이 어떻게 상장지수펀드의 선순환 구조를 만드는지를 고려할 때 지수의 독점 사용권은 기본적으로 바클레이즈글로벌인베스터즈가 어떠한 방해도 받지 않고 중요한 투자 영역을 장악하고 강화하도록 만들었다. 오늘날 아이셰어즈 러셀 상장지수펀드가 단독으로 관리하는 자금 규모만 약 700억 달러에 달한다. 이는 가장 큰 경쟁업체 세 곳을 합친 것보다 더 많다. 오늘날 실리콘밸리는 이것을 '블리츠스케일링blitzscaling'이라고 부르는데 막대한 자금과 빠르고 공격적인 움직임을 통해 가능한 한 빨리 난공불락의 시장 점유율을 구축하는 전략이다.

바클레이즈글로벌인베스터즈는 스테이트스트리트와 특히 뱅가드의 공격에 대응할 준비를 했다. 대중을 위한 저비용 인덱스펀드 선구자로서 뱅가드의 우월한 지위를 고려하면 많은 고위 임원들은 뱅가드가 초창기 상장지수펀드 산업의 상당 부분을 장악할 것으로 예상했다. 하지만 놀랍게도 바클레이즈글로벌인베스터즈는 뱅가드와의 경쟁에 거의 직면하지 않았다. 그로스먼은 "솔직히 존 보글이 상장지수펀드를 비판했을 때 상당히 안심했습니다."라고 회상했다. "보글은 여러 면에서 엄청난 선견지명이 있는 사람이었지만 결과적으로 상장지수펀드에 대한 거부감은 오랜 기간 뱅가드의 발전을 가로막았습니다."

뱅가드는 2001년에야 상장지수펀드 상품들을 출시했고 스테이트스트리트는 꾸준하게 그들만의 상장지수 상품군을 만들었다. 하지만 바클레이즈글로벌인베스터즈는 공격적으로 전체 상장지수펀드 플랫폼을 구축함으로써 선두 주자가 되었다. 상장지수펀드 플랫폼은 어떤 분야의 금융상품이든 투자자들이 마음에 드는 것을 선택할 수 있는 일종의 메뉴 같은 것이었다. 투자 자문을 담당하는 많은 자산관리사들은 빠르게 아이셰어즈를 채택했다.

그러나 바클레이즈글로벌인베스터즈를 기쁘게 한 것은 많은 기관투자자와 헤지펀드도 상장지수펀드를 받아들여 그들의 포트폴리오를 관리하거나 손쉬운 전술적 단기 베팅 수단으로 활용했다는 점이다. 이 때문에 아이셰어즈는 개인과 기관투자자 모두에게 인기를 끌었다. 2007년에 바클레이즈글로벌인베스터즈는 세전 14억 달러라는 이익을 기록했다. 이는 금융위기가 발생하기 직전까지 약 4,080억 달러로 성장한 아이셰어즈 덕이 컸다.[16]

그라우어가 시들해지는 사업을 부활시켜 바클레이즈글로벌인베스터즈를 세계적인 투자 기업으로 바꾸어놓았다면, 크라네푸스는 아이셰어즈의 성장을 이끈 원동력을 제공했다. 하지만 던이 없었다면 상장지수펀드 사업은 성공하지 못했을 것이다. 그녀는 많은 고위 경영진들이 회의적인 반응이었을 때 상장지수펀드 사업을 지지했고 바클레이즈은행을 설득해 돈이 많이 들어가는 상장지수펀드 부서의 재출범을 지원하도록 만들었다. 파슨스는 "던이 없었다면 아이셰어즈는 세상에 나오지 못하고 완전히 중단됐을 겁니다. 그녀는 상장지수펀드의 신봉자였죠."라고 말했다.

하지만 던은 자신의 노력이 성과를 내는 것을 볼 만큼 오래 일하지는 못했다. 2001년 9월에 던은 유방암 진단을 받고 집중 치료를 받아야만 했다. 또 그녀는 바클레이즈은행에 점점 더 좌절감을 느끼기 시작했다. 그래서 경영진의 주도하에 바클레이즈글로벌인베스터즈를 인수하는 프로젝트를 조용히 추진하기 시작했다. 이 비밀 프로젝트는 '자수정 프로젝트Project Amethyst'라고 불렸다.[17]

2002년 초에 던은 대형 사모펀드 회사인 헬먼앤드프리드먼Hellman & Friedman과 함께 바클레이즈은행으로부터 14억 달러에 바클레이즈글로벌인베스터즈를 인수해 부분적으로 경영진이 소유하는 독립적인 자산운용사로 경영할 계획을 세웠다. 하지만 해결하기 힘든 일부 실무적인 문제가 있었다. 결국 바클레이즈는 투자 운영 부문을 매각하지 않기로 결정했다.[18] 이 과정에서 런던 본사와 던의 관계는 틀어졌고, 본사의 일부 사람들은 그녀의 인수 계획을 반역죄와 비슷하게 생각했다.

설상가상으로 2002년 5월 던은 흑색종이라는 또 다른 암 진단을 받아 집중적인 화학 치료를 받아야 했다. 그녀는 선택의 여지가 없었기 때문에 6월에 바클레이즈글로벌인베스터즈를 그만두었다. 자유분방한 투자은행인 바클레이즈캐피털의 오만한 미국인 책임자 밥 다이아몬드가 바클레이즈글로벌인베스터즈를 보다 세밀하게 감시하기 위해 새로운 회장으로 임명됐다. 그 결과 몇몇 임원들에 의해 소극적으로 방임되던 이전의 경영 방식은 훨씬 더 통제적인 방향으로 변했다. 하지만 다이아몬드의 통제를 받으면서 바클레이즈글로벌인베스터즈는 마침내 늘 약속했던 큰 수익을 내기 시작했다.

던은 암을 회복했고 2005년에 휴렛팩커드의 최고경영자가 되었다. 하지만 거대 기술 기업에서 그녀의 역할은 추문으로 막을 내렸다. 던이 회사를 경영하는 동안 휴렛팩커드는 일부 이사들을 감시하기 위해 사립 탐정을 고용했고 2006년에 이 일이 공개되자 그녀가 불법적인 정보 수집을 인정하지는 않았지만 최고경영자직을 사임했다. 그 당시 던은 난소암 말기 판정을 받았고 결국 2011년에 58세의 나이로 사망했다.

인덱스펀드의 역사에서 그녀는 논란의 여지가 없는 중요한 인물이다. 그녀는 주요 금융회사에서 매우 보기 드문 여성 최고경영자였다. 게다가 상장지수펀드의 성공 가능성을 밝혀내는 데 중요한 역할을 했다. 그녀는 바클레이즈글로벌인베스터즈가 상장지수펀드의 개척자인 스테이트스트리트를 능가하도록 했고, 과거에 웰스파고가 누렸던 '베타의 성전'으로서의 명성을 다시 일으켜 세웠다.

이것은 월스트리트에서 누구나 부러워할 만한 놀라운 성공이었다. 특히 야심 차고 열정적인 블랙록이라는 투자회사가 가장 부러워했다.

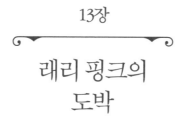

13장

래리 핑크의
도박

2009년 4월 16일 로버트 카피토Robert Kapito는 새로 건설된 양키 스타디움Yankee Stadium으로 갔다. 뉴욕 양키스가 클리블랜드 인디언스Cleveland Indians와 경기를 펼치고 있었다. 미국 경제는 비우량 주택담보대출 사태가 세계 금융 시스템에 치명적인 심장마비를 일으킨 이후에 혼란에 빠져 있었다. 월스트리트에서 일하는 많은 금융산업 종사자들은 잠시라도 복잡한 업무에서 벗어나게 해줄 여가 활동에 목말라 있었다. 하지만 점점 머리카락이 빠져가는 전직 채권중개인 카피토가 단순히 야구 경기를 보러 양키 스타디움에 간 것은 아니었다.

카피토는 자신이 일하는 블랙록의 운명을 바꾸어놓을 뿐만 아니라 금융업계의 판도를 변화시킬 비밀 임무를 띠고 있었다. 바클레이즈의 최고경영자인 밥 다이아몬드는 양키 스타디움의 법인 지정 좌석에서 경기를 보고 있었고 카피토는 자신의 오랜 친구인 다이아몬드와 긴급하고 비밀스러운 대화가 필요했다. 그래서 그는 암표를 사서 브롱크스Bronx로 갔다.

바클레이즈는 2008년에 리먼브라더스Lehman Brothers가 무너졌을 때 과감하게 리먼브라더스의 미국 지분을 인수하는 결단을 내렸지만 이 거래는 바클레이즈까지 추락시키는 엄청난 부담으로 작용했다. 2009년 초에 바클레이즈는 자체적으로 자금을 조달해 영국 정부의 구제금융을 피하려고 노력하고 있었다. 이것은 세계적으로 인정받는 자산관리회사인 바클레이즈글로벌인베스터즈를 포함해 알짜 기업을 매각하는 방안도 고려하고 있다는 의미였다. 바클레이즈는 기꺼이 지분을 나눠 팔 생각도 하고 있었다. 4월 초에 바클레이즈는 빠르게 성장하는 바클레이즈글로벌인베스터즈의 상장지수펀드 부문을 42억 달러에 사겠다는 런던의 사모펀드 회사인 CVC의 제안을 수용했다.

중요한 것은 이 합의에는 CVC의 인수 가격보다 더 높은 가격을 제시하는 다른 인수 후보들과 협상이 허용되는 45일간의 고숍go-shop 조항이 포함돼 있었다는 사실이다. 고숍 기간에는 블랙록도 인수에 참여할 기회가 열려 있다는 의미였다. 하지만 그러려면 재빨리 기회를 붙잡아야만 했다.

블랙록은 2007년 이후 빠르게 성장하는 상장지수펀드 산업에 발판을 마련하기 위해 인수 대상을 조용히 물색하고 있었다. 그 당시 블랙록의 최고경영자인 래리 핑크는 최고전략 책임자인 수 와그너Sue Wagner에게 어떻게 상장지수펀드 사업에 뛰어들 수 있는지를 조사하는 임무를 맡겼다. 그녀는 기업 인수가 가장 좋은 방법이라고 결론 내렸다. 그런데 갑자기 상장지수펀드의 선두 주자가 경매시장에 나온 것이었다. 인맥이 좋은 핑크는 인수 합의가 발표되기 전에 정보원을 통해 CVC가 바클레이즈와 깊은 대화를 나누고 있다는 소식을 들었다. 핑크는 이후 인수 경쟁에 개입할 계획을 세웠다.♦ 그래서 핑크는 블랙록의 사장인 카피토에게 긴급 메시지를 가지고 양키 스타디움으로 가서 밥 다이아몬드를 만나라고 한 것이다.

양키스는 그날 밤 클리블랜드를 꺾고 2009년 월드 시리즈 우승을 위한 준비를 마쳤다. 이것은 거의 10년 만에 첫 번째 선수권 우승 도전이었다. 하지만 카피토는 전체 게임을 보지 못했고 지금도 어떤 팀이 경기를 펼쳤는지 기억하지 못한다. 그는 바클레이즈의 법인 지정 좌석이 있는 곳으로 달려가 다이아몬드에게 이야기할 것이 있는데 잠시 나갈 수 있는지 물었다. 다이아몬드는 괜찮다고 했고 카피토와 잠깐 산책을 나갔다. 카피토는 "체커checkers(10×10 판에서 상대방의 말 뒤에 빈 칸이 있을 경우 그 말을 뛰어 넘어 상대방의 말을 잡는 게임으로 체스와 유사하다.-옮긴이)를 하실래요, 아니면 체스를 할까요?"라고 다이아몬드에게 물었고 자신의 제안을 설명하기 시작했다.

카피토는 바클레이즈가 CVC에 아이세어즈만 매각하고 바클레이즈글로벌인베스터즈 전체를 블랙록에 매각해야 한다고 이야기했다. 그 대가로 바클레이즈는 많은 현금과 합병된 회사의 주식을 받게 되고, 구제금융을 피하는 데 필요한 자본을 확보할 수 있다고 설명했다. 또한 투자 세계의 거대 기업으로 변모할 블랙록에 대한 상당한 지분을 소유함으로써 자산 운용 부문에서 이익을 누릴 수 있었다.

◆ 흔히 있는 일이지만 지난 수년 동안의 여러 보고서는 이 거래가 어떻게 성사됐는지에 관해 세부 내용과 일정 등을 다르게 설명하고 있다. 그리고 이 거래에 관여한 중요한 인물들의 설명도 조금씩 다르다. 이 책은 다양한 설명을 하나의 이야기로 통합하려고 노력했다.

다이아몬드는 "상당히 흥미로운 생각이네요."라고 대답했다. 그는 이 사회로부터 바클레이즈글로벌인베스터즈 사업 전체를 매각하는 방안에 대해 이미 승인을 받은 상태였고 블랙록을 당연히 인수 후보 가운데 하나로 생각하고 있었다. 그들은 이 문제를 더 자세히 논의하기 위해 바클레이즈의 법인 지정 좌석 밖에 있는 복도를 30분 동안 서성거렸다. 그리고 다이아몬드와 존 발리John Varley 회장이 다음 날 래리 핑크를 방문하기로 합의했다.

인수 거래에 걸린 이해관계는 엄청났다. 인수에 성공하면 블랙록과 바클레이즈글로벌인베스터즈를 합병한 회사는 그 당시 기준으로 2조 7천억 달러를 관리하는, 이론의 여지가 없는 거대 자산운용사가 되고 금융 투자업계의 판도를 바꿀 것이었다. 이것은 핑크를 월스트리트에서 높이 평가받는 지도자에서 이름만 말하면 누구나 아는 극소수의 경영자 반열에 올려놓을 수 있는 거래였다. 그리고 결정적으로 패시브 투자를 외면받는 상품에서 투자자들의 관심을 끌 수 있는 중요한 상품으로 만들 수 있었다.

하지만 블랙록이 제안한 거래는 많은 위험이 따랐다. 금융업계가 여전히 100년 만의 가장 큰 위기에서 회복하지 못한 채 비틀거리는 상황에서 바클레이즈글로벌인베스터즈에 수십억 달러의 인수 자금을 내는 것은 블랙록에도 상당히 큰 부담이었다. 게다가 시장과 세계 경제가 2008년의 경제위기로부터 회복하는 상황에서 전통적이고 매우 공격적인 월스트리트의 투자 기업과 지수 중심의 전략을 추구하는 느긋한 바클레이즈글로벌인베스터즈의 학자들을 통합하는 일은 문화적으로나 실무적으로 악몽이 될 터였다. 이것은 1억 달러를 잃고 월스트리트의 첫 직장에서 쫓겨난 래리 핑크에게는 터무니없을 정도로 야심 찬 도박이었다.

래리 핑크는 '금융계의 거물'이 될 운세를 타고난 인물이 아니었다. 그는 1952년 11월 2일에 태어나 로스앤젤레스의 샌 페르난도 밸리San Fernando Valley 지역의 반 누이스Van Nuys에서 성장했다. 반 누이스는 최초의 〈터미네이터〉 영화가 촬영된 지역으로도 유명하다. 하지만 그의 어린 시절에 관해서는 크게 주목할 일이 거의 없었다. 그의 아버지는 반 누이스에서 신발 가게를 운영했고 어머니는 캘리포니아 주립대학교 노스리지Northridge 캠퍼스의 영어 교수였다. 중서부 출신의 이주민 부모들은 자식들을 위해 독립성을 강조했고 래리가 열다섯 살이 됐을 때 홀로 휴가를 보내게 했다. 그는 형만큼 공부를 잘하지 못했기 때문에 열 살 이후부터 아버지의 가게 일을 도왔다. 그보다 더 공부를 잘하는 형은 가게를 돕지 않았다.

핑크는 미래의 아내인 검은 머리의 작고 귀여운 로리Lori를 고등학교에서 만났고 두 사람은 모두 UCLA를 다녔다. 핑크는 정치학을 전공했다. 냉전 시대는 자본주의와 공산주의의 싸움에 대한 관심을 불러일으켰다. 하지만 이것이 일생의 꿈을 성취하는 목표가 될 수는 없었다. 냉전은 단지 흥미로운 주제에 불과했고 핑크는 뚜렷한 진로 계획을 세우지 못했다.

몇몇 기본적인 경제학 과목을 제외하면 핑크는 4학년까지 경영 관련 수업을 듣지 않았다. 4학년 때 충동적으로 부동산에 관한 대학원 수업을 들었다. 그는 부동산 과목을 가르친 교수와 알게 되었고 그 교수의 연구 보조원으로 일했다. 그래서 부동산 개발업에 관심을 갖기 시작한 핑크는 UCLA의 경영대학원에 진학했다. 하지만 부동산업계에 진출하려는 그의 생각은 서서히 시들어갔다. 그의 장인이 부동산업을 하고 있었지만 핑크는 부동산과 다른 조금 더 국제적인 업무를 하고 싶었다. 그렇다고 국제적인 일이라는 것이 무엇을 뜻하는지 정확히 알지는 못했다. 무엇을 하고 싶은지에 대한 주관이 확실하지 않고, 단지 많은 돈을 벌고 싶어 하는 똑똑한 젊은이들처럼 핑크는 머리를 기르고 로리가 준 터키석 팔찌를 차고 당당하게 월스트리트로 진출했다.[1]

그는 일류 투자은행들로부터 여러 차례 취업 제안을 받았지만 애석하게도 골드만삭스와의 최종 인터뷰에서 실패했다. 핑크는 "저는 당시 망연자실했습니다. 하지만 결과적으로 보면 그것이 최대의 축복이었습니다."라고 회상했다. 대신 핑크는 1976년부터 또 다른 유서 깊은 은행인 퍼스트보스턴에서 일하기 시작했다. 부동산 분야의 경력을 고려해 그는 채권 거래 부서로 발령받았다. 주로 주택 저당 담보부 채권Mortgage-Backed Bonds을 거래했다. 핑크는 보기 드문 재능을 입증했고, 1978년에 채권 담당 부서를 이끌게 되었다. 그곳에서 그는 친밀하고 열심히 일하며 매우 충성스러운 직원들로 구성된 부서를 만들었다.

부서원 상당수가 유대인이었는데 1970년대와 1980년대에 이탈리아인과 유대인들은 여전히 퍼스트보스턴 같은 백인 앵글로 색슨 개신교 기업에서 냉대를 받았다. 일부 사람들은 핑크의 부서를 '작은 이스라엘Little Israel'이라고 불렀다. 핑크의 상사는 모든 사람이 유대인 휴일에 휴가를 갈 때 그들을 대신해 회사에서 일할 이탈리아인을 고용하라고 말했다. 그래서 플로리다주 몬티셀로Monticello에서 온 로버트 카피토라는 노동자 계층 출신의 와튼 경영대학원 졸업생을 채용했다. 하지만 유대교의 신년 대축제인 로쉬 하샤나Rosh Hashanah가 다가왔을 때 카피토 역시 부서의 다른 유대인들처럼 일을 하지 않았다. 당시 무심코 일어나는 외국인 혐오에도 불구하고 핑크는 느슨하고 능력 중심적인 퍼스트보스턴은행을 좋아했다. 돈을 벌기만 하면 아무도 당신이 누구인지 상관하지 않았기 때문이다. 핑크는 돈을 벌었고 그에 대한 보상을 받았다.

영리하고 적극적이며 창의적인 핑크는 자신의 훌륭한 경쟁자인 살로몬브라더스의 루이스 라니에리Lewis Ranieri와 함께 거대한 미국의 주택 저당 담보부 채권시장을 만들고 발전시키는 과정에서 중요한 역할을 했다. 주택 저당 담보부 채권은 많은 개인 담보대출을 함께 묶은 후에 이를 다시 잘게 나눠 위험 선호도risk appetite에 따라 투자자들에게 판매됐다. 이런 주택 저당 담보부 채권들이 2008년에 큰 재앙을 초래했지만 보수적으로 구조화하면 담보대출에 대한 차입 비용을 낮춰주고 연금 펀드와 보험회사에 가치 있는 투자 기회를 제공하는 데 도움이 될 수도 있었다.

핑크는 다른 많은 채권 거래자들보다 더 똑똑했지만 성공과 함께 자만심도 커지면서 그의 건방진 태도가 일부 동료들의 신경을 건드렸다. 그는 딱 한 번 "내가 바보였습니다."라고 인정한 적이 있다.[2] 그렇지만 월스트리트는 겸손보다 성공을 훨씬 더 좋아했다. 핑크는 퍼스트보스턴 역사상 가장 젊은 나이에 이사가 되었다. 불과 서른한 살에 퍼스트보스턴은행의 평가 가치를 10억 달러로 만들었고 경영위원회의 최연소 위원이 되었다. 그에게는 한계가 없는 것처럼 보였다.

그러던 어느 날 하늘이 무너져 내렸다. 핑크는 나중에 한 강연에서 "나와 나의 팀은 유명 스타가 된 것처럼 느꼈습니다. 경영진도 우리를 좋아했죠. 나는 퍼스트보스턴의 최고경영자가 되는 길로 들어섰습니다. 그런데…… 제가 크게 실패했어요. 상황이 매우 나빴습니다."라고 기억을 떠

올렸다.[3]

주택 저당 담보부 채권시장에서 선두 주자가 되기 위해 살로몬과 치열한 경쟁을 하면서 핑크의 팀은 1986년에 큰돈을 투자했다.[4] 하지만 금리가 예기치 않게 크게 하락하면서 그의 팀이 구축한 위험 대책이 실패했고, 결국 약 1억 달러의 손실을 보았다. 지난 10년간 핑크가 퍼스트보스턴에 벌어준 수익에도 불구하고 그는 순식간에 차기 최고경영자 후보에서 왕따 신세로 전락하고 말았다. 이후에도 2년 정도 더 퍼스트보스턴에서 일했지만 1988년 초에 결국 회사를 그만두고 말았다.

한때 패기 넘쳤던 자신감은 그가 불편하게 회사를 떠나면서 사라졌다. 핑크는 "저는 회사에서 따돌림을 받았습니다. 회사 복도를 걸어가면 사람들은 나를 전과 다르게 쳐다보곤 했어요. 나를 제외한 모든 사람이 저에게 화가 난 것 같았어요. 버림받은 느낌이었어요. 더 이상 하나의 팀처럼 느껴지지 않았습니다."라고 당시를 회상했다. 이 같은 굴욕에서 배운 교훈은 나중에 매우 귀중한 역할을 했지만 당시엔 핑크가 그것을 받아들일 준비가 되어 있지는 않았다.

이보다 앞서 몇 년 전에 그는 시어슨리먼허턴Shearson Lehman Hutton에서 주택 저당 담보부 채권을 전문으로 하는 투자 은행가인 랄프 슐로스타인과 전화 친구가 되었다. 핑크와 슐로스타인 두 사람 모두 아침에 일찍 일어나 일을 시작했기 때문에 오전에 시끄러운 상황이 시작되기 전에 금융시장에 관해 이런저런 이야기를 하려고 6시 30분에 자주 통화를 하곤 했다. 슐로스타인은 "그 당시에는 서로 이야기할 사람이 많지 않았습니다."라고 말했다. 1987년 3월에 그들은 동시에 워싱턴을 방문했고 그날 저녁에 같은 비행기를 타고 뉴욕으로 돌아오면서 저녁을 함께 먹었다. 이것은 두 사람에게 매우 중요한 만남이었다.

두 사람은 모두 민주당원이었다. 슐로스타인은 월스트리트로 진출하기 전에 지미 카터Jimmy Carter 행정부에서 재무부 관리를 지냈다. 하지만 그들은 주로 일에 관해 이야기했고 각자의 일에 대한 불만을 토로하면서 새로운 일을 하고 싶어 했다.[5] 특히 시장이 얼마나 빠르게 발전하는지를 뼈저리게 느끼게 한 블랙 먼데이 폭락 이후 그들이 처음 만나 나눈 대화는 점점 더 확고한 계획으로 변해갔다. 그들은 모든 주식을 모형화하고 이를 합쳐 포트폴리오를 구성한 다음 구성 종목들이 가지고 있는 모든 위험을 훨씬 잘 분석하는 회사를 세울 계획을 세우기 시작했다. 슐로스타인은 "이런 새로운 금융상품들을 매수하는 많은 투자자들이 실제로 상품을 이해하지 못하는 것이 분명했거든요. 이것이 블랙록을 설립한 계기였습니다."라고 당시를 회상했다.

1988년 2월 어느 쌀쌀한 날에 핑크와 슐로스타인은 점심을 먹으면서 그들이 구상하는 새로운 회사의 구체적 안건을 논의하기 위해 파크 애비뉴Park Avenue로 갔다. 식당에 도착하기도 전에 그들은 합의를 봤다. 핑크는 "우리는 아직 지분 비율에 관해 이야기하지 않았는데요. 당신 생각은 어떻습니까?"라고 물었다. 슐로스타인은 60 대 40을 제안했다. 핑크가 60 퍼센트의 소유권을 갖는 것이었다. 핑크는 "나는 내가 3분의 2 그리고 당신이 3분의 1을 갖는 방안을 생각했습니다."라고 말했다. 슐로스타인은 각각 8분의 5와 8분의 3을 제안했고, 핑크가 동의했다. 회사의 지분에 관한 이야기는 불과 몇 분 만에 끝났고 두 사람은 이 문제에 관해 더 이상 이야기하지 않았다.

퍼스트보스턴은행을 그만두고 나온 지 나흘 뒤에 핑크는 자신의 집으로 여러 전문가를 불러 새로운 사업에 관해 논의했다. 퍼스트보스턴에서는 주택 저당 담보부 채권 담당 부서에서 핑크의 오른팔로 일했던 카피토, 포트폴리오 상품 책임자인 바버라 노빅Barbara Novick이 참석했다. 퍼스트보스턴의 위험 관리 도구를 만든 수학 천재인 벤 골럽Ben Golub과 퍼스트보스턴의 최고 채권 분석가 가운데 한 사람인 키스 앤더슨Keith Anderson도 참석했다. 슐로스타인은 시어슨리먼에서 일하는 최고의 주택 저당 담보부 채권 전문가들 가운데 수전 와그너Susan Wagner와 휴 프레이터Hugh Frater를 데리고 왔다. 하지만 그들의 전문 지식보다 개인의 능력이 더 중요했다. 슐로스타인은 "우리는 대부분 우수한 역량을 갖춘 전문가들을 선택했습니다."라고 말했다. 그들은 현대적인 기술과 더 든든한 위험 관리 체계를 기반으로 새로운 채권 투자회사를 만들기로 의기투합했다.

다른 창업자 6명은 처음 3년 동안 각자가 동등한 지분을 가져야 한다고 주장했다. 와그너는 "당신은 10명의 똑똑한 사람들을 한 방에 모을 수 있습니다. 그들이 같은 방향으로 노를 젓지 않으면 당신은 아무 곳에도 갈 수가 없어요. 한 방향으로 노를 젓기를 바란다면 당신은 모든 동업자에게 동등한 지분과 보상을 주어야 합니다." 처음에 핑크와 슐로스타인은 이 주장에 대해 회의적이었다. 도대체 어떻게 기업을 공동 농장처럼 운영할 수 있을지 의문이었다. 하지만 두 사람은 재빨리 수긍했고 절대 후회하지 않았다. 슐로스타인은 "그들이 전적으로 옳았습니다. 그것은 우리가 한 일 가운데 가장 잘한 일이었죠."라고 말했다. "처음 3년 동안 그들은 전체 파이의 크기를 키우는 일에 집중했습니다."

그들은 여전히 회사를 출범시키기 위한 돈이 필요했다. 그래서 핑크가 자신의 전화번호부를 꺼냈다. 그는 전에 리먼 직원이었던 스티브 슈워츠먼Steve Schwarzman과 피트 피터슨Pete Peterson에게 전화를 걸었다. 그들의 회사인 블랙스톤Blackstone은 사모펀드 업계에서 떠오르는 유망 회사였다. 핑크는 1987년에 블랙스톤이 처음으로 5억 6천만 달러의 인수 자금을 조달하는 일을 도와주었다. 슈워츠먼은 퍼스트보스턴의 잘나가는 인수합병 책임자이자 월스트리트의 전설인 브루스 바서슈타인Bruce Wasserstein에게 연락했다. 바서슈타인은 슈워츠먼에게 핑크는 "퍼스트보스턴에서 가장 능력 있는 인물이었다."고 말했다.[6]

핑크의 능력을 확인한 블랙스톤은 자신들의 건물에 사무 공간을 제공하고 50퍼센트 지분을 대가로 500만 달러를 지원하기로 합의했다.♦ 핑크 자신은 블랙스톤 지분의 2.5퍼센트를 받았다.[7] 핑크와 슐로스타인은 떠오르는 블랙스톤의 브랜드에 편승해 새로운 회사 이름을 블랙스톤파이낸셜매니지먼트Blackstone Financial Management로 결정했다.

그들은 회사를 운영하면서 퍼스트보스턴에서 벤 골럽의 동료로 일했던 찰리 할락Charlie Hallac을 첫 번째 직원으로 채용했다. 그리고 새로운 채권 펀드를 판매하고 골럽과 할락이 구축하는 기술 지원 서비스를 이용할 고객을 확보하기 시작했다. 새로운 기술 지원 서비스는 고객들이 퍼스트보스턴에서 핑크를 추락시켰던 재앙을 피할 수 있도록 채권 거래자들과 투자자들을 위해 만든 첨단 위험 관리 시스템이었다. 첨단 위험 관리 시스템은 '알라딘Aladdin'이라고 불렸다. 알라딘은 자산, 부채, 채무, 파생상품 투자 네트워크Asset, Liability, Debt and Derivative Investment Network의 약자였다. 첫 번째 버전은 사무실의 냉장고와 커피머신 사이에 놓여 있었던 2만 달러짜

♦ 블랙록의 내부 공식 역사에는 블랙스톤의 지분을 40퍼센트로 기록하고 있다.

리 선 워크스테이션Sun workstation 컴퓨터를 이용해 개발했다.[8] 더 많은 퍼스트보스턴은행의 직원들이 핑크를 따라오자 퍼스트보스턴은 핑크가 사실 회사에 커다란 손실을 입혀 해고되었다는 사실을 사람들에게 흘렸다. 이것은 월스트리트에서 전에 일했던 직원의 평판을 훼손하기 위해 흔히 사용하는 일명 '초토화scorched earth' 전략이었다.

다행스럽게도 블랙스톤파이낸셜매니지먼트의 출발은 좋았다. 알라딘이 향후 10여 년 동안 공식적인 독립 부서가 되지 않았음에도 아메리칸세이빙스앤드론American Savings and Loan이 첫 번째 고객이 되었다. 1988년 말에 블랙스톤파이낸셜매니지먼트는 주택 저당 담보부 채권에 초점을 맞춘 여러 개의 폐쇄형 펀드로 80억 달러를 운용했다. 이들은 자산관리 분야에서 실무 경험이 거의 없었다. 하지만 황금 인맥이 큰 도움이 되었다. 리처드 닉슨 정부에서 상무장관을 지낸 블랙스톤의 피트 피터슨은 연방준비제도의 부의장이었던 앤드루 리머Andrew Rimmer에게 새로운 펀드의 이사를 맡겼고 슐로스타인은 카터 행정부의 인맥을 동원해 월터 먼데일Walter Mundale 전 부통령을 합류시켰다. 이들의 명성은 매우 유용했다.

슐로스타인은 "우리는 이른바 '나를 믿고 맡겨준 돈'으로 사업을 시작했습니다. 새롭게 회사에 합류한 거물들은 투자 분야에 경험은 없지만 잘할 것이라고 믿는 인물들이었습니다."라고 말했다. 그는 크라이슬러Chrysler의 연금이 통상적으로 5년 동안의 실적을 요구하는 조건을 적용하지 않고 블랙스톤파이낸셜매니지먼트 계좌에 3,500만 달러를 투자한 후에[9] 재무 책임자가 전화를 걸어 "투자를 망치지 마세요. 제 목을 걸고 하는 것입니다."라고 말했다고 그 당시를 회상했다.

채권 분석가 키스 앤더슨은 투자업계의 실무 경험이 있는 유일한 사람이라는 이유로 첫 번째 최고경영자가 되었다. 오랫동안 애매하게 남아 있었던 다른 업무의 책임자들도 점진적으로 결정됐다. 카피토는 포트폴리오 운영을 책임지는 앤더슨을 지원했다. 와그너, 노빅 그리고 프레이터는 고객 확보와 전략을 수립하는 데 많은 시간을 할애했다. 반면 골럽과 할락은 새로운 위험 관리 시스템인 알라딘에 집중했다.

설립자들끼리 가끔 내부 다툼이 있었지만, 블랙스톤파이낸셜매니지먼트는 직업적으로 그리고 개인적으로 매우 친밀한 집단이었다. 핑크, 카피토 그리고 슐로스타인은 금융, 산업 그리고 의학 분야에 있는 12명의 영향력 있는 인물들과 함께 포도주 시음 행사에 가곤 했다. 각자 포도주 한 병을 가지고 와서 블라인드 시음회를 한 다음 가장 나쁜 평가를 받은 포도주를 가지고 온 사람이 저녁 식사비를 냈다.

사업도 활발하게 성장했다. 블랙스톤의 500만 달러 신용한도 가운데 그들은 단지 15만 달러만 빌렸고 대출금도 빠르게 상환했다.[10] 처음 6년 동안 블랙스톤파이낸셜매니지먼트는 230억 달러를 운용했고, 8명의 공동 설립자에서 직원이 150여 명으로 늘어났다.[11] 핑크는 "처음 몇 년은 정말로 마법 같았습니다."라고 애정 어린 눈빛으로 회상했다.

하지만 그들은 한때 블랙스톤파이낸셜매니지먼트로 알려진 회사를 대대적으로 재편하려는 블랙스톤과의 결별을 향해 나아가고 있었다.

블랙스톤의 슈워츠먼은 260억 달러 이상으로 추정되는 재산을 보유한 금융계에서 영향력 있고 부유한 인물이 되었다. 하지만 그는 돈에 대한 관대한 태도로 이처럼 막대한 재산을 축적한 것이 아니었다. 결국 돈에 인색한 태도는 빠르게 성장하는 채권 투자회사인 블랙스톤파이낸셜매니지먼트와 블랙스톤 사이를 험악하게 갈라놓았다.

슐로스타인과 핑크는 기업을 크게 육성하고 싶었고 지분을 제안하면서 새로운 동업자들을 불러들였다. 이 때문에 블랙스톤파이낸셜매니지먼트에 대한 블랙스톤의 소유권 지분이 점점 줄어들었다. 1992년에 블랙스톤의 지분이 32퍼센트로 하락하자 슈워츠먼은 그들에게 자신은 더이상의 지분 감소를 받아들이지 않겠다고 말했다. 일부 동료들은 이런 비타협적인 태도가 그 당시 슈워츠먼이 겪었던 값비싼 이혼과 관련이 있다고 생각했다.[12] 슈워츠먼은 이를 부인했고 추가적인 지분 감소는 핑크와 슐로스타인이 지분 축소에 동의한다는 합의를 통해 이뤄져야 한다고 생각하면서 그의 주장을 굽히지 않았다.[13] 하지만 슈워츠먼은 나중에 이것이 슐로스타인과 핑크와의 결별을 재촉하는 가장 큰 실수였다는 사실을 인정했다.[14]

처음에 핑크와 슐로스타인은 블랙스톤의 영향력에서 벗어나기 위해 상장을 검토했다. 하지만 1994년에 그들은 완전 매각을 주장했다. 슐로스타인은 "우리는 슈워츠먼이 하는 일을 절대 받아들일 수 없었습니다."라고 말했다. 또한 핑크와 슐로스타인은 회사가 독립적인 이름과 별도의 정체성이 있어야 한다고 결정했다.

그들이 운용하는 모든 펀드는 B로 시작하는 종목 코드를 가지고 있었지만 블랙스톤과 계약에 따르면 새로운 회사의 명칭은 블랙black이나 스톤stone이라는 단어를 포함할 수 없도록 규정하고 있어 선택이 제한적이었다. 핑크는 나중에 "우리는 회사 이름을 '베드록Bedrock'이라고 부르는 방향으로 기울고 있었습니다."라고 말했다. [15] "하지만 너무 많은 사람들이 베드록을 플린트스톤즈Flintstones(1960년대 미국 TV에 방영된 구석기 시대를 배경으로 한 만화 영화 제목. 〈플린트스톤즈〉에 나오는 마을 이름이 bedrock이었음.-옮긴이)와 연관 지어 생각했습니다." 다른 한편으로 공동 설립자들은 핑크가 제안한 중간의 R을 대문자로 표시한 '블랙록BlackRock'이라는 이름을 좋아했다. 그래서 그들은 대공황의 여파로 JP모건JP Morgan으로부터 분사한 회사가 모건스탠리로 이름을 지은 것이 두 회사 모두에게 이득이 됐다는 사실을 주장하면서 슈워츠먼과 피터슨에게 블랙록이라는 이름의 사용을 허락해달라고 요청했다. [16] 피터슨과 슈워츠먼은 모두 블랙록을 블랙스톤에 대한 존경의 표시로 받아들여 기꺼이 사용을 허가해주었다.

1994년 6월에 블랙록파이낸셜매니지먼트가 피츠버그의 PNC은행에 2억 4천만 달러를 받고 팔렸을 때 그들은 마침내 소원을 성취했다. 1998년까지 PNC은행은 그들의 모든 자산관리 영업 조직을 블랙록으로 통합하고 첫 번째 뮤추얼펀드를 출시했다. 핑크와 슐로스타인은 PNC를 상대로 은행과 블랙록을 위한 최선의 해법은 지분의 20퍼센트를 경영진에게 매각하고 나머지는 증시에 상장하는 것이라고 설득했다. 슐로스타인은 "그렇게 하지 않았다면 블랙록은 오늘날과 같이 되지 않았을 것입니다. 우리는 지역 은행의 자회사가 됐을 것이고 우리 가운데 아무도 그곳에 남아 있지 않았을 거예요."라고 말했다.

마침내 오랫동안 기다려온 기업공개가 1999년 10월 1일로 다가왔다. 그 당시 블랙록이 관리하는 자산은 1,650억 달러로 증가했다. 하지만 기업공개는 완전히 실패했다. 블랙록의 공모가는 메릴린치은행이 투자자들에게 설명했던 14달러에서 17달러 범위의 하단인 14달러로 정해졌다.

이것은 메릴린치가 처음에 희망했던 16달러에서 20달러 사이의 가격을 크게 밑도는 수준이었다.

이 가격은 블랙록의 기업 가치를 9억 달러 미만으로 평가한 것이고, 핑크는 크게 실망했다. 그때는 닷컴 붐이 절정에 달했을 때였고 투자자들은 오로지 잘나가는 기술주만 찾고 있었다. 투자자들은 연기금을 위해 채권 포트폴리오를 운용하는 유명하지 않은 투자회사에 전혀 관심이 없었다. 핑크는 상장을 취소하고 싶었지만 메릴린치의 최고경영자인 데이비드 코만스키David Komansky가 핑크에게 직접 전화를 걸어 대놓고 나무랐다. 그는 "도대체 뭐 하는 겁니까? 그냥 기업공개를 하세요. 앞으로 4~5년 동안 실적이 좋으면 이번 일은 아득한 추억이 될 것입니다. 당장 상장하시고 바보같이 행동하지 마세요."라고 소리를 질렀다.

여기에 더해 저렴한 가격에도 불구하고 블랙록의 주가는 모든 상장 주식이 희망하는 첫 거래일의 주가 상승에 실패했다. 반면에 같은 날 상장한 다른 두 주식은 가격이 크게 올랐다. 핑크에게는 상장일에 뉴욕증권거래소에서 개장을 알리는 타종 행사에 초대받지 못했다는 사실 자체가 큰 모욕이었다. 대신 뉴욕증권거래소는 다음 날 금요일 오후 4시에 거래 종료를 알리는 종을 울릴 수 있도록 해주었다. 하지만 아무도 관심을 두지 않는 시간이었다. 핑크는 "이것은 뉴욕증권거래소가 우리에게 얼마나 관심이 없는지를 보여주는 엄청난 굴욕이었습니다."라고 말했다.

이 모든 일에도 불구하고 닷컴 버블이 터진 후에 블랙록의 채권 펀드 사업의 안정성이 더욱 빛나기 시작했고 블랙록의 주식은 투자업계의 다른 기업보다 더 비싸게 거래되었다. 이것은 블랙록이 경쟁업체를 인수하기 위해 주식을 돈처럼 사용할 수 있다는 의미였다. 그래서 처음부터 새로운 팀을 만들거나 고객사들을 찾아가는 것이 아니라 인수를 통해 성장할 수 있다는 뜻이기도 했다. 투자산업의 역사는 잘못된 인수 사례들로 점철됐지만 블랙록은 상장을 이용해 작은 채권 투자회사에서 세계 최대의 자산운용회사로 변신했다.

블랙록은 2002년에 처음으로 잠재적인 기업 인수를 알아보기 시작했다. 메릴린치은행의 자산관리 부문인 메릴린치인베스트먼트매니저스 Merrill Lynch Investment Managers가 인수 대상 후보였다. 하지만 메릴린치의 새로운 최고경영자인 스탠리 오닐Stanley O'Neal과의 대화는 결실이 없었다. 또 다른 인수 후보는 바클레이즈글로벌인베스터즈였다. 패트리샤 던의 사모펀드를 활용한 인수가 실패한 뒤 그녀는 또다시 암 진단을 받았다. 2004년에 바클레이즈은행은 조심스럽게 블랙록에 바클레이즈글로벌인베스터즈를 약 20억 달러에 인수할 것을 제안했다. 하지만 다행스럽게도 이 제안은 더 이상 진전이 없었다.

그 당시 바클레이즈글로벌인베스터즈는 새로운 아이셰어즈 광고비로 수백만 달러를 지출하고 있었다. 블랙록의 설립자들은 이 비용을 인수 후에 쉽게 절감할 수 있을 것으로 생각했다. 슐로스타인은 "우리는 호시탐탐 기회를 엿보고 있었습니다."라고 당시를 회상했다. "우리는 이것이 대박을 터트리는 인수가 될 것으로 생각했거든요." 하지만 블랙록은 바클레이즈가 요구하는 가격을 지불하고 싶지 않았고 결과적으로 바클레이즈은행은 자산관리 부문을 매각하지 않기로 결정했다. 블랙록이 그때 바클레이즈글로벌인베스터즈를 재빨리 인수했었다면 초기에 아이셰어즈 사업의 성공 잠재력을 알아봤을 가능성도 있다. 그럼에도 불구하고 블랙록은 인수할 다른 후보를 찾았고 아이셰어즈의 가치는 계속 상승했다.

블랙록은 2004년에 메트라이프Met Life보험사가 소유한 자산운용회사인 스테이트스트리트리서치State Street Research를 첫 번째로 인수했다(더 큰 회사인 보스턴의 스테이트스트리트와는 관련이 없다). 스테이트스트리트리서치의 자산 대부분은 주식과 부동산 펀드였기 때문에 채권에 집중하는 블랙록은 사상 처음으로 주식 펀드와 부동산 펀드의 발판을 마련하게 됐다. 블랙록은 주식과 현금으로 3억 7,500만 달러의 거래 대금을 지급했고 합병된 회사는 3억 6,600만 달러의 자산을 운용하게 됐다.

협상에 능숙하고 상냥한 슐로스타인은 조직의 통합을 주도하는 역할을 맡았다. 투자업계의 연이은 인수합병 실패 사례를 경계하면서, 그는 단호하지만 가능한 한 공정하게 행동하기로 결심했다. 슐로스타인은 "우리는 어려운 결정을 내렸습니다. 하지만 내가 아는 한 투자업계에 종사하는 사람 가운데 랄프 슐로스타인이 자신을 잘못된 길로 이끌거나 무례하게 대했다고 말할 사람은 없습니다."라고 말했다. "종종 사람들이 그렇게 행동하지 못했기 때문에 조직 통합에 실패하는 사례가 많아요. 나는 나쁜 소식이 있을 때조차 그것을 분명하게 그리고 정중하게 전하려고 노력했습니다."

스테이트스트리트리서치 인수는 블랙록에 여러 가지 교훈을 남겼다. 기업을 인수할 때 신속하고 단호하게 행동하고 하나의 기업 문화를 만들어야 하며 통합을 위해 블랙록의 핵심 기술 플랫폼인 알라딘에 의존하는 것이 중요하다는 사실이다. 이 교훈들은 앞으로 더욱 크고 복잡한 인수 거래에 적용될 수 있었다. 그러나 이러한 인수합병은 곧바로 일어나지 않았다.

2005년 6월 여러 달에 걸친 모건스탠리의 내부 불화로 인해 마침내 최고경영자 필립 퍼셀Philip Purcell이 축출됐다. 모건스탠리는 월스트리트의 가장 크고 유서 깊은 투자은행 가운데 하나였다. 이사회는 조용하게 핑크에게 접근해 모건스탠리의 최고경영자 자리에 관심이 있는지를 물었다. 최고경영자 자리가 매력적이었지만 핑크는 모건스탠리가 블랙록을 인수하기를 원했다. 하지만 이사회는 이를 거부했다. 대신 이사회는 수년 전에 퍼셀에게 축출당했던 카리스마 있고 공격적인 임원인 존 맥John Mack에게 눈을 돌렸다.

무자비한 성격 탓에 '맥 더 나이프Mack the Knife'라는 별명을 가진 맥은 핑크의 친한 친구였다. 그는 최고경영자 자리에 오른 후 핑크에게 전화를 걸어 핑크가 제안했던 인수를 추진하고 싶다고 말했다. 핑크는 모건스탠리의 사장이 되고 아마도 맥의 후계자가 될 것이었다. 하지만 중요한 세부사항을 조율하는 과정에서 다양한 견해 차이가 드러났다. 맥은 블랙록에 대한 지배권을 원했지만 핑크는 블랙록이 계속 성장하기 위해서는 어느 정도의 독립성이 필수적이라고 생각했다. 협상은 아무런 성과도 없이 여러 달 동안 지지부진했다.

이러는 와중에 갑자기 핑크는 스탠리 오닐이 메릴린치인베스트먼트매니저스를 매각할 의사가 있지만 블랙록이 모건스탠리와 긴밀히 협상 중이어서 자신에게 말하지 않았다는 사실을 알게 됐다. 그래서 핑크는 은밀한 경로로 연락을 취했고 뉴욕 어퍼이스트사이드Upper East Side의 스리 가이즈Three Guys 식당에서 오닐과 아침 약속을 잡았다. 15분 만에 거래의 중요한 윤곽을 결정했고 나머지 세부 사항들은 2주 만에 일사천리로 해결됐다. 인수 계약은 2006년 밸런타인데이에 발표됐다. 스테이트스트리트리서치가 푸짐한 애피타이저appetizer였다면 메릴린치인베스트먼트매니저스의 규모와 복잡성은 다섯 가지 요리로 구성된 코스 요리였다.

서류상으로 인수 거래는 완벽해 보였다. 메릴린치인베스트먼트매니저스는 일반 개인투자자들 사이에서 뮤추얼펀드에 대한 영향력이 컸고 유럽과 아시아에서도 광범위한 기관 영업망을 갖추고 있었다. 블랙록은 유럽과 아시아 지역에는 거의 진출하지 못했었다. 한편 메릴린치인베스트먼트매니저스는 지방자치단체의 채권을 제외하고 다른 채권 분야에서 거의 영향력이 없었다. 블랙록과 메릴린치인베스트먼트매니저스를 합하면 약 1조 달러를 운용하는 투자업계의 거대 회사가 될 터였다. 게다가 합병에 필요한 자금은 주식으로 지급할 예정이었다. 메릴린치는 합병회사 지분의 49.8퍼센트를 갖게 되고 PNC은행의 지분은 34퍼센트로 줄어들 것이다. 블랙록의 고위 임원들은 메릴린치인베스트먼트매니저스가 메릴린치의 투자 은행가들로부터 약간 무시를 당해왔다는 사실을 고려할 때 자신들이 합병된 회사를 잘 경영할 수 있으리라 확신했다.

슐로스타인은 또다시 합병된 회사를 통합하는 업무를 담당했고 시간이 지체될수록 통합하기 힘들다는 것을 잘 알고 있었기 때문에 신속하게 움직였다. 2006년 9월 말에 거래가 마무리될 때쯤 골치 아픈 후속 문제들이 많았지만 통합 작업은 거의 완료됐다. 블랙록의 임원들에 따르면 또다시 알라딘이 두 회사의 합병을 성공으로 이끈 비결이었다. 슐로스타인은 "대부분의 대규모 금융회사 합병은 4년이나 5년이 흘러도 여전히 시스템을 통합하고 있거나 때때로 시스템이 통합되지 않는 경우가 있습니다. 하지만 알라딘의 확장성은 엄청났습니다."라고 말했다.

메릴린치인베스트먼트매니저스의 임원들은 인수를 둘러싸고 의견이 엇갈렸다. 몇몇 임원들은 오랫동안 메릴린치은행으로부터 무시당한 후에 더 역동적이고 독립적인 자산운용회사의 일부가 되는 것에 안도했다. 한편 블랙록의 오만함에 불만을 품은 사람들도 있었다. 특히 걸걸한 목소리의 카피토는 많은 사람을 불쾌하게 했다. 이것은 나중에 바클레이즈글로벌인베스터즈의 인수에서도 반복되었다. 메릴린치인베스트먼트매니저스와 바클레이즈글로벌인베스터의 여러 임원들은 카피토를 '마이크 와그너Mike Wags Wagner'에 비유했다. 마이크 와그너는 미국 쇼타임Showtime의 연재 드라마 〈빌리언스〉Billions의 등장인물로, 극 중 헤지펀드 매니저 로버트 액슬로드Robert Axelord를 위해 일하는 공격적이지만 매우 충성심 높은 해결사였다. 카피토가 강철이라면 이와 반대로 슐로스타인과 수 와그너는 통상적으로 비단과 같은 역할을 했다. 메릴린치인베스트먼트매니저스의 인수를 통해 합류한 블랙록의 한 임원은 "수는 탁월한 실행가였습니다. 그녀는 핑크의 아이디어를 행동으로 옮겨 임무를 완수했거든요. 수는 핑크에게 없어서는 안 되는 인물이었습니다."라고 힘주어 말했다.

메릴린치인베스트먼트매니저스를 통합하는 실무적인 문제는 슐로스타인이 책임지고 있었지만, 많은 임원들이 인수의 성공은 기업의 작은 문제들과 중요한 전략을 잘 알고 있는 일 중독자인 핑크 덕분이라고 강조했다. "핑크는 놀라울 정도로 세부 사항을 잘 알고 있었습니다. 나는 그를 좋아하지는 않지만 뛰어난 사업가이고 그는 블랙록을 위해 살고 있는 사람이거든요."라고 한 고위 임원이 말했다. "그가 회사를 떠난다면 그것은 알렉스 퍼거슨Alex Ferguson 감독이 맨체스터 유나이티드Manchester United를 떠나는 것과 같을 겁니다. …… 블랙록의 역사는 한 남성이 걸어온 길이라고 해도 절대 지나치지 않습니다."

이런 모든 변화 속에서 블랙록 설립자들 사이의 결속력이 점차 약해지기 시작했다. 프레이터가 2004년 초에 PNC은행의 부동산 사업을 이끌기 위해 회사를 가장 먼저 떠났다. 2007년 말에 투자회사를 설립하겠다고 말하면서 슐로스타인이 프레이터 다음으로 블랙록을 떠났다. 슐로스타인의 뒤를 이어 앤더슨도 회사를 떠나 헤지펀드를 설립했다.

모든 사람이 블랙록을 떠난 뒤 출세에 성공했다. 프레이터는 미국의 종합금융회사인 패니메이Fannie Mae의 최고경영자가 되었고 슐로스타인은 투자 전문 은행인 에버코어Evercore의 사장이 되었다. 앤더슨은 한동안 조지 소로스George Soros의 전설적인 헤지펀드를 운용했다. 블랙록의 성공에 중요한 역할을 했던 엄격한 감독관인 할락은 오랜 동안 대장암으로 투병하다가 2015년에 사망했다. 블랙록에서 과소평가되었지만 중심 역할을 했던 할락은 존경과 그리움을 받는 동료가 되었다. 한 전직 블랙록의 임원은 "할락은 굴에서 진주를 만드는 모래와 같은 존재였습니다. 그는 우리 조직에 매우 중요한 인물이었죠. …… 엉성한 대답은 결코 용납되지 않았습니다."라고 말했다. 회사의 전설 같은 이야기에 따르면 할락은 손에 블랙베리Blackberry 휴대전화를 들고 죽는 순간까지 일을 했다고 한다. 오늘날까지 그의 이름을 말하면 다른 임원들, 특히 핑크의 표정은 슬픔으로 가득 찬다.

하지만 아마도 슐로스타인을 잃은 것이 핑크에게는 가장 큰 타격이었을 것이다. 핑크는 친구인 슐로스타인이 블랙록을 떠난다고 했을 때 크게 화를 냈다. 하지만 결론적으로 핑크와 슐로스타인은 화해했다. 슐로스타인은 고별 저녁 자리에서 핑크와의 관계에 관해 다음과 같이 말하면서 건배했다. "내 위치에 있는 다른 어떤 사람도 이런 말을 한 적이 없을 겁니다. 나는 지난 20년간 한 사람을 위해 이인자 역할을 해왔어요. 그동안 '그가 없었다면 내가 그의 자리를 차지했을 텐데'라고 생각한 적이 단한순간도 없었습니다."

⌒⌄⌒

메릴린치인베스트먼트매니저스를 인수한 직후 금융위기가 점차 퍼져나가기 시작했다. 이때 블랙록에 남아 있는 나머지 설립자들의 열정은 과거와는 다른 방식으로 시험대에 올랐다. 2008년의 세계 금융위기는 큰 충격으로 다가왔다. 핑크는 2007년 초 금융위기가 시작됐을 때 비우량 주택담보대출이 불러올 시장 혼란의 위험성을 과소평가했고[17] 뉴욕의 최대 규모 공동주택인 피터 쿠퍼 빌리지Peter Cooper Village에 대한 블랙록의 투자는 결국 큰 재앙이 되고 말았다.[18] 하지만 블랙록은 다른 투자회사들보다 금융위기를 더 잘 헤쳐나갈 수 있었다.

월스트리트의 거물로서 부활한 핑크는 2008년 초에 메릴린치의 가장 유력한 최고경영자 후보였다. 그러나 비우량 주택담보대출의 위험 평가를 철저히 분석할 수 있도록 승인해달라고 이사회에 요구했다가 후보에서 밀려났다.[19] 이때 분석이 이루어졌다면 나중에 뱅크오브아메리카에 흡수되기 전 메릴린치를 구할 수도 있었다. 핑크는 "뱀을 잡는 덫에 걸려들고 싶지 않았습니다."라고 당시를 회상했다.[20] "나는 내 팀이 들어가서 대차대조표를 봐야 한다는 것을 고려해달라고 말했습니다. 그런데 이사회는 허락하지 않았어요. 이 모든 과정에 정말 화가 났습니다."

이런 개인적인 좌절에도 불구하고 블랙록은 '솔루션Solutions' 사업의 성장 덕분에 금융위기에서 살아남은 승자가 되었다. 블랙록의 솔루션 사업은 외부 고객들에게 단순히 알라딘 서비스를 제공하는 것 이상으로 크게 성공했다.✦ 복잡한 구조의 채권을 분석하는 솔루션 사업부의 전문성은 1994년에 처음으로 인정받았다. 그 당시 제너럴 일렉트릭은 블랙록에 키더피바디Kidder Peabody의 대차대조표에 있는 자산 가치를 분석해달라고 요청했었다. 키더피바디는 유서 깊지만 어려움을 겪고 있는 제너럴 일렉트릭이 소유하고 있는 증권회사였다. 금융위기가 발생했을 당시 솔루션 사업부는 시장의 기본 구조에 관해 깊은 전문성을 갖춘 고도의 금융 자문 그룹이었다.

월스트리트의 경쟁업체들과 미국 정부 그리고 외국의 중앙은행에 이르기까지 모두가 금융 시스템을 붕괴시킬 뻔한 불량 증권들을 분석해달라고 도움을 요청했다. 블랙록의 고위 임원인 로버트 골드스타인Robert Goldstein은 "우리가 키더피바디를 분석했을 때 우리의 채권 분석 시스템은 엑스레이X-ray 수준이었습니다."라고 말했다.[21] "최근의 금융위기에 관해 분석할 기회가 있었는데 우리 시스템은 훨씬 더 정밀한 MRI로 발전했습니다."

미국 재무부와 연방준비제도가 금융위기의 여파를 수습하는 일을 블랙록이 돕도록 특별 임무를 부여하자 핑크의 영향력을 시기하는 목소리가 터져 나왔다. 하지만 핑크를 비공식적인 월스트리트의 제왕으로 만든 것은 어려웠지만 성공적이었던 블랙록과 바클레이즈글로벌인베스터즈의 인수 및 통합이었다.

✦ 슐로스타인에 따르면 바클레이즈글로벌인베스터즈가 채권 사업을 위해 알라딘 서비스 계약을 체결한 최초의 투자회사 고객이었다.

14장

21세기 최고의
인수합병

2009년 초, 마크 위드먼은 핑크에게 점심 초대를 받았다. 맨해튼 중심가의 고급 식당에서 한 상 가득 차려진 생선회를 먹으면서 두 사람은 위드먼이 블랙록에서 겪고 있는 좌절에 관해 이야기했다. 키가 크고 곱슬머리에 사람들과 어울리기 좋아하는 위드먼은 블랙록의 자문단으로 일하고 있었다. 전직 고위 재무부 관리 출신의 경영진으로서 그는 위기 대응 활동에 깊이 관여했다. 하지만 위드먼은 그의 직속 상사와 사이가 틀어졌고 다른 일을 하고 싶어 했다.

위드먼은 "이곳에서 일하는 것이 좋습니다. 단지 월요일 아침에 즐거운 마음으로 출근하고 싶을 뿐이에요."라고 불평했다. "뭐든지 하겠습니다. 심지어 수위라도 좋습니다." 안경을 쓴 블랙록의 사장은 그의 사정을 이해하는 것처럼 보였다. 생선회와 튀김을 먹으면서 핑크는 자신이 새로운 어떤 일을 벌일 수도 있다고 말했다. 그는 "당신에게 맡길 일이 있습니다. 우리가 바클레이즈글로벌인베스터즈라는 회사를 인수할 예정인

데 …… 이 회사와 통합하는 업무를 맡아주면 어떻겠어요?"

위드먼은 바클레이즈글로벌인베스터즈를 알고는 있었지만 자신이 자산운용업계에서 일한 경험이 없어서 인수합병이라면 아는 게 거의 없었다. 그런데도 새로운 일을 간절히 원했던 그는 "좋습니다."라고 답했다. 핑크가 그 일을 맡긴 이유는 단순했다. 스테이트스트리트리서치와 메릴린치인베스트먼트매니저스의 통합을 성공적으로 이끌었던 수완이 좋은 랄프 슐로스타인이 블랙록을 떠났기 때문이다. 예일과 하버드에서 공부한 위드먼은 금융 이론을 깊이 모를 수도 있지만 바클레이즈글로벌인베스터즈의 학자들에 맞설 수 있는 지적인 능력과 두 회사의 통합이라는 까다로운 일에 필요한 사람을 다루는 사교력을 갖추고 있었다. 그리고 회사 내부에서도 중요한 일을 할 만한 젊은 개혁가로 알려져 있었다. 이 일은 그가 자신의 그런 능력을 입증할 기회였다.

하지만 그 후 모든 일이 잠잠해졌다. 막후에서 인수를 완료하는 데 많은 어려움이 있었기 때문이다. 실제로 바클레이즈글로벌인베스터즈를 인수하는 투자업계의 세기적 거래가 마지막 순간에 거의 실패로 끝날 뻔했었다.

블랙록이 바클레이즈은행과 깊이 있게 논의하기 위해 샌프란시스코에 있는 바클레이즈글로벌인베스터즈의 고위 경영진을 방문할 대표단을 파견할 정도로 초기 대화는 잘 진행되었다. 하지만 불행하게도 그들은 비밀을 오래 유지하지 못했다. 눈썰미가 예리한 바클레이즈글로벌인베스터즈의 몇몇 직원들이 창문에 래리 핑크라는 메모를 붙여놓은 검은색 차량이 본사 밖에서 대기하고 있는 것을 발견했다.[1] 심지어 영국의 사모펀드 회사인 CVC의 임원들은 같은 건물에서 그들이 인수할 아이셰어즈 사업 부문과 관련된 회계장부를 조사하고 있었다.

다행스럽게도 이런 사실은 언론에 알려지지 않아 협상을 다루는 회의를 망치지는 않았다. 하지만 뉴욕멜런은행Bank of New York Mellon이 또 다른 잠재적 인수자로 등장했다. 뱅가드와 피델리티도 아이셰어즈 주변을 배회하면서 기회를 엿보고 있었다. 여기에 더해 블랙록이 인수 발표를 준비하고 있을 때 자금 조달 상황이 갑자기 불확실해졌다.

인수 대금의 일부는 블랙록의 주식으로 지급할 예정이었다. 하지만 바클레이즈은행은 정부의 구제금융을 피하려면 막대한 현금이 필요했다. 그래서 핑크는 블랙록의 많은 고객들에게 부탁해 수십억 달러의 자금 조달 방안을 마련했다. 카타르의 국부 펀드가 30억 달러를 지급할 예정이었지만 마지막 순간, 핑크가 이사회의 승인을 받자 말을 바꾸었다. 카타르의 권력자가 개인적으로 거래에 참여하고 싶어 하는 것처럼 보였다. 하지만 핑크는 아무리 돈 많은 부자나 왕족이라도 개인보다는 다수의 강력한 기관투자자가 참여하기를 원했다. 그는 카타르인들에 의해 거래가 휘둘리는 것처럼 느꼈다. 그는 타협하지 않고 상대방과의 거래를 기꺼이 포기했다. 그런데 6월 10일에 핑크는 인수 협상을 위한 30억 달러를 마련하는 데 24시간밖에 남지 않았다는 것을 깨달았다. 많은 사람이 여전히 금융위기로 어려움을 겪는 시기여서 단시간에 자금을 조달하는 것은 쉽지 않은 일이었다.

그날은 수요일이었다. 핑크는 블랙록 본사에 자리를 잡고 앉아서 일생일대의 도움을 요청하는 전화를 걸었다. 중국의 국부 펀드인 중국투자공사China Investment Corporation에 전화를 걸어 1시간 만에 10억 달러의 자금 지원을 약속받았다.[2] 핑크는 그다음 날 새벽 4시까지 잠재적 투자자들에게 전화를 걸어 자금 지원을 요청했다. 그리고 아침 7시 30분에 다시 사무실로 출근해 인수 거래를 발표하기 전까지 또다시 지원을 요청하는 전화를 걸었다.

그의 노력은 성공했다. 2009년 6월 11일 저녁 8시 20분에 뉴욕에서 블랙록은 바클레이즈은행에 블랙록의 지분 20퍼센트와 현금을 지급하는 방식으로 바클레이즈글로벌인베스터즈를 인수하는 계약을 체결했다고 발표했다. 그 당시 가치로 135억 달러에 달하는 엄청난 규모의 인수 거래였다. CVC 사모펀드는 바클레이즈가 아이셰어즈에 대한 매도 계약을 어긴 것에 대한 보상으로 1억 7,500만 달러를 받았다.

작은 체구에 앞머리를 일자로 자른 최고경영자이자 공동 설립자인 수와그너가 거래를 공표하는 언론 보도자료의 초안 작성을 도와달라며 교육받고 있던 위드먼을 갑자기 불러냈다. 그때까지 위드먼은 이런 극적인 사실을 모르고 있었다. 얼마 지나지 않아 와그너는 인수에 대한 논리와 근거가 되는 여러 전제 조건들을 설명하기 위해 블랙록의 고위 임원들을 소집했다. 모든 사람이 인수를 기뻐한 것은 아니었다. 일부는 바클레이즈글로벌인베스터즈의 핵심 자산인 아이셰어즈의 성장 가능성에 의문을 제기했다. 하지만 이미 거래는 끝난 상황이었다. 이제 무슨 일이 있어도 인수를 성공적으로 만들어야 한다는 것이 중요했다. 인수 후 한동안은 상당히 복잡한 문제들이 발생했다.

위드먼은 "바클레이즈글로벌인베스터즈의 인수를 통해 우리는 진정한 세계적 기업이 됐습니다. 하지만 투자업계에서 우리는 루비콘강을 건넌 것과 마찬가지였죠. 어느 날 갑자기 액티브 투자와 지수 투자를 함께 하는 회사가 됐습니다."라고 위드먼은 말했다. 그는 "이것은 16세기 종교

전쟁에 버금가는 심도 있고 격렬한 이론적 논쟁에 불을 붙였습니다."라고 재미있게 이야기했다.

⌒⌄⌒

샌프란시스코에 있는 바클레이즈글로벌인베스터즈 본사의 첫 반응은 안도와 실망이 뒤섞여 있었다. 많은 사람들이 적어도 아이셰어즈에 대한 CVC와의 거래가 성사되지 않았다는 사실에 안도감을 느꼈다. 사모펀드가 소유주가 되는 것은 결코 바람직하지 않았고 회사에서 상장지수펀드를 분리하는 것은 회사의 자원 운용에 문제가 될 수도 있었다. 그리고 최악의 경우 아이셰어즈에 치명적일 수도 있었다. 아이셰어즈 부서는 하나의 상표이자 영업 조직이었다. 조직 문화는 바클레이즈글로벌인베스터즈와 달랐지만 완전히 독립적인 사업 조직은 아니었다. 실질적인 상품 설계는 본사가 담당했기 때문이다.

따라서 고위 경영진들은 비밀리에 뉴욕은행, 뱅가드, 피델리티 그리고 골드만삭스 등 회사 전체를 인수할 다른 후보들을 찾는 일을 시작했다. 그 당시 바클레이즈글로벌인베스터즈의 최고경영자였던 블레이크 그로스먼도 또 다른 사모펀드가 회사 전체를 인수해 바클레이즈글로벌인베스터즈가 독립적인 자산운용회사가 될 수 있도록 하는 방안을 은밀히 알아보고 있었다. 하지만 세계 경제는 엉망이었고 회사 전체를 인수하는 데 필요한 자금력을 갖춘 잠재적 후보들은 많지 않았다. 적어도 바클레이즈글로벌인베스터즈는 오랫동안 알라딘의 고객이었고 블랙록과 관계가 우호적이었다. 그로스먼은 개인적으로 핑크를 알고 지냈고 그를 상당히 존경했다.

그로스먼은 "문제가 해결됐다는 안도감이 컸습니다. 우리는 매우 안정적이고 평판이 좋은 새로운 주인을 얻게 됐거든요. 그 당시 시장에서는 많은 일들이 벌어지고 있었습니다. 그리고 블랙록에는 인수와 통합에 관한 훌륭한 기준이 있었죠."라고 당시를 회상했다.

새로운 사람들과 화합을 위해 핑크는 샌프란시스코의 팔로마 호텔Hotel Palomar의 피프스 플로어Fifth Floor라는 미슐랭 별점을 받은 식당에서 만찬을 개최해 바클레이즈글로벌인베스터즈의 고위 경영진들을 초대했다. 카피토, 골럽 그리고 몇 명의 블랙록 최고 경영진과 바클레이즈글로벌인베스터즈의 고위 경영진들은 두 회사의 문화가 잘 융합될 방법을 알아보기 위해 그들의 철학과 가치에 관해 이야기했다. 많은 바클레이즈글로벌인베스터즈의 고위 경영진들은 저녁을 마치고 자리를 떠날 때 안도감을 느꼈다.

다른 사람들은 서서히 문제가 발생하고 있다는 것을 감지했다. 바클레이즈글로벌인베스터즈의 일반 직원들은 대체로 블랙록이 자신들의 상징인 혁신과 창의력이 아니라 인수합병을 통해 회사를 키운 전직 채권 트레이더로 구성된 기업일 뿐이라고 생각했다. 또한 블랙록의 상업적 성공을 마지못해 인정하기는 했지만 블랙록의 월스트리트 문화는 지적이고 학구적인 바클레이즈글로벌인베스터즈의 문화와 상반된다고 생각했다.

따라서 많은 사람들은 두 회사가 근본적으로 양립할 수 없다고 봤다. 그 당시 바클레이즈글로벌인베스터즈의 퀀트 전략의 책임자였던 켄 크로너는 "블랙록에서는 절대 일하지 않겠다고 말하는 임원들도 있었습니다. 그 수가 결코 적지 않았어요."라고 말했다.

바클레이즈글로벌인베스터즈 경영진의 오만한 태도는 블랙록 직원들을 불쾌하게 할 수도 있었다. 블랙록 직원들은 자신들이 국제적인 자산 운용회사가 아니라 대학교 같은 조직에 엄격한 규정과 비즈니스 지향적인 사고방식을 심어주었다고 주장했다. 두 회사의 통합 과정에 관여했던 블랙록의 한 전직 임원은 "바클레이즈글로벌인베스터즈의 직원들은 우리가 자신들만큼 똑똑하지 못하다고 생각했습니다. 그들은 자신들이 단지 가장 똑똑하다는 이유로 업무에 대한 지시권을 가져야 한다고 여겼죠. 하지만 그렇게 되지는 않았습니다."라고 회상했다.

더구나 바클레이즈글로벌인베스터즈는 그 당시 오만하게 행동할 만큼 좋은 위치에 있지 않았다. 바클레이즈글로벌인베스터즈는 인덱스펀드에 있는 주식을 빌려주면서 수익을 얻는 대차거래에 점점 더 공격적으로 뛰어들었었다. 금융위기가 발생해 투자한 자산에 손해가 났을 때 바클레이즈은행이 개입해 바클레이즈글로벌인베스터즈의 고객들에 대한 안전판 역할을 했다. 바클레이즈글로벌인베스터즈의 퀀트 전략 운용 조직도 끔찍한 어려움을 겪었고 이에 따른 투자자의 이탈로 타격을 받았다.

이것이 위드먼이 해결해야 하는 문화적 혼란과 회사 조직의 문제였다. 블랙록의 규모는 배로 커졌지만 복잡성은 4배가 되었다. 자산 운용 분야에서 역사상 가장 큰 인수합병이 오만함의 상징으로 끝나지 않게 하는 것은 매우 힘든 과제였다.

위드먼은 그로스먼의 오른팔인 매니시 메흐타Manish Mehta와 한 팀으로 함께 일했다. 매니시 메흐타는 블랙록과 인사 문제를 협의하기 위해 바클레이즈글로벌인베스터즈의 인사 책임자를 데리고 뉴욕으로 날아갔다. 펜실베이니아대학교 와튼 경영대학원에서 석사를 마치고 컨설팅 분야에서 경험을 쌓은 메흐타는 세부적인 일을 잘하는 사람이었다. 그는 자신이 짧은 시간에 만든 종합적인 프로젝트 계획을 가지고 블랙록의 어두컴컴한 회의실로 들어갔다. 그리고 무척 어려울 것으로 예상되는 프로젝트의 세부 사항들을 논의하기 시작했다. 하지만 위드먼은 프로젝트에 대한 협의를 제쳐두고 대신 메흐타와 그의 팀에게 출신 지역이나 그들이 어떤 사람인지와 같은 개인적인 질문을 던졌다.

위드먼은 "이것은 그들에게 문화적 충격과 같았습니다. 하지만 개인적으로 친밀한 직장 관계는 그런 것을 통해 만들어지죠. 기본적으로 통합이라는 것은 사람과 사람이 어떻게 서로 협력하는가에 관한 것입니다. 프로젝트의 계획에 관한 것이 아닙니다."라고 이야기했다. 그는 메흐타가 존 휴스John Hughes 감독의 영화 〈브렉퍼스트 클럽〉Breakfast Club이 촬영된 고등학교를 다녔다는 것을 알고 특히 기뻐했다.

이런 긴밀한 인간관계는 후속 통합 과정에서 매우 중요한 역할을 했다. 바클레이즈글로벌인베스터즈의 많은 사람들이 블랙록의 상사들과 의견 충돌이 잦았기 때문이다. 카피토는 또다시 비판과 논란의 중심이 되었다. 바클레이즈글로벌인베스터즈의 전 임원은 두 회사의 고위 임원들의 단합을 위해 계획한 파티에 대한 기억을 떠올렸다. 카피토는 그 파티에서 바클레이즈글로벌인베스터즈 출신의 포도주 전문가들과 함께 포도주 수집에 관해 이야기했다. 그들 가운데 한 사람이 카피토에게 포도주 저장고가 얼마나 큰지 물어보자 그는 얼굴을 붉히면서 "뭐라고요? 당신은 내 생식기도 얼마나 큰지 알고 싶은 거요?"라고 화를 냈다. 바클레이즈글로벌인베스터즈의 임원들은 충격을 받아 한마디도 할 수 없었다.

블랙록 직원들 사이에서도 카피토의 공격성은 악명이 높았고 종종 다른 사람들의 신경을 건드렸다. 한 전직 임원은 "사람들은 그의 무뚝뚝함에는 신경 쓰지 않았지만 다른 사람들을 존중하지 않는 태도는 싫어했습니다."라고 말했다. 또 다른 임원도 "그는 거만하고 심술궂은 구석이 있었습니다."라고 말했다. 그렇지만 핑크는 카피토를 확실히 신임했다. 핑크는 카피토가 양면성을 가진 복잡한 인물일지도 모르지만 일단 그를 깊이 알면 누구 못지않게 따뜻하고 블랙록을 위해 헌신하는 사람이라는 것을 알 수 있다고 이야기했다.

카피토를 옹호하는 사람들, 심지어 이들 중에는 카피토와 개인적으로 의견 충돌을 빚은 사람들도 있지만, 그들에 따르면 카피토에 대한 핑크의 신임은 충분한 근거가 있었다. 그들은 카피토에 대한 일부 적대감은 언제나 카피토가 인기 없는 결정을 내리기 때문이라고 지적했다. 그 덕분에 핑크는 그런 결정을 둘러싼 논쟁이나 갈등에 휘말리지 않을 수 있었다.

하지만 본질적으로 두 사람은 블랙록의 중심에서 떼려야 뗄 수 없는 음과 양의 관계였다. 블랙록의 한 전직 고위 임원은 "블랙록에서 당신이 저지를 수 있는 가장 큰 실수는 두 사람을 서로 갈라놓을 수 있다고 믿는 것입니다. 카피토는 핑크가 없다면 성공할 수 없을 것입니다. 하지만 사람들이 알지 못하는 것은 핑크도 카피토가 없으면 성공할 수 없다는 것이죠. 이 두 사람은 소금과 후추와 같습니다. 둘은 매우 다르지만 함께 있어야 합니다."라고 말했다.

바클레이즈글로벌인베스터즈의 대부인 프레드 그라우어도 이런 상황을 직접 경험했다. 핑크는 바클레이즈글로벌인베스터즈 경영진에게 안정감을 주기 위해 통합 과정을 도와주는 특별 자문위원으로 그라우어를 다시 고용했다. 하지만 그라우어는 카피토의 영향력과 그가 저지르는 잘못에 관한 우려를 핑크에게 전달했다. 카피토가 이 사실을 알게 되자 그라우어는 즉시 조직을 통합하는 업무에서 배제됐다. 핑크는 이를 기억하지 못했지만 몇몇 전직 바클레이즈글로벌인베스터즈의 사람들에게는 강한 인상을 남긴 일화였다.

　　"핑크는 지도자이지만 카피토는 그의 스벤갈리Svengali(다른 사람의 마음을 조종하여 나쁜 짓을 하게 하는 힘을 지니고 있는 사람-옮긴이)입니다. 더 이상 말할 필요가 없습니다. 블랙록에서 가장 중요한 척도는 충성심입니다. 충성심은 다른 모든 가치보다 우선하죠."라고 두 사람 사이의 갈등을 잘 아는 사람이 말했다. 블랙록의 다른 직원들도 충성심이 회사 생활에서 중요한 부분이라는 사실을 확인해주었다. "블랙록의 문화와 관련된 한 단어가 있는데요. 그것은 다름 아닌 충성심입니다."라고 말했다.

　　이와 반대로 바클레이즈글로벌인베스터즈와 블랙록에서 일했던 직원들은 위드먼이 한 일을 칭찬했다. 그가 가끔 엉뚱하거나 혼란스러워 보였지만 많은 사람은 그의 총명함, 능숙한 말솜씨 그리고 인수에 따른 통합을 성공시키기 위한 공감 능력을 높이 평가했다. 이것은 메흐타와 할락의 도움으로 가능했다. 크로너는 "메흐타는 정말 굉장한 사람입니다. 그는 정말 훌륭한 일을 했거든요. 그와 찰리 할락은 실제로 샌프란시스코에서 시간을 보내면서 우리 문화를 이해하고, 우리에게 강요해서는 안 되고 다른 방법으로 해야 하는 것들이 있다는 것을 인식한 블랙록의 경영진들이었습니다. 메흐타와 할락이 없었다면 우리는 아직도 두 조직을 통합하기 위해 고군분투하고 있었을 것입니다."라고 말했다.

～⌒～

위드먼에게는 몇 가지 아쉬움이 있었다. 그 가운데 하나가 처음부터 합병이 아니라 인수라는 사실을 더 명확히 하지 못한 것이었다. 인수라는 단어가 더 공격적으로 들릴 수도 있지만 위드먼은 이런 사실을 더 명확하게 밝히는 것이 통합 과정을 분명하고 덜 어색하게 만들었을 것이라고 느꼈다. 위드먼은 카피토가 이런 사실을 대부분의 사람들보다 더 빨리 깨달았다고 생각했다.

게다가 블랙록은 메릴린치인베스트먼트매니저스와 통합 과정에서 비슷한 상황을 경험해 문화적 충돌에 대비해왔다. 메릴린치인베스트먼트매니저스의 오래된 내부 경쟁이 블랙록이 들어온 후 사라지는 것을 목격했던 것이다. 위드먼은 "같은 문화를 가지고 있지만 서로 만난 적이 없는 다른 두 집단의 사람들을 한 공간에 배치하면 그들은 서로를 싫어할 것입니다. 그것은 문화와 아무런 관련이 없죠. 새로운 공동의 적이 있다면 사람들은 훨씬 더 힘을 합쳐 단결하게 됩니다."라고 말했다.

블랙록이 모르는 두 가지 문제가 있었다. 첫째는 매우 실질적인 것이었다. 블랙록과 바클레이즈글로벌인베스터즈는 둘 다 규모가 큰 회사여서 예상보다 중복되는 고객이 많았다. 그래서 새로운 영업팀을 구성하고 고객과 관계를 정리하는 것은 매우 힘든 과제였다. 게다가 많은 고객이 한 자산운용사에 맡길 수 있는 자산 규모의 엄격한 상한선이 있었다. 그 결과 블랙록은 향후 몇 달 동안 고객을 잃을 처지에 놓였다. 두 번째는 뉴욕과 샌프란시스코 사이의 문화적·물리적 거리였다. 런던, 홍콩 또는 도쿄에 있는 사람들은 한 건물로 옮길 수 있고 지역의 사무실은 각자의 정체성과 보고 체계를 유지할 수 있다. 반면에 미국의 샌프란시스코와 뉴욕은 이것이 불가능했다. 샌프란시스코에 있는 바클레이즈글로벌인베스터즈의 본부는 너무 커서 전체를 뉴욕으로 옮길 수 없었다.

때때로 이런 지역적 문제는 사소하지만 예상치 못한 결과로 나타날 수 있다. 블랙록은 샌프란시스코가 아니라 뉴욕에 거점을 두고 있는 아메리칸항공과 거래하고 있었다. 바클레이즈글로벌인베스터즈는 유나이티드항공과 거래하고 있었고 유나이티드항공은 다른 항공과 연계하지 않고 전 세계를 여행할 수 있었다. 블랙록은 바클레이즈글로벌인베스터즈를 인수했을 때 샌프란시스코에 있는 바클레이즈글로벌인베스터 직원을 아메리칸항공 계좌에 가입시켜 연간 200만 달러를 절약하고 싶었지만 반발에 직면했다. 결국 바클레이즈글로벌인베스터즈 출신의 관리자들은 유나이티드항공과 거래를 유지하기 위해 다른 사업에서 200만 달러를 절약하겠다고 약속했다.

결국 블랙록은 실제로 샌프란시스코 지사의 고위 경영진을 없애버리고 대부분 보고 조직 체계를 뉴욕으로 이전시켰다. 위드먼은 이런 조치를 통해 샌프란시스코 본사에 반복되는 복잡한 조직 체계는 없어졌지만 한동안 힘을 잃었다는 점을 인정했다. 크로너는 최종적으로 인수합병이 성공한 것은 합병된 회사의 비전과 가치는 일치해야 하지만 이를 표현하는 방식은 사무실마다 달라질 수 있다는 사실을 블랙록이 늦게나마 깨달았기 때문이라고 말했다. 양쪽이 모두 같은 목표를 향해 나아가고 있는 한 샌프란시스코는 보다 편안하고 지적인 문화를 유지하고 뉴욕은 보다 공격적이고 상업적인 문화를 유지할 수 있었다. 크로너는 "블랙록이 샌프란시스코가 자신들 고유의 문화를 유지할 수 있도록 허용하자 그때부터 일이 상대적으로 순조롭게 진행되었습니다."라고 말했다.

그럼에도 위드먼은 완전한 통합에 3년이라는 길고 힘든 시간이 걸렸다고 추정했다. 아이셰어즈 사업 부문과 블랙록의 통합이 특히 느렸다. 위드먼은 2011년에 자신이 블랙록의 모든 인덱스 사업과 상장지수펀드 사업을 책임지게 됐을 때 비로소 통합이 완료됐다고 생각했다. 매우 활동적이고 수다스러운 전직 변호사인 위드먼은 현재 블랙록의 해외 사업과 기업 전략을 이끌고 있다. 그는 핑크가 물러날 때 블랙록 전체를 이끌어갈 가장 유력한 후보자로 알려져 있다.

～⌒～

2009년 12월 1일 바클레이즈글로벌인베스터즈의 인수가 공식적으로 마무리되는 날에 프리몬트 45번가에 있는 본사의 커다란 파란색 바클레이즈글로벌인베스터즈의 간판이 내려갔고 은색의 블랙록 간판이 그 자리를 대신했다. 출입문의 로고, 편지지 상단의 회사명 그리고 필기도구까지 모두 블랙록의 브랜드로 바뀌었다.

통합은 빨리 그리고 강력하게 진행되어야 하고 즉각적으로 '하나의 블랙록'이라는 정신을 세우는 것이 가장 중요했다. 하지만 몇몇 바클레이즈글로벌인베스터즈의 임원들은 이것을 하나의 상징적인 모욕이라고 생각했다. 반대로 핑크는 일부 바클레이즈글로벌인베스터즈 임원들에게 자신이 복잡한 골칫거리를 너무 많은 돈을 주고 인수했다고 불평했다. 인수 발표 시점과 인수 종료 시점 사이에 인수 자금의 일부로 지급된 블랙록 주가가 상승했다는 점을 고려하면 최종 인수 가격은 152억 달러에 달했다.[3]

이후 일련의 해고와 직원들의 이탈이 이어졌다. 인수 이후 수년 동안 약 50~70퍼센트의 바클레이즈글로벌인베스터즈의 임원들이 회사를 떠났다. 바클레이즈글로벌인베스터즈의 한 전직 고위 임원은 "그것은 마키아벨리 방식의 특이한 권력 행사였습니다."라고 말했다. "핑크 군주는 모든 귀족이 완전한 충성을 바치기를 원했고 기본적으로 그렇게 하지 않으면 모두 죽었습니다."

핑크는 그렇게 한 것을 후회하지 않았다. 그는 블랙록의 인수가 이례적인 성공을 거둔 것은 하나의 조직은 하나의 중요한 기업 정체성과 그것을 실행할 의지가 있어야 한다는 믿음 덕분이라고 생각했다. 다른 자산운용사들은 이런 방식이 종종 혼란스러운 결과를 초래한다는 점에서 조심스러워했다. 핑크는 "이런 접근 방식은 실행하기가 매우 어렵습니다. 많은 사람을 잃게 되죠. 왜냐하면 그들은 자신만의 영역과 경계를 유지하고 싶어 하기 때문입니다. 하지만 우리는 결코 그런 것을 허용할 수 없습니다."라고 말했다.

공평하게 말하면 바클레이즈글로벌인베스터즈의 임원들은 지난 수년에 걸쳐 그라우어와 던이 바클레이즈은행과 힘든 협상을 통해 확보한 소유권 지분 덕분에 부자가 됐다. 따라서 많은 사람들이 주식을 처분하고 다른 곳으로 이직한 것은 자연스러운 일이었다. 더구나 바클레이즈글로벌인베스터즈 직원들의 이탈에도 불구하고 인수는 놀라운 성공으로 입증됐다. 이는 당시 세계 경제가 커다란 충격을 받았음에도 핑크의 대담한 인수 결정이 옳았다는 사실을 입증해준 것이다.

일부 블랙록의 임원들은 핑크조차 바클레이즈글로벌인베스터즈, 특히 아이셰어즈가 얼마나 가치 있는지를 제대로 평가하지 못했다고 말했다. 한 임원은 "바클레이즈글로벌인베스터즈는 인형을 열면 첫 번째 인형보다 더 아름다운 인형이 계속 나오는 마트료시카 인형과 같습니다." 라고 말했다. 하지만 블랙록은 바클레이즈글로벌인베스터즈가 얼마나 더 성장할 수 있는지를 재빨리 파악했고 심지어 사업을 확장하고 수익화하는 일을 더 능숙하게 할 수 있다는 것을 입증해 보였다.

카피토에 대한 비난에도 불구하고 블랙록의 많은 사람은 인수 통합의 성공을 회사 전반에 영향을 미친 그의 노련한 경영 능력 때문이라고 생각했다. 인덱스 투자는 다른 어떤 자산 운용 부문보다 탁월한 능력이 필요하다. S&P500 지수를 따라가는 인덱스펀드는 본질적으로 대부분의 다른 펀드들과 유사하나 내부적인 운용 절차를 잘 구축해 다른 경쟁자보다 더 저렴하고 효율적이며 더 좋은 서비스를 제공할 수 있어야 승자가 되는 것이다.

사실 블랙록은 헨리 포드Henry Ford가 자동차산업 분야에 적용해 성공한 방식을 투자산업에 도입했다. 투자자들을 위해 어떤 누구보다 더 효율적으로 상품을 만들 수 있도록 금융상품의 생산라인을 만든 것이다. 한 전직 고위 임원은 "블랙록이 성공한 중요한 이유는 회사에 내재돼 있는 놀라울 정도로 우수한 운영 능력입니다. 이런 탁월한 능력 때문에 블랙록은 누구도 성공하지 못했던 거대한 규모의 자산운용회사를 일궈냈습니다."라고 주장했다. "배관과 배선에 더 집중한 카피토는 블랙록이라는 건물을 지은 핑크만큼 공로를 인정받을 자격이 있습니다. 카피토는 훌륭한 경영진들을 통해 효율성을 추구하는 데 굉장히 열정적이었습니다."

하지만 전략적 비전은 핑크의 역할이었다. 핑크는 바클레이즈글로벌인베스터즈의 사람들도 중요하지만 인덱스 투자 사업은 기본적으로 공학 제품이라는 사실을 알고 있었다. 그는 바클레이즈글로벌인베스터즈보다 이런 사실을 더 잘 알고 있었다. 사실 인덱스펀드의 성공 비결 중 하나는 투자 과정에서 사람의 편견을 제거하는 것이었다. 바클레이즈글로벌인베스터즈의 고객들은 1998년에 그라우어가 갑자기 회사를 떠났을 때 전혀 신경을 쓰지 않았던 것처럼 블랙록이 바클레이즈글로벌인베스터즈를 인수했을 때에도 거의 관심이 없었다. 위드먼은 "당신은 누가 도요타를 경영하는지 관심이 있나요? 나는 단지 자동차가 잘 작동하는지 알고 싶을 뿐입니다."라며 다음과 같은 말을 덧붙였다. "지수는 개인 맞춤형 상품이 아닙니다. 정해진 규정에 따라 영업하는 프랜차이즈 사업이거든요."

이 과정에서 블랙록의 문화도 발전했다. 바클레이즈글로벌인베스터즈에서 최초의 상장지수펀드 제품을 담당했던 에이미 숄대거는 인수 후에 블랙록에 남기로 결정했고 2017년 초에 은퇴할 때까지 인덱스 사업을 주도했다. 처음에는 문화적 갈등이 있었지만 그녀는 핑크, 카피토 그리고 블랙록의 기여를 높이 평가했고 새로운 환경에서 성공했다고 말했다. 숄대거는 "10년 후에 뉴욕 사무실은 조금 더 친절하고 온화한 곳이 됐고 샌프란시스코 사무실은 조금 더 엄격해졌다고 생각합니다. 둘 사이에 문화가 조금씩 닮아갔습니다."라고 말했다.

약간의 갈등에도 불구하고 블랙록의 과감한 인수합병은 놀라울 정도로 성공했다. 블랙록은 오늘날 9조 달러의 돈을 운용하는 막강한 자산운용사가 되었다. 이것은 일본과 독일의 연간 경제 총생산량을 합친 것보다 많다. 그리고 역사적으로 미국 투자산업이라는 정글에서 가장 큰 맹수인 피델리티가 운용하는 자산의 배가 넘는 규모이다.

자산운용업계에서 블랙록의 이런 우월성은 대체로 업계를 선도하는 바클레이즈글로벌인베스터즈의 인덱스펀드 사업을 능가하는 블랙록의 사업 통찰력 때문이다. 상장지수펀드 사업 규모가 1조 달러를 넘어선 2014년 여름에 위드먼은 달러 지폐 무늬를 새긴 천으로 만든 '1조 달러 정장'을 입고 런던에서 기념 파티를 했다. 이 정장은 블랙록의 뉴욕 본사 7층에 있는 작은 비공식 박물관에 전시돼 있다. 이런 기념비적 사건은 이제 아득한 추억이 되었다. 2020년 말에 아이셰어즈 사업 부문은 2조 7천억 달러의 자산을 운용했고 블랙록의 기관 투자 사업 부문의 자산 규모도 3조 달러에 육박했다. 두 사업 분야를 합치면 블랙록이 관리하는 전체 자산의 절반을 넘는다.

이런 성공은 블랙록의 주식 가격에 반영돼 있다. 블랙록의 시가총액은 골드만삭스보다 훨씬 더 큰 1,300억 달러를 넘어섰다. 실제로 블랙록의 시가총액은 자산업계에서 가장 큰 경쟁사에 속하는 티로프라이스, 프랭클린템플턴Franklin Templeton, 인베스코Invesco, 야누스헨더슨Janus Henderson, 슈로더 그리고 스테이트스트리트를 모두 합친 것보다 많다.

이 과정에서 우리가 간과해서는 안 되는 중요한 사실이 있다. 바로 래리 핑크가 월스트리트의 새로운 지배자로 등장했다는 것이다. 그는 20년 전에 작은 채권 투자회사를 세웠고 지금까지 유례를 찾아볼 수 없는 거대한 금융 제국으로 만들었다. 실제로 핑크는 오늘날 세계 금융계에서 가장 영향력 있는 인물이자 대통령과 수상들에게 자문을 하고 세계 거의 모든 주요 기업의 이사회에서 막강한 영향력을 발휘하고 있다. 특이한 것은 그가 마룬5Maroon 5와 첫 계약을 맺은 음반회사에 자금을 지원하면서 마룬5가 세상에 나올 수 있도록 도왔다는 사실이다.[4]

⌒

블랙록의 성공은 퍼스트보스턴에서 핑크가 경험한 실패의 교훈에서 탄생한 금자탑이다. 2016년 UCLA 대학교의 졸업생들을 위한 연설에서 핑크는 자신의 실패가 어떻게 상처를 주었는지에 관해 이야기했다. "저는 시장을 잘 알고 있었다고 믿었지만 제가 틀렸습니다. 제가 지켜보지 않는 동안 세상이 바뀌었기 때문입니다."[5]

그리고 핑크는 UCLA의 전설적인 농구 감독인 존 우든John Wooden이 농구 경기 변화에 끊임없이 적응하며 12년간 UCLA 팀을 10번의 우승으로 이끈 사실을 기억했다. 우든은 과거에 "내가 배움을 멈추는 순간 나도 끝납니다."라고 말한 적이 있다. 이 말은 블랙록 설립자의 중요한 신조가 되었다. 핑크가 적절한 시기에 바클레이즈글로벌인베스터즈를 인수한 일은 그가 대부분의 다른 사람들보다 투자라는 게임이 어떻게 변하고 있는지 더 잘 이해하고 있고 그가 어떻게 다른 사람들보다 더 빠르게 적응했는지를 보여주는 것이었다.

인덱스펀드 혁명이 마침내 승리했다. 인덱스펀드는 평범하고 인습을 거부하는 데서 출발해 마침내 월스트리트의 중심에 군건히 자리를 잡았다. 그리고 이제 투자 세계의 더 많은 부분을 천천히 장악해가고 있다.

금융산업은 인기가 없을지도 모르지만 인덱스펀드는 지금까지 사람들에게 혜택을 가져다주었다. 모든 사람이 더 저렴한 비용으로 직간접적으로 이득을 얻었다. 지난 20년에 걸쳐 미국 뮤추얼펀드의 비용은 거의 절반으로 줄었다.[6]

핑크는 상장지수펀드가 미친 영향을 아마존Amazon이 더 싼 가격과 편리함 그리고 투명성을 무기로 유통시장을 바꾸어놓은 것과 비교한다. 그는 "자산운용산업은 이런 것들을 염두에 두고 만들어지지 않았습니다. 불투명하고 복잡하게 설계되었거든요."라고 말했다.

그렇지만 오늘날 엄청난 규모로 성장한 인덱스펀드는 골치 아픈 문제를 야기하기 시작했다. 현기증을 불러일으킬 정도로 빠르게 일어나는 인덱스펀드의 혁신이 금융 시스템의 건전성과 투자자들을 위한 최선의 이익에 반드시 도움이 되지 않을 수도 있다는 것이다. 또한 인덱스펀드가 세계 투자산업에서 점점 더 많은 부분을 차지하면서 결과적으로 인덱스펀드 산업을 지배하는 소수의 거대 금융 기업에 영향력이 집중된다는 것도 문제이다.

TRILLIONS

4부

거대한 권력이 된
인덱스펀드 투자산업

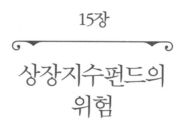

15장
상장지수펀드의
위험

신앙은 언제나 로버트 네슬리Robert Netzly의 인생에 구심점이었다. 기독교 신앙은 힘든 어린 시절과 젊은 목사에서 자동차 대리점의 온라인 판매원으로 전전하는 동안 그를 지탱해주었다. 하지만 그는 인덱스펀드의 발상지인 웰스파고에서 자신의 소명을 발견했다.

2008년 금융위기로 네슬리가 일하던 폭스바겐 대리점이 파산했다. 그후 그는 웰스파고 자산관리 부서에서 일했다. 교회에서 가르치기 위해 온라인으로 금융에 관한 성서적 연구를 검색하면서 네슬리는 성경의 원칙들이 투자 포트폴리오에 어떻게 영감을 주어야 하는지에 관한 기사를 우연히 보게 됐다. 이 기사는 두꺼운 검은 안경에 수염을 기른 호리호리한 네슬리의 관심을 불러일으켰다. 그의 외모는 말솜씨가 좋은 주식중개인이 아니라 기술 기업의 회계사처럼 보였다.

네슬리는 어려서부터 종교를 믿었다. 그의 부모님은 둘 다 마약을 했고 아버지가 완전히 마약 중독에 빠지면서 세 살 때 부모님이 이혼했다.

그의 어머니는 마약을 끊고 네츨리와 자폐증을 앓는 동생을 키웠다. 네츨리는 성인이 될 때까지 신앙에 관해 이야기하는 것을 편하게 느끼지 않았지만 교회는 네츨리의 인생에서 중요한 기둥이었다.

투자 상담사로서 네츨리는 오염을 유발하는 중공업, 무기 제조업체 그리고 도박 등과 같은 분야에 투자하지 않는 '사회적으로 책임 있는 투자'에 익숙했다. 그러나 그는 이런 투자를 자신의 보수적인 복음주의 원칙과 관계가 없는 자유주의적 원칙 속에서 그것을 고려했다. 하지만 '성경적으로 책임 있는 투자'에 관한 생각은 즉각적으로 큰 울림을 가져왔다. 이것은 성령이 손을 뻗어 그의 마음을 사로잡은 것 같았다.[1]

호기심이 발동한 네츨리는 자신의 투자 포트폴리오를 더 철저하게 조사했고 자신이 보유한 대형 제약사 주식이 낙태에 사용하는 약을 판매해 돈을 벌었다는 사실을 발견하고 매우 놀랐다. 낙태반대운동센터의 회장인 네츨리에게 이런 제약회사는 혐오의 대상이었다. 포트폴리오에서 그를 괴롭힌 것은 이것만이 아니었다. 그는 나중에 "나의 투자 종목은 지옥에서 온 가장 인기 있는 주식 종목처럼 온갖 종류의 부도덕함으로 찌들어 있었습니다."라고 말했다.[2]

이런 발견은 투자 상담사로서 그의 마음을 동요시켰다. 네츨리는 양심상 웰스파고에서 계속 일하면서 고객들이 악으로 가득한 주식에 투자하도록 권유할 수 없다고 생각했다. 그는 그날 집으로 돌아가 아내에게 하나님이 자신을 위해 다른 계획을 마련한 것 같다고 말했다. 그녀는 "그래요…… 우리에게 아이가 둘 있고 주택담보대출이 있다는 거 알고 있죠? 그 다른 계획이라는 것이 뭔가요?"라고 걱정스럽게 물었다.[3] 네츨리는 지금은 모르고 기도를 해야 할 것 같다고 대답했다. 몇 달 후에 그는 웰스파고를 그만두고 크리스천웰스매니지먼트Christian Wealth Management라는 회사를 설립했다. 이 회사는 독실한 신자들에게 성경적으로 책임 있는 투자, 즉 기독교의 지도 원칙에 따라 투자하는 방법에 대해 자문할 예정이었다. 다행스럽게도 사업은 번창했고 결과적으로 크리스천웰스매니지먼트는 하나님의 일을 하는 기독교 투자 상담사들의 거대한 네트워크가 되었다. 2015년에 크리스천웰스매니지먼트가 운용하는 자금은 대략 4천만 달러였다.

하지만 한 가지 커다란 장애물이 있었다. 기독교 네트워크에 참여하고 싶은 많은 투자 상담사들이 그 당시 고객들의 돈을 수수료가 저렴한 인덱스펀드에 투자하고 있었다. 인덱스펀드는 어쩔 수 없이 그들이 혐오스럽다고 생각하는 많은 기업에 투자하고 있었다. 전통적 액티브 펀드는 투자에 대한 재량권이 있었지만, 기독교가 부도덕하다고 생각하는 분야에 대한 투자를 피하는 데 한계가 있었다. 게다가 수수료와 저조한 성과도 마음에 들지 않았다.

네슬리는 고객을 위해 조금 더 맞춤형 상품을 만드는 것을 알아보기 위해 몇몇 인덱스펀드 회사들에 연락했다. 이런 맞춤형 펀드는 낙태와 포르노 같은 죄악에서 직간접적으로 이익을 얻는 기업이나 산업 또는 동성애자, 양성애자, 성전환자의 생활 방식을 적극적으로 지지하는 것을 통해 수익을 내는 기업들을 걸러내는 것이었다. 당연히 종교적 편협성과 대중의 반발 가능성 때문에 주요 펀드 사업자들은 이 프로젝트에 참여하는 것을 꺼렸다. 그래서 네슬리는 어쩔 수 없이 혼자 일을 진행할 수밖에 없었다. 2015년에 그는 인스파이어인베스팅Inspire Investing을 설립했는데 2017년에는 여러 종류의 '성서적으로 책임 있는 상장지수펀드'를 판매하

기 시작했다

이 회사는 보수적인 기독교 가치를 어느 정도 준수하는지에 따라 기업의 등급을 매기는 시스템을 만든 다음 이를 거래 가능한 상장지수펀드를 위한 지수로 만들었다. 그래서 문제가 있다고 판단되는 모든 기업을 완전히 피할 수 있게 했다. 기피 대상 회사에는 술을 만드는 회사부터 성소수자들의 권리를 지지하는 애플과 스타벅스 같은 논란이 되는 회사들까지 포함돼 있었다. 당연히 이것은 대중의 분노를 불러일으켰다. 네슬리는 "우리는 아무도 미워하지 않고 모든 사람이 잘되기를 바랍니다. 하지만 어떤 것이 최선인지에 관해서는 분명한 견해 차이가 있습니다."라고 말했다.

실제로 이런 방법으로 구성한 포트폴리오는 에너지회사, 광산업체, 유통 기업, 컴퓨터 칩 제조사인 엔비디아Nvidia 그리고 영국의 로열메일Royal Mail과 톱글러브Top Glove 등 여러 분야에 걸친 기업들의 이상한 조합이었다. 특히 글로브는 콘돔을 생산하는 말레이시아의 고무장갑 제조사였다. 들쭉날쭉한 수익률을 감안하면 인스파이어의 상장지수펀드에 대한 하나님의 생각은 분명해 보였다.

인스파이어의 첫 번째 상품인 BLES는 처음부터 세계 주식시장의 성과를 따라가지 못했다. BLES는 성경에서 영감을 받은 상장지수펀드Bible-Inspired ETF에 잘 어울리는 종목 코드(철자와 발음이 bless와 비슷하다는 의미-옮긴이)였다. 더 다양한 해외 주식에 투자하는 BLES와 달리 대형 주식에 투자하는 BIBL은 대체로 S&P500의 성과와 비슷했다.

그럼에도 불구하고 인스파이어의 투자는 성공적이었다. 2020년 말을 기준으로 성경에서 영감을 받은 상장지수펀드의 전체 투자 규모는 13억 달러가 조금 넘었다. 네슬리는 "우리는 하나님을 최대한 영광스럽게 하고 하나님의 영광을 위한 변화를 전 세계에 전파하고 싶습니다. 우리는 이런 상장지수펀드 아이디어가 그런 일을 할 수 있는 가장 좋은 방법이라고 생각했습니다. 하나님께서 그 일이 성공하도록 해주셨습니다."라고 말했다.

기독교 문화가 강한 미국 남부 지역에 잘 어울리는 기독교 친화적인 상장지수펀드가 불러일으킨 논란에도 불구하고 인스파이어인베스팅은 상장지수펀드가 인덱스펀드 산업을 어떻게 변화시켰는지를 보여주는 생생한 사례이다. 과거 주식시장에서 평범한 투자상품에 지나지 않았던 인덱스펀드가 지금은 상장지수펀드를 가능하게 만든 기술 덕분에 금융 시스템의 모든 부문에 영향을 미치고 있다.

모든 취향에 맞는 투자상품을 만들 수 있는 금융상품 생태계인 상장지수펀드는 점점 위험한 정글로 변하고 있다. 상장지수펀드의 발명은 인덱스펀드의 성장을 더욱 촉진했다. 하지만 유연한 구조를 갖춘 상장지수펀드는 일반 투자자에게 팔아서는 안 되는 위험한 상품을 비롯해 거의 모든 금융 증권을 포함할 수 있다.

이것은 투자자들이 또다시 값비싼 실수를 저지를 수 있게 됐다는 의미이다. 애초에 인덱스펀드는 투자자들을 위험한 실수로부터 보호하기 위해 만들어졌기 때문이다. 존 보글도 예전에 "상장지수펀드는 런던에서 살 수 있는 명품 사냥용 총인 퍼디purdey 엽총과 비슷합니다.[4] 퍼디 엽총은 아프리카에서 커다란 동물을 사냥할 때 아주 좋습니다. 하지만 자살할 때도 매우 유용하죠."라고 말했다.

바클레이즈글로벌인베스터즈는 상장지수펀드가 엄청난 잠재력을 가진 새로운 금융기술이 될 수 있다는 사실을 처음으로 깨달은 회사였을지도 모른다. 하지만 다른 회사들도 상장지수펀드의 잠재력을 깨닫기 시작했다. 일부 상장지수 애호가들은 2000년대 초에 아이셰어즈가 채택한 급격한 성장 중심의 전략을 '스파게티 대포spaghetti cannon'라고 불렀다.[5] 즉 많은 상장지수펀드 판매사들이 점점 더 많은 틈새 상품을 만들어 이것을 벽에 쏜 다음 무엇이 벽에 달라붙어 있는지 확인하는 것이다.

미국 자산운용협회Investment Company Institute의 자료에 따르면 2000년에 88개의 상장지수펀드가 운용하는 자금 규모는 700억 달러에 불과했다. 500개 이상의 인덱스 뮤추얼펀드는 4,260억 달러의 자금을 운용했다. 10년 후에 상장지수펀드의 수는 2,621개로 늘어 인덱스 뮤추얼펀드의 개수보다 조금 더 많아졌다. 하지만 운용 자금 규모는 1조 5천억 달러에 달하는 전통적인 인덱스펀드에 여전히 미치지 못했다. 미국 자산운용협회에 따르면 2020년에는 전 세계에서 7천 개의 상장지수펀드가 7조 7천억 달러의 자금을 운용하는 것으로 추정된다. 상장지수펀드의 수는 미국 자산운용협회가 추적하는 전통적인 인덱스펀드보다 2배나 많고 운용 자금 규모도 전통적 펀드의 막대한 규모와 맞먹는다.

상장지수펀드에 투자하는 대부분의 자금은 스테이트스트리트의 선구자적인 SPDR 상장지수펀드나 경쟁사인 블랙록과 뱅가드가 운용하는 S&P500 상장지수펀드 같은 대규모의 주류 상장지수펀드에 투자돼 있다. 그리고 상장지수펀드는 아직도 미국에 기반을 둔 금융산업이다. 일본을 제외하면 아시아 최초의 상장지수펀드는 1999년에 시작됐고 유럽은 2000년에 첫 번째 상장지수펀드가 출시됐다. 하지만 JP모건에 따르면 북미 거래소에 상장된 상장지수펀드들이 여전히 전체 상장지수펀드의 3분의 2를 차지한다.

그럼에도 지난 10년 동안 상장지수펀드 산업은 전 세계적으로 빠르게 성장해왔고 코미디에 가까울 정도로 이상한 상장지수펀드들이 새롭게 출시됐다. 상장지수펀드를 옹호하는 사람들조차 불안감이 점점 커지고 있다. 2008년에 잭 브레넌을 대신해 뱅가드의 최고경영자가 되어 뱅가드의 상장지수펀드 사업을 강화했던 빌 맥나브Bill McNabb는 2016년 플로리다에서 나흘간 열린 투자업계의 가장 큰 연례행사인 인사이드 ETF 대회Inside ETFs jamboree에 참석해 참가자들에게 무분별한 상장지수상품의 출시를 자제해달라고 요청했다.

맥나브는 청중들에게 "투자업계는 거의 30초마다 새로운 상장지수펀드를 출시하는 것 같습니다."라고 말했다. "우리는 매우 신중해야 합니다. 너무 많은 상품을 만들면 사람들이 상장지수펀드를 만든 궁극적인 의도를 의심하게 될 것입니다. 그리고 어떤 분야 상품들은 너무 복잡해서 이해할 수가 없습니다." 뱅가드 최고경영자인 맥나브는 현재 상황이 1980년대와 묘하게 닮았다고 암울하게 말했다.[6] "지금의 상황은 1980년대 뮤추얼펀드와 비슷합니다. 그 당시 모든 펀드의 성과가 좋지 않았습니다."

마이애미 외곽의 열린 축제 분위기의 연례행사에 참석한 사람들은 맥나브의 경고에 거의 관심을 기울이지 않았다. 투자자들은 최근 몇 년 동안 다양한 테마로 이익을 추구하는 테마형 상장지수펀드를 매수해왔다.

여기에는 세계적인 비만 현상, 온라인 게임, 밀레니얼 세대의 등장, 위스키 산업, 로봇, 인공지능, 청정에너지, 태양광 에너지, 자율주행, 우라늄 광산, 이사회의 여성 대표 증가, 클라우드 컴퓨팅, 유전자 기술, 소셜 미디어, 마리화나 농장, 개발도상국의 유료 도로, 수질 정화, 미국 지수 역추적, 헬스와 건강, 유기농 식품, 노인 돌봄, 리튬 배터리, 드론 그리고 사이버 보안 등의 테마에서 수익을 추구하는 목적으로 만들어진 상장지수펀드들이 포함돼 있다. 상장지수 산업에 노출된 기업들의 주식에 투자히는 상장지수펀드도 있다. 이런 실험적인 펀드들 가운데 일부는 인기를 끌지만 상당수는 관심을 받지 못한 채 결국에는 청산된다. 그리고 그 자금은 가장 인기 있는 테마 상품으로 다시 흘러 들어간다.

이런 난해한 금융상품을 만들어내는 회사들은 자유 시장에서 실험하여 무엇이 투자자들의 관심을 끄는지 알아볼 권리가 있다고 주장한다. 결국 때때로 운이 작용할 수밖에 없다. 사이버 보안 사업을 하는 기업들의 주식을 사는 상장지수펀드인 HACK는 소니픽처스엔터테인먼트Sony Pictures Entertainment가 2014년에 재앙에 가까운 데이터 유출 사건이 발생하기 직전에 출시됐다. 그리고 당혹스러운 내용의 내부 이메일이 연속적으로 공개되면서 소니픽처스엔터테인먼트는 큰 어려움을 겪었다. 소니픽처스엔터테인먼트에 대한 해킹으로 HACK 펀드의 자산은 거의 즉각적으로 대대적인 상승세를 탔다. 2015년 중반에 HACK 펀드의 자산은 거의 제로에서 15억 달러로 급증했다. 결과적으로 HACK 상장지수의 엄청난 성공은 이 펀드를 운용하고 수수료를 챙겨가는 여러 금융기관 사이의 치열한 싸움으로 이어졌다. 쉽게 발생하는 막대한 수익을 확보하기 위함이었다. 반면에 어떤 상장지수펀드들은 투자자들의 관심을 끄는 데 오랜 시간이 걸리기도 한다. 반에크 벡터스 골드 마이너스VanEck Vectors Gold Miners 상장지수펀드는 10억 달러를 넘어서는 데 2년이 걸렸다. 하지만 지금은 160억 달러의 펀드가 되었다.◆ 이런 성공 사례는 점점 더 찾아보기 힘들다. 하지만 자신들이 운 좋게 승자가 될 것이라는 희망이 수많은 소규모 상장지수펀드 판매회사들을 지탱하는 힘이다.

거의 8천 개에 달하는 상장지수펀드가 많은 것처럼 들릴지도 모르지만 폭발적으로 증가하는 온갖 종류의 지수에 비하면 이것은 조족지혈에 불과하다. 한때 초라했던 지수 사업은 인덱스펀드의 성장 덕분에 지금은 매우 큰 수익을 올리는 사업이 되었다. S&P 다우존스 지수S&P Dow Jones Indices, MSCI, FTSE 러셀FTSE Russel 같은 기업들이 고객들을 위해 엄청난 수의 벤치마크 지수를 만들어내고 있다. 가장 큰 사업자들의 이익단체인 지수산업협회Index Industry Association에 따르면 회원사들은 거의 300만 개의 실시간 지수를 운영하는 것으로 집계됐다.[7]

여기에 다양한 은행들이 운영하는 지수도 수천 개에 달한다. 은행들은 고객들을 위한 맞춤 상품을 제공하기 위해 지수를 만들고 있고 인덱스펀드 회사들은 주요 지수 제공 사업자들에게 엄청난 사용료를 내지 않으려고 이른바 '자체 지수'를 만들고 있다.◆◆

◆ 요즘은 이것조차 상당히 빠른 성공으로 여겨진다. 은 광업과 관련된 소형 주식을 담은 한 상장지수펀드는 2013년에 출시된 이후 3년 동안 거의 관심을 받지 못했고 자산 규모가 1천만 달러 주변을 맴돌았다. 2020년에 자산 규모가 8억 달러로 급증할 때까지 4년 동안에는 그 규모가 1억 달러 미만이었다.

◆◆ 독일의 주식거래소를 운영하는 도이치뵈르제Deutsche Borse그룹이 소유한 분석 기업인 콘티고 Qontigo는 DIY 지수 도구인 '스튜디오studio'를 만들었다. 이 도구를 이용해 누구나 자신이 원하는 지수를 만든 뒤 스튜디오의 운영과 유지 관련 업무를 콘티고에 맡기게 된다.

이와 대조적으로 전 세계에는 현재 약 4만 1천 개의 상장기업이 있다.[8] 실제로 이 가운데 시장성이 있어 언제든 쉽게 매매할 수 있는 기업의 주식은 3천에서 4천 개 정도일 것이다. 이런 상황은 인덱스 혁명이 시장에 의도치 않은 부정적인 영향을 미치고 있다는 증거로 종종 인용되기도 한다.

〜

이 모든 상황을 어떻게 이해해야 할까? 좋은 의도로 시작했지만 통제 불능에 빠져버린 인덱스 투자에 대한 아이디어를 풍자하는 것도 상당히 매력적이다. 세계적 금융회사인 번스타인Bernstein의 애널리스트 이니고 프레이저-젠킨스Inigo Fraser-Jenkins는 2018년에 이처럼 모든 종류의 지수가 폭발적으로 증가하는 현상을 '특이점singularity'이라고 조롱했다. 그가 만들어낸 허구의 이야기 속 익명의 외로운 주인공은 주식시장에서 가능한 모든 지수를 만드는 엄청난 임무를 부여받았다. 젠킨스는 "어떤 사람들은 겉으로 보기에 쓸모없는 지수는 만들어져서는 안 된다거나, 만들어졌지만 나중에 불필요하게 여겨지면 가차 없이 없애버려야 한다고 말한다.[9] 하지만 어떤 것이 유용한 지수인지 혹은 쓸모없는 지수인지 누가 말할 수 있는가?"라고 썼다. 하지만 주인공의 최종 목표는 다른 모든 지수를 만들 필요가 없도록 단 하나의 궁극적 지수를 만드는 것이었다. 프레이저-젠킨스의 이야기 속 주인공이 생각한 궁극적 지수는 어떤 것일까?

확실히 궁극적 지수는 아름다운 것이다. 그래서 어떤 의미에서 궁극적 지수는 예술 작품이 될 수 있지 않을까? 어떤 사람들은 그것이 모든 가능한 자산에 대한 최적의 배분을 나타내줄 것이라고 말했다. 그는 궁극적인 하나의 지수가 단지 주식시장에만 국한되어서는 안 되며 그렇게 될 수도 없을 것이라고 점점 더 확신하게 되었다. 그래서 모든 것을 포괄하는 궁극적 지수는 다양한 형태의 자본이 필요한 인간 사회의 요구에 따라 가중치를 부과한 모든 주식, 채권, 상품 그리고 다른 금융 자산을 포함하게 될 것이다. 그리고 이런 요구를 충족시킴으로써 궁극적 지수는 사회적으로 공익에 도움이 되고 동시에 지수의 성공도 보장받을 수 있을 것이다. 다른 사람들은 그런 완벽한 지수가 존재할 수 있다는 데 의구심을 품었다. 사회가 모든 자산에 대한 최적의 배분이 어떤 것인지 알 수 있을 만큼 분별력이 있을까?

이런 비난은 조금 과도하다. 현존하는 300만 개의 지수들 가운데 상당수는 실제로 동일한 지수가 지닌 다양한 특성을 반영한 것일 뿐이다. 예를 들면 여러 통화로 표시된 S&P500 지수, 총기 주식을 제외한 맞춤형 S&P500 지수, 주류 제조사와 카지노 그리고 은행을 제외한 이슬람 S&P500 지수 등이 있을 수도 있다. 다른 지수들은 주식시장 가치보다 환경, 지배구조 또는 사회 기준에 따라 가중치를 조정하는 것일 수도 있다. 300만 개의 지수에는 광대한 세계 채권시장뿐만 아니라 상품시장도 포함돼 있다. 영어의 26개 알파벳이 수많은 스파이 소설, 청소년 소설, 주제가 무거운 문학작품, 그리고 인덱스펀드에 대해 장황하게 설명한 책을 만들어낼 수 있는 것처럼 얼마나 많은 지수가 만들어질 수 있고 만들어져야 하는지에 관해 현실적 제한은 없다.

그럼에도 다양한 특성을 가진 인덱스펀드의 폭발적 증가는 전형적으로 우려되는 현상이다. 인덱스펀드는 경험이 많은 전문 투자자, 은퇴를 대비해 투자하는 치과의사 또는 빨리 돈을 벌기 위해 매일 거래하는 20대 실업자 등 가리지 않고 대부분 투자자들이 끔찍한 투자자가 된다는 깨달음에서 시작됐다. 가장 좋은 장기 투자 성과는 규모가 크고 잘 분산된 증권의 포트폴리오를 매수하여 가능한 한 매매를 적게 하는 데서 나온다. 존 보글은 이런 두 가지 기본 원칙을 토대로 거대한 금융 제국을 세웠다.

하지만 실제로 인기 있는 닷컴 주식, 바이오 기술 그리고 로봇 상장지수펀드에 대한 투자에서 현실적으로 의미 있는 차이는 거의 없다. 어떤 인덱스펀드에 투자할지를 선택하는 것 자체가 필연적으로 적극적 선택이라는 점을 고려할 때 액티브와 패시브 투자의 구분은 언제나 모호했다. 지수의 구성도 대부분의 지수 제공 사업자들이 그들의 결정에 적어도 어느 정도 재량권을 사용하기 때문에 전적으로 계량적이라고 할 수도 없다. 따라서 기준 지수에 포함된 주식도 적극적인 선택을 반영하고 있다. 다만 피델리티나 티로프라이스는 포트폴리오를 운용하는 펀드매니저의 선택이 아니라 대체로 익명의 지수위원회에 의한 선택이 반영된 것이다. 우리는 다음 장에서 이에 관해 더 자세하게 살펴보겠다. 최근 상장지수펀드의 급격한 성장은 잠재적으로 해로운 결과를 초래할 가능성과 함께 늘 모호했던 액티브 투자와 패시브 투자 사이의 경계를 완전히 없애버렸다.

기초 지수가 상대적으로 불투명하게 구성돼 있다는 점을 고려하면 특히 위험한 결과를 초래할 가능성이 크다. 어떤 경우에는 이런 불투명성조차 의도적이다. 가장 최근의 추세는 '액티브 방식으로 운용되는' 상장지수펀드이다. 기본적으로 액티브 상장지수펀드는 제2차 세계대전 이후에 표준이었던 전통적인 투자상품이 아니라 우수한 상장지수펀드의 구조, 즉 시장에서 거래 가능하고 미국에서는 세금 혜택을 받을 수 있는 구조를 활용하는 포트폴리오 운용자, 분석가 그리고 주식 거래자들이 뒤얽혀 있는 일반 펀드라고 봐야 한다.

투자은행 베어스턴스Bear Stearns는 이미 한참 전인 2008년에 액티브 상장지수펀드를 출시했다. 베어스턴스의 상장지수펀드는 단기 채권에 투자했고 종목 코드는 YYY였다. YYY라는 종목 코드는 어떤 투자가가 "왜, 왜, 왜why, why, why(YYY 종목 코드의 발음을 빗댄 것-옮긴이) 액티브 상장지수펀드를 원할 것인가"라며 조롱하기도 했다. 이 상장지수펀드는 몇 가지 문제 때문에 느리게 성장했고 2020년 말에 펀드의 자산 규모는 2,400억 달러 정도였다. 가장 큰 문제는 상장지수펀드가 매일 그들의 보유 지분을 공개해야 하는 것이었다. 이 과정은 상장지수펀드를 거래할 수 있도록 네이선 모스트가 처음으로 만든 발행/환매 기능이 원활하게 작동하는 데 꼭 필요하다. 하지만 많은 액티브 펀드매니저들은 가장 좋은 편입 종목을 경쟁자들에게 공개하기를 싫어한다.

수년에 걸친 로비 끝에 미국 증권거래위원회는 상당한 기간이 지난 후에 보유 지분을 공개하는 '반투명 상장지수펀드'를 허용하는 차선책을 승인했다. 투자업계는 이런 해결 방안이 액티브 펀드가 매년 겪고 있는 자금 유출을 되돌리는 데 도움이 될 수 있다며 매우 들떠 있다. 약어를 좋아하는 금융업계는 이처럼 편입 종목을 공개하지 않는 상장지수펀드를 종종 ANTsActive Nontransparent ETFs(액티브 불투명 상장지수펀드)라고 부른다.

그렇지만 투자자들의 관심이 어떠할지는 두고 봐야 한다. 미국의 유명한 기술주 투자자인 캐시 우드Cathie Wood는 테슬라와 같은 인기 주식에 투자한 덕분에 액티브 상장지수펀드 왕국을 건설했다. 하지만 세금 혜택은 단지 미국 영토 안에서만 적용된다. 그리고 대부분의 투자자에게 매일 거래 투명성을 공개하는 것이 꼭 필요하지 않을 수도 있다. 하지만 더 비싼 수수료를 내야 하는 액티브 상장지수펀드가 매우 저렴한 수수료가 장점인 전통적 인덱스펀드의 우월성에 도전할 가능성은 매우 낮다.

어떤 사람들은 수많은 상장지수펀드의 등장을 투자업계의 성공을 상징하는 것으로 본다. 마침내 투자자들은 소수의 단순한 인덱스펀드를 선택하는 데서 벗어나 원하는 것은 무엇이든 선택할 수 있게 됐다. 투자자의 취향이 무엇이든 그에 맞는 상장지수펀드들이 있다. 상장지수펀드가 모든 취향을 맞출 수 있을지는 몰라도 엄연히 부작용도 존재한다. 상장지수펀드의 발전과 확산은 인덱스펀드를 발명한 사람들이 해결하고 싶었던 문제와 똑같은 원죄를 저지를 위험한 능력을 투자자들에게 제공하고 있다.

하지만 수없이 쏟아져 나오는 테마형 상장지수펀드조차 지난 10년 동안 등장한 파생상품에 기반한 인덱스펀드만큼 잠재적으로 문제가 되지는 않는다. 블랙록, 뱅가드 그리고 스테이트스트리트 같은 인덱스펀드의 '빅3big three'와 작은 경쟁사들 가운데 상당수는 파생상품에 기반한 펀드의 출시를 피해온 것으로 알려졌다. 구조가 복잡하고 틈새 상품에 가까운 이런 펀드들이 전체 인덱스펀드 업계의 명성을 더럽힐지도 모르기 때문이다.

⌒‿⌒

2018년 초에 주식시장은 트럼프 대통령의 법인세 감세 정책이 가져온 혜택을 누리고 있었다. 이 조치는 2008년 금융위기 이후 실망스러울 정도로 더디지만 꾸준한 경제 확장에 적어도 일시적인 활기를 더해주었다. 미국의 주식은 연이어 전고점前高點을 돌파했고 커다란 하락도 없이 1960년대와 1990년대의 가장 긴 상승장의 기록을 경신했다. 하지만 불행하게도 이런 평온함은 오래가지 않았다.

1월 말경 며칠에 걸친 불안한 거래 이후 주식시장은 2월 5일에 하락으로 기울기 시작했다. 그날 하루 S&P500은 4퍼센트나 하락했다. 2011년 유럽 재정위기 이후 하루 하락 폭으로는 가장 컸다. 그 주말에 미국 주식시장은 역사상 가장 빠른 10퍼센트의 조정을 경험했다. 모두 합치면 세계 주식시장의 시가총액은 단 5일 만에 4조 2천억 달러가 사라졌다. 이는 2000년부터 2002년까지 닷컴 버블의 붕괴가 발생했을 때 나스닥이 입은 손실보다 규모가 더 컸다.

직접적인 원인은 채권시장의 대규모 투매였다. 투자자들은 이것이 주식에도 영향을 미친 것이라고 우려했다. 하지만 당시 경제가 호황인 상황을 고려하면 이것만으로는 주식시장이 그렇게 단시간에 크게 하락한 현상을 설명할 수 없었다. 그보다는 일반 투자자들이 미국 증시의 변동성이 완화되는 것에 투자할 수 있도록 다양한 금융 파생상품을 묶어 만든 매우 복잡한 상장지수펀드가 그날 갑자기 폭락한 것으로 드러났다. 그 당시 이런 상장지수펀드가 운용하는 자금은 단지 30억 달러에 불과했지만 변동성에 맹목적으로 연계된 다른 투자 전략들에 의해 자동 매도 주문이 쇄도하면서 이런 상장지수펀드들의 붕괴가 눈사태를 일으키는 눈덩이가 되었다.

기술적으로 말하면 이런 변동성 펀드 가운데 가장 큰 것은 XIV라는 종목 코드로 알려진 벨로서티 셰어즈 데일리 인버스 빅스 쇼트 텀 Velocity Shares

Daily Inverse VIX Short Term 상장지수 증권Exchange-Traded Note, ETN이었다. 이런 상장지수 증권은 로버트 툴의 OPALSOptimized Portfolio As Listed Securities에서 파생된 것이다. 이것은 전통적인 상장지수펀드와 유사하지만 실제로 월스트리트의 금융공학자들이 특정 지수의 성과를 추적하도록 만든 합성 채권이다. 이런 합성 채권은 구조적인 유연성이 훨씬 더 크기 때문에 투자자들이 잠재적 수익을 탐닉하기 위해 파생상품을 이용하는 레버리지leveraged 상품이나 투자자들이 가격의 하락에 투자하는 인버스inverse 상품 같은 기이한 금융상품들을 만드는 것이 더 쉬워졌다. 더 넓은 범위에서 ETF(펀드)와 ETN(채권)을 모두 포괄하는 용어는 상장지수상품Exchange Traded Product, ETP이지만 실질적으로는 모든 것을 하나의 덩어리로 묶어 상장지수펀드ETF라고 부른다.

XIV는 변동성 지수Vix에 연계된 인버스 상장지수 증권이다. 변동성 지수는 미국 증시의 단기 변동성을 예측하기 위해 파생상품의 가격을 이용하기 때문에 종종 월스트리트의 '공포지수fear gauge'라고도 불린다. 다시 말해 금융 지식이 어떠하든 누구나 살 수 있는 이 펀드는 실제로 파생상품의 파생상품을 묶어 만든 상품이다. 이 펀드는 변동성이 적을 때는 많은 수익을 냈지만 시장의 평온이 깨지면 극단적인 방식으로 오르내렸다. 더욱더 심각한 문제는 이 펀드의 복잡한 역학 구조로 인해 펀드의 폭락이 주요 주식시장에 영향을 미치고 매도세를 심화시킨다는 것이다. XIV와 유사한 상품에 내재한 엄청난 복잡성과 취약성을 알지 못하는 많은 평범한 투자자들은 모두 큰 손실을 보았다.◆

운용사인 크레디트스위스Credit Suisse는 XIV를 신속하게 폐쇄했다. 대규모 재앙이 상장지수펀드의 전체 이미지에 부정적 영향을 미칠 것을 걱정한 블랙록은 이례적으로 직설적인 성명을 발표했다. "인버스와 레버리지 상장지수상품은 상장지수펀드ETF가 아닙니다. 이런 상품들은 금융시장이 스트레스를 받을 때 상장지수펀드와 다르게 작동합니다. 이것이 바로 아이셰어즈가 레버리지와 인버스 상장지수상품을 제공하지 않는 이유입니다."[10]

많은 인버스, 레버리지 그리고 다른 파생상품 기반의 상장지수상품들은 코로나19 팬데믹에 따른 시장의 대혼란에서 또 다른 타격을 입었다. 운용사들은 상품 지수와 연계된 40개 이상의 상장지수상품을 빠르게 청산했고 다른 상품들의 운용을 제한했다. 하지만 모두 엄청난 혼란이 발생한 후였다.[11] 예를 들면 석유 파생상품에 투자하는 상장지수펀드인 USO는 2020년 4월에 비록 일시적이지만 미국 원유 가격을 역사상 처음으로 마이너스로 떨어뜨리는 놀라운 사건을 일으키는 원인이 됐다. 우리가 앞으로 17장에서 살펴볼 것처럼 채권 상장지수펀드도 2020년 3월에 큰 우려를 불러일으켰다. 그럼에도 불구하고 2018년 2월과 2020년 3월의 시장 혼란은 파생상품에 기반을 둔 상장지수상품의 인기를 누그러뜨리지 못했다.

최초의 레버리지 상장지수펀드는 2006년 프로셰어즈ProShares라는 소규모 신생 투자회사에 의해 출시됐다. 모닝스타Morningstar의 자료에 따르면

◆ XIV에 투자했다가 큰 손해를 본 아마추어 음악가 2명이 1989년 가수 톰 페티Tom Petty의 〈프리 폴링〉Free Fallin'을 가지고 자신들의 실수를 조롱하는 노래를 만들어 유튜브에 올렸다. 그들은 동영상에서 "조정을 지켜보는 것은 힘든 하루였어/ S&P 지수는 바닥으로 떨어졌고/ 나는 XIV를 샀지, 투자한 돈을 돌려받으려고/ 나는 멍청했어, 투자금보다 훨씬 더 많이 샀거든/ 이제 XIV는 한없이 떨어지고 있어/ 그래, XIV는 끝도 없이 떨어지고 있어"라고 슬픔에 잠겨 노래를 불렀다.

레버리지 상장지수펀드나 인버스 상장지수펀드가 보유한 전체 자산 규모는 2018년 초에 700억 달러 이상으로 증가했다. XIV의 여파로 자금 유출이 잇따르면서 이런 펀드에 투자된 자금 규모는 2019년 12월까지 이전 수준을 넘지 못했다. 하지만 2021년 3월에는 자산 규모가 1,300억 달러 이상으로 급증했다. 이런 상품 대부분이 기본적으로 장기 투자상품이 아니라 단기 거래 수단으로 설계된다는 점을 고려하면, 매일매일 시장에 미치는 영향은 규모보다 더 클 수도 있다. 하지만 단기 거래 수단이라는 상품의 특성 때문에 레버리지 상장지수펀드와 인버스 상장지수펀드가 일반 상장지수펀드와 비교해 막대한 자산을 끌어모으기는 힘들다.

10년간 쉼 없이 이어진 엄청난 성장 이후에 새로운 인덱스펀드를 출시하는 열기는 점점 식어가고 있다. 블랙록, 뱅가드 그리고 스테이트스트리트라는 소수 기업들이 투자산업 시장의 대부분을 완전히 그리고 거의 영구적으로 통제할 가능성이 크다. 대부분의 크고 작은 틈새시장도 마찬가지다.

인덱스펀드 분야에서는 다양한 유용성과 가치를 지닌 더 많은 혁신 상품이 틀림없이 생겨날 것이다. 하지만 최근 수년간 상장 폐지되는 상장지수펀드가 점점 더 증가하고 있다. 코로나19 팬데믹으로 인한 혼란으로 청산된 상장지수상품의 수는 1천 개를 넘었다. 투자업계의 몇몇 내부 관계자들은 인덱스 혁명에서 다음 주자가 되리라 생각하는 다이렉트 인덱싱direct indexing에 열광하고 있다.

예를 들면 석탄 기업과 무기 제조사 등을 걸러내는 맞춤형 인덱스펀드를 원하는 사람은 네슬리만이 아니다. 대부분의 주요 인덱스 제공 사업자들이 다양한 성향의 지수를 제공하기 때문에 맞춤형 펀드를 만드는 것이 상대적으로 쉬워졌다. 다이렉트 인덱싱은 고객 맞춤형 펀드를 자연스럽게 차세대 투자상품으로 만들고 있다. 투자자는 인덱스펀드나 상장지수펀드를 매수하는 대신 기준 지수에 포함된 거의 모든 개별 종목을 매수할 것이다. 이를 통해 투자자들은 개인의 취향에 맞는 자신만의 투자 포트폴리오를 구성할 수 있다. 그리고 적어도 미국에서는 개별 종목에 대한 손실을 활용해 자본 이득세를 보다 효율적으로 줄일 수 있는 완전한 자유를 누릴 수 있다. S&P500이나 FTSE100에 포함된 모든 주식을 기본 포트폴리오에 포함하고 매력적이지 않은 회사는 골라낼 수 있다고 상상해보라. 이는 고객의 취향이나 감수성에 완벽하게 맞추는 펀드가 될 것이다. 이런 펀드들은 언제든지 그리고 적절한 방식으로 취향에 맞게 포트폴리오를 조정할 수 있다.

다이렉트 인덱싱이 완전히 새로운 개념은 아니다. 하지만 최근 들어 세 가지 여건이 갖추어지면서 새로운 투자 전략으로서 다이렉트 인덱싱의 발전 가능성이 커졌다. 첫째, 기술 발전으로 다이렉트 인덱싱을 구현하는 것이 훨씬 더 쉬워졌다. 한때 엄청난 컴퓨터 처리 능력이 필요했던 일들이 지금은 더욱 간단해졌기 때문이다. 둘째, 최근 몇 년 동안 거래비용이 크게 하락했고 일부는 무료로 바뀌었다. 이 때문에 간단한 인덱스펀드를 매수하는 것과 비교해 비용 경쟁력이 더 높아졌다. 셋째, 고가 주식의 일부를 살 수 있는 소수점 거래 덕분에 더 광범위한 투자자들이 다이렉트 인덱싱을 할 수 있게 됐다.

다이렉트 인덱싱이 정말로 차세대 인덱스 투자로서 인덱스 투자 3.0의 시대를 열 것인지는 지켜봐야 한다. 사실 많은 대형 기관투자자들이 이미 다이렉트 인덱싱에 참여하고 있다. 그리고 대부분의 일반 투자자들도 개인의 보유 종목이나 포트폴리오의 비중을 조정하는 것보다 한 번의 클릭으로 하나 또는 여러 개의 인덱스펀드를 매수하는 방식을 더 선호할 가능성이 크다. 극단적으로 말하면 다이렉트 인덱싱과 분산되지 않은 소수의 주식을 그냥 매수하는 것 사이의 유의미한 차이는 거의 없다고 할 수 있다.

이와 상관없이 시장, 투자 운용 사업 그리고 금융산업 전반에 대한 인덱스펀드의 영향력은 점점 더 분명해지고 있다. 그럼에도 불구하고 전통적 인덱스펀드와 상장지수펀드로의 자금 유입은 앞으로도 한동안 계속될 것이다.

16장

세계 자본을 움직이는
지수 사업자

2020년에 전기차 제조사인 테슬라의 주식은 일반 투자자들의 집중 매수세 때문에 큰 변동성을 경험했다. 이들은 코로나19가 맹위를 떨치는 동안 집에 머물면서 정부가 경기 부양을 위해 나눠준 수표로 매일 주식 거래를 했다. 그러나 이런 상승장은 11월에 또 다른 계기를 맞았고, 이는 테슬라를 세계에서 가장 가치 있는 기업 가운데 하나로 만들어주었다.

지난 10년 동안 급격한 주가 상승에도 불구하고 금융시장의 가장 큰 기준 지수 제공 기업 가운데 하나인 S&P 다우존스 지수는 단지 한 가지 단순한 이유로 대표 지수인 S&P500에 테슬라를 편입시키지 않았다. 지수에 편입되기 위해서는 기업이 지속적으로 수익을 내야 하는데, 테슬라는 이 기준을 충족시키는 데 어려움을 겪었기 때문이다.

하지만 테슬라가 2020년 여름에 4분기 연속으로 수익을 기록하면서 마침내 지수에 편입될 자격을 얻었다. 지수에 편입될 가능성만으로도 테슬라의 주가는 상승했다. S&P 다우존스 지수위원회의 관리들은 11월 말에 테슬라가 최종적으로 지수에 포함될 것이라고 발표하자 갑자기 거래가 급증하면서 시가총액이 4천억 달러를 웃돌았다. 테슬라 주식이 12월 21일에 실제로 지수에 포함됐을 당시 주가는 S&P 지수에 포함될 것이라고 발표한 시점보다 70퍼센트나 상승했고, 시가총액은 6,500억 달러를 넘어섰다.[1]

유서 깊은 다우존스 산업평균지수보다 대중에게 덜 알려진 S&P500 지수의 편입 종목 조정이 어떻게 갑자기 테슬라의 가치를 수천억 달러나 더 높일 수 있었을까? 간단히 말하면 인덱스펀드 때문이다.

테슬라는 지수 편입으로 S&P500 지수와 자신의 성과를 비교하는 모든 펀드매니저가 투자할 수 있는 기업이 되었지만, 적어도 펀드매니저들은 테슬라를 살지 말지를 선택할 수 있다. 하지만 맹목적으로 지수를 추종하는 패시브 전략에 의존하는 수조 달러의 자금은 테슬라의 사업 매력도나 주식 가격에 상관없이 기준 지수에서 차지하는 비중에 따라 일정 비율의 주식을 구매해야 한다.

금융시장의 지수를 제공하는 기업들은 오랫동안 평범한 공익사업을 하는 것으로 여겨졌다. 지수 사업은 종종 〈월스트리트 저널〉, 〈파이낸셜 타임스〉 그리고 일본의 〈닛케이〉처럼 거대한 경제 신문사들의 부수적인 사업으로 시작됐다. 실제로 아무도 지수 사업을 커다란 수익원으로 생각하지 않았다. 오늘날 지수를 만드는 것은 그 자체가 매우 수익성 높은 사업이고 MSCI, FTSE 그리고 S&P 다우존스 지수라는 '빅3'가 과점하고 있다. 3개 업체가 지수 시장에서 차지하는 비중은 무려 70퍼센트에 달한다. 빅3는 금융 세계에서 가장 과소평가를 받는 막후 실세들이다.

간단히 말해 이들 3개 기업은 시장의 단면을 보여주는 간단한 정보를 시장에 막강한 영향력을 행사하는 권력으로 바꾸어놓았다. 이것은 주로 인덱스펀드의 성장 덕분이다. 인덱스펀드는 사실상 기준 지수를 만든 기업들에 투자 결정을 위임하는 것이다.

현재 지수 제공 사업자들이 실질적으로 움직이는 자금의 규모는 막대하다. 공개적으로 알려져 규모를 정확하게 파악할 수 있는 지수 연계 뮤추얼펀드와 상장지수펀드뿐만 아니라 금, 연금, 국부 펀드 등 내부적으로 지수 전략을 추종하는 잘 알려지지 않은 자금 등 다양한 지수와 직접 연계된 자금은 26조 달러를 넘을 것으로 추정된다.◆ 미국의 모든 주요 기업의 가장 큰 주주는 인덱스펀드이다. 그리고 미국과 마찬가지로 전 세계에서도 이런 추세가 강화되고 있다.

인덱스펀드 산업은 위험을 감수하고 높은 수익을 추구하는 헤지펀드와 사모펀드부터 전통적 뮤추얼펀드에 이르는 전 세계 투자산업과 이보다 훨씬 더 큰 세계 금융 자산의 규모에 비하면 아직도 상당히 작은 편이다. 하지만 인덱스펀드는 여전히 빠르게 성장하고 있고 수수료가 더 비싼 경쟁 상품으로부터 시장 점유율을 빼앗고 있다. 일부 옹호론자들은 인덱스펀드라는 꼬리가 시장이라는 개를 흔들기 시작하는 현상이 늘어나면서 인덱스펀드의 영향력이 무시할 수 없을 정도로 커지고 있는 사실을 인정하고 있다. 지수 사업자들은 수수료와 소프트 파워 측면에서 그들 자체가 가장 큰 수혜자이다.

◆ 인덱스 전략과 연계된 금융 세계의 전반적인 규모에 대한 추정과 그 방법에 대해서는 1장 참조.

여러 주가 지수가 기업에 큰 영향을 미치고 있지만 금융계 내부 사람들조차 종종 이런 사실을 간과한다. 하지만 테슬라의 사례에서 보듯이 기업의 운명은 그 기업의 주식이 중요한 지수 가운데 하나에 포함되는가에 따라 결정될 수 있다.◆

거래량이 적은 소형주에서는 지수의 영향력이 놀라울 정도다. 2019년에 수익을 내지 못한 중국의 작은 대리석 생산업체인 아트고ArtGo는 MSCI가 영향력 있는 지수 중 하나에 아트고가 편입될 거라고 발표하자 주가가 무려 3,800퍼센트나 올랐다. 하지만 일부 분석가들이 기업의 불투명성에 대한 우려를 제기한 후에 MSCI가 마음을 바꾸자 아트고의 주가는 완전히 무너져 내렸고 모든 수익이 물거품처럼 사라졌다.[2] 2020년에 S&P 다우존스 지수의 한 직원이 지수에 포함될 종목 가운데 일부를 사전에 매수하는 방식으로 약 90만 달러의 이익을 챙긴 내부자거래 혐의로 기소된 사건이 있었다. 이는 지수 제공 사업자들의 커지는 영향력을 더욱 분명하게 보여주었다.[3]

이런 지수 편입 효과는 단지 패시브 투자 때문만은 아니다. 전통적인 액티브 펀드매니저들도 기준 지수 밖에서 투자할 수 있는 금액에 제한이 있다. 펀드매니저들은 지수에 편입된 회사에 투자할 필요는 없지만 많은

◆ 지수에서 제외되는 것도 매우 고통스러울 수 있다. 유럽의 가장 큰 두 은행인 소시에테제네랄과 BBVA는 2020년 9월 3일에 그들의 주식이 유럽의 S&P500이라고 불리는 유로 스톡스 50EURO STOXX 50에서 빠질 것이라는 발표가 나왔을 때 주가 폭락을 경험했다.

사람들이 그렇게 한다. 패시브 펀드는 당연히 선택의 여지가 없다. 선물과 같은 금융 파생상품도 종종 이런 기준 지수들과 연계돼 있다. 그래서 인덱스펀드가 발명되지 않았던 1970년대에도 각종 지수는 지금만큼은 아니지만 여전히 영향력이 있었다.

최근 학술 연구 결과는 지수 편입 효과가 점점 약해지고 있는 것으로 나타났다. 벤저민 베넷Benjamin Bennet, 르네 스털츠Rene Stulz 그리고 제시 왕Zexi Wang은 2020년 한 논문에서 S&P500 지수 편입에서 얻는 주가 상승 효과는 점차 감소해왔고 인덱스펀드의 증가에도 불구하고 이제는 사라졌다고 주장했다. 이런 현상은 투자자들이 지수 편입에 따른 주가 상승을 예상하고 미리 투자해서 지수 편입 발표 시점에 이미 주가가 올라가 있을 가능성이 크기 때문일 수 있다. 또는 S&P500에 편입되고 나면 기업들이 현실에 안주하면서 수익에 악영향을 미치기 때문일지도 모른다.[4]

물론 이와 다른 결론을 내린 연구도 있다. 어쨌든 거대한 주식시장의 지수에 편입된다는 것은 투자자와 기업 둘 다에 매우 중요하다는 데는 논란의 여지가 없다. 대표적인 사례가 테슬라다. 그리고 지수와 연계된 패시브 투자 전략을 따르는 자금 규모가 점점 더 커지고 있는 것도 기준 지수 편입이 중요한 또 다른 이유이다. 테슬라가 S&P500에 편입될 당시 S&P 다우존스는 인덱스펀드들이 기계적으로 510억 달러 규모의 다른 주식들을 매도한 뒤 그 자금으로 테슬라를 매수할 것으로 추정했다.[5]

기준 지수가 지수 사업자에게 막강한 권력을 가져다주는 이유는 무엇일까? 기준 지수를 설계하고 유지하는 것이 복잡하고, 많은 사람이 이를 제대로 이해하지 못하기 때문이다. 일반적으로 지수가 시장을 객관적으로 반영하거나 적어도 시장의 성과를 어느 정도 정확하게 보여주는 지표라고 생각하기 때문이다. 사람들이 어떤 날 미국 주식시장이 어떻게 움직였는지 이야기할 때 S&P500 지수를 사용할 확률이 높다. 하지만 현실은 좀 더 복잡하다.

지수 대부분은 엄격한 정량적 측정 방법에 따라 선택되지만 어떤 방법을 사용할 것인지 그리고 어떻게 가중치를 줄 것인지는 지수를 만드는 회사의 선택에 달려 있다. 과거 두 법학자는 지수를 이상에 가까운 순수한 수학적 개념으로 보고자 하는 것을 '객관성의 신화myth of objectivity'라고 표현했다.[6] 하지만 실제로는 지수를 만드는 과정에서 인간의 판단이 필수적으로 끼어들게 되어 있고, 이를 피할 수 없다.

예를 들면 S&P 다우존스 지수는 2017년에 다양한 종류의 차등 의결권 주식을 보유하고 있는 기업들을 대표적인 미국 지수들에 포함시키지 않기로 결정했다.[7] 이것은 상당히 중요한 문제였다. 대대로 창업자들은 회사의 상당 부분을 상장하면서 지배권을 유지하고 싶어 한다. 이런 방법 가운데 하나가 투자하는 대중에게 경제적 권리는 있지만 투표권이 거의 없거나 아예 없는 주식을 매각하고 자신들이 이사회를 지배할 수 있는 다른 종류의 주식을 발행하는 것이다. 대표적인 사례가 구글과 페이스북이다. S&P 다우존스 지수는 이런 기업들이 S&P500 지수에 계속 남아 있도록 결정했다. 하지만 새롭게 지수에 편입되는 기업들은 '1주 1투표권'을 보장하는 원칙을 지켜야 한다.

이런 방침은 지수 제공회사가 모든 주식은 같은 가치가 있고 평등주의에 입각한 주주 민주주의의 중요한 원칙에 관해 단호한 태도를 보여준 것으로 그 당시에 큰 박수를 받았다. 하지만 이것은 S&P 다우존스와 경쟁사들이 기준 설정을 통해 기업의 지배구조라는 핵심 영역에서 어떻게 실질적인 영향력을 행사하는지를 보여주는 대표적 사례이다. 그런 결정이 옳은 선택이었을 수도 있지만 기업의 지배구조와 관련된 영역은 지수 사업자 같은 민간 기업이 아니라 국회의원들과 규제 당국에 맡기는 것이 가장 좋다고 주장할 수 있다.

또 다른 사례는 유니레버Unilever가 런던에서 네덜란드로 본사를 이전한다는 결정을 뒤집은 것이다. 소비재 상품을 생산하는 유서 깊은 기업인 유니레버는 1929년에 영국 비누회사와 네덜란드의 마가린 제조사의 합병이라는 기이한 역사적 유산에서 탄생했다. 유니레버는 영국과 네덜란드에 기반을 둔 이중 구조가 불필요한 골칫거리라고 생각했다. 하지만 유니레버는 네덜란드로 통합하는 것이 영국의 FTSE100 지수에서 탈락하는 것을 의미하고 이 때문에 많은 대주주가 주식을 투매할 수밖에 없다는 사실을 깨달은 뒤 본사 이전 방침을 번복할 수밖에 없었다.[8]

심지어 한 기업이 어떤 산업에 속하는지와 같은 사소한 선택도 커다란 영향을 미칠 수 있다. 펀드의 포트폴리오 구성을 자세히 살펴보지 않는 많은 투자자는 800억 달러 이상을 운용하는 스테이트스트리트와 뱅가드의 미국 테크놀로지 상장지수펀드가 아마존, 페이스북 그리고 구글의 모회사인 알파벳을 포함하지 않는다는 사실을 알게 되면 깜짝 놀랄지도 모른다. S&P 다우존스에 따르면 아마존은 소매업 그리고 페이스북과 알파벳은 통신 기업으로 분류돼 있기 때문이다. 이와 대조적으로 물리적인 디지털 기기를 만드는 애플과 신용카드 회사인 마스터카드와 비자는 기술주로 분류돼 있다.

이런 분류 체계는 항상 논쟁 거리이고, 이 문제를 다루는 것은 구미가 당기는 일이다. 하지만 분류 체계 변화에 따른 자금 흐름의 영향력을 고려할 때 그것이 미치는 결과는 엄청날 수 있다. 2020년에 요하네스 페트리Johannes Petry, 얀 피치트너Jan Fichtner 그리고 에일케 힘스케르크Eelke Heemskerk가 쓴 〈자본 운전〉Steering Capital이라는 논문에 따르면 패시브 투자 붐의 결과로 지수 제공 기업들은 자본시장에 심오한 정치경제학적 결과를 가져오는 권력을 확보했다.[9] 기준을 바꾸는 일은 지수 사업자, 고객 그리고 그 영향을 받는 기업들 사이의 매우 힘든 협의의 결과일 수도 있지만 결국에는 지수 사업자들에 의해 결정된다.

요하네스 페트리 등 3명의 학자들은 "따라서 새로운 패시브 자산 운용 시대에 지수 사업자들은 사실상의 규제력을 행사하고 기업의 지배구조와 국가의 경제정책에 중대한 영향력을 미칠 수도 있는 문지기가 되고 있다."라고 주장했다.

페트리와 피치트너의 논문에서 언급한 대로, 국가들조차도 금융 지수의 중요성을 인정하게 되었다. 그 결과, 때때로 자국의 주식이나 채권이 지수에 포함되도록 하거나 업그레이드시키거나 최소한 강등되지 않도록 영향력이 큰 몇몇 지수 사업자들에게 은밀하고도 열띤 로비를 벌였다. 2016년에 블랙록의 아이셰어즈 탄생을 도와주었던 국제 주식시장 지수 지배 사업자인 MSCI가 현지 주식시장의 규모가 작아서 페루를 '신흥 시장emerging market'에서 한 단계 더 낮은 '프런티어 시장frontier market'으로 강등하겠다고 위협했다. 신흥 시장과 프론티어 시장은 개발도상국가를 소수만 이해할 수 있는 난해한 2개의 범주로 나눈 것에 불과했다. 하지만 조금 더 주류인 MSCI 신흥 시장 지수는 그 당시 액티브 펀드와 패시브 펀드를 모두 합쳐 1조 5천억 달러의 자금이 추종하고 있었던 반면 MSCI 프런티어 지수를 추종하는 자금의 규모는 120억 달러에 불과했다.[10] 따라서 남미의 작은 국가 입장에서 프런티어 시장으로 강등된다는 것은 외국인 투자를 받는 데 재앙이 될 수 있었다. 여기에 더해 페루의 강등은 파키스탄과 나이지리아 같은 프런티어 시장에 포함된 다른 국가들에도 부정적인 파급 효과를 미칠 것이다. 페루의 주식시장이 프런티어 시장에 편입되면 파키스탄이나 나이지리아는 갑자기 훨씬 더 낮은 가중치를 적용받기 때문이다.

결국 페루 정부는 강력한 로비와 규모가 작은 주식시장을 더 크게 육성하겠다고 약속하면서 프런티어 시장으로 강등하지 않도록 뉴욕의 MSCI를 설득했다.[11] 알론소 세후라 바시Alonso Segura Vasi 페루 재무장관은 크게 안도했다. 그는 나중에 블룸버그 통신에 "시장에 투자하겠다는 투자자들의 결정은 지수 사업자들이 당신의 국가를 지수에 포함할지 말지에 따라 큰 영향을 받습니다. 지수 사업자들은 기업의 운명을 결정하고 자본시장에 대한 국가의 접근권을 통제하고 있습니다."라고 말했다.[12]

다른 한편으로 그리스는 페루처럼 도움을 받지 못하고 국가 경제위기 이후 MSCI, FTSE 러셀 그리고 S&P 다우존스에 의해 선진 시장에서 강등된 최초의 서방 국가가 되었다. 그러나 선진 시장에서의 축출이 반드시 재앙인 것은 아니다. 어떤 경우에는 작은 연못의 큰 물고기가 되는 것이 더 낫다. 그리스 주식은 신흥 시장으로 강등되자 오히려 혜택을 받았다. 신흥국 지위로의 강등은 더 큰 기준 지수에서 주로 서유럽과 미국의 대기업에 관심 있는 투자자들에게 별 볼 일 없는 국가로 무시당하는 것보다 더 유리했기 때문이다. 예를 들면 한국은 선진국으로 평가받은 많은 나라들보다 더 부유하지만, 신흥 시장으로 분류되는 것을 좋아하는 것 같다. 결국 충분한 자금이 신흥 시장을 추종하는 동안에는 신흥국 지수에서 더 큰 비중을 갖는 것이 더 좋다고 할 수 있다.

최근에는 어떤 지수에 편입돼 있는지가 단지 작은 국가들만의 문제가 아니다. 중국도 그들의 주식시장이 신흥 시장 지수에 포함되도록 하기 위해 MSCI의 중국 사업에 대한 위협을 포함해[13] MSCI를 상대로 강력한 로비 활동을 벌였다. 결국 2018년에 점진적이지만 꾸준히 중국의 비중을 늘릴 것이라는 MSCI의 약속을 받아내면서 중국이 승리했다.

다른 한편으로 중국의 신흥 시장 지수 편입은 충분한 타당성이 있었다. 왜냐하면 중국은 세계에서 두 번째로 큰 경제 대국이고 중국 기업들은 매우 거대하고 투자자들에게 매력적이었으며 금융 당국은 규제와 기술 기반을 강화하고 거대한 금융시장의 기능을 개선하기 위해 열심히 노력했기 때문이다. 지수 편입은 현지 금융기관과 국제 금융기관 사이에 오랜 기간 동안 철저한 협의와 공개적이고 투명한 양적 기준과 기술적 요구사항에 따라 결정된다. MSCI는 중국의 지수 편입과 관련해 압력을 받지 않았다면서 지수 편입 결정은 영업 활동과 관계없는 부서의 업무라고 주장했다.

그렇지만 모든 투자자가 MSCI의 결정을 환영한 것은 아니었다. 중국 주식시장은 신흥 시장 기준에서조차 상대적으로 낙후돼 있었다. 정치적으로도 MSCI의 결정은 특히 미국에서 논쟁 거리였다. 예를 들면 최근에 미국 기업과 거래가 금지되는 미국 정부의 감시 대상 명단에 오른 중국 국영 영상감시카메라 제조사인 항저우 히크비전Hangzhou Hikvision이 MSCI의

대표 지수에 추가됐기 때문이다.[14]

당연히 맹렬한 비난이 이어졌다. 공화당의 마르코 루비오Marco Rubio 상원의원은 MSCI의 결정을 비난하면서 그 결정으로 인해 수십억 달러에 달하는 미국 시민들의 돈이 아무런 규제를 받지 않고 의심스러운 중국 기업으로 흘러 들어가도록 만들 것이며 어떤 경우에는 미국의 이익에 직접적으로 불리하게 작용할 것이라고 주장했다.

루비오 의원은 2019년 6월에 헨리 퍼낸데즈Henry Fernandez MSCI 회장 겸 최고경영자 앞으로 보낸 공개서한에서 "우리는 중국 기업들이 재무 정보의 공개와 기본적인 투명성을 회피하고 미국의 투자자들과 연금 수급자들을 위험에 빠트리는 동안 중국의 권위주의 정부가 미국과 국제 자본시장으로부터 이익을 취하는 것을 용인할 수 없습니다."라고 강력하게 규탄했다.[15] "MSCI가 하는 일은 중국 공산당이 통제하는 시장이 자본의 원천에 접근하도록 허용하고 공산당에게 정당성이라는 허울을 씌워주는 것입니다."

～⌒〜

MSCI, FTSE 러셀 그리고 S&P 다우존스 지수의 영향력은 대체로 주식시장에만 국한되지 않는다. 다양하고 막강한 영향력을 가진 채권시장 지수와 그 가중치는 국가에 훨씬 더 크고 직접적인 영향을 미친다. 이런 지표들은 텔레비전에 나오는 유명한 주식시장 기준 지수와 같은 위상은 없을 수도 있지만 블룸버그-바클레이즈 글로벌 종합지수나 JP모건의 신흥 시장 채권 지수JP Morgan's EMBI 그리고 신흥 시장 국채 지수Government Bond Index for

Emerging Markets, GBI-EM 같은 지수도 나름대로 영향력이 막강하다.

채권 지수는 상당히 흥미롭다. 규모가 큰 주식시장 지수에서는 기업들의 상대적 가중치가 기업의 전체 가치에 따라 결정되는 것이 타당하다. 그래서 애플은 언더아머Under Armour보다 더 큰 가중치를 부여받는다. 하지만 채권시장의 기준 지수는 발행된 부채의 가치에 따라 가중치가 부여된다. 그래서 얄궂게도 국가나 기업의 부채가 많을수록 지수에서 더 많은 가중치를 받는다.

여기에 더해 채권이 실제로 마이너스 금리를 제공하더라도 채권의 거래 가격이 더 높으면 가중치도 그만큼 더 커진다. 이런 현상은 최근 몇 년 동안 중앙은행들에 의해 야기된 막대한 통화 팽창을 고려할 때 점점 더 일반화되고 있다. 다시 말해 채권 지수의 이런 기이한 특성은 패시브 채권 펀드가 수익률이 마이너스인 채권을 살 수밖에 없고 채권을 만기까지 보유하면 실제로 손실이 확정된다는 것을 의미한다.

국제결제은행BIS의 경제학자 블라디슬라프 수시코Vladyslav Sushko와 호주 준비은행의 그랜트 터너Grant Turner도 2018년에 인덱스펀드가 채권시장에서 더 큰 위험을 초래할지도 모른다는 사실을 발견했다. 지수 편입의 중요성에 비해 전통적인 채권자 보호 조항이 지수 편입과 무관하기에 기업들은 만기가 더 길지만 투자자 보호 조치가 형편없는 더 큰 규모의 채권을 많이 발행했다.[16] 채권 지수는 투자상품 운용을 위해 개발된 것이 아니다. 그래서 주가 지수보다 투자 목적에 적합하지 않다. 채권시장을 대략적으로 반영하기 때문에 정확성에 있어 한계가 분명하다.

이런 이상한 특징과 별개로 채권 지수는 국가 입장에서 직접적인 중요성이 있다. 하지만 정치가들이나 국민도 그렇게 느끼는 것은 아니다. 많은 투자자가 기준 지수에 포함되지 않은 채권 투자를 조심스러워할 만큼 투자자들에게 미치는 중대한 영향력을 고려할 때 지수 편입은 국가의 자금 조달 비용을 낮출 수 있다. 채권 지수는 국제통화기금조차 세계 금융 시스템의 건전성에 대한 잠재적 위험과 세계 자본 흐름에 대한 영향력을 조사하기 시작할 정도로 중요해졌다. 주요 채권 지수에 편입되는 것이 큰 혜택일 수도 있지만 국제통화기금이 말하는 금융 시스템의 '안정성 위험stability risks'을 가져오기도 한다. 채권 지수의 편입으로 국가의 운명이 국제 자본의 변덕스러운 흐름과 더 긴밀하게 연결되기 때문이다.

인덱스펀드는 거대한 세계 채권시장에서 작은 참여자로 남아 있지만 그 중요성은 점점 커지고 있다. 최근 몇 년 동안 패시브 채권 펀드로 투자자들의 유입 속도는 더욱 빨라지고 있다. 유입된 자금도 지난 10년 동안 10배나 증가해 2조 달러에 가까워졌다. 뱅가드의 토털 본드마켓 인덱스펀드Total Bond Market Index Fund는 3천억 달러 이상의 자금을 운용하면서 세계 최대의 채권 투자상품이 되었다. 토털 본드마켓 인덱스펀드가 세계 최대 채권 펀드가 되었을 때 뱅가드의 직원들은 채권 펀드매니저인 조시 배릭먼Josh Barrickman의 책상을 버거킹Burger King 매장에서 기념품으로 제공하는 종이 왕관으로 장식하면서 축하해주었다. 이것은 배릭먼을 핌코Pimco의 세계 최대 채권 펀드매니저이자 종종 '채권왕bond king'으로 불렸던 빌 그로스Bill Gross에 비유하는 장난이었다.[17]

국제통화기금이 지적한 것처럼 신흥 국가들에 대한 채권 지수의 영향력은 특히 더 두드러졌다. 토머스 윌리엄스Thomas Williams, 네이선 콘버스Nathan Converse 그리고 에두아르도 레비-야야티Eduardo Levy-Yayati의 2018년 논문은 국제 자본 흐름의 통로로서 상장지수펀드의 역할이 점점 더 중요해지

면서 세계 금융시장의 충격이 신흥 국가로 전이되는 현상을 더욱 증폭시켰다는 사실을 발견했다.[18]

다시 말해 상장지수펀드가 개발도상국가들로 자금이 흘러 들어가도록 도와주고 있지만 쉽게 거래할 수 있는 특성 때문에 개발도상국가들은 국내 요인과 상관없이 전 세계 투자자들의 급격한 심리 변화에 더욱더 민감해질 수밖에 없다는 것이다.

거대한 지수 사업자들은 대부분 성실하고 정직하게 그들의 일을 하고 있다. 그들이 내리는 결정의 중요성과 그에 따른 책임을 잘 알기 때문이다. 하지만 무미건조하고 단순한 기능성 데이터 제공 사업자에서 전 세계 자금에 대한 가장 중대한 문지기로의 변신은 거대 기업들의 운명에 간접적으로 영향을 미칠 뿐만 아니라 수백만 명의 삶을 좌우하는 힘을 갖는다는 것을 의미한다. 그만큼 지수 사업자들에 대한 세밀한 조사와 감독이 꼭 필요하다.

대중의 이목을 집중시킬 관심사는 아니지만 많은 규제 당국이 점점 더 강력해지는 지수 사업자의 영향력에 주목하고 있다. 유럽 대륙의 금융감시기구인 유럽 증권시장감독청The European Securities and Markets Authority은 현재 모든 기준 지수 사업자들을 더 많이 감독하고 조사하고 있다. 금융계의 내부 관계자들은 미국 증권거래위원회가 이와 유사한 대책을 마련하는 것은 단지 시간 문제라고 말한다. 이런 움직임이 진행되는 동안에도 지수의 기이한 특성이 여러 방식으로 시장의 구조를 미묘하게 왜곡하는 사례가 점점 더 증가하고 있다. 때때로 그 과정에서 이상한 기술적 문제가 발생하기도 한다.

종종 주가는 그 오르내림을 설득력 있게 설명하기 어려울 정도로 이상한 방식으로 움직인다. 그렇다 해도 분석가들과 금융 분야를 취재하는 기자들은 적절한 설명을 시도하려고 노력한다. 하지만 금융시장의 기준으로도 2017년 봄에 미국의 금광 관련 소형주들의 갑작스러운 하락은 이상해 보였다.

금 가격은 상승세를 이어가면서 그 주에 5개월 만에 최고 수준으로 올랐다. 금값을 지지하는 귀금속의 수요가 감소하고 있다는 징후도 없었다. 상장지수펀드의 특이성과 상장지수펀드가 가끔 시장에 미치는 여파가 핵심 원인이었다. 실제로 반에크 벡터스 주니어 골드 마이너스 상장지수펀드가 전혀 예상치 못한 주식시장의 움직임을 유발했다. 이 펀드는 반에크가 운용하는 160억 달러 규모의 금광 주식 상장지수펀드보다 규모가 더 작은 형제 펀드다.

2016년 초에 주니어 골드 마이너스 상장지수펀드가 운용하는 자금은 13억 달러에 불과했지만 2018년 2월에는 60억 달러로 크게 증가했다. 이것은 이 상장지수펀드가 추종하는 작은 금광 관련 주식 지수에 비해 자금 규모가 너무 커졌다는 것을 의미했다. 그래서 어떤 때에는 규제 당국이 정한 상장지수펀드가 소유할 수 있는 개별 회사 지분의 한계에 도달했다. 그 결과 이 상장지수펀드는 가까스로 지수를 따라갔고 잠재적으로 상장지수펀드 업계에서 중대한 오류로 여기는 '추적 오차tracking error'를 발생시킬 가능성이 커졌다. 반에크의 또 다른 지수 사업 자회사인 MVIS는 2017년 4월에 기준 지수를 조정해 펀드가 투자하는 금광회사의 시장 가치를 2배로 높이겠다고 발표했다. 이것은 어느 정도 타당성 있는 조치였지만 다른 거래자들은 일부 기업들이 지수에서 제외될 것을 예상해 종목 조정에 앞서 지수에서 빠질 주식을 매도했고 이것이 금광 주식 전체에 여파를 미쳤다.[19]

이 모든 일은 미국 주식시장의 작고 중요하지 않은 한쪽 구석에서 일어났다. 하지만 이런 소동들은 중요하지 않은 지수의 조정과 이에 따른 상장지수펀드의 자금 흐름이 서로 영향을 끼친다는 것을 보여주는 중요한 사례였다. 이것이 유일한 사례는 아니다. 2020년 1월에 탠저팩토리아웃렛센터Tanger Factory Outlet Centers와 아이오와Iowa에 본사를 둔 미디어 기업인 메러디스코퍼레이션Meredith Corporation은 상장지수펀드의 구조적인 문제 때문에 주가가 급격하게 오르내렸다.

두 기업은 오랫동안 어려움을 겪으면서 2018년과 2019년에 주가가 큰 폭으로 하락했다. 하지만 탠저와 메러디스 두 기업은 투자자들에게 배당금을 지급하겠다고 고집했다. 이 때문에 스테이트스트리트의 200억 달러 규모의 배당 상장지수펀드가 두 회사의 주식을 대규모로 매수하기 시작했다. 기업의 주식시장 가치에 따라 가중치가 주어지는 지수를 추종하는 대부분의 상장지수펀드와 달리 SPDR S&P 배당 상장지수펀드SPDR S&P Dividend ETF는 S&P 고배당 귀족S&P High Yield Dividend Aristocrats이라고 불리는 지수를 추종한다. 이 지수는 기업의 '배당 수익률'에 따라 가중치가 부여된다. 간단히 말하면 주가 대비 배당금이 더 높을수록 수익률이 높아진다.

탠저와 메러디스의 주식이 폭락했을 때도 배당금은 유지됐고 이것은 다른 투자자들이 떠나는 와중에도 스테이트스트리트의 상장지수펀드가 최대 4퍼센트 한도까지 두 회사의 주식을 지속적으로 매수한다는 것을 의미했다. 두 회사의 주식이 상장지수펀드 전체 자산에서 차지하는 비중은 크지 않았지만 스테이트스트리트의 지분은 줄어드는 회사의 규모에 비해 매우 커졌다. 여기에 더해 배당에 초점을 맞춘 다른 인덱스펀드들도 두 회사의 주식을 재빨리 담기 시작했다. 1월 중순쯤에 인덱스펀드들은 탠저 주식의 절반 이상과 메러디스 주식의 40퍼센트를 소유했고, SPDR S&P 배당 상장지수펀드 하나가 인덱스펀드 전체 지분의 거의 절반을 차지하게 됐다.[20]

문제는 배당 귀족 지수에는 배당금과 상관없이 시가총액이 최소 15억 달러 이상 기업만 포함한다는 것이었다. 결국 탠저와 메러디스 모두 시가총액이 15억 달러 이하로 줄어들었다. 이는 1월 24일에 S&P 다우존스 지수에서 두 회사가 제외되면 배당 귀족 지수를 추종하는 상장지수펀드도 두 회사의 주식을 매도해야 한다는 의미였다. 줄어든 시가총액 규모에 비해 상장지수펀드의 지분이 크다는 사실을 고려하면 이런 결과는 큰 혼란을 불러올 수 있었다.

대부분의 인덱스펀드는 주가가 내려갈 것으로 예상하는 투자자들에게 주식을 빌려주는 주식 대여 서비스를 통해 추가 수입을 창출한다. 실제로 이런 투자자들은 일정 기간 주식을 빌려 매도하고 주가가 하락한 후에 다시 주식을 매수해 차익을 챙기고 싶어 한다. 이런 과정을 '공매도'라고 부른다. 두 회사의 시가총액이 하락하면서 공매도를 노리는 투자자들이 메러디스와 탠저에 몰려들었다. 하지만 배당 상장지수펀드가 주식을 매도하려면 빌려주었던 주식을 먼저 회수해야만 했다. 이를 위해서는 공매도 거래자들이 주식을 다시 사들여 돌려주어야 했고 이 때문에 주가가 폭등했다.[21] 이것은 스테이트스트리트의 상장지수펀드가 대규모 매도로부터 받은 충격을 줄여주는 데 도움이 됐다. 하지만 두 회사의 주식은 1월 내내 심하게 오르내리는 결과로 이어졌다.

그러나 일부 인덱스펀드 회의론자들은 이런 사례들이 작고 특이하기 때문에 인덱스펀드가 시장을 광범위하게 왜곡시키는 영향력을 눈에 띄지 않게 가려준다고 주장한다. 이들은 투자자들이 누리고 있는 인덱스펀드의 분명한 혜택보다 인덱스펀드가 금융시장 건전성에 일시적으로 끼치는 악영향이 점점 더 커지고 있다고 우려한다. 이 문제는 다음 장에서 자세하게 다룰 것이다.

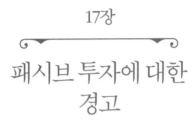

패시브 투자에 대한
경고

미국 작가 데이비드 월리스David Foster Wallace는 대중 연설을 매우 싫어했다. 그래서 2005년 5월 따가운 햇살이 내리쬐는 날에 불안감을 느끼며 케니언칼리지Kenyon College의 졸업식 연단에 올랐다. 뜨거운 열기와 초조함 때문에 행사를 위해 차려입은 검은 예복이 땀으로 흠뻑 젖었다.[1]

덥수룩한 머리의 그는 연신 얼굴에 흐르는 땀을 닦으려고 옷 안쪽에서 손수건을 꺼내며 "땀이 날 것 같으면 저처럼 닦으세요."라고 말했다. 땀을 닦은 뒤 월리스는 지금까지도 손꼽히는 명연설을 하기 시작했다.

연설의 첫 부분에서 언급한 우화는 이야기의 단순함과 영향력 측면에서 사람들의 관심을 끌었다. 어린 물고기 두 마리가 바다에서 헤엄을 치고 있었다. 이들은 자신들에게 가볍게 인사하는 나이 든 물고기를 만났다. "안녕 얘들아, 물이 어떤 것 같니?" 그 두 어린 물고기들은 잠시 헤엄치더니 하나가 다른 물고기를 보면서 "도대체 물이 뭐야?"라고 물었다. 월리스가 하고자 한 이 이야기의 요점은 '가장 분명하고 중요한 사실이 종종 가장 잘 보이지 않으며 이야기하기도 어렵다.'는 것이었다.

월리스의 이야기는 성인들이 일상에서 마주하는 어려움, 외로움, 지루함 등을 극복하는 방법으로 인지력과 공감 능력을 키우는 것이 중요하다는 의미를 담고 있었다. 하지만 점점 더 증가하는 지수 투자 회의론자들은 이 이야기에 빗대어 패시브 투자가 시장에 미치는 영향력을 설명했다. 시장에서 패시브 투자의 비중이 증가함에 따라 둘러싸인 현실을 인식하지 못하고 투자 결정을 내리는 투자자가 늘어나고 있다고 지적하며, 이는 두 어린 물고기가 자신들을 둘러싼 주변 현실을 인식하지 못하고 살아가는 것과 유사하다는 것이다.

마이클 그린Michael Green은 패시브 투자와 관련해 경고를 보내는 사람들 가운데 하나다. 그린은 짧은 검은 머리를 가진 열정적이고 지적인 50대 초반의 인물로, 2018년 2월에 파산한 변동성과 연계된 상장지수상품에 반대로 베팅해 큰돈을 벌어 금융계에서 명성을 얻었다.[2] 그 당시 그는 실리콘밸리의 투자자인 피터 틸Peter Thiel이 운용하는 헤지펀드인 틸매크로Thiel Macro에서 일하고 있었다. 그린은 공교롭게도 현재 옵션을 기초로 한 액티브 상장지수펀드 사업자인 심플리파이애셋매니지먼트Simplify Asset Management에서 수석 전략가로 일하고 있었지만 사람들에게 패시브 투자의 예상치 못한 위험한 변덕에 관해 경고했다.[3]

그린은 월리스의 〈이것은 물이야〉라는 우화가 시장과 투자업계에 대한 패시브 투자의 포괄적인 영향력을 설명하는 완벽한 비유라고 생각했다. "지수는 측정을 위해 개발됐지만 일단 지수에 투자하면 당신은 실제로 지수를 왜곡하게 됩니다."라고 그린은 주장한다. "지수에 투자하는 패시브 펀드가 시장 참여자가 되고, 규모가 커지는 순간 시장에 영향을 미치게 됩니다." 그린 말고도 패시브 투자를 비판하는 사람은 많다. 하지만 그의 열정과 명확함을 능가하는 사람은 많지 않다. 그가 제기한 비판 가운데 일부만 옳다고 해도 패시브 투자에는 해결하기 어려운 몇 가지 문제들이 있다.

⌒

패시브 투자에는 논란의 여지가 없는 부정적 영향이 몇 가지 있다. 단지 지지자와 비판론자 사이에 부작용이 얼마나 크고 심각한지에 관한 견해차만 있을 뿐이다.

대부분의 인덱스펀드는 시가총액에 가중치를 둔다. 이것은 펀드에 들어오는 자금 가운데 대부분이 가장 큰 주식이나 가장 큰 채무자에게 흘러 들어간다는 의미이다. 일반 대중의 생각과 반대로 인덱스펀드는 단지 어떤 주식의 가격이 올랐다는 이유로 자동으로 그 주식을 더 많이 사지 않는다. 인덱스펀드는 이미 그 주식을 보유하고 있기 때문이다. 하지만 인덱스펀드가 새로운 돈을 받아들이면 시가총액의 변화에 따라 주식을 편입한다. 이것은 이론상으로 이미 가격이 오른 주식 종목에 과도한 혜택을 줄 수가 있다. 예를 들면 지난 40년 동안 뱅가드500 펀드나 스테이트스트리트의 SPDR 펀드에 새로 유입된 1달러 가운데 평균 14센트는 시가총액이 가장 큰 5개의 기업으로 흘러 들어갔다. 10년 전에 이 수치는 10센트였다. 현재는 20센트를 넘어 사상 최고를 기록하고 있다.[4] 2020년의 한 연구에 따르면 이런 대기업들이 더 성장하기는 할 테지만 이런 기업으로 흘러 들어간 돈은 시장의 불균형을 초래할 수 있다.[5] 바꿔 말하면 이것은 규모가 규모를 만들어낼 수 있다는 뜻이다. 비판론자들에 따르면 결국 금융시장의 이런 역학은 시장이 거품을 향해 가도록 하는 원동력이 될 수 있다.

게다가 대부분의 전통적인 액티브 펀드매니저보다 우월한 지수 투자의 성과는 적어도 이론적으로 자기실현적 예언이 될 수 있다. 인덱스펀드는 보유 지분에 정확하게 비례하는 자금의 유입으로 이득을 얻고 있다. 지난 10년 동안 대규모의 자금이 인덱스펀드로 유입된 사실을 고려하면 이런 자금의 유입은 상당한 영향력을 미칠 수 있다. 액티브 펀드매니저들은 사실상 성공의 척도를 통제하고 그 기준에 영향을 미치는 상대와 경쟁하고 있다. 그런과 같은 비판론자들은 인덱스펀드의 우월한 성과의 일부는 적은 거래 빈도에 따른 비용 감소와 낮은 운용 수수료 같은 인덱스펀드가 가진 근본적 이점 때문이라는 사실을 인정한다. 하지만 인덱스펀드의 우월한 성과의 큰 부분은 위의 효과에 의한 것이라고 주장한다.◆

인덱스펀드에 대한 회의론자들은 과거에 전통적 액티브 펀드매니저들이 저평가된 주식을 매수하거나 과대 평가된 주식에 대한 공매도를 통해 중요한 역할을 했다고 주장한다. 유진 파마의 이론에 따라 설명하면 액티브 펀드매니저들이 시장 전체가 상대적으로 효율적인 상태를 유지하도록 보장해주었다는 것이다. 하지만 비판론자들은 인덱스펀드의 막대한 규모 때문에 오늘날 인덱스펀드에 맞서려는 액티브 펀드매니저들

◆ 이런 현상은 심지어 워런 버핏조차 최근에 투자 감각을 잃은 것처럼 보이는 이유를 설명하는 데 도움이 될 수 있다. 버크셔해서웨이의 주식도 지난 10년 동안 테드 세이즈의 헤지펀드와 내기를 벌이며 버핏이 옹호했던 뱅가드500 펀드보다 수익률이 저조했다.

의 노력은 장기적으로 불가피하게 지수보다 저조한 성과를 기록할 것이라고 주장한다.

여기에 더해 그린은 인덱스펀드는 2008년 세계 금융위기 이후 주식시장의 평균 가치를 지속적으로 높이는 데 이바지했지만 동시에 약세장에서 주식시장을 더욱 취약하게 만들었다고 주장한다.

이런 현상의 한 가지 중요한 측면은 대체로 기술적인 것이다. 액티브 펀드매니저들은 일반적으로 자금의 5퍼센트를 현금으로 보유한다. 자금 유출에 따른 어려움에 대비하거나 대규모 매도세에서 발생하는 매력적인 기회를 붙잡기 위해서다. 하지만 인덱스펀드들은 지수와 괴리율을 줄이기 위해 가능한 한 현금을 적게 보유한다. 다시 말해 인덱스펀드에 들어가는 모든 돈은 곧바로 시장으로 유입되는 반면 액티브 펀드매니저는 자금의 95퍼센트를 투입한다. 이렇게 다른 현금 보유 비중 때문에 액티브 펀드매니저들은 시장이 상승할 때 늘 인덱스펀드보다 성과가 뒤처지는 경향이 있다. 그린은 액티브 펀드에서 패시브 펀드로 쏟아져 들어오는 막대한 자금이 패시브 펀드의 가치를 지속적으로 상승시킨다고 주장한다. 반독점 규제의 감소, 세계화, 노동조합의 약화 그리고 금융 자산의 가치를 높이는 낮은 금리 등 최근 수십 년 동안 주식의 가치와 기업의 이익을 증가시킨 다른 요소들과 비교해 패시브 펀드로 자금 유입이 얼마나 유의미한 것인지는 논란의 여지가 있다. 그러나 이것은 부분적인 설명일 수도 있다. 인덱스펀드는 보유한 현금이 없어서 자금 유출이 발생하면 빠르게 주식을 매도할 수밖에 없다는 또 다른 불리한 측면도 있다.

하지만 그린의 주장에 따르면 주식시장에 미치는 지수 추종 상품의 큰 영향력은 막대한 매수 규모에서 나온다. 이런 지수 투자상품들이 지난 10년 동안 가장 중요한 주식 매수자 역할을 해왔기 때문이다. 이것은 펀드의 지분을 지수 산출에서 제외하지 않는다고 해도 다른 모든 사람이 매수할 주식 수량이 더 적어진다는 의미이다. S&P500과 같은 대부분의 대형 지수들은 현재 순수한 가치 가중 방식이 아니라 유동 주식 조정 가중float-adjusted 방식을 사용하기 때문에 문제가 될 수 있다. 다시 말해 지수에서 어느 정도 가중치를 줄지는 주식의 전체 가치가 아니라 실제로 자유롭게 거래할 수 있는 주식의 가치에 따라 결정된다는 것이다.

창업자가 100만 주의 절반을 소유하고 있는 1천만 달러짜리 기업이 있다고 가정해보자. 이것은 시장에서 자유롭게 거래할 수 있는 주식이 50만 주라는 의미이다. 또한 1천만 달러가 아니라 500만 달러의 주식 가치가 지수에서 주식의 가중치를 결정한다. 하지만 인덱스펀드들이 또 다른 20퍼센트의 주식을 가지고 있을지도 모른다. 인덱스펀드들은 투자자들의 이탈로 자금난을 겪지 않는다면 보유 주식을 절대로 매도하지 않을 것이다. 이는 그 기업의 지수 가중치를 계산하는 데 사용되는 가치가 500만 달러라고 해도 다른 투자자들은 실제로 300만 달러의 가치가 있는 30만 주만 사고팔 수 있다는 뜻이다.

추가 자금 유입으로 액티브 펀드매니저와 인덱스펀드가 점점 더 많은 주식을 사게 되면 단지 매도자가 더 적다는 이유로 주가는 가파르게 상승할 수 있다. 그린은 극단적으로 말해 자유롭게 거래할 수 있는 유동 주식들을 점점 더 많이 빨아들이는 일종의 블랙홀 같은 패시브 투자가 가격을 천정부지로 상승시킬 수 있다고 주장한다. 이것은 인덱스펀드가 마치 코로나 대유행 시기에 항균 비누를 창고에 쌓아놓고 출고를 지연시키는 사재기꾼과 거의 비슷하다고 할 수 있다. 결과적으로 인덱스펀드에 투입되는 자금이 빠지면 주식시장에 미치는 충격파는 훨씬 더 커질 수 있다. 패시브 펀드가 매도하는 엄청난 물량의 주식을 매수할 액티브 펀드가 훨씬 더 적기 때문이다. 주식을 매수하는 거대한 수요가 사라지고 주식을 팔려는 사람들만 남을 것이다.

물론 일반 투자자와 전문 펀드매니저들 모두가 개별 주식에서나 아니면 시장 전체에서 거품을 부풀리고 붕괴를 부채질할 수 있다는 사실은 역사적으로 확실히 입증됐다. 정말로 규모가 규모를 낳는다면 지수투자가 인기를 얻기 시작했을 때와 마찬가지로 엑손모빌ExxonMobil이 지금도 여전히 세계에서 가장 가치 있는 기업일 것이다. 주식의 유동성을 산출할 때 인덱스펀드가 보유하고 있는 주식을 제외하는 것은 타당성이 없다. 장기적으로 볼 때 투자자들의 자금은 대부분 시장으로 흘러들어왔지만 결국 패시브 펀드들은 자금의 유입과 유출에 따라 항상 주식을 사고판다. 예를 들어 패시브 투자상품들은 현시점을 기준으로 미국 주식시장의 7분의 1만 보유하고 있으며 다른 시장에서는 훨씬 더 적은 비중을 차지하고 있다. 패시브 투자상품, 즉 인덱스펀드는 아직은 물과 물고기처럼 금융시장에 널리 퍼지지 않았다. 또 비판론자들이 생각하는 것처럼 인덱스펀드는 모두 같은 종류가 아니라 매우 다양하다. 주식시장의 거래량도 그 어느 때보다 높은 편이다. 이것은 패시브 투자의 증가에도 시장의 활기가 거의 꺾이지 않았다는 것을 암시한다. 패시브 펀드에 대한 비판적인 주장 가운데 상당 부분을 인덱스펀드의 강력한 압박을 받는 액티브 펀드매니저들이 자기 잇속을 차리기 위한 유언비어라고 무시할 수도 있다.

그럼에도 학자들은 인덱스펀드가 매우 미묘한 방식으로 파괴적인 영향을 미칠 수 있다는 증거들을 찾기 시작했다. 예를 들면 몇몇 연구는 인덱스펀드의 성장으로 인해 금융 증권이 고유의 특성이 아닌 일제히 같은 방향으로 움직인다거나[6] 상장지수펀드의 지분이 큰 종목이 일반적인 종목보다 변동성이 더 커진다는 사실을 보여준다.[7]

심지어 연방준비제도이사회도 액티브에서 패시브로 투자 전략의 변화가 "지난 수십 년 동안 자산운용업계에 심대한 영향을 미쳤고 현재도 계속되고 있는 변화의 본질이며 향후 몇 년 동안 금융 시스템 전반에 걸쳐 파급 효과를 미칠 것"이라는 사실에 주목했다.[8] 연방준비제도의 경제학자들은 균형 잡힌 관점으로 액티브에서 패시브 투자로의 구조적 변화가 미치는 영향을 연구했다. 이러한 구조적 변화는 어떤 위험 요인은 줄어들고 다른 위험 요인은 증가하는 방식으로 금융 안정화에 영향을 미치고 있다는 사실을 발견했다. 하지만 그린과 같은 비판론자들은 연방준비제도 경제학자들의 이런 균형적 견해는 사실을 감추려는 눈가림과 같다고 말한다.

그린은 "패시브 투자 전략은 너무 거대해서 이런 전략에 의존하는 투자상품들이 시장에 미치는 영향력도 점점 더 분명하고 확실해지고 있습니다. 우리는 이제야 이런 것들과 관련된 취약성을 알아보기 시작했습니다."라고 주장한다.

많은 회의론자들은 패시브 투자의 가장 큰 위험이 주식에 투자하는 대형 주류 인덱스펀드가 아니라 채권처럼 거래량이 적으면서 좀 더 특이한 시장에 투자하는 상장지수펀드에 있다고 주장한다.

금융업계가 주최한 한 콘퍼런스에서 래리 핑크 바로 옆에 앉아 있던 유명한 기업 사냥꾼인 칼 아이칸Karl Icahn은 세계 최대의 채권 상장지수펀드 제공 사업자라는 이유로 블랙록을 '매우 위험한 회사'라고 불렀다.[9] 연륜에서 나오는 짓궂음과 태연함 그리고 월스트리트가 말하는 "재정적으로 독립할 수 있을 만큼의 막대한 돈"을 가지고 있는 아이칸은 채권시장이 궁극적으로 어떻게 블랙록에 타격을 줄 것인지를 예견했다. 공개 행사에서 금융계의 동료가 제기하는 비판에 익숙하지 않은 래리 핑크는 매우 당황했다. 핑크는 "칼, 당신은 훌륭한 투자자입니다. 하지만 당신은 이번에도 또 틀렸어요."라고 맞받아쳤다. 청중들은 이례적인 공개 충돌에 얼어붙은 듯 침묵했다.

많은 비판론자의 견해에 따르면 채권 상장지수펀드에는 잠재적인 위험이 도사리고 있었다. 상장지수펀드는 주식시장에서 주식처럼 거래되지만 몇몇 채권들은 거의 거래되지 않거나 필수적인 중개기관 역할을 하는 골드만삭스, 바클레이즈, 도이치뱅크 같은 투자은행을 통해서만 거래된다. 상장지수펀드가 점점 더 중요해지는 기업 채권시장에서는 특히 그렇다. 씨티그룹Citi Group의 연구에 따르면 2018년에 공개적으로 등록된 아직 상환되지 않은 2만 1,175개의 미국 회사채 가운데 적어도 하루에 한 번 이상 거래된 채권은 단지 246개에 불과했다. 대부분의 채권은 주식보다 거래가 활발하지 못하다. 일부 비판론자들은 채권 투자자들이 연속해서 원금을 회수하면서 타격을 받은 채권 상장지수펀드는 보유 지분을 팔지 못하고 붕괴할 수도 있다고 우려한다. 이것은 채권 상장지수펀드 전반에 공포심을 조장하고 나아가 채권시장 전체의 붕괴를 초래할지도 모르는 광란의 채권시장 이탈 현상으로 이어질 수 있다.

이런 공포는 2020년 3월 코로나19 위기가 깊어지던 시점에 유령처럼 나타났다. 그 당시 많은 채권 상장지수펀드의 가격이 크게 하락하면서 보유 지분의 이론적 가치보다 훨씬 더 낮아졌다. 일반적으로 네이선 모스트가 고안한 프로세스인 상장지수펀드를 발행하고 해지하는 업무를 통해 거래가 원활하게 진행되도록 보장해주는 지정 판매회사authorized participants로 알려진 증권사들은 이러한 혼란을 이용할 수 있을 것이다. 지정 판매 증권사들은 만신창이가 된 상장지수펀드의 주식을 사서 기초자산을 구성하는 채권 일부와 교환한 다음 이를 매도해 시장의 혼란을 완화하려고 했다. 하지만 채권시장이 제 기능을 하지 못하면서 거래가 얼어붙고 차익거래는 거의 불가능해졌다. 연방준비제도이사회가 채권 상장지수펀드를 매수하겠다는 서약을 포함해 모든 통화정책 수단을 동원해 개입하자 겨우 시장의 혼란이 사라졌다.[10]

비판론자들은 미국 중앙은행의 힘으로 혼란을 막아야 한다는 것이 온종일 지속적으로 거래되는 채권 상장지수펀드와 펀드에 포함된 거래량이 적은 채권들 사이에 유동성 불일치로 나타나는 취약성의 증거라고 주장했다. 블랙록이 연방준비제도의 상장지수펀드 매입을 관리하는 기관으로 선정된 것도 일부 비판론자들에게는 이해충돌이라는 의심을 불러일으켰다.

하지만 2020년 3월의 공포는 상장지수펀드의 구조가 비판론자들이 말하는 것보다 실제로 더 유연성이 있다는 사실을 입증했다고 주장할 수 있다. 채권 상장지수펀드의 가격은 사람들이 기초자산인 채권을 팔 수 없어서 불안정했다. 이 때문에 상장지수펀드 가격과 채권 가격 사이에

괴리가 발생했다. 하지만 상장지수펀드가 거래된 할인 가격은 아무도 그 가격으로 채권을 살 수 없었기 때문에 기본적으로 착시 효과였다. 채권 시장에서 실제적인 위험과 불안의 수준을 더 잘 반영한 것은 채권 상장지수펀드였다.[11] 상장지수펀드가 반드시 매도세를 악화시킨 것도 아니었다. 차익거래가 동결됐기 때문에 투자자들은 기본적으로 자유롭게 거래되는 폐쇄형 펀드인 채권 상장지수펀드의 주식을 거래했다.[12]

다시 말해 채권 상장지수펀드의 가격 할인은 금융 시스템의 불안정에 따른 증상이지 금융 시스템을 불안하게 만드는 원인이 아니다. 어떤 면에서 채권 상장지수펀드는 네이선 모스트의 아메리카증권거래소 팀이 30년 전에 최초로 생각해낸 충격 흡수기의 역할을 했다. 모든 매도의 충격을 흡수하는 것이 채권 상장지수펀드를 급격하게 하락하게 했고 아마도 연방준비제도이사회가 행동에 나서지 않았다면 하나 또는 여러 개의 펀드가 휘청거림을 넘어 아예 파산했을 것이다. 매도세를 흡수하는 상장지수펀드가 없었다면 전체 채권시장의 혼란은 훨씬 더 심각했을 것이다. 그리고 채권 인덱스펀드도 투자자들의 환매 요구를 충족시키기 위한 지분을 팔지 못하면서 채권 상장지수펀드만큼 위험해졌을 것이다.

결과적으로 과거의 일부 회의론자들조차 현재는 채권 상장지수펀드가 그들이 예상했던 것보다 훨씬 더 잘 버텼다는 것을 암묵적으로 인정한다. 상장지수펀드의 옹호론자들은 성공을 환호했다. 블랙록의 래리 핑크는 "너무도 많은 사람이 상장지수펀드를 이해하지 못한다는 사실이 그저 놀랍습니다."라고 말했다. "그들은 피상적으로 상장지수펀드가 나쁘다거나 잘 안 될 거라고 말합니다. 하지만 시장 혼란이 발생할 때마다 그들의 생각은 틀린 것으로 나타났습니다. 특히 3월의 몇 주 동안에도 그들이 틀렸다는 것이 밝혀졌습니다.”

마찬가지로 인덱스펀드로 유입되는 변덕스러운 자금이 불가피하게 빠져나갈 때마다 금융시장에 재앙이 올 것이라는 빈번한 예측에도 불구하고 인덱스펀드에 투자된 자금은 전통적인 액티브 펀드에 투자된 돈보다 훨씬 더 적게 이탈한다는 사실이 여러 차례 입증됐다. 연방준비제도는 2018년 금융산업 보고서에서 “이것은 패시브 펀드로 순유입이 저조한 수익률에 덜 반응할 수 있으며 이런 펀드의 성장이 금융시장의 안정에 도움이 될 수도 있다는 것을 시사한다.”라고 주장했다.[13]

주식과 채권시장에서 패시브 투자의 증가 추세에 따른 잠재적 왜곡효과는 실제로 우려스러운 일이다. 하지만 이는 새로운 것이 아니다. 우리는 금융시장에서 인덱스펀드의 탄생과 성장 그리고 18세기 후반에 유럽 돼지의 호주 수입 같은 생태계 혼란을 유발하는 외래종의 유입 같은 사건 사이에서 유사점을 배울 수 있다. 하지만 금융시장은 항상 역동적 생태계라는 점을 기억하는 것이 중요하다. 금융시장이라는 생태계는 그것이 19세기의 투자신탁이든, 20세기의 뮤추얼펀드이든 아니면 최근의 헤지펀드의 등장이든 밀림에서 새로운 맹수의 등장이라는 비상사태에 적응하고 있다. 이런 새로운 종種의 등장은 한동안 괴롭고 우울한 예측을 불러일으켰지만, 시간이 지나면서 전체 생태계에 활기를 더했다.

따라서 향후 몇 년 동안 인덱스펀드가 금융시장에 미치는 영향력에 관한 논쟁은 의심할 여지 없이 더 증가할 것이다. 하지만 인덱스펀드를 통해 그 결과가 입증될 가능성이 크다. 그리고 패시브 투자가 나머지 다른 금융산업 분야에 미치는 파괴적인 영향력은 이미 충분히 명확해지고 있다.

엘리자베스 페르난도Elizabeth Fernando는 신임 사장이 갑자기 투자 운용팀이 있는 층의 중앙에 사방이 유리로 된 사무실로 오라고 호출했을 때 무슨 일이 벌어졌다고 직감했다. 영국에서 가장 큰 개인연금 가운데 하나인 영국 사학연금Universities Superannuation Scheme의 투자 운용팀은 750억 파운드의 자금을 운용하고 있었다.

영국 사학연금의 주식 투자팀을 이끄는 그녀는 새로운 사장인 사이먼 필처Simon Pilcher가 개혁을 원한다는 것을 알고 있었다. 페르난도는 25년 동안 일해온 일자리를 잃을 수도 있다고 걱정했다. 하지만 그녀가 불려간 회의실은 적어도 그런 불길한 발표가 이뤄지는 엄숙한 분위기의 장소는 아니었다.

필처는 페르난도를 해고하는 것보다 더 큰 계획이 있었다. 필처는 일본, 유럽 그리고 미국과 같은 주요 시장에서 140억 파운드의 자금을 운용하는 자체 투자팀을 해체하고 기본적으로 계량적이고 컴퓨터 분석 모형에 의해 조언받는 테마 전략에 따라 그 돈을 투자하기로 결정했다.[14] 페르난도는 내내 무표정한 얼굴로 앉아 있었다. 투자팀의 모든 사람이 자신을 볼 수 있다고 생각했기 때문이다. 사무실을 가로질러 조용한 방을 찾은 후에야 그녀는 생각을 정리할 수 있었다. 페르난도는 자신도 모르는 사이에 치른 시험에 실패한 것 같은 느낌이었다. 그리고 필처의 그런 결정을 전혀 이해할 수 없었다.

페르난도 팀의 펀드매니저들은 성과가 매우 우수했다. 영국 사학연금의 최근 연간 보고서는 페르난도 팀이 비용을 제하고 5년 동안 기준 지수보다 무려 3억 8,900만 파운드의 초과 수익을 달성했다고 자랑스러워했다. 그런데도 페르난도는 이번 결정을 돌이킬 수 없다는 말을 들었고, 필처가 공식 발표할 때까지 동료 누구에게도 말할 수 없었다. 그러는 동안 팀원들에게 거짓말을 하게 될까 걱정되어 거의 매일 체육관에 다니며 러닝머신 위에서 불만을 풀었다.

2020년 2월 12일에 필처는 마침내 "우리가 최대의 가치를 추가할 수 있는 분야에 투자 역량을 집중하기 위해" 주식 운용팀을 "재편하는 어려운 결정"을 알리는 이메일을 직원들에게 보냈다. 이것은 종목 선택을 위한 분석에서 좀 더 테마 지향적인 투자로 전환하는 것을 뜻했다. 페르난도와 12명의 동료가 실직할 것이라는 점을 빼고는 그것이 어떤 의미인지를 분명하게 말하지 않았다. 필처는 "2019년에 주식 운용 분야의 성과가 좋았고 페르난도의 팀은 자부심을 느낄 만합니다."라고 강조했음에도 불구하고 이런 결정을 내렸다.[15]

지난 10년간 전통적인 투자 방식에서 계량적 패시브 투자로 시계추가 얼마나 급격히 움직였는지를 영국 사학연금 주식 투자팀의 운명이 보여주었다. 이것이 유일한 사례는 아니다.◆

인덱스펀드의 선구자들은 오랜 시간 그들이 받았던 멸시를 선명하게

◆ 금융 관련 데이터를 제공하는 기업인 EPFR은 전체적으로 약 2조 달러의 자금이 2007~2008년 금융위기 이후 액티브 뮤추얼펀드에서 이탈한 것으로 추정했다. 이것은 프랑스와 독일 주식시장을 합친 것과 맞먹는 규모이다. 채권 펀드들은 금융위기 여파에서 뮤추얼펀드보다 회복력이 더 좋았다. 같은 기간에 전통적인 펀드보다 패시브 채권 펀드로 더 많은 자금이 유입됐다. 이런 현상은 불과 얼마 전까지만 해도 상상할 수 없었다. 더구나 EPFR의 자료는 단지 공개적으로 보고된 펀드만 집계한 것이고 이런 추세는 기관투자자들 사이에서 훨씬 더 빠르게 진행될 가능성이 크다.

기억하며, 종종 액티브 펀드매니저들의 성과가 안 좋았음에도 많은 투자자가 패시브 투자를 받아들이지 않았던 것도 잊지 못한다. 오늘날 가까스로 기준 지수를 초과하는 성과를 거둔 펀드매니저들조차 존 맥퀸, 존 보글, 네이선 모스트가 불러온 인덱스 투자 혁명에서 더는 안전하지 않다. 1960년대와 1970년대에 영감을 주었던 초기 연구 이후 수많은 연구들이 대부분의 액티브 펀드 운용이 1975년에 찰스 엘리스가 이야기한 것처럼 여전히 '패자의 게임'이라는 사실을 계속 강조해왔다.

1991년 윌리엄 샤프가 발표한 논문은 이 분야에서 가장 중요하며 최초의 인덱스펀드를 만드는 토대가 되었다. 〈액티브 운용의 산술〉The Arithmetic of Active Management이라는 다소 직설적인 제목이 붙은[16] 이 논문은 샤프의 초기 연구를 확장한 것으로 그 당시 인기를 얻기 시작한 인덱스펀드 투자 추세가 단지 '일시적 유행'이라는 주장을 다뤘다.

이 논문은 샤프가 시간이 지남에 따라 유효하게 유지되어야 하는 두 가지 철칙으로 본 것을 밝혔다. 액티브 펀드의 평균 수익률은 비용을 포함하면 패시브 펀드의 수익률과 같다는 것. 그리고 비용을 제한 액티브 펀드의 수익은 패시브 펀드보다 적다는 것. 다시 말해 산술적으로 시장은 평균 수익률을 대표하는 것이고, 시장을 초과하는 성과를 거둔 투자자가 있으려면 누군가는 더 나쁜 수익을 기록해야 한다는 것이다. 인덱스펀드의 수수료가 전통적인 뮤추얼펀드보다 더 적다는 사실을 고려할 때 시간이 지나면서 평균적인 패시브 투자자는 평균적인 액티브 투자자보다 더 좋은 성과를 거둘 수밖에 없다는 것이다.

다른 학자들은 나중에 샤프의 1991년 논문에 대해 공연히 사소한 문제로 트집을 잡았다. 라세 헤예 페데르센Lasse Heje Pedersen의 〈액티브 운용의 산술에 관한 첨예화〉Sharpening the Arithmetic of Active Management 논문이 대표적이다. 페데르센은 자신의 2016년 논문에서 샤프의 주장은 실제로 '시장 포트폴리오'는 절대로 변하지 않는다는 것과 같은 몇 가지 중요한 가정에 기반을 두고 있다고 지적했다. 하지만 현실에서는 시장을 구성하는 요소가 계속 변한다. 이것은 액티브 펀드매니저들이 적어도 이론적으로 시장을 능가할 수 있고 이를 통해 시장 기반 경제의 건전성에 가치 있는 서비스를 제공할 수 있다는 의미이다. 그렇지만 페데르센은 이것을 액티브 펀드매니저들에 대한 적극적인 방어로 해석해서는 안 된다고 강조했다. 그는 논문에서 "저비용 인덱스펀드는 금융시장에서 가장 투자자 친화적인 발명품 가운데 하나이다. 이 논문이 높은 수수료를 요구하면서 거의 가치를 더하지 못하는 액티브 펀드매니저들을 위한 변명으로 이용되어서는 안된다."라고 주장하며 다음과 같이 덧붙였다.[17] "나의 계산에 따르면 액티브 펀드 운용이 전체적인 가치를 더해줄 수 있지만 실제로 가치를 창출할수 있는지 그리고 얼마의 가치를 창출할 수 있는지는 실증적 문제이다."

지속적으로 시장을 이길 수 있는 평균 이상의 펀드매니저들을 찾아낼수 있을까? 이에 관한 학문적 연구 또한 투자업계에 암울한 결과를 제시한다. 다우존스 지수는 짐 로리의 증권가격연구소가 처음으로 시작한 데이터베이스를 활용해 1년에 두 차례 최고의 성과를 내는 펀드매니저들이 얼마나 자주 지속적으로 탁월한 성과를 기록하는지에 관한 〈지속성성과표〉persistence scorecard를 발간한다. 결과는 매우 암울하다. 최고의 성과를 기록하는 주식형 펀드 가운데 5년이 지난 후에도 상위권을 유지하는 펀드는 3퍼센트 미만인 것으로 나타났다. 사실 최고의 성과를 기록하는 것자체가 지속적 성과보다는 슬럼프의 전조가 될 가능성이 크다.[18]

결과적으로 영국 사학연금이 페르난도를 해고한 사례가 극명하게 보여준 것처럼 투자자들의 신뢰를 유지하기 위해 넘어야 하는 장애물은 성과가 좋은 펀드매니저들에게도 점점 더 높아지고 있다.◆ 모건스탠리에 따르면 1990년대에는 미국의 주식형 뮤추얼펀드 가운데 상위 60퍼센트에 속한 펀드에 자금이 유입됐다.[19] 2000년대 첫 10년 동안에는 상위 30퍼센트의 펀드로 자금이 흘러들어왔다. 그리고 2010년에서 2020년까지는 상위 10퍼센트의 펀드들만 가까스로 자금 유출을 피했고 자산의 증가 속도는 과거보다 훨씬 느렸다.

인덱스 투자를 선호하는 추세를 보여주는 가장 대표적인 사례가 있다. 콜로라도대학교의 동문이자 거액의 기부자인 클래런스 헤르프스트 Clarence Herbst가 2020년에 지속적으로 액티브 펀드매니저들을 이용하는 문제로 대학 기금을 상대로 제기한 소송이다. 20억 달러에 달하는 대학 기금의 단기와 중기 성과는 다른 대부분의 대학 기금보다 좋았다. 하지만 그는 지난 10년 동안 대학 기금을 뱅가드500 펀드에 넣어두었다면 훨씬 더 좋은 성과를 기록했을 것이라고 주장했다. 다만 이것이 대부분의 기금이 채택하는 균형 잡힌 운용 방식보다 훨씬 더 위험하고 덜 분산된 방식이기는 하다. 헤르프스트의 소송은 덴버의 한 판사에 의해 기각됐다.

◆ 액티브 펀드매니저들은 종종 자신들의 진정한 가치는 단지 약세장에서만 드러난다고 주장한다. 그들은 인덱스펀드들이 시장이 어떻게 되든 맹목적으로 따라가는 시기에 자신들은 민첩함 때문에 하락장에서 최악을 피할 수 있고 시장이 회복할 때 이점을 이용할 수 있다고 이야기한다. 하지만 현실은 그렇지 않다. 자신들의 가치를 입증하는 펀드매니저들은 늘 있게 마련이지만 대부분의 펀드매니저들은 실제로 하락장에서조차 인덱스펀드보다 성과가 저조하다. 이런 이유로 1970년대 이후 발생한 모든 중요한 시장의 혼란은 패시브 투자로 전환을 늦추는 것이 아니라 실제로 패시브 투자로 전환을 더욱 빠르게 했다.

하지만 그의 소송은 사실상 거액을 운용하는 모든 투자자가 현재 고민해야 하는 문제이다.

그러나 액티브 펀드매니저들의 전반적인 노력이 시장의 건전성과 효율성에 도움이 된다면, 그리고 경제의 건전성에 도움이 된다면 이것이 갖는 의미는 무엇일까? 그리고 투자자들에게 돌아가는 개별 이익이 집단적 비용에 의해 잠식당하지 않도록 하려면 얼마나 많은 자금이 패시브 방식으로 운용되어야 할까? 운용 자금의 규모에 한계는 있을까?

페르난도는 투자업계를 위해 변명하는 것은 아니지만, 그녀는 지난 20년 동안 엄청난 발전에도 불구하고 가장 최신 아이디어를 추구하는 데 너무 많은 시간과 돈을 쓰는 평범한 펀드매니저들이 많다고 주장한다. 그 결과 일반 투자자들이 종종 기만 당하고 있다는 사실을 인정한다. 하지만 그녀는 지금의 무분별한 패시브 투자 전략으로의 전환은 시장 경제에서 금융시장이 수행하는 중심적 역할을 훼손하고 있다고 우려한다. 돈이 주식에 대한 전망보다 시가총액 규모에 따라 맹목적으로 주식에 투입되기 때문이다.

"주식시장은 자본을 배분하는 기계가 되어야 합니다. 하지만 패시브 투자는 미래의 승자가 아니라 과거의 승자에게 돈을 투자하는 것입니다."라고 그녀는 주장한다. 다시 말하면 인덱스 투자의 증가가 시장이나 다른 투자자들에 대한 영향을 뛰어넘어 경제의 역동성에 해로운 영향력을 미치고 있다는 것이다.

이런 난제에 대해 번스타인의 애널리스트 이니고 프레이저-젠킨스가 가장 날카롭고 다채로운 비판을 하고 있다. 그는 궁극적인 지수를 만들려는 가상의 인덱스 창시자를 향해 냉소적인 존경을 표현한 적이 있다. 2016년에 프레이저-젠킨스는 〈농노제로 가는 조용한 길: 패시브 투자가 마르크시즘보다 더 나쁜 이유〉The Silent Road to Serfdom: Why Passive Investment Is Worse Than Marxism라는 보고서를 출간했다. 그의 주장은 공산주의 국가들은 적어도 자원을 가장 중요한 분야에 할당하고자 시도했다는 것이다. 공산주의의 자원 배분은 자본주의의 시장 지향적인 분산된 자본 할당 방식보다 비효율적이지만 임의적인 지수 변덕에 따라 맹목적으로 자본을 배분하는 것보다는 훨씬 더 훌륭하다고 주장했다.

이런 비판은 의도적 도발이지만 인덱스펀드가 액티브 펀드매니저들이 이룩한 성과에 무임승차하고 있다는 것은 부인할 수 없는 사실이다. 액티브 펀드매니저들의 성과는 존 보글도 인정한 총체적인 사회적 가치를 지니고 있다. 존 보글은 죽기 몇 년 전에 "만일 모든 사람이 오로지 패시브 투자만 한다면 그 결과는 혼돈과 재앙일 것입니다."라고 말했다. 그는 2017년에 "패시브 투자만 한다면 주식 거래가 사라질 것입니다. 그리고 일련의 소득을 자본으로 만들거나 축적된 자본을 소득의 흐름으로 만드는 방법도 사라질 것입니다."라고 주장했다.[20]

보글은 모든 사람이 인덱스펀드에 투자할 가능성은 제로라고 지적했다. 하지만 일부 투자자들과 애널리스트들은 패시브 투자가 점점 더 확대되는 추세를 고려할 때 시장의 효율성은 점점 약해지고 잠재적으로 끔찍한 결과가 오리라 우려하고 있다. 프레이저-젠킨스는 "어떤 액티브 투자가 특정 개인투자자에게 최선의 결정일 수도 있고 아닐 수도 있다. 하지만 자본의 효율적 배분이라는 관점에서 전체 시스템에는 도움이 될 수 있다."라고 주장했다.[21] "패시브 투자를 통한 배분은 실제 경제를 살펴보고 미래의 발전을 이해하는 것이 아니라 지수에 기초한 금융 경제가 자체적으로 자산 배분 선택에 영향을 미치리라 기대하는 것이다."

효율적 시장 가설의 중심에는 1980년에 헤지펀드 매니저인 샌포드 그로스먼Sanford Grossman과 노벨상을 탄 경제학자 조지프 스티글리츠Joseph Stiglitz가 쓴 중요한 논문이 발표된 이후 흔히 저자들의 이름을 따라 붙여진 그로스먼-스티글리츠 역설이라는 중요한 난제가 있다.[22] 그로스먼과 스티글리츠는 완벽하게 효율적인 시장은 '시장'이라고 부를 수 없어 불가능한 가정이라고 주장했다. 〈정보와 관련해 효율적인 시장의 불가능성에 대하여〉On the Impossibility of Informationally Efficient Markets라는 논문은 시장 가격이 정말로 완벽하게 모든 관련 정보, 즉 기업 데이터, 경제 뉴스 또는 산업 추세 등을 반영한 것이라면 아무도 거래에 필요한 정보를 수집하려고 들지 않을 것이라면서 유진 파마의 이론을 정면으로 반박했다. 정보를 수집하는 일은 비용이 많이 들기 때문이다. 하지만 그렇게 되면 시장은 더 이상 효율적이지 않을 것이다. 다시 말해 누군가는 시장을 효율적으로 만들어야 하고 그들은 이와 관련된 일에 대해 어떤 식으로든 보상받아야 한다.

그로스먼-스티글리츠 역설은 패시브 투자의 증가를 가로막지는 못했다. 개인적으로 어떤 이론을 믿는지와 상관없이 많은 투자자는 대부분의 액티브 펀드매니저들이 시간이 지나면서 기준 지수보다 저조한 성과를 기록한다는 냉엄한 사실을 점점 깨달았다. 액티브 펀드매니저들이 시장을 이긴다고 해도 초과 수익은 그들이 받는 수수료에 의해 상쇄될 때가 많다. 보글은 이것을 특유의 유머를 섞어 '비용 중요성 가설Cost Matters

Hypothesis'이라고 불렀다.[23] 하지만 그로스먼-스티글리츠 역설의 진실은 인덱스펀드를 통해 점점 더 많은 투자가 이뤄지면서 시장이 덜 효율적으로 작동할 수 있을지도 모른다는 것에 관해 몇 가지 타당한 의문을 제기하고 있다는 사실이다.

많은 전통적인 투자자들은 시장이 매우 비효율적이어서 결국에는 그들이 이용할 수 있는 매우 큰 수익을 낼 기회를 가져다주는 결정적 시점이 오리라는 희망이 있다. 하지만 지금까지는 그 시점이 다가오고 있다는 조짐을 보이지 않고 있다. 몇몇 애널리스트들은 엄청난 시장 초과 수익을 보장해주는 약속의 땅이 있을 것이라는 데 회의적이다.

월스트리트에서 가장 권위 있는 분석가이자 컬럼비아대학교 경영대학원의 겸임 교수인 마이클 모부신Michael Mauboussin은 궁극적으로 인덱스펀드의 규모가 매우 거대해지면서 시장을 이기는 것이 더 쉬워지리라는 액티브 펀드매니저들의 희망이 얼마나 헛된 것인지를 적절한 비유를 들어 설명한다. 즉 투자라는 것이 다양한 기술을 가진 여러 친구와 함께 벌이는 포커 게임이라고 생각해보자. 십중팔구 가장 어리숙한 친구가 가장 먼저 게임에서 지고 집으로 돌아가 마음을 달랠 것이다. 하지만 이것이 남은 사람들에게 포커 게임이 더 쉬워졌다는 의미는 아니다. 아직 포커 테이블을 떠나지 않고 남아 있는 사람들은 가장 훌륭한 선수들이기 때문에 실제로 포커 게임은 그만큼 더 어려워진 것이다.[24]

금융시장은 정해진 규칙이 없고 무한한 변주가 가능한 훨씬 더 역동적인 게임이지만 모부신 교수의 비유는 패시브 투자의 흐름이 꾸준히 강화되더라도 시장을 이기는 것이 왜 어려운지를 설득력 있게 설명한다. 평범한 펀드매니저들은 점점 투자업계에서 밀려나고 있다. 동시에 골프를 치면서 정보를 얻고 이를 바탕으로 투자하는 유명한 의사들과 치과 의사 같은 개인투자자들도 점점 더 줄어들면서 전문 펀드매니저들의 '스마트 머니smart money'로 이용할 수 있는 이런 어리숙한 사람들의 '덤 머니dumb money'가 월스트리트에서 빠져나가고 있다.

아마도 마이클 그린과 같은 사람들이 비난하는 왜곡된 효과의 요인이 있을지도 모른다. 하지만 대부분의 펀드매니저들도 투자 분야에서 전문가들의 평균적인 투자 역량과 교육 수준의 향상, 지속적인 개혁, 재교육 그리고 힘든 노력이 필요하다는 사실을 기꺼이 인정한다. '직감으로 종목을 사고 점심을 먹으러 가는' 과거의 좋은 시절은 지나갔다. 과거 투자업계에서는 단지 MBA나 공인회계사 자격증이 있다는 사실이 경쟁력이 될 때도 있었다. 기업의 분기 재무 보고서를 읽는 노력을 더하면 적어도 남들보다 앞설 가능성이 컸다. 하지만 요즘은 투자업계에 MBA나 공인회계사들이 넘쳐난다. 인간이 컴퓨터 스위치를 켜는 짧은 시간에 알고리즘은 이미 수천 개의 분기 재무 보고서들을 읽을 수 있다.

씨티그룹에 따르면 상장기업 한 곳의 공인회계사 수는 지난 20년 동안 4명에서 51명으로 증가했다. 최근에는 경제학 박사들도 파이선Python과 같은 프로그램 언어를 다루지 못하면 자산운용사에서 일자리를 보장받기 어렵다. 파이선은 신용카드 데이터, 위성 사진 그리고 소셜 미디어에 올라오는 수십억 개의 게시물을 지속적으로 긁어모아 만든 소비자 심리와 같은 방대한 디지털 데이터 세트를 분석할 수 있는 도구이다.

시장을 이기는 것이 불가능하지는 않다. 하지만 꾸준히 시장을 이기는 것은 과거보다 훨씬 더 힘들어졌다. 심지어 데이터 과학자, 프로그래머, 로켓 과학자 그리고 업계 최고의 금융 전문가들이 일하는 수십억 달러 규모의 거대한 헤지펀드도 수수료를 빼고 난 뒤 기준 지수의 성과를 초과 달성하는 데 어려움을 겪고 있다. 모부신의 포커 게임 비유를 빌리자면 테이블에 남아 있는 선수들은 최고일 뿐만 아니라 게임에 들어오는 새로운 선수들도 과거보다 훨씬 더 영리하고 계산적이며 이해하기 힘든 상대라는 것이다.◆

⌒

그 결과 인덱스펀드가 등장하면서 자산운용산업의 모든 면이 변하고 있다. 많은 자산관리사나 투자 상담사들은 더 이상 피델리티의 가장 최근 추천 종목이나 유명 펀드매니저들에게 돈을 투자하지 않는다. 대신 고객들이 여러 종류의 인덱스펀드에 투자하도록 한다. 취리히나 싱가포르의 민간 은행들은 헤지펀드에 투자하는 대신 다양한 상장지수펀드를 이용한 분산된 포트폴리오를 구축하기 시작했다. 심지어 헤지펀드들도 점점 더 많은 상장지수펀드를 이용해 거래하고 있다.

이런 변화의 영향력은 엄청나다. 한때 굉장한 수익을 누렸던 자산운

◆ 데이터를 보면 이런 사실이 입증된다. 지속성 성과표 외에도 S&P 다우존스 지수는 얼마나 많은 뮤추얼펀드가 기준 지수의 성과를 앞섰는지에 대한 간략한 정보를 공개한다. 시장 상황과 상관없이 거의 매해 대다수 펀드매니저들이 기준 지수보다 저조한 실적을 보여준다. 시간이 지나면서 이 자료는 점점 더 암울해지고 있다. 2020년 6월을 기준으로 미국 펀드매니저들 가운데 15퍼센트만이 지난 10년 동안 누적 성과로 기준 지수를 가까스로 앞섰다. 채권의 성격에 따라 다르기는 하지만 채권시장도 비슷하다. 채권시장의 데이터는 신흥 시장 같은 보다 이질적이고 덜 효율적인 자산시장에 있는 펀드매니저들에게 조금 더 유리하다. 하지만 전반적으로 대부분의 펀드매니저들은 장기적으로 여전히 수수료를 제한 후의 패시브 투자보다 저조한 실적을 기록하고 있다.

용업계의 이익이 줄어들고 있다. 자산 운용이 여전히 수익성 높은 사업이지만 대세는 불리한 방향으로 흘러가고 있다. 수수료 인하 압력을 끊임없이 받고 있는 것이다. 불안감을 느끼고 뒤늦게 인덱스펀드 게임에 뛰어든 피델리티는 2018년에 사상 처음으로 수수료 없는 상장지수펀드를 출시했다. 피델리티가 수수료 없는 펀드를 출시하자 사람들은 적어도 지수를 추종하는 단순한 펀드의 경우 최종적으로 비용이 들지 않는 투자가 될 것이라는 점을 깨닫기 시작했고, 경쟁 펀드 운용사의 주가가 타격을 받았다.

2019년에 스테이트스트리트글로벌어드바이저의 대표인 사이러스 타라포레발라Cyrus Taraporevala는 한 모임에서 자산업계가 "한쪽은 실망과 끔찍한 절망으로 이어지고, 다른 한쪽은 완전한 소멸로 향하는" 갈림길에 서 있다고 농담조로 말했다.[25] 웃자고 한 말이었지만 그의 발언은 투자업계에 널리 퍼진 비관론을 암시했다. 상장된 자산운용사의 주식은 지난 10년 이상 미국 전체 주식시장의 성과보다 저조했다. 단지 블랙록만 유일한 예외였다.

이런 움직임 때문에 거래를 활성화하고, 경제적 연구 성과를 만들어내고, 다른 서비스를 제공함으로써 투자산업에 도움을 주는 전체 금융산업의 재편이 시작됐다. 책을 쓰기 위해 1년간 월스트리트를 연구한 소설가 게리 슈테인가르트Gary Shteyngart는 나중에 금융산업은 작은 음식물 찌꺼기를 얻으려고 더 큰 맹수의 이빨을 청소해주는 '공생 동물'과 유사하다고 말했다. "포트폴리오 매니저를 제외한 뉴욕의 모든 사람은 작은 공생 동물입니다. 그들의 생존은 더 큰 동물의 건강 상태에 달려 있죠. 큰 동물이 소멸하면 전체 생태계도 사라집니다."라고 말했다.[26] 이 말이 소설가의 예술적 과장처럼 보일 수도 있지만 적어도 금융산업에 관해서는 어느 정도 진실성을 담고 있다.

고객들이 빠르게 변화하는 가운데 투자은행, 증권거래소, 법률회사, 회계사 그리고 증권사들도 고객과 함께 변할 수밖에 없다. 이런 변화는 상장지수펀드를 분석하는 전담 팀을 구성하는 금융조사부의 설립부터 시장의 새로운 추세 반영을 위해 거래 담당자들에 대한 재교육에 이르기까지 다양하다. 거대한 상장지수펀드의 등장은 회사채의 움직임에도 영향을 미치고 있다. 인수합병 부서의 은행원들은 뱅가드와 블랙록이 어떤 기업의 지분을 대규모로 사들여 경영권에 영향력을 미치는지를 생각해야 한다. 동시에 기업을 상장하거나 채권 발행을 담당하는 주식과 채권 부서의 직원들은 발행된 주식과 채권이 모두 중요한 대형 지수에 확실하게 편입되도록 하는 방법에 관해 생각해야만 한다.

하지만 궁극적으로 인덱스펀드 혁명이 미치는 영향력은 금융산업의 경계를 훨씬 더 뛰어넘을 것이다. 인덱스펀드 업계의 몇몇 사람들이 마지못해 타당하다고 인정하는 가장 중요한 논란은 패시브 투자가 전 세계의 수많은 상장기업들의 주요 주주로서 어떻게 영향력을 미치고 있는가이다. 이 문제는 파크랜드 총격 사건이라는 지극히 미국적인 비극 이후에 총기 제조 기업에 투자하지 않겠다는 인덱스펀드 업계의 움직임에서 생생하게 드러났다.

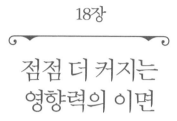

18장

점점 더 커지는
영향력의 이면

2018년 2월 14일 일요일 오후, 니콜라스 크루즈Nikolas Cruz가 우버 택시를 타고 파크랜드에 있는, 자신이 전에 다녔던 학교 앞에 내렸다. 마른 체격의 열아홉 살 청년은 계단을 올라 매저리스톤먼더글러스고등학교Marjory Stoneman Douglas High School로 들어갔다. 그리고 배낭 속에 숨겨두었던 AR15 반자동 소총을 꺼내 장전한 뒤 학생들을 향해 발사하기 시작했다.

크루즈는 불과 6분 만에 17명을 사살했다. 몰상식하고 잔혹한 대학살은 미국 사회에 총기 논란을 다시금 불러일으켰다. 진보주의자들은 더 엄격한 규제를 요구했고, 보수주의자들은 성급하게 행동할 때가 아니라 추모와 기도를 할 시간이라고 주장하며 예측 가능한 뻔한 방식으로 대응했다.

하지만 사상 처음으로 인덱스펀드가 이 비극에 휘말렸다. 총기 반대 운동가들은 가장 큰 총기 제조사의 대주주 가운데 인덱스펀드가 포함돼 있다는 사실에 주목했다. 대학살에서 살아남은 데이비드 호그David Hogg는 사람들에게 블랙록과 뱅가드의 인덱스펀드에 가입하지 말라고 촉구했다.[1] 인덱스펀드에 총기 제조사의 주식을 편입하고 있는 블랙록과 뱅가드의 관점에서 보면 이것은 매우 곤란한 상황이었다. 경영진의 개인적 생각과는 상관없이 블랙록과 뱅가드는 펀드가 추종하는 지수에 총기 제조사들이 편입돼 있는 한 총기 제조사의 주식을 매도할 수 없기 때문이다.

뱅가드와 블랙록은 총기 제조사와 만나 총기 확산으로 야기되는 위험을 완화하고 파크랜드 총기 난사 사건과 같은 비극을 방지할 대책을 요구하겠다고 약속했다. 뱅가드와 블랙록은 또 총기 제조사의 주식을 제외하는 인덱스펀드를 제공하기로 했다. 블랙록은 성명서에서 "민간 총기 제조업체와 판매점을 위해서는 책임 있는 정책과 관행이 장기적인 관점에서 매우 중요합니다. 그 어느 때보다 지금이 그렇습니다."라고 말했다.[2]

인덱스펀드 산업 전반에 걸쳐 총기 난사 사건은 무엇을 해야 하고 무엇을 할 수 있는지에 관해 조용한 논쟁을 불러일으켰다. 경찰이 총기 난사에서 살아남은 학생들과 선생님들을 파크랜드 고등학교 밖으로 대피시키는 암울한 뉴스를 본 후에 존 보글은 더 이상의 학살을 막기 위해 보다 적극적 태도와 구체적 행동을 호소하는 공개서한을 총기 제조사에 보냈다. 그는 "총기 사고가 났을 때 선생님들이 아이들과 함께 허둥지둥 학교를 빠져나가는 모습을 차마 볼 수 없었어요. 앞으로도 이런 상황이 발생하면 똑같은 일이 반복될 것입니다."라고 애절하게 말했다. 보글은 이런 일을 방지하기 위해서는 인덱스펀드 회사가 아니라 정치인들이 실질적이고 구체적인 대책을 내놓아야 한다고 결론지었다.

현실적으로 인덱스펀드는 총기 제조사의 주식을 팔 수 없고 총기 제조사들이 총을 만들지 못하게 할 수도 없다. 따라서 그들이 할 수 있는 일이라곤 손을 부들부들 떨면서 분노하는 것이 전부였다. 하지만 파크랜드 고등학교의 비극과 그 여파는 점점 커지는 인덱스펀드 업계 빅3의 영향력과 규모가 어떻게 주목받기 시작했는지를 잘 보여주었다. 그리고 이 거대한 인덱스펀드 회사들이 전 세계 기업에 대해 언제, 어떻게, 왜 막강한 영향력을 행사하게 될지가 앞으로 중요한 쟁점이 될 것이라는 사실도 보여주었다.

블랙록의 한 전직 임원은 "파크랜드 총기 난사 사건은 흥미로운 사례였습니다. 블랙록 같은 회사에는 상당히 까다로운 문제였죠."라고 말했다. "인덱스펀드 회사들이 도덕적인 성명을 발표하고 총기 제조사의 주식을 매도해 추적 오차를 발생시키려고 할까요? 결국 우리는 단지 총기 제조사를 제외한 별도의 펀드를 제공했습니다. 하지만 기업들이 어떻게 운영되어야 하는지를 블랙록이 더 많이 공개적으로 이야기할수록 '그 회사가 지수에 편입돼 있어 어쩔 도리가 없습니다.'라는 변명은 더 이상 통하지 않을 것입니다." 이것은 상당한 변화이다. 초기에 비판론자들은 투자자들이 인덱스펀드의 '평범한 성과'를 받아들여서는 안 된다고 강조했다. 하지만 이런 비판은 결국 인덱스펀드의 실적이 더 좋았다는 확고한 데이터 때문에 슬그머니 사라졌다. 인덱스펀드가 시장에 더 큰 거품을 만들고 위험에 취약하게 만든다는 증거는 확실하지 않다. 최근에 일어난 강력한 비판은 점점 더 커지는 패시브 투자의 영향력이 기업의 지배구조에 갖는 의미와 인덱스펀드 산업의 과점 현상이 지닌 의미에 집중되고 있다.

'기업 지배구조'라는 용어는 괴짜 변호사들만 관심을 가질 법한 재미없는 특수 분야처럼 보일 수도 있다. 하지만 기업 지배구조는 매우 중요하다. 기업들은 현대 세계에서 엄청난 영향력을 행사하고 있고 블랙록,

뱅가드 그리고 스테이트스트리트의 인덱스펀드가 기업의 대주주인 경우가 많다. 주주 권한을 행사하지 않는 결정에도 결과가 따르기 때문에 기업 지배구조는 인덱스펀드 회사들이 회피할 수 있는 문제가 아니다.

보글은 황혼기에 인덱스 투자 분야에서 규모의 경제가 가져온 불가피한 결과에 점점 더 불안감을 느꼈다. 그래서 공고한 독과점 추세가 계속된다면 결과적으로 극소수의 회사가 미국의 모든 상장기업에 대한 투표권을 행사하게 될 것이라고 지적했다.

보글은 사망하기 직전에 "공공정책은 점점 더 커지는 인덱스펀드 사업들의 지배력을 무시할 수 없습니다. 그리고 당국은 금융시장, 기업 지배구조 그리고 규제에 미치는 영향력도 고려해야 합니다. 앞으로는 이런 것들이 중요한 문제가 될 것입니다. 나는 영향력이 집중되는 현상이 국익에 도움이 되리라 생각하지 않습니다."[3]

⌒

폴 싱어는 백발에 수염을 기르고 안경을 쓴 날씬한 70대 노인이다. 현재는 무시무시한 헤지펀드 사냥꾼으로 알려졌지만 그의 외모는 과거 변호사로 일했을 때의 모습과 비슷하다. 그의 회사인 엘리엇매니지먼트는 아르헨티나가 2001년에 채무 불이행을 선언한 후에 전 세계 법원을 통해 성공적으로 아르헨티나에 대한 채권 추심을 진행했고 결국 24억 달러를 받아냈다. 2017년에 그는 투자자들에게 패시브 투자를 신랄하게 비판하는 편지를 썼다.

그의 선동적 편지의 요점은 지난 수십 년간 기업의 책임감이 감소해왔고 인덱스펀드의 성장이 이를 더욱 부채질했다는 것이다.[4] 투자 면에서 인덱스펀드의 장점이 무엇이든 싱어는 인덱스펀드가 게으르고 무관심한 주주들을 양산해 기업의 나태와 낭비를 조장하고 결국에는 경제 전반의 역동성을 빼앗아 갈 것이라고 주장했다.

그는 "점점 더 많은 투자 자금이 연구, 가치 평가, 기업의 지배구조, 경영진의 수준 그리고 장기 전망에 대한 평가와 무관하게 운용되고 있습니다. 그 대신 지수를 만든 회사와 그 상품을 운용하는 회사에 맡겨지고 있지요. 이런 추세는 자본주의에 어떤 의미가 있을까요? 과연 이것이 성장인가요, 혁신인가요?"라고 반어적으로 물었다. ◆

역사적으로 많은 투자기관이 기업 지배구조를 둘러싼 힘들면서 재미없고 따분한 업무를 의결권 대리행사 자문proxy advisor기관으로 알려진 소수의 컨설팅 기업에 맡겨왔다. 현재까지는 글라스루이스Glass Lewis와 인스티튜셔널셰어홀더서비스Institutional Shareholder Services가 가장 큰 의결권 대리행사 자문업체이다. 이 두 회사가 의결권 대리행사에 관한 자문 시장을 장악하고 있고 기업의 의사 결정과 금융시장의 교차점에서 조용한 영향력을 행사하고 있다.

글라스루이스는 해마다 세계 100개 국가 이상에서 2만 5천 회 이상의 연례 주주 총회에 참석하고 있다. 인스티튜셔널셰어홀더서비스는 115개 국가에서 열리는 4만 4천 번의 회의에 대리인으로 참석하고 있다고 자랑

◆ 편지에서 패시브 투자에 관해 이야기한 부분은 핑크 플로이드Pink Floyd의 노래와 같은 "편안한 마비Comfortably Numb"라는 제목이 붙어 있다. 싱어는 너무 많은 투자자가 현재 이런 투자 방법을 받아들이고 있다고 주장했다.

한다. 이 두 회사는 모두 합쳐 수십조 원의 자산 가치를 가진 수천 개의 투자기관과 단체에 조언하고 그들을 대신해 수백만 표의 의결권을 행사한다.

많은 기업 임원들이 의결권 자문회사들의 틀에 박힌 접근 방식에 분노를 표한다. 그들에게 의존하는 것을 투자자의 책임을 포기하는 것으로 생각하기 때문이다. 이것은 부분적으로 자기 잇속을 챙기는 것이다. 예를 들면 그들은 보상에 대한 의결권 대리행사 자문회사의 견해를 싫어한다. 하지만 여기에도 어느 정도 진실한 측면이 있다. 대부분의 투자기관이나 단체들은 그들이 주식을 보유하고 있는 수백 또는 수천 개의 회사에서 벌어지는 수많은 일상적 문제를 처리해야 하는 번거로움을 싫어한다. 인스티튜셔널셰어홀더서비스와 글라스루이스의 존재 이유는 투자자들이 이런 골칫거리에서 벗어나도록 하는 것이다.

액티브 펀드매니저들도 의결권 대리행사 자문기관을 이용하고 있다. 하지만 이들은 기업의 방향이 맘에 들지 않으면 언제든 주식을 매도할 수 있는 선택권이 있다. 반면 인덱스펀드는 그냥 버티는 경향이 강하다. 패시브 운용자들은 당장 내일 사라질지도 모르는 단기 액티브 펀드매니저들보다 사실상 영구 자본으로서 변화를 촉구하는 능력과 의지가 있다고 반박한다. 뱅가드의 최고경영자인 빌 맥나브는 "우리는 여러분이 분기 수익 목표를 달성할 때도 혹은 실패할 때도 주식을 보유하고 있을 것입니다. 뱅가드가 여러분의 회사를 좋아하면 주식을 팔지 않을 것입니다. 그렇지 않아도 계속 가지고 있을 것입니다. 다른 모든 투자자가 주식을 사려고 몰려들 때도 그리고 주식을 팔 때도 우리는 흔들림 없이 주식을 장기 보유할 것입니다."라고 2015년의 한 연설에서 말했다.[5] "다시 말해 우리는 거대하고, 소란을 피우지 않고, 장기 투자에 집중합니다. 이것이 정확하게 우리가 훌륭한 지배구조에 관심을 갖는 이유입니다."

그렇다고 해도 패시브 펀드들이 수동적 주인이라는 비판에 자존심이 상한 거대 인덱스펀드 운용사들은 생각을 바꾸고 있다. 스테이트스트리트, 블랙록 그리고 뱅가드는 기업 지배구조에 관한 따분한 업무, 즉 일상적인 결정, 감사 보고서 승인 등은 계속 의결권 대리행사 자문회사에 위임할 계획이지만 최근에 대규모 스튜어드십stewardship(기관투자자들을 위한 의결권 행사 지침-옮긴이) 팀을 구성했다. 이들은 자신들의 펀드가 투자하는 모든 기업을 감시하고 이사회에 더 자주 그리고 더 철저하게 참여해 연례 주총에서 자동 거수기처럼 투표하지 않으려고 노력한다. 래리 핑크는 2018년에 기업 임원들에게 보낸 연례 서한에서 "인덱스펀드 투자의 성장은 우리에게 더 높은 수준의 새로운 스튜어드십을 요구하고 있습니다."라고 인정했다.[6]

싱어는 이것이 치부를 감추는 것보다 조금 더 낫다고 생각했다. 그는 이런 스튜어드십 팀의 전문성에 의문을 제기하는 것은 아니라고 강조하면서 이들의 노력 때문에 대체로 기업의 지배구조가 약간 개선됐을 것이라는 점을 인정했다. 예를 들면 재무학 교수인 이안 애펠Ian Appel, 토드 곰리Todd Gormley 그리고 도널드 케임Donald Keim은 실제로 기업에 대한 인덱스펀드의 지분이 증가하면서 더 독립적인 이사회가 구성되고 있다는 사실을 발견했다.[7] 하지만 싱어는 인덱스펀드 사업자들의 스튜어드십 팀은 규모가 너무 작아서 수천 개의 회사와 그들의 지배구조에서 갑자기 발생하는 수많은 중요 문제에 관해 적절한 판단을 요구하는 종합적이고 세밀한 업무를 제대로 수행할 수 없다고 주장했다.[8]

그렇기는 하지만 최근에 금융계에서 떠오르는 ESG(환경·사회·지배구조) 경영과 관련한 분야에서 실질적인 변화가 일어나고 있다. ESG 원칙의 수용은 현재 금융계에서 가장 중요한 흐름 가운데 하나이다. ESG 원칙을 지키지 못하는 기업에 대해서는 투자를 피하기도 하고, 그런 기업들을 올바른 방향으로 유도하기도 한다.

패시브 투자자들은 주식을 매도할 수 없지만, 개별 이사의 재선임이나 보상 계획에 반대투표를 하는 것부터 은밀한 로비에 이르기까지 많은 무기가 있다. ESG 경영을 사람들의 관심을 끌거나 친환경으로 홍보하기 위한 것으로 치부할 수도 있지만 미묘하고 실질적인 변화가 실제 일어나고 있다는 징후는 무수히 많다.

⌒⌒⌒

매년 8월에 핑크는 여러 친구와 동료들을 데리고 알래스카 남서부에 있는 일리암나Iliamna호수 근처 야영장으로 3일간 낚시 여행을 떠난다. 낚시 여행은 핑크에게 매우 중요한 휴가이다. 알래스카 여행은 함께 초대받은 기업계 다른 거물들과 반갑게 만나는 기회일 뿐만 아니라 송어나 사루기 같은 물고기를 잡으며 보내는 휴식 시간이기도 하다. 하지만 2019년의 낚시 여행은 전 세계 기업들에 잠재적으로 광범위한 영향을 미치는 행사로 바뀌었다.

2019년에 알래스카는 역사상 가장 무더운 7월 날씨를 기록했고 주 전역에 걸쳐 거대한 재앙에 가까운 산불이 발생해 많은 농촌 지역이 연기로 뒤덮였다.[9] 얼마 후에 핑크는 아내 로리를 아프리카 보츠와나Botswana의 오카방고 삼각주Okavango Delta로 데리고 갔다. 오카방고 삼각주는 칼라하리 Kalahari사막 한가운데 있는 수풀이 우거진 오아시스이다. 보통은 습한 지역이었지만 그해에는 극심한 고온으로 삼각주가 바짝 말랐고 코끼리와 다른 동물들이 떼죽음을 당했다.

핑크는 오랫동안 인간이 초래한 기후 변화의 영향을 걱정해왔다. 하지만 알래스카와 보츠와나 지역을 여행하고 나서는 기후 변화가 즉각적이고 긴급하게 대응해야 할 위기임을 뼈저리게 느꼈다. 여러 해 고심한 끝에 핑크는 마침내 블랙록이 가진 힘을 총동원해 기후 변화에 대응하기로 결심했다.

2020년에 블랙록이 투자하고 있는 기업들의 임원들에게 보낸 핑크의 편지는 폭탄선언과 같았다. 블랙록은 지속가능성에 초점을 맞춘 상장지수펀드를 150개로 2배 늘리고 블랙록이 운용하는 모든 액티브 펀드에서 석탄회사들을 제외할 것이라고 말했다. 그리고 지속가능성에 대해 엄격하고 표준화된 보고서를 발행하라고 기업에 요구했다. 또 지속가능성을 신용 위험과 유동성 위험 같은 전통적 기준처럼 엄격하게 평가하겠다고 공언했다.

간단히 말하면 핑크는 기후 변화가 가져온 위험들이 너무 커서 투자 위험 요소로 생각하게 됐고 신탁기관으로서 블랙록이 강하게 행동할 수밖에 없다고 주장했다. 핑크는 "나는 우리가 금융에 대한 근본적 개편의 초입에 있다고 믿습니다."라고 편지에 썼다.[10] "모든 정부, 기업 그리고 주주들은 기후 변화에 정면 대응해야 합니다." 그리고 기업의 이사회가 이런 메시지를 이해하지 못할 경우를 대비해 편지에 명백한 경고도 넣었다. "우리는 기업들이 지속가능성과 연관된 정보 공개, 기업 관행 그리고 사업 계획에 관해 충분한 발전을 이루지 못하면 점진적으로 경영진과 이사들에 반대하는 투표를 할 생각입니다."

블랙록의 이런 변화에는 다른 이유가 있다고 일부 냉소주의자들은 말한다. 이것은 블랙록이 ESG 문제를 심각하게 받아들이지 않는다는 이유로 1조 6천억 달러에 달하는 일본의 거대한 공적연금투자펀드Government Pension Investment Fund로부터 투자 위임을 받지 못한 일 때문이라는 것이다.[11] 전 세계 많은 거대 기관투자자들이 점점 더 ESG를 강조하고 있다는 것은 두말할 필요가 없다. 그래서 지속가능성을 기업이 추구해야 하는 새로운 가치로 받아들이는 블랙록으로서는 도덕적 의무와 별개로 사업적으로도 확실히 의미 있는 일이었다. 핑크의 친구들은 2019년에 알래스카와 보츠와나에서 경험한 일들이 그를 변하게 했고 블랙록의 새로운 십자군 운동을 불러일으켰다고 반박했다.

그러나 이런 변화에는 잠재적 위험이 따른다. ESG 문제가 아무리 가치 있고 중요하더라도 이 문제는 불가피하게 인덱스펀드 사업자들을 정치적으로 논란이 되는 영역으로 끌어들인다. 향후 패시브 투자 시대에서 가장 중대한 도전 과제는 패시브와 액티브 투자 사이에 균형을 유지하는 것이다. 특히 정치적 양극화와 문화적 양극화가 심각한 시대에는 더욱 중요한 문제가 될 것이다.

인덱스펀드 회사의 경우 이해가 상충하는 다수의 공격은 좌절감을 안겨준다. 블랙록의 전 공공정책 책임자인 바버라 노빅은 인덱스펀드 회사들이 직면한 어려움을 골디락스 딜레마goldilocks dilemma(영국 동화《골디락스와 세 마리 곰》에서 유래된 표현으로 지나치지도 않고 모자라지도 않은 균형 상태를 말함-옮긴이)라고 설명했다. 그녀는 2019년에 기업 지배구조에 관한 하버드 원탁회의Harvard roundtable에서 "자산운용회사들이 기업에 충분한 영향력을 미치고 있는가? 지나치게 개입하고 있는가? 아니면 적절하게 영향력을 행사하고 있는가?"라고 질문했다.[12]

도덕적이고 정의로운 척하는 핑크의 태도에 화가 난 일부 경영진과 경쟁사들은 이미 블랙록에 대한 반발 조짐을 보이고 있다. 유명한 부동산 억만장자인 샘 젤Sam Zell은 2018년에 "나는 래리 핑크가 신이 되었다는 것을 몰랐습니다."라고 불만을 터트렸다.[13] 하지만 이런 불평은 2020년 기후 변화 편지에 대한 반응에 비하면 아무것도 아니다. 몇몇 사람들은 핑크의 기후 변화 편지를 다른 투자자들을 대신해 운용하는 돈으로 공공 정책 분야에서 영향력을 행사하는 것이라고 비난했다.

주주지분동맹Shareholder Equity Alliance이라는 단체의 산하 조직인 일단의 보수적인 미국 기업 지도자들은 공개서한을 통해 핑크가 투자자들의 돈으로 정치를 하고 있다고 주장하면서 공격했다. 그들은 편지에서 "공허하고 실체가 없는 지속가능성 노선을 따르라고 기업들을 협박하는 것이나 이를 받아들일 수 없는 기업들을 파산하게 만드는 것이나 그 결과는 똑같습니다. 즉 공공연하게 이념적이고 법 밖에 있는 규제 체제를 만드는 것입니다."라고 주장했다.[14]

핑크는 이들과 정치적으로 반대 견해를 가진 사람들에게도 맹렬한 공격을 받았다. 그들은 블랙록이 기후 변화 위기를 피하기 위해 충분한 역할을 하지 않는다고 주장했다. 이는 우리 시대의 가장 큰 주제 가운데 하나를 집중 공격받은 중요한 사례이다. 앨 고어Al Gore까지 공격에 나섰다. 미국 전 부통령인 앨 고어는 한때 "거대한 패시브 펀드 운용사들은 정말 힘든 결정을 해야만 한다고 생각합니다. 그들은 인간의 문명을 파괴하는 일에 계속 자금을 지원하고 싶은가요, 아니면 그렇지 않은가요?"라고 물었다.[15] "패시브 투자 방식은 액티브 펀드 운용사들이 활용할 수 있는 전략 가운데 일부를 실행하는 것이 어렵다는 것을 잘 알고 있습니다. 패시브 펀드 회사들은 노력하고 있습니다. 하지만 아직 성공하지 못했죠."

핑크는 2020년 기후 변화에 대한 편지 이후 진보와 보수 양측에서 쏟아진 비난이 달갑지 않았다고 인정했다. 하지만 그는 그것이 옳은 일이었고 투자자들의 돈을 관리하는 회사로서 블랙록의 역할을 온전히 수행하기 위한 것이라고 주장했다. "우리는 장기 목적에 집중해야 합니다. 그것은 고객이 맡긴 돈의 수탁자로서 옳은 일을 하는 것입니다."라고 말했다. "그리고 우리가 할 일은 고객들이 기후 변화의 영향력을 이해하도록 돕는 것입니다." 여기에 더해 그는 블랙록이 지속적인 성장을 보여주는 만큼 투자자들이 전반적으로 동의하는 것 같다고 주장했다. 그는 "내가 보수와 진보로부터 공격당하고 있다는 점에서 우리는 옳은 일을 하는 것입니다. 투자자들은 우리에게 더 많은 자금을 맡기고 있습니다. 우리의 목소리는 과거 어느 때보다 중요해지고 있습니다."라고 말했다.

투자업계에서 종종 양심의 목소리로 존경받는 워런 버핏조차 ESG 경영을 강요하는 것을 좋아하지 않는다는 사실은 주목할 만하다. 그는 많은 주주가 실질적으로 '좋은 일을 하는 것'보다 '수익을 내는 일'에 집중하는 것을 더 좋아한다고 지적하면서 궁극적으로 진정한 변화는 민주적 정당성과 함께해야 한다고 주장했다.[16] 실제로 몇몇 정부는 거대 투자 기업들이 잠재적으로 자본주의의 역동성에 미치는 부정적 영향력을 예의 주시하고 있다.

2018년 12월 8일에 뉴욕대학교 법학전문대학원의 밴더빌트 홀Vanderbilt Hall에 있는 애노다인 그린버그 라운지The Anodyne Greenberg Lounge에 투자자, 규제 당국자 그리고 경제학자들이 모였다. 이곳은 논쟁적인 회의를 개최하기에 적합한 곳은 아니었다. 하지만 연방무역위원회Federal Trade Commission가 준비한 이곳 청문회에서 오랫동안 인덱스펀드 업계를 괴롭히는 가장 논란이 많은 이론 가운데 하나인 공동소유권common ownership에 대한 논쟁이 벌어졌다.

공동소유권 이론은 기업들이 자신들의 최대 주주가 경쟁 기업의 대규모 지분을 가지고 있다는 사실을 알게 되면 새로운 상품이나 서비스에 투자하지 않거나 가격 경쟁을 할 동기가 적어진다는 것이다. 이것은 기업들이 비밀스러운 방에서 만들어진 반反경쟁적 거래를 공공연하게 한다는 말이 아니다. 상호 지분을 많이 보유하면 이것이 간접적으로 그리고 심리적으로 기업들의 경쟁심을 약화하는 방향으로 영향을 미친다는 의미이다. 공동소유권 이론은 뮤추얼펀드 같은 대규모 공동 투자상품에 적용되지만 사실상 과점 체제인 인덱스펀드 업계에서 블랙록, 뱅가드 그리고 스테이트스트리트와 연관돼 있다. 세 회사는 그들의 지분을 합치면 S&P500에 속한 기업들 가운데 80퍼센트 이상의 기업에서 최대 주주가 된다.

기본 이론은 1984년에 훌리오 로템버그Julio Rotemberg라는 경제학자가 제안했지만 2014년에 경제학자 3명이 쓴 〈공동소유의 반경쟁적 효과〉Anti-competitive Effects of Common Ownership라는 충격적인 제목의 논문으로 주목받왔다.[17] 호세 아자르Jose Azar, 이사벨 테쿠Isabel Tecu 그리고 마틴 슈말츠Martin Schmalz는 항공업계의 자료 분석을 통해 블랙록, 스테이트스트리트, 뱅가드 그리고 버크셔해서웨이 같은 회사들이 중복해서 가진 지분이 항공 노선에 영향을 미치기 때문에 항공권 가격이 원래보다 더 비싸졌다는 증거를 발견했다. 이 회사들은 그 당시 아메리칸항공, 델타항공, 사우스웨스트항공 그리고 유나이티드항공의 지분을 많이 소유하고 있었다.

이들의 논문은 항공산업을 넘어 더 광범위한 분야에까지 영향력을 미쳤다. 혹시 공동소유가 현대 자본주의의 초석이 되는 '경쟁'을 전반적으로 약하게 만드는 것은 아닐까? 예를 들면 JP모건에 투자하는 한 액티브 투자자는 JP모건 은행이 경쟁 상대와 맞서 싸우도록 강력하게 촉구할지도 모른다. 하지만 모든 미국 은행의 주식을 가지고 있는 인덱스펀드들은 그렇게 하고 싶은 마음이 들지 않을 것이다.

초창기에 공동소유 이론은 대학교의 경제학자들로부터 터무니없는 생각이라고 무시당했다. 결과적으로 파산 가능성이 높은 것으로 악명이 높은 항공산업의 반경쟁 행위에 대한 빈약한 증거처럼 보였다. 억만장자 사업가인 리처드 브랜슨Richard Branson은 항공업계의 백만장자가 되는 가장 좋은 방법은 억만장자가 되어 항공산업에 투자하는 것이라고 농담했다. 하지만 공동소유 이론은 점점 주목받기 시작했다. 2017년에 이 문제를 다룬 〈인덱스펀드는 악마인가?〉Are Index Funds Evil?라는 도발적인 제목의 논문이 《애틀랜틱》잡지에 실렸다.[18]

2018년 말에 반독점 문제를 다루는 미국 정부 기구인 연방무역위원회는 공동소유권 문제에 관한 공개 청문회를 열었다. 변호사, 법학 교수, 호기심 많은 금융 기자 그리고 연방무역위원회와 증권거래위원회의 몇몇

위원들 외에 마틴 슈말츠가 공동 저자인 경제학자 3명의 견해를 발표하기 위해 청문회에 참석했다. 공동소유권 문제를 얼마나 심각하게 받아들이고 있는지를 보여주기 위해 블랙록의 바버라 노빅도 참석해 이들의 견해에 반대를 표명했다. 연방무역위원회의 위원인 노아 필립스Noah Phillips는 공개 청문회에서 "이번 토론회는 단지 학술적 논의를 하는 자리가 아닙니다."라고 강조했다.[19] "전 세계의 반독점 기구들은 지금 우리처럼 현 상황을 예의 주시하고 있고 공동소유 문제를 종합적으로 분석하고 있습니다."

블랙록, 뱅가드 그리고 미국 자산운용협회 같은 곳에서 의뢰한 다른 연구들은 공동 소유 효과의 증거에 관해 다른 결론을 내렸다. 어쨌든 거대 인덱스펀드 운용사들은 자신들이 거의 모든 기업에서 여전히 소수 주주에 불과하고 전체 경제에 대한 노출 규모를 고려할 때 자신들도 모든 반경쟁적 행위에 의해서 타격받을 것이라는 사실을 강조했다.

예를 들면 그들은 항공사들이 가격 전쟁을 자제하는 데서 이익을 얻을지도 모르지만, 이것이 항공 여행을 위축시키고 그들이 투자하는 호텔 사업에 악영향을 미칠지도 모른다는 것이다. 보글도 기업의 행위에 영향을 미치는 다른 수많은 영향력을 고려할 때 이것은 '터무니없는' 주장이라고 생각했다. 예컨대 임원에 대한 보상은 종종 기업의 주가 상승과 연계될 때가 많다. 그래서 뱅가드나 블랙록도 경쟁사 주식을 보유하고 있는 것과 상관없이 성과 보상을 통해 경영진이 주가를 높이는 일이라면 무엇이든 하게 만든다.

하지만 일부 반독점 관리들이 공동소유권 이론을 진지하게 받아들이기 시작했다는 징후도 있다. 유럽위원회가 2017년에 듀폰DuPont과 다우

케미컬Dow Chemical의 합병을 심사할 때 화학산업 전반에 걸친 높은 수준의 공동소유권이 고려의 대상이었다. 이런 기준은 합병에 대한 승인을 받기 위해 합병으로 탄생한 회사가 살충제 사업을 포기할 것을 요구했다.[20] 얼마 후에 유럽위원회에서 막강한 영향력을 행사하는 경쟁 담당 집행위원인 마르그레테 베스타게르Margrethe Vestager는 공동소유 문제를 신중하게 살펴보고 있다고 말했다.[21]

몇몇 법학자들은 이미 신중하게 살펴보는 단계를 넘어섰다며 구체적인 행동을 촉구했다. 반독점 문제를 전공하는 아이너 엘하우제Einer Elhauge 하버드대학교 법대 교수는 이 분야의 모든 역사적 기록을 검토한 2020년의 한 논문에서 "수평적 지분 보유(투자자가 한 산업 분야에 속한 여러 경쟁 회사의 지분을 보유하는 것-옮긴이)는 현재 반경쟁에 대한 가장 큰 위협이다. 이는 규제 당국이 아무런 조치도 취하지 않고 있기 때문이다. 반독점법을 제대로 집행하려면 적극적인 행동이 필요하다."라고 결론 내렸다.[22]

기업의 지배구조와 공동소유권을 둘러싼 토론은 더 깊고 심오하면서 훨씬 더 까다로운 문제의 부산물에 불과할지도 모른다. 이 문제에 관해 이해하려고 노력하는 모든 애널리스트와 학자들은 코끼리의 다른 부분을 만지면서 코끼리가 뱀이나 나무 같다고 말하는 우화 속의 시각장애인과 같을지도 모른다. 공동소유권 문제에서 코끼리는 바로 거대 지수 사업자들의 성장과 운용 자금의 규모이다. 무엇보다 이들의 영향력이 크다는 것이 가장 중요하고 다루기 어려운 문제이다.

이것은 사실상 모든 산업과 연관돼 있다. 특히 최근에는 거대 기술 기업들이 공격받고 있다. 하지만 인덱스펀드가 가진 가장 큰 특징은 바로 규모가 장점이라는 사실을 부인할 수 없다. 전통적인 액티브 펀드는 규모가 커지면서 실적이 위축되지만 인덱스펀드는 완전하게 상품화돼 있다. 그래서 펀드가 더 커질수록 펀드를 운용하는 비용은 더 저렴해진다. 규모가 커지면 비용이 더 낮아지고 그만큼 투자자들이 더 많이 유입된다. 규모가 더 큰 상장지수펀드는 일반적으로 더 활발하게 거래되고 더 많은 사람을 끌어들인다. 따라서 대형 펀드가 더 커지는 것은 인덱스펀드의 태생적 특성이다. 더불어 수조 달러를 가진 소수의 투자기관들이 전 세계 모든 기업의 문제에 관여할 가능성도 커진다.

이것은 하버드대학교 법대의 존 코츠John Coates 교수가 쓴 〈12명의 문제〉The Problem of Twelve라는 매우 흥미로운 제목의 논문 주제였다. 그는 이 논문에서 패시브 투자라는 '거대한 시대적 흐름mega trend'이 인덱스펀드 회사, 의결권 행사대행 자문회사 그리고 앞으로 계속 발전할 가능성이 큰 소수의 전통적 투자회사에서 일하는 10여 명의 사람에게 타의 추종을 불허하는 권력을 넘겨줄 우려가 있다고 주장했다.[23]

코츠 교수는 "법이 바뀌지 않는다면 지수화의 결과는 패시브 투자의 개념을 근본적으로 바꾸어놓고 우리 시대에 경제적 지배력이 소수에게 과도하게 집중되도록 만들 것입니다."라고 경고했다. "블랙록 등 막강한 영향력을 행사하는 거대한 인덱스 투자 관련 기업에 속한 12명이 경제 대부분을 통제할 수 있다는 생각은 1차적으로 정당성과 책임 문제를 불러일으킵니다. 이것은 미국에서 헌법에 대한 도전이 될지도 모르죠."

코츠 교수의 비판이 매우 신랄해 보일 수도 있다. 하지만 인덱스 투자가 탄생한 미국에서 이런 추세는 매우 확고하고 점점 더 빨라지고 있다. 지난 10년 동안 미국 투자산업계에 투입된 1달러 가운데 약 80센트는 뱅가드, 스테이트스트리트 그리고 블랙록으로 흘러 들어갔다. 그 결과 S&P500에 속한 기업에서 세 회사가 가진 지분의 합계는 지난 20년 동안 4배로 증가했다. 1988년에는 5퍼센트였지만 지금은 20퍼센트가 조금 넘는다.[24] 하버드대학교 법대의 루시안 벱척Lucian Bebchuck 교수와 보스턴대학교의 스콧 허스트Scott Hirst 교수의 연구에 따르면 모든 투자자가 실제로 연례 주주 총회에서 투표를 하는 것이 아니기 때문에 뱅가드, 블랙록 그리고 스테이트스트리트는 전체 주주 투표의 4분의 1가량을 차지한다.

벱척과 허스트 교수는 이런 추세가 계속될 경우 인덱스펀드 업계의 3대 회사가 향후 10년 안에 모든 주주 투표의 3분의 1을 차지할 것이고 20년 안에 그 비율이 41퍼센트에 이를 것으로 추정한다. 2019년 논문에서 두 교수는 "자이언트 3Giant Three(블랙록, 뱅가드, 스테이트스트리트 등 3대 인덱스펀드 회사-옮긴이) 시나리오에 따르면 이들 3개 회사는 사실상 지배 주주가 없는 거의 모든 미국 기업에서 주주 투표를 좌우할 것입니다."라고 주장했다.[25]

당연히 핑크는 이 주장이 터무니없다고 생각한다. 그는 블랙록과 두 경쟁사의 거대한 규모에도 불구하고 자산 운용은 다른 많은 산업보다 덜 집중화돼 있다고 주장한다. 더구나 3개 회사의 규모가 기업의 지배구조에 부정적인 영향을 미치거나 지나친 영향력을 미친다는 사회적 합의가 있다면, 그는 각각의 연구팀과 스튜어드십 팀을 가진 별도의 더 작고 독립적인 법인으로 소유권을 나눔으로써 문제를 해결할 수 있다고 반박했다. 이것은 비용이 많이 들고 복잡하겠지만 추진할 수 없을 정도로 복잡한 것은 아니다. 핑크는 "사회가 이것을 큰 문제가 되리라 믿는다면 충분히 해결할 수 있습니다. 그리고 우리는 여전히 투명성과 편리함 그리고 저렴한 가격을 제공할 수 있습니다."라고 말했다.

그럼에도 불구하고 이것은 말년에 보글을 괴롭힌 문제의 핵심이었다. 인덱스펀드의 성공과 규모에 대한 일시적인 사회적 비용이 투자자들에게 주어진 실질적이고 측정할 수 있는 혜택을 넘어서는 시점이 언제가 될 것인가? 인덱스펀드가 수백만 명의 사람들에게 가져다준 혜택을 보존하면서 부정적 결과를 개선하기 위해 할 수 있는 일은 무엇일까?

보글은 2019년 1월 사망하기 전 마지막 인터뷰에서 "인덱스펀드 산업이 얼마나 성장할 수 있는지 그리고 어떤 잠재적 문제가 있는지 알아보는 일은 매우 어렵습니다. 하지만 이는 우리가 해결해야 할 과제입니다."라고 말했다.[26] "우리는 이 문제를 외면할 수 없습니다. 하지만 이를 해결하기 위해 금융 역사상 가장 위대한 발명을 파괴해서는 안 됩니다."

맺음말

2세기 반 전에 암스테르담은 세계 상업의 중심지였다. 하지만 부유한 상인의 상당수가 세계 최초의 금융위기로 인해 휘청거렸다. 영국 동인도회사의 주식이 폭락하면서 여러 은행의 파산, 정부의 구제금융 그리고 국유화로 이어졌다. 동인도회사의 금융위기 여파는 유럽 대륙의 초기 형태의 시장으로 퍼져나갔다. 잘 알려지지 않은 네덜란드의 상인이자 주식 중개인은 여기서 영감을 받아 시대를 앞선 아이디어를 떠올렸다.

1774년에 아브라함 폰 케트위치Abraham von Ketwich는 '엔드라그트마크트마그트Eendragt Maakt Magt'(네덜란드어로 '단결하면 힘이 강해진다'라는 뜻-옮긴이)라는 새로운 공동 투자신탁을 만들었다. 엔드라그트마크트마그트는 개별 투자자들에게 500길더를 받고 주식 2천 주를 팔았다. 그리고 다양하게 분산된 50개의 채권 포트폴리오에 이 자금을 투자했다. 포트폴리오는 농장 대출, 스페인이나 덴마크의 유료 도로 요금에 의해 보증받는 채권에서부터 유럽 정부의 채권에 이르기까지 10개의 다양한 분야로 분산돼 있었다. 그 당시 채권은 종이나 염소 가죽 위에 글을 쓴 물리적 증서였고 3개의 자물쇠로 잠긴 단단한 철로 만들어진 상자에 보관됐다. 엔드라그트마크트마그트 공동 투자신탁 이사회와 독립적인 공증인이 이 보관 상자를 열 수 있었다. 채권의 목표는 연간 4퍼센트의 배당금을 지급하고 25년 후에 최종 수익을 분배하는 것이었다. 다양한 분야에 분산 투자된 포트폴리오 구성이 투자자들을 보호해줄 것으로 기대했다.[1]

나중에 알려진 것처럼 1780년의 영국-네덜란드 전쟁과 1795년 나폴레옹의 네덜란드 침공으로 엔드라그트마크트마그트 투자신탁은 큰 피해를 봤다. 연간 배당금은 지급되지 않았다. 투자자들은 주당 561길더를 받기는 했지만 1824년까지 돈을 돌려받지 못했다. 그럼에도 불구하고 엔드라그트마크트마그트 투자신탁은 대영제국에서 투자신탁과 오늘날 우리가 알고 있는 뮤추얼펀드 탄생에 영감을 준 매우 탁월한 발명이었다. 그리고 최소한의 거래와 다양한 접근 방식, 연간 0.2퍼센트를 부과하는 저렴한 수수료를 고려할 때 오늘날 인덱스펀드의 궁극적인 지적 조상이라고 할 수 있다.

18세기 암스테르담에 대한 역사적 고찰은 이상해 보일 수도 있다. 하지만 엔드라그트마크트마그트는 금융산업이 어떻게 지속적으로 발전하고 있는지 그리고 금융 분야에서 많은 중요한 발명을 어떻게 간과하는지를 잘 보여준다. 불운한 인덱스펀드도 처음에는 이와 비슷했다. 물리학자인 닐스 보어Niels Bohr는 미래에 대한 예측이 어렵다고 말했다. 하지만 우리는 미래 세계 투자산업의 지형이 어떻게 될 것인지 엿보고 그것이 시장에 어떤 의미가 있는지 추정하기 시작했다. 큰 이변이 없다면 한 세대 안에 전 세계 투자산업에 유입된 자금 대부분이 인덱스펀드나 일종의 인덱스 전략 상품에 투자될 것이다.

금융시장이 언제나 대중에게 인기 있는 곳은 아니다. 그리고 종종 신비하거나 변덕스럽고 심지어 잘 모르는 사람들에게는 위험해 보일지도 모른다. 하지만 금융시장은 현대 자본주의 체제의 근간이다. 이런 거대한 변화는 다양한 측면에서 세계 경제에 중대한 영향을 미칠 것이다. 독자들은 인덱스펀드의 시대가 중요하다고 생각하지 않을 수도 있다. 하지만 이제야 그 영향력을 이해하기 시작했다는 점에서 인덱스펀드는 여러 측면에서 상당히 중요하다. 인덱스펀드는 금융산업의 역사를 관통하는 가장 중요한 변화 가운데 하나이고, 궁극적으로 자본주의 자체를 재편하는 데 도움이 될 수 있다.

하지만 이 책의 마지막 몇 개의 장에서 언급한 잠재적인 부작용에 대한 설명에도 불구하고 보글이 주장한 핵심을 놓치지 말아야 한다. 즉 월스트리트의 역사에서 인덱스펀드는 투자자들에게 분명하게 도움을 준 발명품이자 투자자들이 이미 수천 억 달러를 절약할 수 있게 만든 파괴적 혁신이라는 사실이다. 앞으로 투자자들이 절약하게 될 금액은 수조 달러에 이를 것이다. 여기서 잠깐 인덱스펀드 혁명이 미친 영향력을 떠올려보자. 은퇴 생활이나 자녀들을 대학에 보내기 위해 그리고 집을 사거나 아니면 어려운 때를 대비해 저축하는 많은 사람이 직접적으로 또는 간접적으로 소소한 인덱스펀드의 혜택을 누리고 있다.

그렇다. 인덱스펀드는 현대 금융산업을 절묘하게 바꾸어놓고 있다. 하지만 인덱스펀드가 등장하기 전에는 뮤추얼펀드가 그 역할을 했다. 그리고 뮤추얼펀드 이전에는 투자신탁이 그랬다. 소수의 손에 권력이 집중되는 것에 관한 정당한 우려에도 불구하고 거대한 인덱스펀드가 장기적으로 지분을 보유하는 것이 실제로 기업의 지배구조 개선에 도움이 될 수도 있다. 그렇지 않다고 해도 적어도 우리는 위험을 최소화할 수단을 가지고 있다.

　인덱스 투자를 탄생시킨 1970년대의 결단력 있고 인습을 거부한 변절자들은 현대 시대에 제대로 평가받지 못했지만, 가장 큰 영향력을 미친 파괴적 혁신가들이다. 이들이 불러일으킨 인덱스 투자의 몇몇 문제점을 인식하고 해결하려는 노력은 중요하다. 하지만 그 혁명이 가져온 혜택이 실질적이고 거대하다는 사실은 누구도 부인할 수 없을 것이다.

감사의 말

이 책의 저자는 한 명일 수도 있지만 실제로는 그들이 알든 모르든 다양한 사람들의 글이 반영되어 있다.

나는 무엇보다 자신들의 이야기를 들려주기 위해 많은 시간을 나에게 기꺼이 내준 모든 사람에게 감사한다. 기자는 취재원 때문에 살고 죽는다. 나는 이 책을 쓰면서 많은 취재원의 도움을 받았다는 점에서 매우 운이 좋았다. 몇몇 사람들은 내가 이 책을 구상하기 훨씬 전부터 알고 지냈다. 여러 사람들이 나에게 자신의 이름을 밝히지 말아달라고 부탁했지만 나는 도움을 준 모든 이들에게 고마움을 느낀다. 당사자들은 알 것이다.

많은 사람이 전화 통화 외에도 세부 사항에 대해 이메일로 계속 답변해주었다. 몇몇 사람들은 코로나 팬데믹 와중에도 답변해주었고 그만큼 더 고마움을 느낀다. 인덱스펀드의 개척자들은 지금 70대, 80대, 심지어 90대에 접어들었지만 그들의 열정과 지적인 열망은 여전히 나를 부끄럽게 했다.

특히 이 책의 기초가 된 《파이낸셜 타임스 주말 매거진》FT Weekend Magazine 의 특집 기사를 위해 여러 번에 걸쳐 이야기를 나눴던 열정 넘치는 존 보글에게 감사하고 싶다. 2018년 12월 말에 그는 나에게 전화를 걸어 필요한 것을 모두 얻었는지 물었다. 그는 당시 병원으로 가고 있었고 앞으로 얼마 살지 못할 거라며 걱정하고 있었다. 한 달 뒤에 역사상 가장 위대한 인물 가운데 한 명인 존 보글은 89세의 나이로 세상을 떠났다.

나의 출판 대리인인 줄리아 이글턴Julia Eagleton과 편집자 리아 트루보스트Leah Trouborst에게도 특별한 감사를 표한다. 줄리아는 〈파이낸셜 타임스〉에서 나의 기사를 보아왔고 내가 생각하기도 전에 좋은 이야깃거리가 될 가능성을 알아봤다. 그녀는 코로나 팬데믹 와중에도 대서양을 건너고 출판사를 오가면서 이 책을 쓰는 과정에서 지지와 조언을 아끼지 않았다. 리아도 인덱스펀드에 관한 책이 좋은 작품이 될 수 있다는 줄리아의 생각에 동의했다. 앞으로도 그녀에게 계속 고마워할 것이다. 이 책이 내가 생각했던 것보다 훨씬 더 재미있게 된 것은 끊임없이 보내는 나의 이메일을 즐겁게 잘 받아준 그녀의 열정과 의지 덕분이다. 노아 슈워츠버그Noah Schwarzberg는 키를 잡고 배를 침착하게 해안가로 몰고 갔다. 루시 우즈Lucy Woods는 이 책의 사실 확인 작업을 훌륭하게 해주었다. 그리고 테리 프래쳇Terry Prachett에게도 감사를 드린다. 남아 있는 실수들은 온전히 나의 몫이다.

나는 친구들과 지인들을 비롯해 외부의 도움을 많이 받았다. 정신적 지지와 글쓰기 요령부터 명백한 누락이나 실수에 관한 확인과 지인들에 대한 연락에 이르기까지 다양한 도움을 받았다. 나는 찰스 엘리스, 이완 커크Ewan Kirk, 존 워스John Woerth, 짐 리페, 얀 트바르도프스키, 에릭 클로시어Eric Clothier, 래리 틴트Larry Tint, 프레더릭 그라우어, 플렉스 새먼Flex Salmon, 그리고 클리프 웨버Cliff Weber에게 특히 감사를 전하고 싶다. 이들은 모두 이 책의 여러 부분에서 사실과 관련된 문제점이나 해석의 오류가 있는지를 확인하는 데 도움을 주었다. 그런데도 문제점이 있다면 나의 책임이다. 찰리도 내가 이 책을 쓰는 일뿐만 아니라 전반적으로 영감을 주었다. 디멘셔널펀드어드바이저와 블랙록은 나에게 회사의 역사를 기록한 책을 보내주었고 이 책의 관련 부분에 큰 도움을 주었다. 킵 맥다니엘Kip McDaniel은 친절하게도 자산운용협회의 기록물을 열람할 수 있게 해주었다. 나처럼 금융의 역사에 관심이 많은 사람에게 그곳은 천국과 마찬가지였다.

나는 운 좋게도 〈파이낸셜 타임스〉에서 훌륭한 동료들과 함께 일하고 있다. 이들은 지적인 활기를 가져다주었을 뿐만 아니라 이 책의 상당 부분을 집필했던 2020년의 혼란스러운 시기에 함께 이야기할 수 있는 특별한 즐거움을 주었다. 케이티 마틴Katie Martin, 이안 스미스Ian Smith, 벤 맥라나한Ben McLannahan, 토니 타셀Tony Tassell, 제프 다이어Geoff Dyer, 해리엇 아널드Harriet Arnold, 애덤 샘슨Adam Samson 그리고 〈파이낸셜 타임스〉의 편집자들도 나의 불평에 시달렸지만 인내심 있게 받아주었다. 이 밖에도 이 글을 통해 감사해야 할 금융시장과 투자계의 훌륭한 동료들이 너무도 많다. 나는 여러분 모두를 사랑한다. 사실 내가 10여 년 전에 〈파이낸셜 타임스〉에 합류한 그 자체가 기쁨이었다. 이와 관련해 나에게 일할 기회를 준 롤라 칼라프Roula Khalaf와 앤드루 잉글랜드Andrew England 그리고 나를 잘 지도해준 제임스 드러먼드James Drummond에게 감사하고 싶다. 이것은 많은 기자가 얻지 못한 행운이다.

기자는 그들이 인정하든 않든 모두 자기보다 앞선 훌륭한 현인들의 도움을 받고 있다. 내 경우에 이 책은 다른 기자, 작가 그리고 금융 역사학자들의 탁월한 업적 덕분에 내용이 충실해졌다. 이들은 내가 하나의 큰 이야기로 엮으려고 했던 주제 가운데 일부를 스스로 탐구했다. 피터 번스타인은 큰 영감을 주었고 그의 책들은 이 책의 처음 몇 장을 쓰는 데 엄청난 도움을 주었다. 콜린 리드Collin Read의《효율적 시장 가설 주의자들》Efficient Market Hypothosists도 마찬가지로 큰 도움이 되었다. 루이스 브래햄이 쓴 존 보글의 전기도 뱅가드 설립자의 격동적인 삶에 관심 있는 사람들은 반드시 읽어야 할 책이다. 랄프 리먼Ralph Lehman의《일루시브 트레이드》Elusive Trade는 상장지수펀드의 탄생에 관해 매우 상세히 설명했고 앤서니 비앙코Anthony Bianco의《더 라이》The Lie는 패트리샤 던 시절의 웰스파고인베스트먼트어드바이저와 바클레이즈글로벌인베스터즈의 이야기를 생생하게 묘사하고 있다. 나는 존 오서스John Authers, 길리언 테트Gillian Tett, 제임스 맥킨토시James McKintosh, 필립 코건Philip Cogan 그리고 제이슨 즈웨이그Jason Zweig 등 여러 금융 분야 기자들과 함께 일하면서 많은 것을 배웠다. 그리고 데보라 퍼Deborah Fuhr, 벤 존슨Ben Johnson, 에릭 발추나스Eric Balchunas 그리고 데이비드 나디그David Nadig 같은 금융계의 전문가에게서도 많은 것을 배웠다. 이들은 내가 이 책을 쓰는 동안 많은 도움을 주었던 훌륭한 사람들이다.

하지만 가족들이 가장 큰 감사를 받아 마땅하다. 코로나바이러스로 인한 봉쇄 조치가 한창일 때 나의 딸이 수수께끼를 써서 자랑스럽게 나에게 보여주었다. 종이 위에 휘갈겨 쓴 수수께끼는 "계속해서 일만 하면서 절대 끝나지 않는 것은 무엇일까?"였다. 끔찍하게도 나는 그 수수께끼의 답이 '나'라는 것을 깨달았다.

나는 자신이 하는 일을 정말로 좋아하는 운 좋은 사람들 가운데 하나이다. 하지만 불행하게도 이것은 내 주변 사람들에게 희생을 치르게 할 수밖에 없다. 아내 군보르Gunvor는 지난 수년 동안 이 책을 끝내기 위해 몇 주 동안 독방에서 지내도록 해주는 등 대단한 인내심을 보여주었다. 하지만 적어도 그녀는 자신이 누구와 결혼 생활을 하고 있는지 어렴풋하게 알고 있었다. 나의 모든 것은 부모님인 윌렌Willen과 피터Peter 덕분이다. 하지만 나를 일 중독자로 만든 것에 대해서는 부모님에게도 일부 책임이 있다. 내가 실제보다 더 똑똑하다고 생각하는 동생 필립도 나에게 큰 격려가 되지만 다행스럽게도 동생은 일 중독 때문에 내가 경험하는 여러 대가를 치르지는 않았다.

그래서 나는 이 책을 누구보다 익살스러운 행동으로 나의 모든 일상을 더 밝게 만드는 나의 아이들, 마틸드Matilde와 핀Finn에게 바치고 싶다.

미주

인용된 내용 중 별도의 주석으로 표시하지 않은 것은 2018년부터 2020년 사이에 저자가 직접 진행한 인터뷰 내용을 참고한 것이다.

1장 헤지펀드와 버핏의 세기적 내기

1. Carol Loomis, "Buffett's Big Bet," Fortune, June 2008.

2. Ted Seides, "Dear Warren," letter to Buffett.

3. Stephen Gandel, "The 1975 Buffett Memo That Saved WaPo's Pension," Fortune, August 15, 2013.

4. Chris Welles, "Fred Alger, Portrait of a Star," Institutional Investor, January 1968.

5. Warren Buffett, "The Superinvestors of Graham-and-Doddsville," speech, Columbia Business School, May 17, 1984.

6. Loomis, "Buffett's Big Bet."

7. Ahmed Kabil, "How Warren Buffett Won His Multi-Million Dollar Long Bet," Medium, February 17, 2018.

8. "2008년 1월 1일부터 2017년 12월 31일까지 10년에 걸친 S&P 500의 성과는 수수료, 비용, 지출 등을 제외한 기준으로 헤지펀드로 구성된 포트폴리오의 성과를 앞섰다."롱벳츠 프로젝트(Long Bets Project), 2008년.

9. Berkshire Hathaway annual report, 2017.

10. Loomis, "Buffett's Big Bet."

11. Jack Bogle, "Warren Buffett Gave Me a Surprise Shoutout at Berkshire Meeting," Omaha World-Herald, April 10, 2018.

12. Bogle, "Warren Buffett Gave Me a Surprise Shoutout at Berkshire Meeting."

13. Berkshire Hathaway annual report, 2016.

14. Justin Baer, "Fidelity Reports Record Operating Profit, Revenue," Wall Street Journal, March 3, 2020.

15. Paul Singer, "Comfortably Numb," Elliott Management letter to investors, 2017.

2장 인덱스펀드의 대부 바슐리에

1. Peter Bernstein, Capital Ideas: The Improbable Origins of Modern Wall Street (New York: Wiley, 1992), 23.

2. Bernstein, Capital Ideas, 23.

3. Mark Davis, "Louis Bachelier's Theory of Speculation," talk, Imperial College, https:// f-origin. hypotheses.org/wp-content/blogs.dir/1596/files/2014/12/Mark-Davis-Talk.pdf.

4. L. Carraro and P. Crépel, "Louis Bachelier," Encyclopedia of Math, www.encyclopediaofmath.org/ images/f/f1/LouisBACHELIER.pdf.

5. Carraro and Crépel, "Louis Bachelier."

6. Colin Read, The Efficient Market Hypothesists: Bachelier, Samuelson, Fama, Ross, Tobin, and Shiller (Basingstoke, UK: Palgrave Macmillan, 2013), 48.

7. Bernstein, Capital Ideas, 18.

8. John Kenneth Galbraith, The Great Crash, 1929 (Boston: Mariner Books, 2009; originally published by Houghton Miff lin, 1955), 27.

9. Bernstein, Capital Ideas, 29.

10. Alfred Cowles, "Can Stock Market Forecasters Forecast?," paper read at a joint meeting of the Econometric Society and the American Statistical Association, Cincinnati, Ohio, December 31, 1932, https://cowles.yale.edu/sites/default/files/files/pub/misc/cowles-forecasters33.pdf.

11. Bernstein, Capital Ideas, 33.

12. Cowles, "Can Stock Market Forecasters Forecast?"

13. Alfred Cowles, "Stock Market Forecasting," Econometrica 12, no. 3/4(July– October 1944): 206–14, http://e-m-h.org/Cowl44.pdf.

14. Bernstein, Capital Ideas, 35.

15. Bernstein, Capital Ideas, 36.

16. Alfred Cowles, Cowles Commission for Research in Economics (Monograph No. 3), 2.

17. Robin Wigglesworth, "Passive Attack: The Story of a Wall Street Revolution," Financial Times, December 20, 2018.

18. Louis Engel, "What Everybody Ought to Know… About This Stock and Bond Business," New York Times, October 19, 1948, https://swiped.co/file/about-this-stock-bond-louis-engel/.

19. David Bird, "Louis Engel Jr., Ex-Merrill Lynch Partner, Dies," NewYork Times, November 8, 1982, www.nytimes.com/1982/11/08/obituaries/louis-engel-jr-ex-merrill-lynch-partner-dies.html.

20. James H. Lorie, "Current Controversies on the Stock Market," speech to American Statistical Association, September 1965, www.crsp.uchicago.edu/50/images/lorie.pdf.

21. Tonya Maxwell, "In Memory of James H. Lorie," Chicago Tribune, August 11, 2005, www.dailyspeculations.com/vic/JimLorie.html.

22. Maxwell, "In Memory of James H. Lorie."

23. "Lorie Developed Chicago Approach to Management Education," University of Chicago Chronicle, October 6, 2005, http://chronicle.uchicago.edu/051006/obit-lorie.shtml.

24. Lorie, "Current Controversies on the Stock Market."

25. Lorie, "Current Controversies on the Stock Market."

26. Lorie, "Current Controversies on the Stock Market."

27. L. Fisher and J. Lorie, "Rates of Return on Investments in Common Stocks," Journal of Business 37, no. 1 (January 1964): 1–21, at 2.

28. Center for Research in Security Prices, "Louis Engel: The Man Who Brought Wall Street to Main

Street," 50th Anniversary Issue: Rates of Return of Investments in Common Stocks, www.crsp.org/research/louis-engel-man-who-brought-wall-street-main-street.

29. Center for Research in Security Prices, "James Lorie: Recognized the Importance of CRSP for Future Research," 50th Anniversary Issue: Rates of Return of Investments in Common Stocks, www.crsp.org/research/james-lorie-recognized-importance-crsp-future-research.

30. Lorie, "Current Controversies on the Stock Market."

31. Michael Jensen, "The Performance of Mutual Funds in the Period 1945–1964," Journal of Finance, May 1968.

32. Paul F. Miller Jr., "The Dangers of Retrospective Myopia," in The Book of Investing Wisdom: Classic Writings by Great Stock-Pickers and Legends of Wall Street, ed. Peter Krass (New York: Wiley, 1999), 49.

33. Edward Renshaw and Paul Feldstein, "The Case for an Unmanaged Investment Company," Financial Analysts Journal, 1960.

34. John B. Armstrong, "The Case for Mutual Fund Management," Financial Analysts Journal, 1960.

35. Prasanna Chandra, Behavioural Finance(New Delhi: McGraw-Hill Education, 2016), 7.

36. Charles D. Ellis, "The Loser's Game," Financial Analysts Journal, 1975.

37. Ian Liew, "SBBI: The Almanac of Returns Data," Index Fund Advisors, July 19, 2019, www.ifa.com/articles/draft_dawn_creation_investing_science_bible_returns_data/.

38. Lorie, "Current Controversies on the Stock Market."

39. Bernstein, Capital Ideas, 97.

40. Lorie, "Current Controversies on the Stock Market."

3장 효율적 시장 가설의 등장

1. Russell R. Wasendorf Sr. and Russell R. Wasendorf Jr., "Feature Interview: Harry M. Markowitz, Nobel Laureate," SFO Magazine, July2008, 2, www.altavra.com/docs/thirdparty/interview-with-nobel-laureate-harry-markowitz.pdf.

2. UBS, "Harry Markowitz," Nobel Perspectives, www.ubs.com/microsites/nobel-perspectives/en/laureates/harry-markowitz.html.

3. Wasendorf and Wasendorf, "Feature Interview: Harry M. Markowitz, Nobel Laureate," 3.

4. Peter Bernstein, Capital Ideas Evolving (Hoboken, NJ: Wiley, 2007), xiii.

5. Robin Wigglesworth, "How a Volatility Virus Infected Wall Street," Financial Times, April 12, 2018, https://www.ft.com/content/be68aac6-3d13-11e8-b9f9-de94fa33a81e.

6. Wasendorf and Wasendorf, "Feature Interview: Harry M. Markowitz, Nobel Laureate," 3.

7. Wasendorf and Wasendorf, "Feature Interview: Harry M. Markowitz, Nobel Laureate," 3.

8. Natalie Marine-Street, William F. Sharpe interview, Stanford Historial Society, 2018.

9. Marine-Street, William Sharpe interview.

10. Ronald N. Kahn, The Future of Investment Management (CFA Institute Research Foundation, 2018), 19, www.cfainstitute.org/-/media/documents/book/rf-publication/2018/future-of-investment-management-kahn.ashx.

11. Marine-Street, William Sharpe interview.

12. The Nobel Prize, "Eugene F. Fama" biography.

13. Colin Read, The Efficient Market Hypothesists: Bachelier, Samuelson, Fama, Ross, Tobin, and Shiller (Basingstoke, UK: Palgrave Macmillan, 2013), 93.

14. The Nobel Prize, "Eugene F. Fama."

15. The Nobel Prize, "Eugene F. Fama."

16. Eugene Fama, "A Brief History of Finance and My Life at Chicago," Chicago Booth Review, April 7, 2014, https://review.chicagobooth.edu/magazine/fall-2013/a-brief-history-of-finance.

17. The Nobel Prize, "Eugene F. Fama."

18. Tyler Vigen, "Spurious Correlations," www.tylervigen.com/spurious-correlations.

19. Eugene Fama, "The Behavior of Stock-Market Prices," Journal of Business 38, no. 1 (January 1965).

20. Read, The Efficient Market Hypothesists, 102.

21. Institutional Investor, April 1968.

22. Roger Ibbotson, "Random Talks with Eugene Fama," Ibbotson Associates, 2000.

23. Burton Malkiel, A Random Walk Down Wall Street (New York: Norton, 1973).

4장 떠오르는 퀀트 분석가

1. Peter Bernstein, Capital Ideas: The Improbable Origins of Modern Wall Street (New York: Wiley, 1992), 237.

2. Bernstein, Capital Ideas, 238, and author interviews with McQuown.

3. Bernstein, Capital Ideas, 238.

4. Bernstein, Capital Ideas, 238.

5. John McQuown, "A Personal History of Modern Finance," speech, 2011.

6. McQuown, "A Personal History of Modern Finance."

7. McQuown, "A Personal History of Modern Finance."

8. Institutional Investor, April 1968.

9. Bernstein, Capital Ideas, 241.

10. Robin Wigglesworth, "Passive Attack: The Story of a Wall Street Revolution," Financial Times, December 20, 2018.

11. Jeanette Cooperman, "The Return of the King," St. Louis magazine, June 23, 2009, www.stlmag.com/The-Return-of-the-King/.

12. Donald MacKenzie, An Engine, Not a Camera: How Financial Models Shape Markets (Cambridge, MA: MIT Press, 2006), 100.

13. Deborah Ziff Soriano, "Index Fund Pioneer Rex Sinquefield," Chicago Booth Magazine, May 2019, www.chicagobooth.edu/magazine/rex-sinquefield-dimensional.

14. Margaret Towle, "Being First Is Best: An Adventure Capitalist's Approach to Life and Investing, a Conversation with Dean LeBaron," Journal of Investment Consulting 14, no. 2 (November 2013).

15. Towle, "Being First Is Best."

16. LeBaron family history, courtesy of Donna Carpenter-LeBaron.

17. LeBaron family history.

18. LeBaron family history.

19. Pensions & Investments, November 26, 1973.

20. Pensions & Investments, January 1975.

21. Pensions & Investments, February 17, 1975.

5장 인습을 거부한 변절자들

1. Institutional Investor, July 1972.

2. Peter Bernstein, Capital Ideas: The Improbable Origins of Modern Wall Street (New York: Wiley, 1992), 242.

3. Institutional Investor, July 1972.

4. Email from James Vertin via Charley Ellis.

5. Bernstein, Capital Ideas, 240.

6. Myron Scholes, "Derivatives in a Dynamic Environment," Nobel Lecture, December 1997.

7. Perry Mehrling, Fischer Black and the Revolutionary Idea of Finance (Hoboken, NJ: Wiley, 2011), 105.

8. Mehrling, Fischer Black and the Revolutionary Idea of Finance, 101.

9. James Hagerty, "Bill Fouse Taught Skeptical Investors to Love Index Funds," Wall Street Journal, October 31, 2019.

10. "William Lewis Fouse," San Francisco Chronicle obituary, October 17, 2019.

11. Robin Wigglesworth, "William Fouse, Quantitative Analyst, 1928–2019," Financial Times, October 24, 2019.

12. Bernstein, Capital Ideas, 243.

13. Bernstein, Capital Ideas, 244.

14. Bill Fouse, "His Early Bosses Thought Fouse's Indexing Idea Was a Melon," Pensions & Investments, October 19, 1998.

15. Bernstein, Capital Ideas, 245.

16. Mehrling, Fischer Black and the Revolutionary Idea of Finance, 106.

17. Mehrling, Fischer Black and the Revolutionary Idea of Finance, 107.

18. Donald MacKenzie, An Engine, Not a Camera: How Financial Models Shape Markets (Cambridge,

MA: MIT Press, 2006), 85.

19. Frank Fabozzi, Perspectives on Equity Indexing (New York: Wiley, 2000), 44.

20. Bernstein, Capital Ideas, 248.

21. Deborah Ziff Soriano, "Index Fund Pioneer Rex Sinquefield," Chicago Booth Magazine, May 2019, www.chicagobooth.edu/magazine/rex-sinquefield-dimensional."

22. Pensions & Investments, June 23, 1975.

23. Dean LeBaron, speech to Atlanta Society of Financial Analysts, January 22, 1975.

24. George Miller, "First to Sell, but Not First to Invent," Wall Street Journal, September 18, 2011.

25. Institutional Investor, February 1976.

26. New York Times, March 26, 1977.

27. Institutional Investor, July 1972.

28. Institutional Investor, February 1974.

29. Institutional Investor, April 1980.

30. Bernstein, Capital Ideas, 248.

31. Jonathan Laing, "Bye-Bye, Go-Go?," Wall Street Journal, June 7, 1973.

32. Laing, "Bye-Bye, Go-Go?"

33. Eric Balchunas, "Passive Funds' Effect on Stocks," Bloomberg, September 18, 2019.

34. Lawrence Rout, "Firms' Pension Fund Managers Often Are Failing to Manage— Instead, They Are Indexing, Without Admitting It, and Charging High Fees," Wall Street Journal, January 31, 1979.

35. Charles D. Ellis, The Index Revolution: Why Investors Should Join It Now (Hoboken, NJ: Wiley, 2016), 43.

36. Institutional Investor, February 1976.

37. Fabozzi, Perspectives on Equity Indexing, 43.

38. Institutional Investor, June 1977.

39. Institutional Investor, February 1976.

40. Fabozzi, Perspectives on Equity Indexing, 42.

41. Paul Samuelson, "Index-Fund Investing," Newsweek, August 1976.

6장 고슴도치형 존 보글

1. Jack Bogle, Stay the Course: The Story of Vanguard and the Index Revolution (Hoboken, NJ: Wiley, 2018), 262.

2. Lewis Braham, The House That Bogle Built: How John Bogle and Vanguard Reinvented the Mutual Fund Industry (New York: McGraw-Hill, 2011), chapter 1, ePub.

3. Gene Colter, "Change of Heart," Wall Street Journal, September 24, 2004.

4. Braham, The House That Bogle Built, chap. 1, ePub.

5. Bogle, Stay the Course, 258.

6. Bogle, Stay the Course, 258.

7. Braham, The House That Bogle Built, chap. 1, ePub.

8. Bogle, Stay the Course, 9.

9. Braham, The House That Bogle Built, chap. 2, ePub.

10. Braham, The House That Bogle Built, chap. 1, ePub.

11. "Big Money in Boston," Forbes, April 1949.

12. Jack Bogle, "The Economic Role of the Investment Company" (Princeton thesis, 1951).

13. Braham, The House That Bogle Built, chap. 2, ePub.

14. Braham, The House That Bogle Built, chap. 3, ePub.

15. Braham, The House That Bogle Built, chap 3, ePub.

16. Philadelphia Area Archives Research Portal, Jack C. Bogle Papers, Princeton University Library.

17. Braham, The House That Bogle Built, chap. 4, ePub.

18. Bogle, Stay the Course, 264.

19. Bogle, Stay the Course, 20.

20. Braham, The House That Bogle Built, chap. 4, ePub.

21. Braham, The House That Bogle Built, chap. 4, ePub.

22. Bogle, Stay the Course, 21.

23. Institutional Investor, January 1968.

24. Institutional Investor, January 1968.

25. Institutional Investor, July 1972.

26. Institutional Investor, July 1972.

27. Institutional Investor, July 1972.

28. Bogle, Stay the Course, 24.

29. Braham, The House That Bogle Built, chap. 5, ePub.

30. Braham, The House That Bogle Built, chap. 5, ePub.

31. Braham, The House That Bogle Built, chap. 5, ePub.

32. Bogle, Stay the Course, 23, and Institutional Investor, July 1972.

33. Braham, The House That Bogle Built, chap. 5, ePub.

34. Robin Wigglesworth, "Passive Attack: The Story of a Wall Street Revolution," Financial Times, December 20, 2018."

35. Braham, The House That Bogle Built, chap. 5, ePub.

36. Bogle, Stay the Course, 25.

7장 세계적 펀드 회사, 뱅가드의 출범

1. Lewis Braham, The House That Bogle Built: How John Bogle and Vanguard Reinvented the Mutual Fund Industry (New York: McGraw-Hill, 2011), chap. 6, ePub.

2. Jack Bogle, Character Counts: The Creation and Building of the Vanguard Group (New York: McGraw-Hill, 2002), 7.

3. Jack Bogle, Stay the Course: The Story of Vanguard and the Index Revolution (Hoboken, NJ: Wiley, 2018), 32.

4. Braham, The House That Bogle Built, chap. 6, ePub.

5. Braham, The House That Bogle Built, chap. 7, ePub.

6. Braham, The House That Bogle Built, chap. 6, ePub.

7. Jack Bogle, "Born in Strife," Philadelphia Inquirer, September 24, 2014.

8. Bogle, Character Counts, 7.

9. Paul Samuelson, "Challenge to Judgment," Journal of Portfolio Management, Fall 1974.

10. Bogle, Stay the Course, 39.

11. Bogle, Stay the Course, 189.

12. Charles Ellis, "The Loser's Game," Financial Analysts Journal, July/August 1975.

13. Bogle, Stay the Course, 44.

14. Bogle, Stay the Course, 41.

15. Bogle, Stay the Course, 45.

16. Paul Samuelson, "Index-Fund Investing," Fortune, June 1976, 66.

17. Bogle, Stay the Course, 47.

18. Richard Phalon, "Beating the Market or 'Indexing' It?," New York Times, March 26, 1977.

19. Boston Globe, August 24, 1976, via Bogle, Stay the Course, 47.

20. Bogle, Stay the Course, 47.

21. Bogle, Stay the Course, 58.

22. Braham, The House That Bogle Built, chap. 12, ePub.

23. Braham, The House That Bogle Built, chap. 7, ePub.

24. Bogle, Stay the Course, 55.

25. Braham, The House That Bogle Built, chap. 7, ePub.

26. Braham, The House That Bogle Built, chap. 7, ePub.

27. Bogle, Stay the Course, 63.

8장 더 낮은 수수료를 위하여

1. Lewis Braham, The House That Bogle Built: How John Bogle and Vanguard Reinvented the Mutual Fund Industry (New York: McGraw-Hill, 2011), chap. 11, ePub.

2. Jack Bogle, Stay the Course: The Story of Vanguard and the Index Revolution (Hoboken, NJ: Wiley, 2018), 146.

3. Braham, The House That Bogle Built, chap. 10, ePub.

4. Braham, The House That Bogle Built, chap. 9, ePub.

5. Ben Yagoda, "Mutually Exclusive," Philadelphia magazine, August 1993.

6. Bogle, Stay the Course, 147.

7. Bogle, Stay the Course, 48.

8. Braham, The House That Bogle Built, chap. 12, ePub.

9. John Hechinger and Pui-Wing Tam, "Vanguard 500 Surpasses Fidelity Magellan in Size," Wall Street Journal, April 6, 2000.

10. Pui-Wing Tam and John Hechinger, "Vanguard 500 Is Set to Pass Magellan as Biggest Fund," Wall Street Journal, January 12, 2000.

11. Bogle, Stay the Course, 51.

12. Bogle, Stay the Course, 146.

13. Bogle, Stay the Course, 146.

14. Bogle, Stay the Course, 147.

15. Bogle, Stay the Course, 91.

16. J. M. Lawrence, "Frank Brennan, 93; Banker Had an Honest, Caring Way," Boston Globe, April 6, 2010.

17. Bill Lane, "Frank Brennan: An Elder Statesman Keeps on Going," Boston Businesss Journal, June 22, 1998.

18. Bogle, Stay the Course, 148.

19. Braham, The House That Bogle Built, chap. 12, ePub.

20. Braham, The House That Bogle Built, chap. 1, ePub.

21. Bogle, Stay the Course, 143.

22. Erin Arvedlund, "Vanguard Founder Bogle and Surgeons Gather for a Heart-Transplant Reunion," Philadelphia Inquirer, February 21, 2017.

23. Braham, The House That Bogle Built, chap. 12, ePub.

24. Robert McGough and Pui-Wing Tam, "Vanguard May Ask Bogle to Retire from Its Board," Wall Street Journal, August 12, 1999.

25. Braham, The House That Bogle Built, chap. 12, ePub.

26. Bogle, Stay the Course, 263.

27. Robin Wigglesworth, "Passive Attack: The Story of a Wall Street Revolution," Financial Times, December 20, 2018.

9장 세 동업자의 역발상 투자

1. Lydialyle Gibson, "Return on Principles," University of Chicago Magazine, January–February 2009, http://magazine.uchicago.edu/0902/features/booth.shtml.

2. Lydialyle Gibson, "Return on Principles."

3. Shawn Tully, "How the Really Smart Money Invests," Fortune, July 6, 1998.

4. Lydialyle Gibson, "Return on Principles."

5. David Booth and Eduardo Repetto, "Dimensional Fund Advisors at Thirty," Dimensional Fund Advisors, 2011, 24.

6. Booth and Repetto, "Dimensional Fund Advisors at Thirty," 25.

7. Booth and Repetto, "Dimensional Fund Advisors at Thirty," 27.

8. Investment Company Institute retirement factbook.

9. Booth and Repetto, "Dimensional Fund Advisors at Thirty," 25.

10. Thom Hogan, "IBM Announces New Microcomputer System," InfoWorld, September 14, 1981.

11. Booth and Repetto, "Dimensional Fund Advisors at Thirty," 25.

12. Booth and Repetto, "Dimensional Fund Advisors at Thirty," 28.

13. Booth and Repetto, "Dimensional Fund Advisors at Thirty," 43.

14. Crain News Service, "Chicago Money Managers Betting on 'Scrap Heap' Fund," Crain's Chicago Business, March 1982.

10장 소형주, 새로운 투자

1. Anise Wallace, "Perils and Profits of Pension Advisers," New York Times, September 11, 1983.

2. David Booth and Eduardo Repetto, "Dimensional Fund Advisors at Thirty," Dimensional Fund Advisors, 2011, 31.

3. Wallace, "Perils and Profits of Pension Advisers."

4. A. F. Ehrbar, "Giant Payoffs from Midget Stocks," Fortune, June 30, 1980.

5. Rolf Banz, "The Relationship Between Return and Market Value of Common Stocks," Journal of Financial Economics, March 1981.

6. Booth and Repetto, "Dimensional Fund Advisors at Thirty," 29.

7. Fischer Black and Myron Scholes, "From Theory to a New Financial Product," Journal of Finance, May 1974.

8. Chris Welles, "Who Is Barr Rosenberg? And What the Hell Is He Talking About?," Institutional Investor, May 1978.

9. Narasimhan Jegadeesh and Sheridan Titman, "Returns to Buying Winners and Selling Losers: Implications for Stock Market Efficiency," Journal of Finance, March 1993.

10. Robert Huebscher, "Sharpe Ratio Inventor: 'When I Hear Smart Beta It Makes Me Sick,'" Business Insider, May 22, 2014.

11. Eugene Fama and Kenneth French, "The Cross-Section of Expected Stock Returns," Journal of Finance, June 1992.

12. Robin Wigglesworth, "Can Factor Investing Kill Off the Hedge Fund?," Financial Times, July 22, 2018.

13. Booth and Repetto, "Dimensional Fund Advisors at Thirty," 31.

14. Booth and Repetto, "Dimensional Fund Advisors at Thirty," 32.

15. Booth and Repetto, "Dimensional Fund Advisors at Thirty," 41.

16. Jason Zweig, "Making Billions with One Belief: The Markets Can't Be Beat," Wall Street Journal, October 20, 2016.

17. Booth and Repetto, "Dimensional Fund Advisors at Thirty," 56.

18. Michael Lewis, "The Evolution of an Investor," Condé Nast Portfolio, December 2007.

11장 상장지수펀드 '스파이더'의 탄생

1. Robin Wigglesworth, "Passive Attack: The Story of a Wall Street Revolution," Financial Times, December 20, 2018."

2. Jack Bogle, Stay the Course: The Story of Vanguard and the Index Revolution (Hoboken, NJ: Wiley, 2018), 108.

3. Wigglesworth, "Passive Attack."

4. Bogle, Stay the Course, 110.

5. Jennifer Bayot, "Nathan Most Is Dead at 90; Investment Fund Innovator," New York Times, December 10, 2004.

6. Ralph Lehman, The Elusive Trade: How Exchange-Traded Funds Conquered Wall Street (Dallas: Brown Books, 2009), 50.

7. Lehman, The Elusive Trade, 51.

8. Lehman, The Elusive Trade, 51.

9. Bayot, "Nathan Most Is Dead at 90; Investment Fund Innovator."

10. Lehman, The Elusive Trade, 52.

11. Lehman, The Elusive Trade, 53.

12. Edwin Hill, "The Strangest Stock Market in the World," Munsey's Magazine, February 1920.

13. Eric Balchunas, "The ETF Files: How the US Government Inadvertently Launched a 3 Trillion Industry," Bloomberg Markets, March 7, 2016.

14. Lawrence Carrel, ETFs for the Long Run: What They Are, How They Work, and Simple Strategies for Successful Long-Term Investing (New York: Wiley, 2008), 13.

15. Donald Katz, "Wall Street Rocket Scientists," Worth, February 1992.

16. Laurence Arnold, "Ivers Riley, Who Helped Introduce Spider ETFs, Dies at 82," Bloomberg, February 19, 2015.

17. Lehman, The Elusive Trade, 67.

18. Gary Gastineau, The Exchange-Traded Funds Manual (New York: Wiley, 2010), 33.

19. Jim Wiandt, "Nate Most, Exchange-Traded Fund Inventor, Dies at Age 90," ETF.com, December 8, 2004.

20. State Street Global Advisors, "SPY: The Idea That Spawned an Industry," January 25, 2013, www.

sec.gov/Archives/edgar/data/ 1222333/000119312513023294/d473476dfwp.htm.

21. Carrel, ETFs for the Long Run, 22.

22. State Street Global Advisors, "SPY: The Idea That Spawned an Industry."

23. Balchunas, "The ETF Files."

24. Mark Rubinstein, "The SuperTrust," unpublished paper, December 20, 1990.

25. Lehman, The Elusive Trade, 103.

26. Divya Balji, "The 6 Trillion ETF Revolution Began 30 Years Ago in Toronto," Bloomberg, March 9, 2020.

27. Lehman, The Elusive Trade, 121.

28. Lehman, The Elusive Trade, 127.

29. Lehman, The Elusive Trade, 125.

30. Lehman, The Elusive Trade, 128.

31. Carrel, ETFs for the Long Run, 28.

32. Lehman, The Elusive Trade, 129.

33. Eric Balchunas, The Institutional ETF Toolbox: How Institutions Can Understand and Utilize the Fast-Growing World of ETFs (Hoboken, NJ: Wiley, 2016), 72.

34. Lehman, The Elusive Trade, 129.

35. Rachel Evans, Vildana Hajric, and Tracy Alloway, "The Fate of the World's Largest ETF Is Tied to 11 Random Millennials," Bloomberg, August 9, 2019.

12장 웰스파고인베스트먼트어드바이저의 2.0 시대

1. Anthony Bianco, The Big Lie: Spying, Scandal, and Ethical Collapse at Hewlett Packard (New York: PublicAffairs, 2010), 105.

2. Bianco, The Big Lie, 107.

3. Andrew Pollack, "Wells Fargo and Nikko Set Advisory Venture," New York Times, June 28, 1989

4. Bianco, The Big Lie, 108.

5. Peter Truell, Barclays to Acquire a Unit of Wells Fargo and Nikko," New York Times, June 22, 1995.

6. Truell, "Barclays to Acquire a Unit of Wells Fargo and Nikko."

7. Joel Chernoff, "It's Dunn Deal Now at BGI," Pensions & Investments, July 13, 1998.

8. Bianco, The Big Lie, 113.

9. Chernoff, "It's Dunn Deal Now at BGI."

10. Bianco, The Big Lie, 99.

11. James Stewart, "The Kona Files," New Yorker, February 2007.

12. Bianco, The Big Lie, 106.

13. Barclays annual report, 1998.

14. Tom Lauricella, "How Barclays Became a Force in ETFs," Wall Street Journal, November 1, 2004.

15. Investment Company Institute data.

16. Barclays annual report, 2007.

17. Bianco, The Big Lie, 119.

18. Bianco, The Big Lie, 119.

13장 래리 핑크의 도박

1. Suzanna Andrews, "Larry Fink's 12 Trillion Shadow," Vanity Fair, April 2010.

2. "Larry Fink," Crain's New York Business Hall of Fame, www.crainsnewyork.com/awards/larry-fink.

3. Larry Fink, "Built on the 'Ashes of Failure,'" UCLA commencement speech, June 10, 2016.

4. Richard Henderson and Owen Walker, "BlackRock's Black Box," Financial Times, February 24, 2020.

5. BlackRock Official History, shared with author.

6. David Carey and John Morris, King of Capital: The Remarkable Rise, Fall, and Rise Again of Steve Schwarzman and Blackstone (New York: Crown Business, 2010), 179.

7. Carey and Morris, King of Capital, 180.

8. BlackRock Official History.

9. BlackRock Official History.

10. Carey and Morris, King of Capital, 263.

11. BlackRock Official History.

12. Carey and Morris, King of Capital, 358.

13. Blackstone statement to author.

14. Devin Banerjee, "Schwarzman Says Selling BlackRock Was 'Heroic' Mistake," Bloomberg, September 30, 2013.

15. BlackRock Official History.

16. Blackstone statement.

17. Chrystia Freeland, "View from the Top: Larry Fink," Financial Times, April 24, 2007.

18. Ranjay Gulati, Jan Rivkin, and Aldo Sesia, "BlackRock: Integrating BGI," Harvard Business School, November 13, 2017.

19. Charlie Gasparino, "Merrill Taps Thain After Fink Demanded Full Tally," CNBC, November 14, 2007.

20. Andrews, "Larry Fink's 12 Trillion Shadow."

21. Henderson and Walker, "BlackRock's Black Box."

14장 21세기 최고의 인수합병

1. David Ricketts and Mark Cobley, "Inside BlackRock's 'Once in a Lifetime' Deal with Barclays, 10 Years Later," Financial News, June 11, 2019.

2. BlackRock Official History.

3. Ricketts and Cobley, "Inside BlackRock's 'Once in a Lifetime' Deal with Barclays."

4. Elena Holodny, "The Founder of 5tn Investing Behemoth BlackRock Helped Launch Maroon 5," Business Insider, April 18, 2017.

5. Larry Fink, UCLA commencement speech.

6. Investment Company Institute data.

15장 상장지수펀드의 위험

1. Robert Netzly, "The Inspire Story," Inspire Investing, www.inspireinvesting.com/ story.

2. Netzly, "The Inspire Story."

3. Netzly, "The Inspire Story."

4. Lewis Braham, The House That Bogle Built: How John Bogle and Vanguard Reinvented the Mutual Fund Industry (New York: McGraw-Hill, 2011), chap. 12, ePub.

5. Ben Johnson, "Ready, Fire, Aim: The ETF Industry Blasts Its Spaghetti Cannon," Morningstar, June 17, 2016.

6. Janet Levaux, "Vanguard CEO Pleads for Slowdown on ETF Rollouts," ThinkAdvisor, January 25, 2016.

7. Index Industry Association, "Index Industry Association's Third Annual Survey Finds 2.96 Million Indexes Globally," Business Wire, October 25, 2019.

8. OECD, "Who Are the Owners of the World's Listed Companies and Why Should We Care?," October, 17, 2019.

9. Inigo Fraser-Jenkins, "The Man Who Created the Last Index," Bernstein, November 23, 2018.

10. Jeff Cox, "BlackRock Distances Itself from the Products That Have Freaked Out the Market," CNBC, February 6, 2018.

11. J. P. Morgan Global ETF Study, 2020, https://am.jpmorgan.com/lu/en/asset-management/adv/insights/portfolio-insights/etf-perspectives/global-etf-survey.

16장 세계 자본을 움직이는 지수 사업자

1. Peter Santilli, "Tesla Stock Joins the S&P500: A Game Changer," Wall Street Journal, December 21, 2020.

2. Hudson Lockett and Daniel Shane, "Investors Lose Billions as Bubble in Two HK Companies Bursts," Financial Times, November 21, 2019.

3. Patricia Hurtado, "S&P Index Manager Charged with 900,000 Insider-Trading Scheme," Bloomberg, September 22, 2020.

4. Benjamin Bennett, René Stulz, and Zexi Wang, "Does Joining the S&P500 Index Hurt Firms?," National Bureau of Economic Research, July 2020.

5. Noel Randewich, "Tesla to Join S&P500, Spark Epic Index Fund Trade," Reuters, November 16,

2020.

6. Gabriel Rauterberg and Andrew Verstein, "Index Theory: The Law, Promise and Failure of Financial Indices," Yale Journal on Regulation, 2013.

7. Nicole Bullock, "Investors Hail S&P500 Move over Multiple Class Shares," Financial Times, August 1, 2017.

8. "Unilever Ditches Plan to Move to Rotterdam After Shareholder Pressure," DutchNews.nl, October 5, 2018.

9. Johannes Petry, Jan Fichtner, and Eelke Heemskerk, "Steering Capital: The Growing Private Authority of Index Providers in the Age of Passive Asset Management," Review of International Political Economy, December 10, 2019.

10. Steve Johnson, "MSCI Peru Ruling Threatens to Unbalance Frontier Index," Financial Times, April 29, 2016.

11. Andres Schipani, "Peru Stocks Remain in MSCI EM Indices," Financial Times, June 15, 2016.

12. Tracy Alloway, Dani Burger, and Rachel Evans, "Index Providers Rule the World—For Now, at Least," Bloomberg Markets, November 27, 2017.

13. Mike Bird, "How China Pressured MSCI to Add Its Market to Major Benchmark," Wall Street Journal, February 3, 2019.

14. Shelly Banjo and Jenny Leonard, "Rubio Duels with MSCI over Investors' Money in Chinese Stocks," Bloomberg, October 21, 2019.

15. Michelle Price, "US Senator Queries MSCI over Inclusion of Chinese Shares in Major Benchmark," Reuters, June 13, 2019.

16. Vladyslav Sushko and Grant Turner, "The Implications of Passive Investing for Securities Markets," BIS Quarterly Review, March 2018.

17. Joe Rennison, Robert Armstrong, and Robin Wigglesworth, "The New Kings of the Bond Market," Financial Times, January 22, 2020.

18. Tomas Williams, Nathan Converse, and Eduardo Levy-Yayati, "How ETFs Amplify the Global Financial Cycle in Emerging Markets," Institute for International Economic Policy Working Paper Series, September 2018.

19. Henry Hu and John Morley, "A Regulatory Framework for Exchange-Traded Funds," Southern California Law Review, March 13, 2018.

20. John Coumarianos, "How a Dividend ETF Was Bitten by the Index It Mimics," Barron's, January 24, 2020.

21. Jason Zweig, "The Stock Got Crushed. Then the ETFs Had to Sell," Wall Street Journal, January 21, 2020.

17장 패시브 투자에 대한 경고

1. Sam Levine, "David Foster Wallace's Famous Commencement Speech Almost Didn't Happen," Huffington Post, May 24, 2016.

2. Miles Weiss, "Peter Thiel Had 244 Million Bet on Volatility Jump at Year-End," Bloomberg, February 16, 2018.

3. Michael Green, "Policy in a World of Pandemics, Social Media and Passive Investing," Logica Capital Advisers, March 26, 2020.

4. Brian Scheid, "Top 5 Tech Stocks' S&P500 Dominance Raises Fears of Bursting Bubble," S&P Global Market Intelligence, July 27, 2020.

5. Hao Jiang, Dimitri Vayanos, and Lu Zheng, "Tracking Biased Weights: Asset Pricing Implications of Value-Weighted Indexing," CEPR Discussion Paper, December 23, 2020.

6. Marco Pagano, Antonio Sanchez Serrano, and Josef Zechner, "Can ETFs Contribute to Systemic Risk?," European Systemic Risk Board, June 2019.

7. Itzhak Ben-David, Francesco Franzoni, and Rabih Moussawi, "Do ETFs Increase Volatility?," Journal of Finance, September 22, 2018.

8. Kenechukwu Anadu, Mathias Kruttli, Patrick McCabe, Emilio Osambela, and Chae Hee Shin, "The Shift from Active to Passive Investing: Potential Risks to Financial Stability?," Federal Reserve Bank of Boston, 2018.

9. Matthew Goldstein and Alexandra Stevenson, "Carl Icahn Calls BlackRock a 'Very Dangerous Company,'" New York Times, July 15, 2015.

10. Joe Rennison, "How the Fed Helped Bond ETFs Meet Their Biggest Challenge," Financial Times, March 26, 2020.

11. Robin Wigglesworth, "All That Drama About Fixed-Income ETFs Was Overplayed," Financial Times, April 22, 2020.

12. Rohan Arora, Sebastien Betermier, Guillaume Ouellet Leblanc, Adriano Palumbo, and Ryan Shotlander, "Concentration in the Market of Authorized Participants of US Fixed-Income Exchange-Traded Funds," Bank of Canada, November 2020.

13. Anadu, Kruttli, McCabe, Osambela, and Shin, "The Shift from Active to Passive Investing."

14. Robin Wigglesworth, Owen Walker, and Josephine Cumbo, "UK Universities Pension Fund Closes Stockpicking Team," Financial Times, February 13, 2020.

15. Wigglesworth, Walker, and Cumbo, "UK Universities Pension Fund Closes Stockpicking Team."

16. William Sharpe, "The Arithmetic of Active Management," Financial Analysts Journal, 1991.

17. Lasse Heje Pedersen, "Sharpening the Arithmetic of Active Management," Financial Analysts Journal, 2018.

18. Berlinda Liu and Phillip Brzenk, "Does Past Performance Matter? The Persistence Scorecard," S&P Dow Jones Indices, December 2019.

19. Robin Wigglesworth, "Active Fund Managers Pray for Turnround as Exodus Continues," Financial Times, January 3, 2020.

20. Myles Udland, "Jack Bogle Envisions 'Chaos, Catastrophe' in Markets If Everyone Were to Index," Yahoo Finance, May 6, 2017.

21. Luke Kawa, "Bernstein: Passive Investing Is Worse for Society Than Marxism," Bloomberg, August 23, 2016.

22. Sanford Grossman and Joseph Stiglitz, "On the Impossibility of Informationally Efficient Markets," American Economic Review, June 1980.

23. Ben Johnson, "The Cost Matters Hypothesis," Morningstar, February 10, 2016.

24. Michael Mauboussin, Dan Callahan, and Darius Majd, "Looking for Easy Games. How Passive Investing Shapes Active Management," Credit Suisse, January 4, 2017.

25. Robin Wigglesworth, "Why the Index Fund 'Bubble' Should Be Applauded," Financial Times, September 23, 2019.

26. Mary Childs, "Gary Shteyngart's View from Hedge Fund Land," Barron's, September 7, 2018.

18장 점점 더 커지는 영향력의 이면

1. Mike Murphy, "David Hogg Calls for Investors to Boycott BlackRock, Vanguard over Gun Holdings," MarketWatch, April 18, 2018.

2. BlackRock, "BlackRock's Approach to Companies That Manufacture and Distribute Civilian Firearms," press release, March 2, 2018.

3. Jack Bogle, "Bogle Sounds a Warning on Index Funds," Wall Street Journal, November 29, 2018.

4. Simone Foxman, "Paul Singer Says Passive Investing Is 'Devouring Capitalism,'" Bloomberg, August 3, 2017.

5. Bill McNabb, "Getting to Know You: The Case for Significant Shareholder Engagement," speech at Lazard's 2015 Director Event.

6. Larry Fink, "A Sense of Purpose," annual letter to CEOs, 2018.

7. Ian Appel, Todd Gormley, and Donald Keim, "Passive Investors, Not Passive Owners," Journal of Financial Economics, 2016.

8. Paul Singer, "Comfortably Numb," Elliott Management letter to investors, 2017.

9. Elizabeth Harball, " 'There Is No Silver Lining': Why Alaska Fires Are a Glimpse of Our Climate Future," Guardian, August 23, 2019.

10. Larry Fink, "A Fundamental Reshaping of Finance," BlackRock 2020 letter to CEOs.

11. Billy Nauman and Leo Lewis, "Moral Money Special Edition: Hiro Mizuno, Japan's 1.6tn Man," Financial Times, December 12, 2019.

12. David McLaughlin and Annie Massa, "The Hidden Dangers of the Great Index Fund Takeover," Bloomberg BusinessWeek, January 9, 2020.

13. Andrew Ross Sorkin, "World's Biggest Investor Tells CEOs Purpose Is the 'Animating Force' for Profits," New York Times, January 17, 2019.

14. Shareholder Equity Alliance, Letter to Lawrence Fink, press release, April 15, 2020.

15. Gillian Tett, Billy Nauman, Patrick Temple-West, Leslie Hook, Mehreen Khan, Anna Gross, Tamami Shimizuishi, and Andrew Edgecliffe-Johnson, "Al Gore Blasts BlackRock," Financial Times, December 11, 2019.

16. Robert Armstrong, "Warren Buffett on Why Companies Cannot Be Moral Arbiters," Financial Times, December 29, 2019.

17. José Azar, Martin Schmalz, and Isabel Tecu, "Anti-competitive Effects of Common Ownership," Journal of Finance, May 2018.

18. Frank Partnoy, "Are Index Funds Evil?," Atlantic, September 2017.

19. Brooke Fox and Robin Wigglesworth, "Common Ownership of Shares Faces Regulatory Scrutiny," Financial Times, January 22, 2019.

20. McLaughlin and Massa, "The Hidden Dangers of the Great Index Fund Takeover."

21. Marc Israel, "Renewed Focus on Common Ownership," White & Case LLP, May 18, 2018.

22. Einer Elhauge, "How Horizontal Shareholding Harms Our Economy-And Why Antitrust Law Can Fix It," Harvard Business Law Review, 2020.

23. John Coates, "The Future of Corporate Governance Part 1: The Problem of Twelve," Harvard Public Law Working Paper, October 2018.

24. Lucian Bebchuk and Scott Hirst, "The Specter of the Giant Three," National Bureau of Economic Research, June 2019.

25. Bebchuk and Hirst, "The Specter of the Giant Three."

26. Robin Wigglesworth, "Passive Attack: The Story of a Wall Street Revolution," Financial Times, December 20, 2018.

맺음말

1. Jan Sytze Mosselaar, A Concise Financial History of Europe (Rotterdam: Robeco, 2018).